JN297847

Legal Progressive Series

2 ──── リーガル・プログレッシブ・シリーズ

商事関係訴訟【改訂版】

西岡清一郎
大門 匡 〔編集〕

青林書院

改訂版はしがき

　司法制度改革に基づく法科大学院の設置等により，法曹人口の大幅増加が進み，他方，複雑化を増す会社をめぐる法的紛争につき，司法手続の利用需要が高まってきたといえる。このような中，商事関係訴訟全体の流れと問題点を実務上の視点から体系的に分かりやすく概説したものとして，本書（旧版）は，裁判実務を知らない者だけではなく，更に深く学びたいとの意欲をもつ者を対象に平成18年6月に刊行されたものである。

　しかしながら，平成18年5月1日に会社法が施行されてから6年以上が経過し，この間，実務・裁判例等の蓄積が進んでいることもあり，これらの点を踏まえて，所要の改訂が必要となった。具体的には，旧商法の引用を必要部分にとどめ，会社法による解説内容に改めるとともに，重要な最新の裁判例，解釈・実務運用，課題，参考文献等を補筆し，昨今しばしば問題となる組織再編に関連して，第12章「合併，会社分割，株式交換及び株式移転の無効の訴え」を新設した。本書の編集者及び執筆者は，いずれも，東京地方裁判所で商事関係訴訟を専門的に取り扱っている民事第8部（商事部）に在籍した者である。同部の部総括であった編集者を含め東京地方裁判所商事研究会から離れて相当期間が経過したため，旧版で用いた同研究会の名称は冠さないこととしたが，編集者において，可能な限り現在の民事第8部の運用を反映するように努めた。

　本改訂版が，旧版同様に，法律実務家や法科大学院生を始め，商事関係訴訟に携わり，あるいは携わろうとする方々に幅広く活用され，商事関係訴訟の実務の理解のための一助になれば幸いである。

最後に，本書の刊行に当たっても，多大なる尽力をいただいた青林書院編集部の長島晴美氏に厚くお礼を申し上げる次第である。

　平成25年1月

　　　　　　　　　　　　　　　　　　東京家庭裁判所長
　　　　　　　　　　　　　　　　　　　　　　西　岡　清一郎
　　　　　　　　　　　　　　　　東京地方裁判所判事
　　　　　　　　　　　　　　　　　　　　　　大　門　　匡

は し が き

　本書で取り上げられている商事関係訴訟は，株主権確認訴訟，株主総会決議取消訴訟，取締役の地位の確認訴訟，取締役の報酬請求訴訟，取締役に対する責任追及訴訟，株主代表訴訟，新株発行差止め訴訟など多岐にわたっている。これらの訴訟については，訴訟手続や判決の効力に関して会社法において特別の規定が置かれており，実際の事件の審理に当たっては，管轄，提訴資格，提訴期間，主張方法，弁論の必要的併合の定めや対世効といった点で，一般の民事訴訟事件とは異なる取り扱いがなされている。そのため，商事関係訴訟の実際の処理に当たっては，一般の民事訴訟事件の審理に比べて，特別の配慮が必要となる場面が多く，また，実際にこれらの商事関係訴訟を担当していると，それぞれの訴訟類型ごとに，会社法の条文の解釈や文献の検討だけでは解決できない独特の実務上の問題点に遭遇することがしばしばである。

　一方で，最近の企業をめぐる社会経済情勢の変化は，急速かつ著しいものがあり，これに伴い，会社をめぐる法的な紛争の解決手段としての商事関係訴訟はますます複雑困難化の様相を呈している。また，本年5月1日からは，最近の社会経済情勢の変化に対応すべく，最低資本金制度，機関設計，合併等の組織再編行為等，会社に係る各種の制度の在り方について，体系的かつ抜本的な見直しを行った。新「会社法」が施行されるに至っている。

　本書は，このような状況下にある商事関係訴訟についての裁判実務のテキストである。商事関係訴訟の類型ごとに章立てをし，手続の一般的な内容について解説するとともに，実際の訴訟の場面でみられる具体的な事例を念頭において，訴訟類型ごとに実務の解釈ないし運用の面で議論の対象となる問題点の所在を明らかにし，これに対する解説を加えることによって，商事関係訴訟における裁判実務の実際を理解してもらうことを目的とするものであ

る。本書の執筆者は，いずれも，東京地方裁判所で商事関係訴訟を専門的に取り扱っている民事8部（商事部）に在籍した者である。

　本書が商事関係訴訟に関与する法曹実務家だけでなく，これから法曹をめざそうとする人たちにも幅広く利用され，商事関係訴訟の実務の理解のための一助になれば幸いである。

　最後に，本書の刊行にあたり多大なる尽力をいただいた青林書院編集部の長島晴美氏に厚くお礼を申し上げる次第である。

　平成18年6月
　　　　　東京地方裁判所商事研究会代表
　　　　　　　　東京地方裁判所判事　西　岡　清一郎

編集者・執筆者紹介

編 集 者

西岡　清一郎（にしおか　せいいちろう）
　東京家庭裁判所長

大門　　匡（だいもん　たすく）
　東京地方裁判所判事

執 筆 者

佐々木　宗啓（ささき　むねひら）　【第1章，第6章，第8章，第11章】
　仙台高等裁判所事務局長

山口　和宏（やまぐち　かずひろ）【第2章】
　東京地方裁判所判事

眞鍋　美穂子（まなべ　みほこ）　【第3章，第9章（初版）】
　東京地方裁判所判事

福田　千恵子（ふくだ　ちえこ）　【第4章，第5章，第10章】
　最高裁判所事務総局民事局第二課長

湯川　克彦（ゆかわ　かつひこ）　【第7章】
　札幌高等裁判所判事

名島　亨卓（なじま　ゆきたか）　【第9章（補訂），第12章】
　高知地方裁判所判事

（執筆順，肩書きは執筆当時）

凡　例

1．用字・用語等

本書の用字・用語は，原則として常用漢字，現代仮名づかいによったが，法令に基づく用法及び判例，文献等の引用文は原文どおりとした。

2．関係法令

関係法令は，原則として平成24年12月末日現在のものによった。

3．本文の注記

判例，文献の引用や補足，関連説明は，脚注を用いた。法令の引用，例示などは，本文中にカッコ書きで表した。

4．法令の引用表示

本文解説中における法令条項は，原則としてフルネームで引用した。ただし，会社法は，「会社法」又は「法」とした。
　カッコ内における法令条項の引用は，原則として次のように行った。
(1) 主要な法令名は後掲の「主要法令略語表」によった。
(2) 「法」は，会社法（平成17年7月26日法律第86号），「旧商」は，主として平成17年改正前の商法を指す。

5．判例の引用表示

脚注における判例の引用は，原則として次のように行った。その際に用いた略語は，後掲の「判例集等略語表」によった。年号は，明治は「明」，大正は「大」，平成は「平」と略記した。

　　（例）　平成5年3月30日最高裁判所判決，最高裁判所民事判例集47巻4号3439頁
　　　→　最判平5・3・30民集47巻4号3439頁

昭和63年11月24日東京地方裁判所判決，判例タイムズ701号251頁
→ 東京地判昭63・11・24判タ701号251頁

6．文献の引用表示

脚注中に引用した文献については，著者（執筆者）及び編者・監修者の姓名，『書名』（「論文名」），巻数又は号数（掲載誌とその巻号又は号），発行所，刊行年，引用（参照）頁を掲記した。主要な雑誌等は後掲の「主要雑誌等略語表」によった。

主要法令略語表

会社則	会社法施行規則	商	商法
計算規	会社計算規則	商登	商業登記法
会社法整備法	会社法の施行に伴う関係法律の整備等に関する法律	信託	信託法
		独禁	私的独占の禁止及び公正取引の確保に関する法律〔独占禁止法〕
旧商	平成17年改正前商法		
旧商特	株式会社の監督等に関する商法の特例に関する法律〔商法特例法〕（会社法の施行に伴い廃止）	破	破産法
		非訟	非訟事件手続法
		不登	不動産登記法
		保険業	保険業法
		民	民法
旧有限	有限会社法（会社法の施行に伴い廃止）	民再	民事再生法
		民執	民事執行法
会更	会社更生法	民訴	民事訴訟法
企業担保	企業担保法	預保	預金保険法
銀行	銀行法		
社債株式振替	社債，株式等の振替に関する法律		

判例集等略語表

大	大審院	支	支部
最	最高裁判所	判	判決
最大	最高裁判所大法廷	決	決定
高	高等裁判所	民録	大審院民事判決録
地	地方裁判所	民集	最高裁判所（又は大審

	院）民事判例集	金法	旬刊金融法務事情
集民	最高裁判所裁判集民事	ジュリ	ジュリスト
高民集	高等裁判所民事判例集	商事	旬刊商事法務
東高民時報	東京高等裁判所民事判決時報	新聞	法律新聞
		判タ	判例タイムズ
下民集	下級裁判所民事裁判例集	判時	判例時報
		法学	法学（東北大学法学会誌）
金判	金融・商事判例	労判	労働判例

主要雑誌等略語表

金判	金融・商事判例	判タ	判例タイムズ
金法	旬刊金融法務事情	判評	判例評論
最判解説	最高裁判所判例解説民事篇	ひろば	法律のひろば
		法教	法学教室
自正	自由と正義	法協	法学協会雑誌
ジュリ	ジュリスト	民商	民商法雑誌
商事	旬刊商事法務	民情	民事法情報
曹時	法曹時報	民訴	民事訴訟雑誌
判時	判例時報		

Legal Progressive Series　商事関係訴訟

目　次

第1章　商事関係訴訟の特徴―――1

Ⅰ　商事関係訴訟の範囲 1

Ⅱ　商事関係訴訟の特徴 3

1. はじめに 3
2. 当事者適格 5
   - (1) 持株数要件等に由来する固有必要的共同訴訟化 5
   - (2) 合一的確定の要請に由来する類似必要的共同訴訟化 6
   - (3) 必要的共同訴訟の特徴 6
3. 会社及び取締役間訴訟における会社側の代表関係 7
   - (1) 法353条・364条・386条・408条の趣旨 7
   - (2) 取締役の意義 9
   - (3) 自らが代表取締役等であることを主張する者等との間の訴訟 10
4. 専属管轄 12
5. 出訴期間に伴う主張制限 13
6. 処分権主義・弁論主義の適用制限 13
   - (1) 問題点 13
   - (2) 学説・裁判例の概要 14
   - (3) 検討 17

Ⅲ　商事関係訴訟に係る紛争実態面の特徴 18

第2章 株主権をめぐる訴訟 ───── 21

Ⅰ 株主権確認訴訟 ………………………………………… 21

1. 会社法による改正 ……………………………………… 21
2. 株式の意義及び株主権の内容 ………………………… 23
3. 株主権確認訴訟の性質 ………………………………… 25
4. 株主権確認訴訟の請求原因事実等 …………………… 25
   (1) 当 事 者　25
   (2) 請 求 原 因　26
   (3) 名義書換の主張立証の要否　26
5. 名義株主の問題 ………………………………………… 27
6. 株 式 譲 渡 …………………………………………… 29
   (1) 株式自由譲渡の原則　29
   (2) 権利株の譲渡　29
   (3) 株券発行会社における株券発行前の株式譲渡　30
   (4) 株券発行会社における株券発行前の株式譲渡の対抗
       要件　31
7. 定款による株式譲渡制限 ……………………………… 32
   (1) 会社法による主な改正点　32
   (2) 譲渡制限に反してなされた株式譲渡の効力　34
   (3) いわゆる一人会社の場合　35
   (4) 譲渡制限株式の一般承継等の場合　35
   (5) 株式譲渡制限の契約　36
8. 訴訟上の問題点等 ……………………………………… 37
   (1) 原告破産による訴訟中断の有無　37
   (2) 基本的な書証　37

Ⅱ 株券発行・引渡請求訴訟 ……………………………… 38

1．意　　義 ……………………………………………………………… 38
　　(1) 株券発行請求訴訟　38
　　(2) 株券引渡請求訴訟　39
2．株　　券 ……………………………………………………………… 39
　　(1) 意　　義　39
　　(2) 株券の効力発生時期　39
3．株券の失効制度 ……………………………………………………… 40

Ⅲ　株主名簿名義書換請求訴訟 …………………………………… 42

1．内　　容 ……………………………………………………………… 42
　　(1) 会社法による主な改正点　42
　　(2) 訴訟の性質　43
2．株 主 名 簿 …………………………………………………………… 43
3．名義書換の立証方法 ………………………………………………… 44
4．名義書換の不当拒絶 ………………………………………………… 45
　　(1) 不当拒絶の効果　45
5．名義書換未了株主等の扱い ………………………………………… 46

第3章　株主総会決議に関する訴訟 —————————— 49

Ⅰ　総　　論 …………………………………………………………… 49

1．株主総会決議の瑕疵を争う必要性 ………………………………… 49
2．株主総会決議の瑕疵を争う訴訟の実務上の特徴 ………… 49
3．株主総会決議不存在確認及び無効確認の訴え，
　　株主総会決議取消しの訴えに共通する訴訟手続等 ………… 50
　　(1) 管轄，弁論及び裁判の併合について　50
　　(2) 担保提供命令について　52
　　(3) 自白の拘束力，和解又は認諾の可否について　52

(4)　判決の効力及び判決後の手続について　52

Ⅱ　株主総会決議不存在確認の訴え　52

1．概　　説　52
2．原 告 適 格　53
　　(1)　原告適格の認められる株主について　53
　　(2)　原告適格の認められる取締役等について　57
3．被告適格と株式会社を代表する者　58
　　(1)　被 告 適 格　58
　　(2)　株式会社を代表する者　58
4．訴えの利益について　60
　　(1)　株主総会の議案の否決と訴えの利益　60
　　(2)　訴え提起後の事情　60
5．決議不存在事由　63
　　(1)　招集手続に関するもの　63
　　(2)　議決権行使について　65
　　(3)　株主総会開催禁止，株主総会決議禁止，議決権行使
　　　　禁止等の各仮処分決定との関係　68
6．その他の訴訟手続について　72
　　(1)　請求原因や抗弁として主張することができること　72
　　(2)　主張立証責任について　72

Ⅲ　株主総会決議無効確認の訴え　73

1．概　　説　73
2．決議無効事由　73
　　(1)　取締役選任の一任決議　73
　　(2)　退職慰労金の一任決議　74
3．その他の訴訟手続について　74
　　(1)　請求原因や抗弁として主張することができること　74

(2)　主張立証責任について　74

Ⅳ　株主総会決議取消しの訴え …………………………………… 75

1. 概　　説 ……………………………………………………………… 75
2. 原 告 適 格 …………………………………………………………… 75
　　(1)　原告適格の認められる株主について　75
　　(2)　原告適格の認められる取締役について　76
3. 被告適格と株式会社を代表する者 ……………………………… 76
　　(1)　被 告 適 格　76
　　(2)　株式会社を代表する者　76
4. 訴えの利益について ……………………………………………… 77
5. 提 訴 期 間 …………………………………………………………… 77
6. 決議取消事由について …………………………………………… 78
　　(1)　招集手続の瑕疵　78
　　(2)　議決権行使について　80
　　(3)　取締役の出席について　80
　　(4)　株主総会の運営に関する問題　81
　　(5)　決議内容の定款違反　88
　　(6)　特別利害関係人の議決権行使による著しく不当な決議　88
7. 裁 量 棄 却 …………………………………………………………… 89
8. その他の訴訟手続について ……………………………………… 90
　　(1)　訴えによらなければならないこと　90
　　(2)　主張立証責任について　90

第4章　取締役の地位に関する訴訟 ── 91

Ⅰ　取締役の地位確認・地位不存在確認訴訟 ……………… 91

1. 取締役の地位に関する実体関係 ………………………………… 91

(1) 取締役とは　91
　　　(2) 取締役の員数・資格　92
　　　(3) 取締役の選任　93
　　　(4) 取締役の終任　96
　２．取締役の地位不存在確認請求 ………………………………… 102
　　　(1) 訴訟の概要　102
　　　(2) 原　　　告　102
　　　(3) 被　　　告　103
　　　(4) 訴えの利益　104
　　　(5) 管　　　轄　105
　　　(6) 判決の効力　105
　　　(7) 処分権主義・弁論主義の適用の有無　106
　　　(8) 確認判決に基づく登記手続の可否　106
　３．取締役の地位確認請求 ……………………………………… 106
　　　(1) 訴訟の概要　106
　　　(2) 原　　　告　107
　　　(3) 被　　　告　107
　　　(4) 管　　　轄　108
　　　(5) 判決の効力，処分権主義・弁論主義の適用　108

Ⅱ　取締役の地位に関する登記請求訴訟 …………………… 108

　１．取締役退任登記手続請求訴訟 ………………………………… 108
　　　(1) 訴訟の概要　108
　　　(2) 原告・被告　110
　　　(3) 判決に基づく登記手続　110
　２．不実の登記の抹消登記手続請求訴訟 ………………………… 111
　　　(1) 訴訟の概要　111
　　　(2) 原告・被告　112
　　　(3) 訴えの利益　113
　　　(4) 判決に基づく登記手続　115

Ⅲ 取締役の解任をめぐる訴訟 …………………………………… 115

1. 取締役解任の訴え ……………………………………………… 115
   (1) 制度の概要　115
   (2) 原　　告　116
   (3) 被　　告　118
   (4) 訴えの利益　119
   (5) 株主総会における否決決議　119
   (6) 解任事由　121
   (7) 判決の効力　124
2. 解任された取締役からの損害賠償請求 ……………………… 125
   (1) 訴訟の概要　125
   (2) 法的性格　125
   (3) 正当理由　126
   (4) 損　　害　129
   (5) 代表取締役の解職への類推適用　131

第5章　取締役の報酬・退職慰労金に関する訴訟 ── 133

Ⅰ　取締役の報酬請求訴訟 ………………………………………… 133

1. 制度の概要 …………………………………………………………… 133
2. 取締役（会）や代表取締役への一任の可否 ……………… 134
   (1) 取締役（会）への一任の可否　134
   (2) 代表取締役への再委任の可否　135
3. 一人会社における役員報酬決定・全株主同意による
   役員報酬決定 ………………………………………………………… 135
4. 株主総会決議による追認があった場合 …………………… 136
5. 取締役報酬の減額・不支給 ………………………………… 136
   (1) 一方的減額・不支給の可否　136

(2)　当該取締役の同意がある場合　**137**
　　　(3)　役員報酬の定めに期間制限がある場合　**138**
　6．使用人兼取締役の使用人給与 …………………………………… **138**
　7．賞　　　与 …………………………………………………………… **139**
　8．取締役報酬債権の商事債権性 ……………………………………… **140**

Ⅱ　取締役の退職慰労金請求訴訟 …………………………………… **140**

　1．制度の概要 …………………………………………………………… **140**
　2．会社法361条の適用の有無 ………………………………………… **142**
　　　(1)　死亡した取締役に対する弔慰金　**142**
　　　(2)　使用人兼取締役の退職慰労金　**142**
　3．取締役（会）や代表取締役への一任の可否 …………… **143**
　　　(1)　取締役（会）への一任の可否及び要件　**143**
　　　(2)　代表取締役への再委任　**145**
　4．株主総会決議がされない場合の救済措置 …………………… **146**
　　　(1)　退職慰労金請求権の発生時期　**146**
　　　(2)　救済措置の検討　**148**
　5．株主総会決議後の不支給の可否 ……………………………… **150**
　　　(1)　不祥事の発覚　**150**
　　　(2)　経営状況の変化　**150**

Ⅲ　取締役の退職慰労金不支給（減額）を理由とする損害賠償請求訴訟 ……………………………………………… **151**

　1．制度の概要 …………………………………………………………… **151**
　2．取締役（会）による決定懈怠，減額・不支給の場合 … **151**
　　　(1)　取締役の責任　**151**
　　　(2)　会社の責任　**153**
　　　(3)　裁　判　例　**154**
　3．株主総会への付議懈怠の場合 ……………………………………… **154**

(1)　退職慰労金支給議題を株主総会に付議しないことの
　　　　違法性　154
　　(2)　付議しなくとも違法にならない場合　155
　　(3)　相当因果関係　156
 4．株主総会による減額・不支給の場合 …………………… 156
 5．損　害　額 ………………………………………………… 158

第6章　会社の取締役に対する責任追及訴訟 ── 159

Ⅰ　取締役制度の概要 ………………………………………… 159
 1．取締役の地位及び権限 …………………………………… 159
 2．取締役の義務（一般論）………………………………… 160

Ⅱ　取締役に対する責任追及訴訟 …………………………… 162
 1．会社の取締役に対する責任追及訴訟に共通する
　　訴訟手続上の問題 ………………………………………… 162
　　(1)　取締役の責任を追及する訴えの管轄　162
　　(2)　訴訟における代表関係　162
 2．法423条1項等の責任に共通する実体的な問題 ………… 163
　　(1)　責　任　主　体　163
　　(2)　法423条1項等の責任を発生させる責任行為　163
　　(3)　時　効　期　間　164
　　(4)　遅延損害金　164
　　(5)　責任の免除　165

Ⅲ　剰余金の配当に関する責任（法462条1項）…………… 166
 1．剰余金の配当等に関する責任の趣旨及び性質 ………… 167
 2．要件事実及びその主張立証責任 ………………………… 168
 3．責　任　行　為 …………………………………………… 168

4．因果関係の中断 …………………………………………… 170
　5．故意又は過失 ……………………………………………… 171
　6．金銭支払責任の内容・範囲 ……………………………… 171
　7．法462条1項の責任の主張方法……………………………… 172
　8．委員会設置会社における特則 …………………………… 172

Ⅳ　株主の権利の行使に関する利益の供与に関する責任（法120条4項） ……………………………………………… 173

　1．法120条4項の責任の性質及び趣旨……………………… 173
　2．要件事実及びその主張立証責任 ………………………… 174
　3．取締役の責任行為 ………………………………………… 175
　4．財産上の利益及び会社による利益供与の意義 ………… 175
　5．「株主の権利の行使に関し」の意義 …………………… 176
　6．故意又は過失 ……………………………………………… 178
　7．返還義務の範囲 …………………………………………… 178

Ⅴ　任務懈怠に関する責任（法423条1項） …………… 179

　1．任務懈怠に関する責任の趣旨及び性質 ………………… 180
　2．要件事実及びその主張立証責任 ………………………… 180
　3．責　任　行　為 …………………………………………… 181
　　(1) 取締役の責任行為　181
　　(2) 委員会設置会社における特則　182
　4．法令・定款の違反（一般類型）………………………… 183
　　(1) 「法令」違反の意義　183
　　(2) 定款違反行為　184
　　(3) 故意又は過失の要否　185
　　(4) 賠償すべき損害の範囲　185
　　(5) 責任の限定　185

Ⅵ 競業避止義務違反 …………………………………… 188

1. 競業避止義務（法356条1項1号）違反による
   任務懈怠に関する責任の特徴 ………………………………188
2. 競業取引の意味 ……………………………………… 188
3. 従業員の引抜行為 …………………………………… 190
4. 「自己又は第三者のために」の意義 ……………… 191
5. 退任取締役の競業取引 ……………………………… 191
   (1) 競業禁止・制限に関する合意がない場合　191
   (2) 競業禁止・制限に関する合意がある場合　192
6. 事実上の主宰者の競業避止義務 …………………… 192
7. 開示すべき重要な事実 ……………………………… 193
8. 取締役会等の承認決議による免責主張の可否 …… 194
9. 故意又は過失 ………………………………………… 194
10. 損害額の主張立証 …………………………………… 195
    (1) 主張立証すべき損害の額　195
    (2) 利益の額の意味　196
    (3) 損害発生の期間　196

Ⅶ 経営責任型 ……………………………………………… 197

1. 経営判断の原則 ……………………………………… 197
   (1) 経営判断の原則の内容　197
   (2) 業種による取締役の負う善管注意義務の差異　198
   (3) 経営判断の原則における信頼の原則　198
2. 経営判断の原則の具体的な適用場面 ……………… 199
   (1) 貸付け（融資）　199
   (2) 子会社等の支援　199
   (3) 新 規 事 業　200
   (4) 投機・投資行為　200

Ⅷ 監視義務・監督義務の違反型 …………………………………… 201

1. 監視義務の意義・内容 ……………………………………… 201
2. 監視義務の負担者 …………………………………………… 202
   (1) 業務担当取締役　202
   (2) 代表取締役　203
   (3) 名目的取締役　203
   (4) 登記簿上の取締役　205
3. 監 督 義 務 …………………………………………………… 205
4. 内部統制システムの構築責任 ……………………………… 206

Ⅸ 利益相反取引に関する責任 …………………………………… 208

1. 利益相反取引に関する責任の趣旨及び性質 ……………… 208
2. 要件事実及びその主張立証責任 …………………………… 209
3. 責 任 行 為 …………………………………………………… 210
   (1) 法423条3項所定の行為　210
   (2) 利益相反取引の意義　211
   (3) 兼務取締役等の特殊な場合における利益相反取引の成否　212
4. 利益相反取引についての承認 ……………………………… 213
5. 兼務取締役が承認を受けるべき取引の範囲 ……………… 213
6. 故意又は過失 ………………………………………………… 214

第7章　株主代表訴訟 ───────────────── 215

Ⅰ 総　　論 ………………………………………………………… 215

1. 株主代表訴訟の意義 ………………………………………… 215
2. 株主代表訴訟の手続及び判決の効力 ……………………… 216

Ⅱ 実務上の問題点 ………………………………………………… 216

目　次　　xxiii

1. 管　轄 ………………………………………………………… 216
2. 原告適格 ……………………………………………………… 216
   (1) 株式継続所有の要件　216
   (2) 株主であること　217
   (3) 原告適格の承継　218
   (4) 株式交換，株式移転等と株主代表訴訟　218
   (5) 会社に関する倒産手続と株主代表訴訟　219
3. 提訴請求 ……………………………………………………… 220
   (1) 制度趣旨　220
   (2) 提訴請求書の記載　221
   (3) 有効な提訴請求の存否　221
   (4) 提訴請求に関する瑕疵の治癒　223
   (5) 提訴請求後60日を経過する前の株主代表訴訟提起の取扱い　225
   (6) 提訴請求が例外的に不要とされる場合　225
   (7) 提訴請求に対する応答—不提訴理由の開示　226
4. 被告の範囲 …………………………………………………… 226
5. 責任追及の範囲 ……………………………………………… 226
   (1) 取締役に対する所有権移転登記手続請求権　226
   (2) 取締役の従業員当時の雇用契約に基づく債務不履行責任　228
6. 訴訟参加 ……………………………………………………… 228
   (1) 会社又は株主の共同訴訟参加　228
   (2) 会社の被告たる取締役への補助参加　228
7. 担保提供命令 ………………………………………………… 229
   (1) 担保提供命令制度　229
   (2) 請求棄却の蓋然性を過失により認識しない場合と「悪意」　230
   (3) 自己の利益を図る目的と「悪意」　231

(4) 担保金額の算定基準　232
　　　(5) 担保提供命令の効果　232
　8. 訴権の濫用 …………………………………………… 233
　9. 訴訟告知 ……………………………………………… 234
　10. 裁判上の和解 ………………………………………… 234
　11. 弁護士費用等の請求 ………………………………… 235
　　　(1) 裁判上の和解が成立した場合　235
　　　(2) 「相当と認められる額」の範囲　236
　12. 敗訴した原告たる株主に対する会社の損害賠償請求 … 236
　13. 再審の訴え …………………………………………… 237

第8章　第三者の取締役に対する責任追及訴訟 ── 239

Ⅰ　制度の概要 ………………………………………………… 239

Ⅱ　訴訟手続上の問題点 ……………………………………… 240

Ⅲ　実体要件に関する問題点 ………………………………… 240

　1. 責任の趣旨及び性質 ………………………………… 240
　2. 要件事実及びその主張立証責任 …………………… 241
　3. 責任の主体 …………………………………………… 241
　　　(1) 取締役　241
　　　(2) 名目的取締役　242
　　　(3) 登記簿上の取締役（表見取締役）　244
　　　(4) 事実上の取締役　245
　4. 責任行為（任務懈怠の行為） ……………………… 245
　　　(1) 任務懈怠行為　245
　　　(2) 直接侵害の類型　246
　　　(3) 間接侵害の類型　248

(4) 監視義務の類型　249
5. 悪意又は重過失 …………………………………… 250
6. 第三者の範囲 ……………………………………… 250
　　　(1) 会社の債権者及び新規取引の相手方　250
　　　(2) 株　　　主　251
　　　(3) 本条項の責任を負担する取締役や監査役　252
　　　(4) 本条項にいう「第三者」に含まれないその他の関係者　252
7. 賠償されるべき損害 ……………………………… 252
8. 相当因果関係 ……………………………………… 253
9. 複数の責任者間の法律関係 ……………………… 253
10. 本条項の責任が不法行為責任でないことから導かれる
　　派生論点の帰結 …………………………………… 253
　　　(1) 消滅時効期間　253
　　　(2) 遅延損害金　254
　　　(3) 取締役からの相殺の可否　254
　　　(4) 過失相殺の可否　254
　　　(5) 一般不法行為との競合（請求権競合）の有無　254

第9章　新株発行差止め，新株発行無効・不存在確認の訴え ── 255

I　総　　論 ……………………………………………… 255

II　新株発行差止めの訴え ……………………………… 256

1. 概　　説 …………………………………………… 256
2. 原告適格 …………………………………………… 256
　　　(1) 総　　論　256
　　　(2) 株主について　257

3．新株発行差止めの訴えの対象 …………………………… 258
4．被告適格及び株式会社を代表する者 …………………… 258
　(1)　被告適格　258
　(2)　株式会社を代表する者　258
5．訴えの利益 …………………………………………………… 259
6．新株発行差止事由 …………………………………………… 259
　(1)　新株発行差止事由についての考え方　259
　(2)　法令又は定款違反　259
　(3)　著しく不公正な方法による発行　262
　(4)　違法な新株予約権の発行と新株発行の差止め　263
7．その他の訴訟手続について ………………………………… 264
　(1)　管　　轄　264
　(2)　主張方法　265
　(3)　主張立証責任　265
　(4)　自白の拘束力及び和解・認諾の可否　265
　(5)　判決の効力　266

Ⅲ　新株発行無効の訴え………………………………………… 266

1．概　　説 ……………………………………………………… 266
2．原告適格 ……………………………………………………… 266
　(1)　総　　論　266
　(2)　株主について　266
　(3)　取締役等　267
　(4)　その他の者について　267
3．新株発行無効の訴えの対象 ………………………………… 268
4．被告適格及び株式会社を代表する者 ……………………… 268
　(1)　被告適格　268
　(2)　株式会社を代表する者　268
5．提訴期間 ……………………………………………………… 269

(1)　会社法の規定　269
　　　(2)　無効事由の追加について　269
　　　(3)　提訴期間の徒過　270
　6．他の訴訟との関係 …………………………………………… 270
　7．新株発行無効事由 …………………………………………… 270
　　　(1)　新株発行無効事由についての考え方　270
　　　(2)　新株発行無効事由として問題となる事由　272
　8．その他の訴訟手続について ………………………………… 278
　　　(1)　管轄，弁論及び裁判の併合について　278
　　　(2)　主　張　方　法　278
　　　(3)　主張立証責任　278
　　　(4)　担保提供命令について　278
　　　(5)　自白の拘束力，和解又は認諾の可否について　278
　　　(6)　判決の効力　279
　　　(7)　判決後の手続について　279

Ⅳ　新株発行不存在確認の訴え…………………………… 279

　1．総　　　論 …………………………………………………… 279
　2．原　告　適　格 ……………………………………………… 279
　3．被　告　適　格 ……………………………………………… 280
　4．提訴期間がないことについて ……………………………… 280
　5．新株発行不存在事由 ………………………………………… 280
　　　(1)　新株発行不存在事由についての考え方　280
　　　(2)　実際に払込みのない場合　281
　　　(3)　見せ金による払込みがあった場合　281
　　　(4)　取締役会決議や株主総会決議がない場合　282
　　　(5)　代表取締役でない者によりなされた新株発行　282
　　　(6)　株主に対する通知・公告を欠いた場合　282
　　　(7)　株式会社の定款上の発行株式総数を超える新株発行を

した場合　283
6．その他の訴訟手続について ………………………………… 283
　　(1)　管轄，弁論及び裁判の併合について　283
　　(2)　主張方法　283
　　(3)　主張立証責任　284
　　(4)　担保提供命令　284
　　(5)　自白の拘束力，和解及び認諾の可否　284
　　(6)　判決の効力　284
　　(7)　判決後の手続について　285

第10章　計算書類・会計帳簿等・株主名簿の閲覧等請求訴訟 ── 287

I　計算書類の閲覧・謄本等交付請求 ……………………… 287

1．株主の経理検査権 ……………………………………………… 287
2．計算書類等の閲覧・謄本等交付請求の制度概要 ……… 288
　　(1)　計算書類とは　288
　　(2)　計算書類等の備置き　288
　　(3)　計算書類等の閲覧・謄本等交付請求　289
3．請求権者 ………………………………………………………… 290
　　(1)　株　主　290
　　(2)　債 権 者　291
4．閲覧等請求の対象となる計算書類等の範囲 …………… 291
5．閲覧等請求の方法 ……………………………………………… 292
　　(1)　閲覧等を必要とする正当目的の要否　292
　　(2)　訴訟外における閲覧等請求の要否　292
6．閲覧等請求の内容及び行使方法 …………………………… 293
　　(1)　計算書類等の作成請求の可否　293

(2)　謄写請求の可否　293
　　(3)　代理人による閲覧等請求の可否　294
7．訴訟係属中の任意の履行 …………………………………… 294

Ⅱ　会計帳簿等の閲覧謄写請求……………………………… 295

1．制度の概要 …………………………………………………… 295
2．請 求 権 者 …………………………………………………… 296
3．閲覧謄写の対象となる会計帳簿等の範囲 ………………… 297
　　(1)　「会計帳簿又はこれに関する資料」の意義　297
　　(2)　会社法432条2項の保存期間を経過した後の会計帳簿
　　　　等　298
4．請求理由と会計帳簿等の特定 ……………………………… 299
　　(1)　請求理由の具体性　299
　　(2)　対象となる会計帳簿等の特定　300
5．閲覧謄写請求の拒絶事由 …………………………………… 301
　　(1)　会社法433条2項の性質　301
　　(2)　会社法433条2項1号〔旧商293条ノ7第1号前段〕　302
　　(3)　会社法433条2項2号〔旧商293条ノ7第1号後段〕　303
　　(4)　会社法433条2項3号〔旧商293条ノ7第2号〕　304
6．閲覧謄写請求権の内容及び行使方法 ……………………… 306
　　(1)　説明請求の可否　306
　　(2)　訴訟外における閲覧謄写請求の要否　306
　　(3)　謄本等交付請求の可否　306
　　(4)　謄写の費用負担　307
　　(5)　訴訟係属中の任意の履行　307
　　(6)　代理人による閲覧謄写請求の可否　307

Ⅲ　株主名簿の閲覧謄写請求……………………………………… 308

1．制度の概要 …………………………………………………… 308

2．請 求 権 者 …………………………………………… 308
  3．閲覧謄写請求の理由の明示 ……………………… 309
  4．閲覧謄写請求の拒絶事由 ………………………… 310
    (1) 拒絶事由の新設　310
    (2) 拒絶事由の解釈　310
  5．閲覧謄写請求権の内容及び行使方法 …………… 313
    (1) 訴訟外における閲覧謄写請求の要否　313
    (2) 謄本等交付請求の可否　313
    (3) 謄写の費用負担　313
    (4) 訴訟係属中の任意の履行　313
    (5) 代理人による閲覧謄写請求の可否　313

第11章　会社の解散の訴え　315

Ⅰ　制度の概要 …………………………………………… 315

  1．概　　　要 …………………………………………… 315
  2．解散判決請求権の株主権ないし社員権上の位置づけ … 315
  3．会社類型間における要件の差異 ………………… 316

Ⅱ　訴訟手続及び判決の効力 …………………………… 316

Ⅲ　訴訟要件 ……………………………………………… 318

  1．原告適格 ……………………………………………… 318
  2．専属管轄 ……………………………………………… 318

Ⅳ　実体要件 ……………………………………………… 319

  1．要件事実及びその主張立証責任 ………………… 319
  2．各会社類型に共通する「やむを得ない事由」 …… 319
    (1) 自治的な事業継続の不可能による会社存続の無意味化　320

(2) 多数派社員による不公正かつ利己的な業務執行に起因
　　　する少数派社員の恒常的な不利益　**320**
　　(3) 代替となる公正かつ相当な是正手段の不存在　**320**
　3．物的会社における加重要件 ………………………………… **322**
　　(1) いわゆる1号事由　**322**
　　(2) いわゆる2号事由　**323**

Ⅴ　判決後の法律関係 ………………………………… **324**

　1．解散判決（原告勝訴判決）が確定した場合 ………… **324**
　2．請求棄却判決（原告敗訴判決）が確定した場合 ……… **325**

第12章　合併，会社分割，株式交換及び株式移転の無効の訴え ── **327**

Ⅰ　組織再編と規制の意義 ………………………………… **327**

Ⅱ　合併無効の訴え ………………………………………… **328**

　1．概　　説 ……………………………………………… **328**
　　(1) 合併制度の概要　**328**
　　(2) 合併無効の訴えの性質　**328**
　2．訴訟要件 ……………………………………………… **329**
　　(1) 原告適格　**329**
　　(2) 被告適格　**331**
　　(3) 出訴期間　**332**
　　(4) 専属管轄　**333**
　3．実体要件（無効原因） ………………………………… **333**
　　(1) 総　　論　**333**
　　(2) 合併契約の瑕疵　**334**
　　(3) 機関決議の瑕疵　**335**

　　　　(4)　合併比率の不公正　336
　　　　(5)　合併契約等の備置きの懈怠　337
　　　　(6)　株主・債権者保護手続違反　338
　　　　(7)　その他の合併無効の原因　338
　　4．訴訟手続 …………………………………………………… 339
　　　　(1)　弁論及び裁判の併合　339
　　　　(2)　他の訴えとの関係　339
　　　　(3)　処分権主義・弁論主義の制限　340
　　　　(4)　主張立証責任　340
　　　　(5)　提訴権者と合併無効の原因の主張の可否　341
　　　　(6)　担保提供命令　342
　　　　(7)　裁量棄却の可否　343
　　5．判決の効力 ………………………………………………… 343
　　　　(1)　合併無効の認容判決　343
　　　　(2)　合併無効の棄却判決　344

Ⅲ　会社分割無効の訴え…………………………………… 344

　　1．概　　説 …………………………………………………… 344
　　　　(1)　会社分割制度の概要　344
　　　　(2)　会社分割無効の訴えの意義　345
　　2．訴訟要件 …………………………………………………… 345
　　　　(1)　原告適格　345
　　　　(2)　被告適格　347
　　　　(3)　出訴期間　347
　　　　(4)　専属管轄　347
　　3．実体要件（無効原因）…………………………………… 348
　　　　(1)　総　　論　348
　　　　(2)　分割の対象となる会社の適否　348
　　　　(3)　吸収分割契約又は新設分割計画の瑕疵　348

(4) 機関決議の瑕疵　349
　　　(5) 旧債務の履行の見込みの欠如　349
　　　(6) 吸収分割契約又は新設分割計画等の備置きの懈怠　350
　　　(7) その他の会社分割無効の原因　351
　4．訴訟手続 …………………………………………………… 351
　　　(1) 弁論及び裁判の併合　351
　　　(2) 他の訴えとの関係　351
　　　(3) 処分権主義・弁論主義の制限　352
　　　(4) 主張立証責任　352
　　　(5) 提訴権者と会社分割無効の原因の主張の可否　352
　　　(6) 担保提供命令　352
　　　(7) 裁量棄却の可否　353
　5．判決の効力 ………………………………………………… 353
　　　(1) 会社分割無効認容の判決　353
　　　(2) 会社分割無効の棄却判決　353

Ⅳ　株式交換無効の訴え及び株式移転無効の訴え………… 354

　1．概　　説 …………………………………………………… 354
　　　(1) 株式交換・移転制度の概要　354
　　　(2) 株式交換無効・株式移転無効の訴えの意義　354
　2．訴訟要件 …………………………………………………… 355
　　　(1) 原告適格　355
　　　(2) 被告適格　355
　　　(3) 出訴期間　355
　　　(4) 専属管轄　356
　3．実体要件（無効原因）……………………………………… 356
　　　(1) 総　　論　356
　　　(2) 株式交換の対象となる会社の適否　356
　　　(3) 株式交換契約又は株式移転計画の瑕疵　357

(4) 機関決議の瑕疵　357
　　(5) 株式交換契約又は株式移転計画等の備置きの懈怠　358
　　(6) その他の株式交換無効・株式移転無効の原因　359
　4．訴訟手続 …………………………………………………… 359
　　(1) 弁論及び裁判の併合　359
　　(2) 他の訴えとの関係　359
　　(3) 処分権主義・弁論主義の制限　360
　　(4) 主張立証責任　360
　　(5) 提訴権者と株式交換無効・株式移転無効の原因の主張
　　　の可否　360
　　(6) 担保提供命令　360
　　(7) 裁量棄却の可否　360
　5．判決の効力 …………………………………………………… 361
　　(1) 無効（認容）の判決　361
　　(2) 棄却判決　362

事項索引 ………………………………………………………… 363
判例索引 ………………………………………………………… 369

第1章

商事関係訴訟の特徴

I 商事関係訴訟の範囲

　本書は，いわゆる商事関係訴訟（会社関係訴訟）の中から幾つかの訴訟類型を取り上げて解説するものであるが，この商事関係訴訟という概念については，厳密な定義があるわけではなく，とりあえずは会社法（特に第7編第2章）において規定された訴訟及びこれに準ずる訴訟をいうものと考えて差し支えない。
　ここでは，イメージをつかむために，商事関係訴訟の中から株式会社に関する主要なもの（訴訟に関する条文があるものについては該当条文を付記する。）を取り上げ列記してみる。
　まず，①会社の組織に関する訴えとして，㋐無効の訴えである設立無効の訴え（法828条1項1号），株式発行無効の訴え（同項2号），自己株式の処分無効の訴え（同項3号），新株予約権の発行無効の訴え（同項4号），資本金の額の減少無効の訴え（同項5号），組織変更無効の訴え（同項6号），合併無効の訴え（同項7号・8号），会社分割無効の訴え（同項9号・10号），株式交換無効の訴え（同項11号），株式移転無効の訴え（同項12号），㋑確認の訴えである新株発行・自己株式の処分・新株予約権発行の不存在確認の訴え（法829条1号～3号），㋒確認の訴えである株主総会等の決議の不存在又は無効の確認の訴え（法830条），㋓取消しの訴えである株主総会等の決議取消しの訴え（法831条），㋔形成訴訟である解散の訴え（法833条）がある。そして，会社法に直接

の規定はないが，㋕取締役会決議の無効確認[1]・不存在確認に係る訴訟も，この範疇に入る訴訟類型であろう。

また，②株式会社における役員等（取締役，会計参与，監査役，執行役，会計監査人）に対する責任追及等の訴えとして，㋐会社による役員等に対する責任追及の訴え（法423条1項・120条4項・462条1項・461条1項8号），㋑株主代表訴訟（法847条），㋒第三者による役員等の責任追及の訴え（法429条）がある。

さらに，③株式会社の役員（取締役，会計参与及び監査役）の解任の訴え（法854条）や④社債発行会社の弁済等の取消しの訴え（法865条）がある。

その他にも，会社法第7編第2章以外の規定から導かれる株式会社に関する訴訟類型として，⑤株主権に関し，㋐会社に対する株主権確認の訴え，㋑株主名簿書換請求に係る訴え，㋒株券引渡請求に係る訴え，⑥役員等の地位に関し，㋐役員等の地位確認・地位不存在確認の訴え，㋑選任登記抹消登記手続請求・辞任登記手続請求に係る訴え，㋒不当解任による損害賠償請求に係る訴え（法339条2項），㋓取締役の報酬・退職慰労金請求に係る訴え，⑦計算書類等閲覧等請求（法442条3項）に係る訴え，⑧会計帳簿閲覧謄写請求（法433条1項）に係る訴え，⑨株主名簿閲覧謄写請求（法125条2項）に係る訴え等々といったものが挙げられる。

これに対し，会社を当事者とする訴訟であっても，社団的規制と関係のない取引上の債務の履行請求・損害賠償請求，不法行為損害賠償に関する訴訟や，会社を当事者としない株主の地位の存否に関する訴訟は，その範囲から除いて考えるのが相当である[2]。

なお，本書では，実務上よく見られる訴訟類型である①の一部類型，②，③，⑤，⑥及び⑦ないし⑨の各訴訟類型について第2章以下の各論で解説するものである。

---

1) 最大判昭47・11・8民集26巻9号1489頁
2) 金築誠志「東京地裁における商事事件の概況」商事1425号（1996）2～3頁，佐々木宗啓「最近における東京地裁民事第8部（商事部）の事件の概況」民情216号（2004）20頁，佐々木宗啓＝森君枝＝原ひとみ「東京地裁における商事事件の概況」商事1722号（2005）27頁，日置朋弘「東京地裁民事第8部（商事部）の事件の概況」曹時64巻6号（2012）21頁

Ⅱ 商事関係訴訟の特徴

1. はじめに

　商事関係訴訟の中には，前記Ⅰで紹介したように多種類の訴訟類型があるが，幾つかの訴訟類型には一般の民事訴訟と比較して特徴ある法制度が設けられたり，解釈が採られたりしている。ここでは，株式会社を念頭において，商事関係訴訟における特別な概念等について触れる。

　その典型的な特徴の一つは，一個の訴訟といえども会社の法律関係ないし権利関係を介して多くの利害関係人の法律関係ないし権利関係に影響を及ぼす可能性があることから，その多くの利害関係人の法律関係ないし権利関係が区々に分かれて混乱することのないように画一的な法律関係ないし権利関係を形成させる必要性があることに基づいた一連の手当が設けられていることである。

　すなわち，商事関係訴訟のうちの少なからぬ類型は，法的安定性の見地から，例えば株主総会決議取消し，役員等の解任，合併等組織法上の行為の無効，解散の各訴えのように形成訴訟とされ，類型によっては無効等の主張方法を訴えに限定し[3]，あるいは，明文規定又は解釈により，無効や取消しをもたらす形成原因を限定している[4]。また，例えば，株主総会決議無効確認・不存在確認，新株発行不存在確認の訴えのように無効又は不存在の確認訴訟と構成されるものについても，明文規定又は解釈により，無効原因や不存在の評価根拠となる瑕疵の内容を限定していることがある[5]。

　また，提訴資格を設けて原告適格の限定を図ったり[6]，解釈上の紛糾を避

---

[3] 設立無効の訴え等における法828条1項柱書
[4] 株主総会決議等の取消しの訴えにおける法831条1項各号，会社解散の訴えにおける法833条1項各号
[5] 明文規定として，株主総会決議無効確認の訴えにおける法830条，解釈として，新株発行不存在確認の訴えにおける最判平9・1・28民集51巻1号40頁
[6] 設立無効の訴え等における法828条2項，株主総会決議取消しの訴えにおける法831条1項柱書，役員の解任の訴えにおける法854条1項

けるべく被告適格に関する規定を整備したり[7]，あるいは，法律関係の早期の確定を図るべく出訴期間の制限を設けたりしていることもある[8]。さらに，法律関係の合一的確定を図るべく，専属管轄[9]を設けたうえ，複数の提訴者がある場合には，弁論を必要的に併合することとし[10]，その併合された事件の複数の当事者間の関係は類似必要的共同訴訟になると解されている。

そして，このような訴訟であることを前提にしたうえで，仮に認容判決がされればその判決に対世効が与えられることも多い[11]。なお，このように判決の対世効を認めることの結果として，訴訟手続上，処分権主義・弁論主義の適用を制限すべきかどうかが解釈上の問題となって生じてくることにもなる。

また，もう一つの特徴として，訴訟における会社の代表者に関する規制が挙げられる。会社は法人であるがゆえに，その代表者を通じて行動しなければならない。そして，通常，取締役会を設置している株式会社（法2条7号。以下「取締役会設置会社」という。）にあっては取締役会により必要的に選定される代表取締役が会社を代表することになる（法362条3項・349条1項・4項）。また，取締役会を設置していない株式会社（法326条・327条1項参照。以下「取締役会非設置会社」という。）にあっては，取締役の員数が1人であればその取締役（法349条1項本文）が，2人以上であれば取締役各自（法349条2項）が会社を代表するが，後者にあって定款，定款の定めに基づく取締役の互選又は株主総会の決議によって選任された代表取締役（同条3項）があればこれが会社を代表することになる（同条1項ただし書・4項）。しかし，会社とその機関である代表取締役・取締役個人との間の利害関係が相反する可能性が多くの場合に考えられる。そこで，このような利害相反のおそれに備えた手当として，

---

7) 会社の組織に関する訴えにおける法834条，役員等の解任の訴えにおける法855条，社債発行会社の弁済等の取消しの訴えにおける法866条
8) 設立無効の訴え等における法828条1項各号，株主総会決議等の取消しの訴えにおける法831条1項，役員等の解任の訴えにおける法854条1項
9) 会社の組織に関する訴えにおける法835条1項，責任追及等の訴えにおける法848条，役員等の解任の訴えにおける法856条，社債発行会社の弁済等の取消しの訴えにおける法867条
10) 会社の組織に関する訴えにおける法837条
11) 会社の組織に関する訴えにおける法838条

会社及び取締役間の訴訟における会社の代表者に関し，代表する者を修正するための規定が設けられている（法349条4項・353条・364条・386条・408条）。

　本項では，以下順次，これらの特徴を概観することとする。なお，それぞれの概念・制度に関する詳細は，各訴訟類型の解説において個別的・具体的に再述される。

2．当事者適格

(1) 持株数要件等に由来する固有必要的共同訴訟化

　商事関係訴訟のうち株主を提訴権者とする訴訟類型には，一定の株式数の保有（所有）を提訴するための原告適格として要求するものがある。この一定の株式数は，単独の株主で満たすまでの必要はなく，複数の株主の有する株式数を累積することでも満たすことが可能である。例えば，解散の訴えでは総株主の議決権の10分の1以上の議決権を有する株主又は発行済株式の10分の1以上の株式を有する株主（法833条），取締役解任の訴えでは6か月前から引き続き総株主の議決権の100分の3以上の議決権を有する株主又は6か月前から引き続き発行済株式の100分の3以上の数の株式を有する株主（ただし，非公開会社の場合には6か月の株式保有期間は不要）（法854条1項1号）と規定されている。そして，当事者適格を充足するのに必要な株式数を複数の株主で満たした場合，これらの提訴株主の訴訟上の地位は，固有必要的共同訴訟における共同原告となる。そして，この一定の株式数は，訴えの提起時から訴訟終了の時まで継続して維持されることが必要である[12]。なお，この株主の地位の継続については，提訴株主が死亡して包括承継が生じた場合には，相続により持分を取得した相続人が当該訴訟の当事者の地位を承継することになるが，譲渡等の特定承継が行われた場合には，承継人において原告の地位の承継はできないと解するのが判例である[13]。また，訴訟係属中に行われた新株発行により，必要な持株比率が失われた場合も，当該会社が当該株主

12）東京地方裁判所商事研究会編『類型別会社訴訟Ⅰ〔第3版〕』（判例タイムズ社，2011）269～270頁

13）最大判昭45・7・15民集24巻7号804頁・判タ251号152頁

の訴えや申立てを妨害する目的で新株を発行したなどの特段の事情のない限り，訴えや申立ては不適法になると解される[14]。

(2) 合一的確定の要請に由来する類似必要的共同訴訟化

単独の株主がその保有する株式数を問われることなしに提訴可能な訴訟類型であっても，複数の株主からの提訴があった場合における合一的な法律関係の確定をするという見地から，弁論及び裁判の必要的な併合を行い，複数の訴えを類似必要的共同訴訟とするものがある。すなわち，会社の組織に関する訴えについては，訴えの対象となる会社組織に関する行為の無効を無効の訴えによってしか主張することができない（法828条1項）としてその主張方法を限定したうえで，被告となる会社の本店所在地を管轄する裁判所をもって管轄裁判所とする専属管轄（法835条）及び訴えの対象となる会社の組織に関する行為の効力発生日から一定の期間を定めた出訴期間の制限（法828条1項各号）を設けている。そして，そのうえで，同一の請求を目的とする会社の組織に関する訴えに係る訴訟が数個同時に係属するときは，その弁論及び裁判は併合して行わなければならないことが定められている（法837条）。旧商法に存した出訴期間経過までの間は弁論を開くことができないとする規定（旧商105条2項）は会社法で採用されなかった。合一的な確定と理論的に関連せず，かえって訴訟の遅延を招きかねないからである。

(3) 必要的共同訴訟の特徴

必要的共同訴訟の場合，それが固有必要的共同訴訟であると類似必要的共同訴訟であるとを問わず，複数の当事者が各々請求をしておりそこには数個の請求があるものと考えられる。しかし，各請求は合一的な確定を図るべく，弁論の分離をすることは許されず，共同訴訟人全員について訴訟資料の統一及び手続進行の統一が図られることになる[15]。すなわち，共同訴訟人の1人の行為は，全員の利益においてのみその効力を生ずるのであり（民訴40

---

14) 最判平18・9・28民集60巻7号2634頁（旧商法の検査役選任申請）
15) 上田徹一郎＝井上治典編『注釈民事訴訟法(2)』（有斐閣，1992）76～78頁・80～81頁〔徳田和幸〕

条1項），不利益な行為は全員が一致して行わなければその効力を生じない。共同訴訟人の1人について訴訟手続の中断又は中止の原因があるときは，その中断又は中止は，全員についてその効力を生ずることになる（同条3項）。例外として，共同訴訟人の1人に対する相手方の行為は，全員に対してその効力を生ずることになる（同条2項）。

3．会社及び取締役間訴訟における会社側の代表関係

(1) 法353条・364条・386条・408条の趣旨

　株式会社とその取締役との間において訴訟が追行される場合，馴れ合いによる不適切な訴訟追行が行われてしまうおそれを否めない。そこで，会社法は，会社が取締役に対し，又は取締役が会社に対し訴えを提起する場合には，原則どおり，会社と取締役との間の訴訟について会社を代表すべき取締役会設置会社の代表取締役や取締役会非設置会社の会社を代表すべき取締役（以下「代表取締役等」という。）の代表権（法349条1項・4項）を肯定したうえで，改めて，株主総会は，当該訴えについて株式会社を代表する者を定めることができるのであり（法353条），取締役会設置会社にあっては，株主総会による代表者の定めがないとき，取締役会において会社を代表する者を定めることができるものとしている（法364条）。もっとも，当該株式会社が監査役設置会社である場合には，監査役が当該訴えについて監査役設置会社を代表することになる（法386条1項）。ただし，ここでいう監査役設置会社とは，法2号9号で定義されている監査役設置会社のことをいうから，監査役が設置されているとしても，その監査役が会計監査権限しか有していない場合（法389条）には，当該監査役は株式会社を代表して訴訟を追行することができない（法389条7項）[16]。

---

16) 公開会社でない株式会社（監査役会設置会社及び会計監査人設置会社を除く。）は，その監査役の監査の範囲を会計に関するものに限定する旨を定款で定めることができる（法389条1項）。商業登記においては，監査役の監査の範囲を会計権限に限定する旨の定款の定めがある場合でも，「監査役設置会社」として登記される（法911条3項17号）。他の登記事項から法2条9号の監査役設置会社であることが明らか（監査役会設置会社である旨の登記がされている場合，会計監査人設置会社である旨の登記がされている場合，公開会社であって監査役設置会社である旨の登記がされている場合など）でない限り，定款を確認する必要がある。

ところで、監査役の権限については、会社法の施行に伴う関係法律の整備等に関する法律による経過措置との関係でも問題となる。会社法施行前の旧株式会社（会社法施行前の商法特例法上の小会社）・旧有限会社に置かれていた監査役の圧倒的多数は、その権限が会計監査権限に限られているものであった。それらのほとんどについては、会社法施行後も、その権限に変更はなく、かつ、当該会社の定款には、監査役の監査の範囲を会計に関するものに限定する旨の定款の定めがあるものとみなされている（会社法整備法24条・53条）。そのみなされた内容が、当該会社において明確に意識されず、「定款」と題する書面（形式的な意味での定款）には表されていない可能性があるため、その書面上の記載どおり「監査役の監査の範囲を会計に関するものに限定する旨の定款の定め」がないものと即断することはできない。なお、会社法施行前の商法特例法上の小会社のうち公開会社であるものの監査役については、会社法施行後は、一律に業務監査権限を有することとなり、そのため、会社法施行前に就任していた旧小会社の監査役の任期は、会社法の施行により満了したものとされている。また、会社法施行前の商法特例法上の大会社（いわゆるみなし大会社で、委員会等設置会社ではなかったものを含む。）は、当該旧株式会社の定款に監査役会及び会計監査法人を置く旨の定めがあるものとみなされている（会社法整備法52条）。委員会設置会社においては、監査委員（当然に取締役である〔法400条2項〕。）が当該訴えに係る当事者である場合は、株主総会が代表する者を定めていればその者、定めていなければ取締役会が定めた者が会社を代表し、それ以外の場合は、監査委員会が選定する者が代表する（法408条1項）。

　なお、株主代表訴訟に関する訴えの提起の請求を受ける権限（法847条1項）、取締役の責任を追及する訴えに係る訴訟告知（法849条3項）、和解に関する通知及び催告（法850条2項）を受ける権限についても、監査役設置会社においては監査役に帰属させることにしている（法386条2項）。これらの監査役の権限には、訴訟を提起するかどうかの判断権や和解に応ずるかどうかの判断権も含まれると解する[17]。

---

17) 最判平9・12・16判時1627号144頁は、旧商法275条ノ4後段に関し、監査役の権限に訴訟を提起するかどうかの判断権を含むとする。

(2) 取締役の意義

　法353条・364条・386条・408条（以下「法353条等」という。）が，会社と取締役との間の訴訟について，本来は会社を代表すべき代表取締役等の代表権を修正することを可能とし，これを株主総会や取締役会の定めた者，あるいは監査役設置会社における監査役等に付与することができるようにしたのは，代表取締役等は，本来会社の利益を図るために会社を代表して訴訟を追行すべきところであるが，訴訟の相手方が同僚の取締役である場合には，会社の利益よりもその取締役の利益を優先させ，いわゆる馴れ合い訴訟により会社の利益を害するおそれがあることから，これを防止する趣旨によるものである[18]。そして，この馴れ合いのおそれは，個別的事情に基づいてではなく，取締役の地位ないし権利義務の有無によって類型的・定型的に判断すべきものと解すべきである。

　そして，ここにいう取締役とは，取締役会設置会社における代表取締役（法362条3項），業務担当取締役（法363条1項2号），いわゆる平取締役，あるいは社外取締役（法2条15号）のいずれであるかを問わず，また，取締役会非設置会社における会社を代表すべき取締役（法349条1項）又は代表権を有しない取締役の別も問われない。なお，取締役の権利義務者（法346条）及び職務代行者（法352条）も含まれると解する[19]。

　また，法353条は，取締役には取締役であった者を含むことを明らかにしており，退任取締役も含まれる。したがって，訴訟の係属中に相手方である取締役がその地位を失ったとしても，会社を代表すべきものと定められた者や監査役等の当該訴訟に関する代表権限は失われない[20]。

　そして，会社の取締役である者が，株主等の会社組織上の他の資格又は個人的な権利関係上の地位において会社に対する訴えを提起した場合であっても，馴れ合い訴訟の危険性を解消しようとする法353条等の趣旨に照らし，取締役が取締役としての資格において訴えを提起する場合であるか，取締役

---

18) 最判平5・3・30民集47巻4号3439頁（旧商特24条1項の事案）
19) 上柳克郎ほか編『新版注釈会社法(6)』（有斐閣，1987）473～474頁〔鴻常夫〕
20) 旧商法275条ノ4，旧商法特例法24条の下における解釈でも同様の結果が導かれていた。前掲注17)最判平9・12・16

が他の会社組織上の他の資格又は個人としての地位において訴えを提起する場合であるかによってその危険性に変わるところがないといえるから，取締役が他の会社組織上の他の資格又は個人としての地位において訴えを提起する場合にも，法353条等の適用があると解すべきである[21]。

(3) 自らが代表取締役等であることを主張する者等との間の訴訟

ところで，会社を代表する代表取締役等において当該訴訟の相手方を取締役と認めていないときは，前記の意味における馴れ合いのおそれはないことが明らかであるから，代表取締役等において取締役と認めていない者は，ここにいう取締役に当たらないと解される[22]。そうすると，代表取締役等において取締役であると認めていない当事者である以上，例えばその者が原告となる取締役地位確認訴訟であると，被告となる地位不存在確認訴訟であるとを問うことなく，法353条等の適用はないことになる。このような会社の認めない自ら取締役であると主張する者との間の訴訟については，会社を代表する者は代表取締役等となる。

もっとも，原告が自らが代表取締役等であることを主張して，会社に対し，代表取締役等の地位確認訴訟を提起する場合の会社代表者が原告であるのか他の誰になるのかという問題がある。

このような場合には，会社の代表取締役等において原告の代表取締役等である地位を認めていないであろう[23]から，前記のとおり，法353条等の適用はなく，原則のとおり代表取締役等が会社の代表者となるはずである。しかし，原告の主張によれば原告自身が会社の代表取締役等となるはずであるため，ここで更に，会社を代表すべき代表取締役等を誰として訴訟を進めるのかという問題が生ずる。この点については，真実の代表取締役等をもって代表者とすべきであるという考え方があり得るが，誰が代表者であるかは審理対象そのものであって，訴訟追行権ないしその代表権を決すべき訴訟係属段

---

21) 横浜地判昭40・10・25下民集16巻10号1588頁，東京高判昭54・5・16判時946号107頁
22) 前掲注18)最判平5・3・30
23) 会社の代表取締役において原告の代表取締役たる地位を認めていれば，当該訴訟は訴えの利益を欠くことになる。

階においてはこれを確定的に決することができない。しかも，審理途中で裁判所が訴状で表示された代表者以外の者が真実の代表者であると考えた場合において，訴訟における代表者を交代させてそれまでの訴訟手続を追認させる手続の負担や，仮に上訴審の心証が原審の判断と異なった場合の混乱も看過することができないため，妥当な見解とはいい難い。また，特別代理人を選任するという考え方があり得るが，紛争と無関係な第三者が訴訟追行するよりも，実質的な対立当事者である会社において代表取締役等と取り扱われている者が代表者として訴訟に関与した方が，充実した訴訟追行を期待することができ，真実発見にも資するであろうし，その者が会社を実際上支配し経営を担当しているのが通常であって，事の実体に即しているともいえるから，その者をもって代表者と取り扱うべきである[24]。

しかし，以上とは逆に，前記の自ら取締役であることを主張する取締役との間の訴訟とは異なり，例えば原告の会社に対する取締役地位不存在確認請求のように，会社を代表する代表取締役等は原告が取締役であると主張し，原告がこれを否認しているような場合については，取締役の地位の存否自体が争いになっている以上は馴れ合い訴訟のおそれがないとして適用を否定する見解もある[25]。しかし，代表取締役等が原告を取締役と認めている場合には，原告を株主による責任追及（法847条）から免れさせるためなどの馴れ合い訴訟も考えることができるのであるから，このような場合についても，法353条等の適用を肯定すべきである[26]。

---

24) 大阪地判昭27・12・5 下民集3巻11号1732頁，奈良次郎「法定代理人についての若干の考察」民訴24号（1978）58〜59頁，菊井維大＝村松俊夫『全訂民事訴訟法1〔補訂版〕』（日本評論社，1984）324頁，川畑正文「商法特例法24条について（会社訴訟を中心に）」判タ1050号（2001）55頁，東京地方裁判所商事研究会編・前掲注12) 64〜65頁

25) 大隅健一郎＝山口幸五郎『総合判例研究叢書(3)商法(4)』（有斐閣，1958）153頁，大隅健一郎編『株主総会』（商事法務研究会，1969）553頁〔今井宏〕

26) 大阪高判平8・7・10判タ937号242頁，川畑・前掲注24) 55頁・57頁，近藤昌昭「会社関係訴訟における会社を代表すべき者」門口正人編『新・裁判実務大系(11)会社訴訟・商事仮処分・商事非訟』（青林書院，2001）10頁

4．専属管轄

　商事関係訴訟においては専属管轄の定めが置かれていることが少なくなく，会社の組織に関する訴え（法835条1項），責任追及等の訴え（法848条），役員等の解任の訴え(法856条)，社債発行会社の弁済等の取消しの訴え(法867条)といった様々な訴訟において，被告となる会社の「本店の所在地を管轄する地方裁判所」に専属管轄を設けている。このような専属管轄を設けているのは，一般的には，同一の原因により複数の者から訴訟が提起されることがあるので，弁論や裁判の併合をすることによって判断が区々になることを防ぐためである[27]。具体的には，例えば責任追及等の訴えに関する法848条についてみれば，個々の株主が会社のために取締役の責任を追及する代表訴訟（法847条）ばかりでなく，会社自身が取締役の責任を追及する訴え（法423条1項等）を含めて，株主の提起する代表訴訟の場合は会社又は他の株主が，会社の提起する訴訟の場合は株主が，いずれも共同訴訟人として訴訟に参加することを容易にすることにその趣旨があると説明される[28]。

　ところで，管轄裁判所たる「本店の所在地」の意義については，①登記簿の記載にかかわらず実質的な営業の本拠地をいうとする実質説[29]と，②定款で定め登記をした本店の所在地をいうとする形式説[30]とが対立している。この点については，㋐会社法が会社に関する訴えの多くについて専属管轄としている前記の趣旨から，管轄裁判所は形式的・画一的に決定される必要があること，㋑「本店の所在地」は，会社法上，定款の絶対的記載・記録事項（法27条3号）であり，かつ，登記事項として規定されており（法911条3項3号・912条3号・913条3号・914条3号），同一の法律内の文言は統一的に解釈されるべきであること，㋒民事訴訟法4条4項の管轄については実質説が多数説であるが，同項は「主たる事務所又は営業所」と規定しており，会社法・旧商法とは異なる文言が使わ

---

27) 東京地方裁判所商事研究会編・前掲注12) 5頁
28) 大阪高決昭54・1・16判タ381号154頁
29) 東京高決平10・9・11判タ1047号289頁
30) 東京高決平11・3・24判タ1047号289頁

れていること等にかんがみれば，商事関係訴訟にいう「本店の所在地」とは，定款で定めて登記をした本店の所在地を意味すると解するのが相当である[31]。

5．出訴期間に伴う主張制限

商事関係訴訟の類型には，設立無効の訴えなど法828条1項各号掲記の訴えや株主総会決議の取消しの訴え（法831条1項）のように出訴期間（提訴期間）の制限が設けられているものがある。これは，取消しや無効の対象となる法律関係を早期に確定し安定化させようとする趣旨による手当である。このような趣旨にかんがみると，出訴期間内に提訴をしておき，それから初めて対象となる権利関係に係る瑕疵を探索し主張することを許容するとすれば，出訴期間を設けた趣旨が没却されてしまう。そこで，出訴期間経過後に新たな取消し又は無効の原因となるべき瑕疵の主張をすること[32]は許されないと解すべきことになる。株主総会決議取消しの訴えについて，出訴期間経過後に新たな取消事由を追加することは許されないとする最高裁判例がある[33]。

もっとも，決議無効確認の訴えの無効原因として主張されていた瑕疵が取消原因に該当し，しかも，その訴えが出訴期間経過前に提起されている場合には，決議取消しの主張が出訴期間経過後にされたとしても，当該決議取消しの訴えは，出訴期間との関係では決議無効確認の訴えの提起時に提起されたのと同様に取り扱われる[34]。

6．処分権主義・弁論主義の適用制限

(1) 問題点

商事関係訴訟の類型の中には，本書の各論で記述される株主総会決議取消しの訴えをはじめとする会社の組織に関する訴えのように明文規定（法838

---

31) 東京地方裁判所商事研究会編・前掲注12) 5～6頁
32) 形成訴訟については，特定の取消・無効原因ごとに独立の訴訟物が存在するのではなく，請求を理由付ける攻撃防御方法であると解することを前提とする。
33) 旧商法248条1項の下における最判昭51・12・24民集30巻11号1076頁
34) 最判昭54・11・16民集33巻7号709頁

条）により，あるいは，取締役の地位確認の訴えのように解釈により[35]，その認容判決に対世効が付与されているものがある。そして，馴れ合いなど不当な訴訟追行が行われた場合に，認容判決に与えられた対世効の存在から利害関係人の受ける不利益にかんがみるとき，その訴訟物に関して会社を含めた訴訟当事者限りの処分権限を与えているとは解し難いのではないかとして議論されるものがある。このような観点から，認容判決に対世効がある主に株主総会決議取消しの訴えや解散の訴えにおいて，私的自治を前提とする処分権主義や弁論主義の適用が制限されるかという問題が提起されている。

(2) 学説・裁判例の概要

　処分権主義・弁論主義の適用制限の有無の問題に関する裁判例及び学説の状況は，大まかにいえば，商事関係訴訟といえども当事者主義が採られる民事訴訟の枠組みの中にあることを前提にしたうえで，各々が拠って立つ訴訟の私益・公益の位置付け，訴訟当事者限りの訴訟物の処分権の有無，利害関係人の保護の要否ないし方法に関する観点から議論されている。すなわち，処分権主義に関する訴えの取下げ，請求の放棄・認諾，和解，弁論主義に関する自白の拘束力，訴訟進行に関する職権探知主義について，①訴訟の私益性，訴訟物の処分権限を肯定し，利害関係人の保護のために訴訟参加や訴訟告知等の方法もあるとして，訴えの取下げ，請求の放棄・認諾，和解，自白の拘束力を肯定し，職権探知主義を否定する見解，②訴訟の利害関係人への影響とその保護する手段の不備から当事者限りの訴訟物に関する処分権限を否定し，請求の放棄・認諾，和解，自白の拘束力を認めない，あるいは，少なくとも他の利害関係人に影響を及ぼす可能性のある請求の認諾，和解，自白の拘束力を否定する見解，③その中間にあって，請求の放棄・認諾は否定するが，自白の拘束力を肯定する見解に分かれている。そして，①及び②の間の分かれ目は，訴訟に関与していない利害関係人の保護，すなわち，馴れ合い訴訟の防止の観点から訴訟当事者限りの処分権限を肯定するか否かという点に根幹があるものと考える。また，③は，当事者主義の中の処分権主義と弁論主義とは次元を異

---

35) 最判昭44・7・10民集23巻8号1423頁

そしてと説明するか，統一的に解すべきものと考えるかによるものである。

そして，各場面ごとにおける学説・裁判例の概要は，次のとおりである[36]。

(a) **請求の認諾**　請求の認諾の可否については，認諾の要件として当事者が訴訟物に係る係争利益を実体法上任意に処分することができることが必要であるところ，商事関係訴訟では当事者に係争利益の処分権限がないことや，利害関係人である第三者について訴訟参加や再審の方法があるとの指摘はあるが，民事訴訟法上，職権による訴訟参加の制度は存在せず（民訴53条参照），当事者が第三者に訴訟告知することを拒めば裁判所としてはそれ以上に第三者の利益に配慮する手段が存しないことから，許されないとする見解[37]と，商事関係訴訟といってもそれは対立当事者間の経済的利益をめぐる私的闘争であり，人事訴訟や行政訴訟のような公益性を認めることは困難であること，職権探知の裏付けもないのに認諾を否定しても実質上は何の意味もないこと等から，許されるとする見解[38]とに分かれている。

(b) **請求の放棄**　請求の放棄の可否については，原告の訴訟追行はその個人的利益のためだけではなく，利害関係人の利益をも代表して行われているとして，許されないとする見解[39]と，請求の放棄は認諾と違って対世効がないことや，訴えの取下げを認めていながら請求の放棄を禁止するのは不合理であることから，許されるとする見解[40]とに分かれている。

(c) **訴えの取下げ**　訴えの取下げ自体には再訴を遮断する効果はないことから，訴えの取下げに関する一般制約（民訴261条）に従う限り，原告において自由に訴えを取り下げることができると解されている[41]。

---

36) 以下の学説・裁判例の整理は，東京地方裁判所商事研究会編・前掲注12)55〜58頁に負う。
37) 大阪地判昭35・1・22下民集11巻1号85頁，鳥取地判昭42・4・25判タ218号219頁，東京地判昭46・2・22判時633号91頁，菊井＝村松・前掲注24)805〜806頁・1339頁，兼子一ほか『条解民事訴訟法』（弘文堂，1986）709頁，小室直人「形成訴訟における処分権主義・弁論主義の制限」西原寛一先生追悼『企業と法(上)』（有斐閣，1977）364頁，大隅健一郎＝今井宏『会社法論(中)〔第3版〕』（有斐閣，1992）131〜132頁，東京地方裁判所商事研究会編・前掲注12)57頁
38) 大隅編・前掲注25)556頁〔今井〕，斎藤清實「株主総会決議不存在確認訴訟と請求の認諾」『司法研修所創立20周年記念論文集第2巻』（法曹会，1968）243頁
39) 菊井＝村松・前掲注24)805〜806頁，大隅＝今井・前掲注37)131〜132頁
40) 小室・前掲注37)363頁，長谷部茂吉『裁判会社法』（一粒社，1964）219〜220頁，東京地方裁判所商事研究会編・前掲注12)56頁
41) 東京地方裁判所商事研究会編・前掲注12)57〜58頁

(d) **訴訟上の和解**　訴訟上の和解の可否については，和解の前提として当事者が訴訟物に係る係争利益を実体法上任意に処分することができなければならないから，対世効の存在により当事者に係争利益の処分権限がない商事関係訴訟では許されないとする見解[42]，請求の認諾・放棄が可能であるから許されるとする見解[43]，訴訟物について請求の放棄・取下げをする和解は可能であるが，訴訟物について処分をする和解は請求の認諾と同じ問題が生じることから行うことができないとする見解[44]とに分かれている。

なお，仮に法的に和解が可能であると解しても，登記実務上，和解調書では登記嘱託ができないので，登記に関わる訴訟については，その点に留意する必要がある。

(e) **自白の成立（自白の拘束力）**　自白の成立，すなわち自白の拘束力を認めることの可否については，商事関係訴訟では，訴訟に参加しなかった第三者に不利益な判決の効力が及ぼされる可能性があるため，自白の成立は否定すべきである，あるいは，当事者の処分権を認めないという理由で請求の認諾を認めないという立場を採用するのであれば，請求の認諾と自白の拘束力を別異に解する理由は見出せず，自白の拘束力も認めないのが理論的に一貫するとする見解[45]と，商事関係訴訟といっても財産権上の争いにすぎず公益性が認められないこと，判決効を受ける第三者の保護は訴訟参加や再審などによって図ることが可能であることから，自白の成立を認めるべきであると解する見解[46]とに分かれている。

(f) **職権探知主義の適用の可否**　職権探知主義の適用の可否については，判決効を受ける第三者を保護するために適用を認めるべきであるとする見解[47]と明文の規定がない以上，適用は認められないとする見解[48]とに分か

---

42) 兼子ほか・前掲注37)715頁，大隅＝今井・前掲注37)131〜132頁
43) 斎藤・前掲注38)243頁，長谷部・前掲注40)219〜220頁
44) 東京地方裁判所商事研究会編・前掲注12)56頁
45) 大阪地判昭28・6・29下民集4巻6号945頁，大阪地判昭35・1・22下民集11巻1号85頁，鳥取地判昭42・4・25判タ218号219頁，菊井＝村松・前掲注24)805〜806頁，竹下守夫「裁判上の自白」民商44巻3号（1961）468頁，大隅＝今井・前掲注37)131〜132頁
46) 岡山地判昭33・1・13高民集11巻10号748頁，東京地判昭46・2・22判時633号91頁，東京高判昭54・4・26判タ389号141頁，大隅編・前掲注25)556頁〔今井〕，斎藤・前掲注38)240頁，岩松三郎＝兼子一編『法律実務講座第2編第4巻民事訴訟編』（有斐閣，1961）33頁

(3) 検　　討

　処分権主義に関する訴えの取下げ，請求の放棄・認諾，和解，弁論主義に関する自白の拘束力，訴訟進行に関する職権探知主義の各適用の有無については，基本的に，判決に対世効が認められている商事関係訴訟において，当事者間が馴れ合いにより認容判決を得ようとしているのではないかと疑われる事案が決して珍しくなく，判決効によって利益を侵害される第三者の保護をどのように図るかが大きな問題となっているとの実務上の認識[49]を踏まえて，訴訟当事者の訴訟活動の便宜や裁判所の労力軽減に偏することなく，利害関係人の保護の見地からも耐えることのできるような解釈を採用すべきであろう。

　そうすると，再訴を遮断する効果がない訴えの取下げをすることが自由であることはもちろん，対世効がなく第三者の利害を害することのない請求の放棄についても，制限する必要はない。しかし，請求の認諾については，対世効を生ずる訴訟物に関しては当事者に係争利益の処分権限がないと解すべきであり，また，任意的な訴訟告知の促し以上には第三者の利益に配慮する手段が存しないことを踏まえると，認諾はできないものと解すべきである。そうすると，和解については，訴訟当事者には訴訟物の処分権限がないとし，対世効の存在により利害関係人の保護が必要であるとした以上，原則として和解をすることはできないが，対世効のない請求の放棄ないし取下げを実質的な内容とする和解であれば可能であると解する[50]。また，自白の拘束力についても，当事者の処分権がないゆえに請求の認諾ができないと解するのであれば，請求の認諾と自白の拘束力を別異に解する合理的理由は見出せないのであり，むしろ，自白の拘束力を否定することが理論的に一貫するも

---

47)　小室・前掲注37) 364頁
48)　菊井＝村松・前掲注24) 805～806頁，塚原朋一「解散判決を求める訴え」山口和男編『裁判実務大系(21)会社訴訟・会社非訟・会社整理・特別清算』（青林書院，1992) 187～188頁
49)　東京地方裁判所商事研究会編・前掲注12) 57頁
50)　しかし，請求の放棄は訴訟物の処分をすることができない以上，許されないとするのが，現在の東京地裁の取扱いと思われる。このように解するときの和解は請求の放棄ではなく，訴えの取下げの体裁をとることになる（東京地方裁判所商事研究会編『類型別会社訴訟Ⅱ〔第3版〕』（判例タイムズ社，2011) 937頁）。

のと考える。さらに，職権探知主義の適用，すなわち職権証拠調べを行うことは，明文がないため否定せざるを得ないと解する。

そして，このような立場に立つときは，原告は，たとえ被告が請求原因事実を自白していたとしても，そこに拘束力は認められず，なお証拠によって立証する必要があると解すべきであり[51]，原告のそれまでの立証のみで請求原因の証明があったと認めることはできず，利害関係のある第三者の言い分を聞いて事実関係を解明しなければ請求を認容することができないと裁判所が判断すれば，裁判所が原告に対して，当該第三者の人証申請や訴訟告知の予定の有無について求釈明することがあり得ることになる[52]。

Ⅲ　商事関係訴訟に係る紛争実態面の特徴

商事関係訴訟に係る事件には，実務上の観点から，性質の異なる二つの類型が存在すると指摘されている[53]。一つの類型は，大規模な物的会社に多く見られるものであって，かつて預金保険機構・株式会社整理回収機構が原告となっている破綻した金融機関の役員に対する責任追及をした訴訟や社会的な注目を集める大企業の株主代表訴訟等のように，判断内容が今後の企業法務に大きな影響を及ぼすであろう経営判断をめぐる事件であり，東京地裁における裁判手続上では，主として合議体で取り扱われている。いま一つの類型は，商事関係訴訟に係る事件の大多数を占めている小規模閉鎖会社の経営権をめぐる親族間紛争の性質を有する事件であり，主として単独事件として処理されている。そして，このような異質の事件が，商事関係訴訟，特に株式会社に関する訴訟の中に併存するという傾向は，旧商法の下で変わらず続いてきたものであり，会社法が施行されても変わらないものと考えられる[54]。

---

51)　東京地方裁判所商事研究会編・前掲注12)57～58頁，佐々木・前掲注2)19頁
52)　ただし，弁論の全趣旨を介して認定することまで一律に排除されるわけではない。当事者の訴訟対応という弁論の全趣旨も一つの証拠資料であることを否定されないからである。
53)　以下の裁判実務から見た紛争実態面の認識については，金築・前掲注2)3頁，佐々木・前掲注2)20頁，佐々木ほか・前掲注2)30頁以下，日置・前掲注2)21頁以下
54)　東京地方裁判所商事研究会編・前掲注50)932～933頁

なぜならば，このような事件の異質性は，例えば一口に株式会社といっても，株式会社に関する法制が本来的に想定していたと考えられる大規模な公開会社と，いわゆる法人成りをした小規模な閉鎖会社とが並存していることに由来する紛争実態の違いに基づくものと考えられるからである。

さて，前者の類型については，現時点では金融機関の破綻処理がほぼ一段落したことから，破綻した金融機関の役員に対する責任追及訴訟の新受事件はなくなっているが，平成14年度以降のこれらの訴訟や幾つかの株主代表訴訟の判決[55]を通じて，経営判断の原則に関する判断枠組みがほぼ確立されるに至ったものと考えられる。すなわち，経営判断の原則においては，経営判断の前提となる事実認識の過程（情報収集とその分析・検討）における不注意な誤りに基因する不合理さの有無，事実認識に基づく意思決定の推論過程及び内容の著しい不合理さの存否の二点が審査の対象とされるという判断枠組みの確立である。

また，株主代表訴訟に係る紛争の解決方法として，単なる金銭賠償による損害回復にとどまるのではなく，和解の中で将来的な会社のコンプライアンス体制の構築を志向する手法も模索されており，現に，利害関係人として会社の和解への参加を確保したうえで，会社及び役員の資金拠出により，会社グループの経営に関し法令を遵守した適正・適法な運営を確保するため，法曹関係者，学識経験者，公認会計士等の第三者から構成される会社の代表取締役社長に対する助言機関を設営することを内容とする和解の成立が報告されている[56]。

後者の類型にあっては，会社法により新設された取締役会非設置会社の会社実務がコンプライアンス面でどのように展開するのかはともかく，少なくとも旧商法下では，ワンマン経営者の支配下にあって株主総会や取締役会が適法に開催されておらず，あるいは株主名簿と題する書類はあっても旧商法

---

55) 東京地判平5・9・16判時1469号25頁（野村證券損失補填事件（第一次））を嚆矢とし，東京地判平14・4・25判時1793号140頁（長銀初島事件），東京地判平14・7・18判時1794号131頁（長銀イ・アイ・イ事件第一次判決）等を経て，東京地判平16・3・25判時1851号21頁・判タ1149号120頁（長銀ノンバンク支援事件）

56) 東京地裁平成15年(ワ)第4414号損害賠償請求事件の和解（公刊物未登載・株式会社日本経済新聞社の株主代表訴訟）

の規定する要件を充足した株主名簿が整備されていない，場合によっては株主名簿と題する書類すらない事案が少なくなく，それでも社会的・経済的存在として問題なく推移していたのが，代表取締役の死亡による相続問題や高齢による引退を契機とする親族間紛争に起因して，より広範囲の紛争の一部分としての商事関係訴訟が提起されるといったものが多いという状況であった。訴訟の場における現れ方は，最初から支配権の所在をめぐって株主権の確認を求める訴訟を提起することもあれば，当初は，経営権の所在をめぐる紛争として，役員の地位の確認ないしその選任決議の効力を争う訴訟から始まり，この選任決議の効力を争う過程で支配権の帰属を端的に争うこととなって株主権確認を求める訴訟を追提起するという形になるものもあった。また，これらに併せて，従前は当事者間でまったく問題としていなかったような経営判断ないし金銭支出をとらえ，現経営陣による経営陣から排除された者に対する責任追及訴訟や，逆に経営陣により排除された側からの現経営陣に対する代表訴訟が提起される事態にも至ることも少なくなく，そうなると，親族等の間における根深い対立から，しばしば追提訴と反訴が繰り返されることになりがちであった。そこで，裁判実務のうえでは，特に同種事件の提訴を繰り返す当事者については，紛争の抜本的解決をすべく，可能な限り紛争の本質的部分に立ち入った和解を勧めたり[57]，紛争の抜本的解決につながる法律関係を訴訟物（例えば株主権の確認）とする訴訟の場を設けるように示唆するなどもしているとの紹介がされている。例えば，毎年繰り返して，自己の株式数が過半数であり決議の議決要件が欠けるとして株主総会後に株主総会決議の取消しを求める訴訟当事者に対し，根本的な解決を図るべく株主権の存否確認の訴えを提起するように示唆する事案も幾つかあったとの指摘もされている。

---

[57] 最終的には，支配株主が少数株主の株式を買い取る内容の和解により会社内部の紛争が解決をみることもある。なお，本文において例示したような事案について，東京地裁においても和解による解決を指向しているとされるが，既述の商事関係訴訟の特徴もあり，和解であっても裁判事務としては判決よりも格段に時間・労力を費やしていることも少なくないと思われるとの感想が述べられている。また，小規模閉鎖会社の内部における経営権の争いは，長年にわたる感情的な軋轢などから相当に根深いものがあるため，和解率はそれほど高くはない（日置・前掲注2）22頁）。

第2章

株主権をめぐる訴訟

I 株主権確認訴訟

1．会社法による改正

　株式については，会社法によって大幅に改正され，その範囲は，譲渡制限制度，種類株式等[1]，株主名簿，基準日[2]，自己株式[3]，単元株・端株[4]，募集株式の発行等，株券，少数株主権等多岐に及ぶ[5]。

---

1) 議決権制限株式の発行限度について，公開会社においてはその発行限度（発行済株式総数の2分の1）を超えた場合における規定を整備し（法115条），非公開会社においてはその発行限度はないものとし，また，転換株式・償還株式等に相当するものにつき取得請求権付株式・取得条項付株式として規定を整理する（法2条18号・19号）とともにその取得対価の柔軟化を図り（法107条2項2号・3号，108条2項5号・6号），普通株式に事後的に取得条項を付ける際の定款変更の要件を明らかにし（法110条・111条1項），全部取得条項付種類株式の制度を設け（法108条1項7号・171条），非公開会社につき旧有限会社法の規律に準じて剰余金の配当等に係る株主ごとの異なる定めを認める（法109条2項）等の改正がなされた。
2) 議決権に係る基準日について会社は基準日後に株式を取得した者の全部又は一部を議決権を行使することができる者と定めることができる（法124条4項）ほか，日割配当を廃止し，配当に係る基準日における株主はその株式の発行時期の如何にかかわらず同一の配当を受けるものとする（法454条3項）等の改正がなされた。
3) 自益権が認められない旨を規定上明らかにし（法186条2項・202条2項・454条3項・504条3項・749条3項等），株式の消却概念を整理してこれを株式の取得及び自己株式の消却という形式で認識することで規定を整理した（法178条）。また，市場取引等以外の方法による自己株式の有償取得に係る規定を整備し（法156条等），子会社による親会社株式取得規制について取得が許容される例外事由を拡大し（法135条2項・800条），外国子会社等による取得も規制の対象とした（法2条3号・135条1項）。

このような改正に伴い，株主権をめぐる訴訟も様変わりせざるを得ないが，特に訴訟上重要と思われる改正点は，以下のようなものがある（募集株式の発行については，第**9**章を参照されたい。）。

① 旧商法下では，原則として，株式について株券を発行することが要求されたが（旧商226条1項），例外的に，平成16年改正によって，定款の定めにより株券を不発行とすることが認められていた（旧商227条1項）。しかし，会社法214条は，この原則と例外を逆転させ，会社が定款によって株券を発行する旨を定めた場合に限って株券を発行することとし，それ以外の場合は，株券を発行することが不要とされた。

② 旧商法下では，原則として，株式の譲渡について株券の交付が求められた（旧商205条1項）。しかし，会社法では，株券の発行が例外とされたため，株券発行会社（法117条6項参照）においては，株式譲渡について株券の交付が必要であるが（法128条1項本文），それ以外の会社では，当事者間の意思表示のみによって株式譲渡がなされ，株主名簿の名義書換が会社その他の第三者に対する対抗要件とされるに至った（法130条1項）。

また，平成16年法律第88号により社債等の振替に関する法律が改正されて「社債，株式等の振替に関する法律」が定められ，同法は平成21年1月5日から施行された。同法によれば，振替株式（社債株式振替128条1項参照。上場株式がこれに当たる。）の譲渡については，譲渡人である加入者の振替の申請に基づき，譲受人が自己の口座の保有欄に増加の記載・記録を受けることにより効力を生ずるものとされる（社債株式振替140条）。その結果，株式の譲渡方法には，株券の交付，意思表示，振替手続の3種が存在することになる。

③ 旧商法下では，株式の譲渡制限の態様としては，会社が発行する全部の株式について取締役会の承認による方法しか認められていなかったが

---

4) 単元未満株式に係る株式の権利につき，旧商法下における単元未満株式に係る株式の有する権利を原則としつつ，定款の定めをもって，旧商法下における端株主に加えることができる制限（旧商220条ノ3）と同様の制限を加えることができるものとして（法189条2項），単元未満株式に係る株主の権利につき現行法上の端株主の権利との調整を図り，端株制度を廃止した（会社法整備法86条・88条）。

5) 相澤哲「会社法の概要」事業再生と債権管理110号（2005）4頁以下

（旧商204条1項ただし書），会社法は，定款の定めにより，一部の株式についてのみ譲渡制限を付すことが可能となったうえ（法108条1項4号），譲渡承認機関は，原則として株主総会（取締役会設置会社では取締役会）であるが，定款の定めにより他の機関を譲渡承認機関とすることができるものとした（法139条1項）。また，定款の定めにより，譲渡制限を付したうえで一定の場合には譲渡承認機関の承認を要しないものとすること（法108条2項4号・107条2項1号ロ）や，譲渡承認がなされない場合の先買権者をあらかじめ指定すること（法140条5項）など，株式譲渡制限に関する定款自治の範囲が拡大された。

④　会社法は，従前，不明確であった株式の名義書換の要件を明確にし，利害関係人の利益を害するおそれがないものとして法務省令が定めた場合（会社則22条）を除き，株式の譲渡人及び譲受人の共同請求により，これを行うものとした（法133条2項）。

　　また，名義書換請求と譲渡制限株式の承認手続の関係を整理し，会社が譲渡制限株式につきその譲渡承認をしない場合には，当該株式の取得者は名義書換の請求をすることができない旨を明文化した（法134条）。

なお，本章において会社という場合は，会社法上の「株式会社」を指す。

2．株式の意義及び株主権の内容

株式とは，株式会社の社員である株主の株式会社に対する法律上の地位である。一般に株主の権利は，自益権と共益権に分けられる[6]。自益権とは株主が株式会社から経済的利益を受けることを目的とする権利であり，具体的には，剰余金配当等請求権（法105条1項1号・453条・454条4項）及び残余財産分配請求権（法105条1項2号・504条・505条）[7]，名義書換請求権（法133条1項），株式買取請求権（法116条・469条等）等がある。共益権とは，株主が株式会社

6）　最大判昭45・7・15民集24巻7号804頁・判タ251号152頁参照（有限会社に関する判示）

7）　株主に対し，剰余金の配当を受ける権利及び残余財産の分配を受ける権利の全部を与えない内容の定款の定めは無効となる（法105条2項）。

の経営に参与することを目的とする権利であり，その権利行使の効果が他の株主にも及ぶものであって，単独株主権として，議決権（法105条1項3号・308条1項），株主総会決議取消権（法831条），代表訴訟提起権（法847条），取締役の違法行為差止請求権（法360条），募集株式発行等差止請求権（法210条），株主提案権（法303条1項・304条・305条1項本文）等が，少数株主権[8]として，総会招集請求権（法297条），検査役選任請求権（法306条1項～3項・358条1項・2項），解散請求権（法833条），取締役等の解任請求権（法854条），帳簿閲覧請求権（法433条）等がある[9]。

社員としての地位に基づく諸権利のうち個々の権利についてそれを別個独立に処分することはできない（ただし，株主総会決議によってある期の配当金支払請求権が確定した場合の当該具体的な配当金支払請求権は別である[10]。）。

また，会社法は，各株式の権利内容は同一であることを前提としながら，例外として，①すべての株式の内容として特別なものを定めること（法107条）[11]と，②権利内容の異なる複数の種類の株式を発行することを認めている（法108条）[12]。これは，一定の範囲と条件の下で株式の多様化を認めることにより，株式による資金調達の多様化と支配関係の多様化の機会を株式会社に与

---

[8] 少数株主権については，議決権の有無にかかわらず株主であれば当然に認められるべきものである帳簿閲覧請求権（法433条），業務財産調査のための検査役選任請求権（法358条），解散請求権（法833条），取締役の解任請求権（法854条）については，行使要件の基準として議決権基準に加えて株式数基準を加えた。他方，株主総会に関連する少数株主権，単独株主権については，株主が議決権を行使することができる事項に係る権利につきその行使を保障し，株主が議決権を行使することができない事項に係る権利についてはその行使をすることができないものとし（法297条・303条・305条・306条・310条7項），また，非公開会社における少数株主権の行使要件について，保有期間に係る要件を課さないものとした（法297条2項等）（相澤哲編著『一問一答新・会社法〔改訂版〕』（商事法務，2009）61頁）。

[9] 前田庸『会社法入門〔第12版〕』（有斐閣，2009）84頁

[10] 神田秀樹『会社法〔第14版〕』（弘文堂，2012）64頁

[11] 具体的には，①譲渡制限株式（法2条17号），②取得請求権付株式（同条18号），③取得条項付株式（同条19号）が認められる。

[12] 具体的には，①剰余金の配当について異なる内容の株式，②残余財産の分配について異なる内容の株式，③議決権制限種類株式，④譲渡制限種類株式，⑤取得請求権付種類株式，⑥取得条項付種類株式，⑦全部取得条項付種類株式，⑧いわゆる拒否権付種類株式，⑨選解任種類株式が認められる。なお，非公開会社では，剰余金配当・残余財産分配・議決権について株主ごとに異なる取扱いとする旨を定款で定めることができ，その場合，その定めによる株式は，株式会社と社債に関する規定との関係では「内容の異なる種類」の株式とみなされる（法109条2項・3項）。

えようとの趣旨である[13]。

　なお，平成13年6月改正前の旧商法は，額面株式（定款において1株の金額の定めがあり，かつそれが株券に表示される株式）と無額面株式（株券に券面額の記載がなく単にその表章する株式数のみが記載される株式）を認めていた。額面株式の券面額は，①資本の額は株金総額以上でなくてはならないことと，②出資単位を規制するという意味を有するものとされていたが，前者はそれを要求する理由が不明確であり，後者は平成13年6月の商法改正により出資単位規制が撤廃されたことから，同商法改正により，額面株式そのものも廃止されるに至った[14][15]。

3．株主権確認訴訟の性質

　原告の株主としての地位について争いがある場合に，原告は，原告の株主権を争っている者を被告として，株主権確認請求訴訟を提起することができる。これは通常の確認訴訟であり，弁論主義，処分権主義が適用される。会社法上，専属管轄や対世効，訴訟手続等について特別の定めはない。

4．株主権確認訴訟の請求原因事実等

(1) 当　事　者

　株主権の帰属について争いのある株主相互間でなされた株主権確認の訴えは，仮に原告が勝訴しても当該会社に対して効力が及ばないことを理由に，訴えの利益を否定する見解がある[16]。しかし，最判昭35・3・11民集14巻3号418頁は，有限会社の持分権確認訴訟について，争いある当事者のほかに当該会社との間に合一に確定する必要はなく，固有必要的共同訴訟とはならないと判示しており，これによれば，株主権確認訴訟についても同様に，会社を常に被告とする必要はないといえる。

---

13) 神田・前掲注10）71頁
14) 神田・前掲注10）63頁
15) 江頭憲治郎『株式会社法〔第4版〕』（有斐閣，2011）121頁
16) 大阪高判昭54・10・19判時955号115頁

(2) 請 求 原 因

　株主と称する者と会社以外の第三者間における株主権確認訴訟では，原告は，請求原因として，株券不発行会社の株式（振替株式を除く。）では株式の取得原因事実を主張立証する必要がある。また，株券発行会社の株式では，（株式の取得原因事実及び）株券の交付を受けたこと（法128条１項本文）を主張立証する必要がある（株式の取得原因事実については，株券の占有者が権利者と推定されるとの法131条１項の規定がこの場合にも適用されるかどうかにかかわる。）。

　振替株式については，振替口座簿（社債株式振替12条３項・45条２項）への増加の記載・記録が移転のための効力要件であるため（社債株式振替140条・141条），振替口座簿への増加の記載・記録の事実が請求原因となる。また，振替株式の口座の記載には，口座名義人の権利について推定力があり，当該口座名義人からの譲渡によって自己の口座に増加の記載・記録を受けた者は，譲渡人の無権利について悪意・重過失がない限り振替株式に対する権利を善意取得することから（社債株式振替144条），譲受人の権利取得を争う者の方で，抗弁として，「譲受人が譲渡人の無権利について悪意ないし重過失であること」を主張立証する必要があるものと考えられよう。

　株主名簿の書換は，株券発行会社では会社に対する対抗要件であり，株券不発行会社では会社その他の第三者に対する対抗要件であるから，請求原因とはならない（法130条１項・２項）。株券発行会社においては，株券の交付は，株式譲渡による権利移転の成立要件であり，対抗要件とはされていない[17]。株券の交付は，現実の引渡しのみならず，簡易の引渡し，占有改定又は指図による占有移転（民182条～184条）でもよい。また，株券不所持制度における不所持株券（法217条）についても，譲渡人がいったん会社から株券の発行を受けたうえで（同条６項），譲受人に交付する必要がある。

(3) 名義書換の主張立証の要否

　原告は，株主名簿の名義書換を経なければ，会社に対して自己が株主であることを対抗できない（法130条１項・２項）。ところで，原告が会社に対して

---

17) 東京地判昭63・11・24判タ701号251頁

株主権確認訴訟を提起する場合における主張立証責任の分配に関し，原告としては，会社に対する対抗力を有していることを請求原因として主張立証する必要があるとする見解がある[18]。しかし，名義書換は会社に対する対抗要件の問題であるから，原告が請求原因として名義書換を経ていることを主張立証する必要はなく，会社が名義書換未了による対抗要件の欠如を抗弁として主張した場合に初めて，原告は再抗弁として，名義書換を経たことないし会社に対し適法な手続で名義書換請求をしたにもかかわらず会社がこれを拒否したことを主張立証すれば足りると考えられる。したがって，会社から対抗要件の抗弁が出されない場合にまで，名義書換未了を理由に原告の請求を棄却することはできない。

5．名義株主の問題

旧商法下では，他人と通じてその名義で株式を引き受けた場合，株式引受人となり株主となるのが名義貸与者であるのか，名義借用者であるかについては，①名義人（名義貸与者）が株主であるとする形式説と，②実際に払込み・対価の提供を行った行為者が株主であるとする実質説の対立があった[19]。形式説は，会社における株式の集団的・大量的処理の必要上，株主は株主名簿の記載により画一的に定められるべきであること等をその理由とするが，最判昭42・11・17民集21巻9号2448頁は，新株発行に際し，他人の承諾を得てその名義を用いて株式の引受けがなされ，名義貸与者と名義借用者のいずれが株主になるかが争われた事案について，「他人の承諾を得てその名義を用い株式を引き受けた場合においては，名義人すなわち名義貸与者ではなく，実質上の引受人すなわち名義借用者がその株主となるものと解するのが相当である。けだし，商法第201条は第1項において，名義のいかんを問わず実質上の引受人が株式引受人の義務を負担するという当然の事理を規定し，第

---

18) 山口和男編『裁判実務大系㉑会社訴訟・会社非訟・会社整理・特別清算』（青林書院，1992）71頁〔野村直之〕
19) 旧商法201条2項は，他人と通じて他人名義で株式を引き受けた者は，当該他人と連帯して払込みをする義務を負うとされていたが，会社法では引き継がれていない。

2項において，特に通謀者の連帯責任を規定したものと解され，単なる名義貸与者が株主たる権利を取得する趣旨を規定したものとは解されないから，株式の引受及び払込については，一般私法上の法律行為の場合と同じく，真に契約の当事者として申込をした者が引受人としての権利を取得し，義務を負担するものと解すべきである」として実質説を採ることを明らかにし[20]，これを支持するのが多数説である[21][22][23]。なお，この場合，株式引受人が会社に対してその権利を行使するためには，自己が真実の引受人であることを証明して名義書換をする必要があり，会社は名義書換がなされるまでは名義人を株主として扱っても悪意・重過失がない限り免責される。また，名義貸しの事実が明らかとなった場合には，会社は株主名簿上の名義の訂正ができると解される[24]。

　実際の株主権確認訴訟では名義貸しの主張がしばしばなされるが，その認定に当たっては，株式取得資金の拠出者，名義貸与者と名義借用者との関係及びその間の合意の内容，株式取得の目的，取得後の利益配当金や新株等の帰属状況，名義貸与者及び名義借用者と会社との関係，名義借りの理由の合理性，株主総会における議決権行使の有無等を総合的に判断するべきである[25]。なお，平成2年の商法改正により，発起人の員数の下限は7人から1人とされたことから，名目的発起人を揃える必要はなくなった。そのため，同改正以降は，発起人名義の株式引受人を名義株主と認定するには相当の根拠が必要であると考えられる[26]。

---

20) 最判昭50・11・14金法781号27頁
21) 江頭・前掲注15)94頁
22) 北澤正啓『会社法〔第6版〕』（青林書院，2001）91頁
23) 大隅健一郎＝今井宏『会社法論(上)〔第3版〕』（有斐閣，1991）232頁
24) 大隅＝今井・前掲注23)233頁
25) 東京地判昭57・3・30判タ471号220頁，東京地判平23・7・7判タ1377号164頁等
26) 山口編・前掲注18)74頁〔野村〕

6. 株式譲渡

(1) 株式自由譲渡の原則

　会社では，一方で，原則として株主の個性が重視されないから，その地位の自由譲渡性を認めても差し支えなく，他方で，資本維持の原則から株金の払戻しが原則として認められていないから，株主にとっては，株式譲渡が唯一の投下資本回収の手段であるので，その自由譲渡性を保障する必要がある（法127条）。しかし，この自由譲渡性には，会社法上いくつかの制限があり，また定款でそれを制限することも可能である。さらに会社法以外の法律の規定による制限（独禁9条・10条1項・11条・14条・17条，日刊新聞紙の発行を目的とする株式会社の株式の譲渡の制限等に関する法律等）もある[27]。以下，株式譲渡の例外とされる場合の問題点等を概観する。

(2) 権利株の譲渡

　株式引受人としての地位（権利株）の譲渡契約は，当事者間では有効とされる。しかし，会社に対する関係では，株式引受人の地位の譲渡をもって対抗できない（法35条・50条2項・63条2項・208条4項）。従前，会社側から権利株の譲渡を認めることができるかどうかについては，これを否定し，会社はすべての関係で譲渡人を株式引受人として扱うことが必要であるとする見解[28]と，権利株の譲渡制限の趣旨が株式引受人が交代する場合に生ずる設立手続又は新株発行手続の煩雑と渋滞を防止することにあるから，会社から権利株の譲渡を認めることは差し支えないとする見解[29][30]に分かれていたが，会社法35条は，後者の見解に立つことを明らかにした。

27）　前田・前掲注9）143頁
28）　大隅＝今井・前掲注23）256頁
29）　江頭・前掲注15）79頁
30）　北澤・前掲注22）212頁

(3) 株券発行会社における株券発行前の株式譲渡

　株券発行会社では，譲渡の合意及び株券の交付によって，株式譲渡の効力が発生することから（法128条1項），株券発行前に株式譲渡がされた場合の効力が問題となる。この点，株券発行会社が株券の発行前に行った株式譲渡は，当事者間に債権的な効力を生じさせるのみであり，会社及び当事者間との関係で譲渡の効力を生じないと解される（法128条2項）。この場合，会社の側から譲渡の効力を認めることは可能であるとする見解もあるが[31]，株券発行会社の場合には，株券の交付がない場合は譲渡当事者間でもいまだ株式譲渡の効力が生じないのであるから，会社が譲受人を株主として取り扱うことには疑問がある[32)33]。

　ところで，旧商法の下では，同族会社などの場合には，会社の成立後又は新株発行の効力発生後に株券を発行していないことは稀ではなかった。会社法施行後は，株券不発行会社の場合は，株式の譲渡は当事者間の意思表示のみによって可能となるが，定款で株券の発行を定めた株式会社（なお，会社法整備法76条4項により，会社法施行時に存続する会社は，株券不発行の定款変更（法218条）をしない限り，株券発行会社である旨の定款の定めがあるものとみなされる。ただし，振替株式を発行している会社（上場会社）については，株式振替制度の施行日である平成21年1月5日を効力発生日として，株券を発行する旨の定めを廃止する定款の変更の決議をしたものとみなされる。）については，遅滞なく（法215条1項）株券の発行がなされない場合に，当事者間の意思表示のみによってなされた株式譲渡の効力が問題となり得る[34]。この点について，判例[35]は，当初，旧商法204条2項（法128条2項）の制限は，株券発行前の譲渡方式に一定されたものがないことによる法律関係の不安定を除去しようとする趣旨であることを根拠に，株券発行のための合理的期間経過後でも株券未発行の株式譲渡の株式会社に対する効力を否定していた。しかし，その後，最大判昭47・11・8民集

---

31) 北澤・前掲注22) 213頁
32) 江頭・前掲注15) 222頁
33) 大隅＝今井・前掲注23) 438頁
34) ただし，非公開会社の場合は，株主から請求がなされるまでは，株券を発行しなくてもよい（法215条4項）。
35) 最判昭33・10・24民集12巻14号3194頁

26巻9号1489頁は，会社が株券発行を4年余遅滞していた事案において，大要「〔旧〕商法204条2項の趣旨は，株券が遅滞なく発行されることを前提とし，その発行が円滑，正確に行われるようにするため，その発行前の株式譲渡を会社に対する関係で無効としたものであり，その前提を欠く場合まで一律に譲渡を無効とすることは適当ではない。ただし，安易に上記規定の適用を排除するのは，株主の地位に関する法律関係を不明確，不安定ならしめるおそれがあるが，少なくとも，会社が株券の発行を不当に遅滞し，信義則に照らして株式譲渡の効力を否定するを相当としない状況に立ちいたった場合においては，株主は，意思表示のみによって有効に株式を譲渡でき，株式会社は，もはや，株券発行前であることを理由としてその効力を否定することができない。」旨の判示をし，株券発行を遅滞した場合に，株券の交付なくして株式譲渡が可能となることを明らかにした。同最大判の趣旨については，株券発行に通常必要な合理的期間を過ぎたときは旧商法204条2項の適用がないとする見解（合理的時期説）を採ったものか，会社が株券の発行を不当に遅滞しながら株券の発行がないことを理由に譲渡の効力を否定するのは信義則に反するという見解（信義則説）を採ったのかは必ずしも明らかではないが，株券発行が遅滞している場合に，当事者間で株式譲渡が有効であるとしていることから，信義則説を採ったものではなく，基本的には合理的時期説を採ったものであり，ただ，合理的時期の判定は，信義則的に判断されるべきものと判示したと解される[36]。どの程度の期間株式会社が株券発行を放置すれば，意思表示のみで株式譲渡を有効に行うことが可能となるのかについては，具体的事案に即して検討するほかなく，学説では2，3か月が適当であるとの見解[37]が有力である。

(4) **株券発行会社における株券発行前の株式譲渡の対抗要件**

　株券発行会社が株券発行を不当に遅滞したため，当事者間で意思表示により有効に株式を譲渡することが可能であるとしても，当該株式が意思表示に

---

36) 最判解説民昭和47年度［63事件］575頁〔小堀勇〕
37) 北澤・前掲注22）215頁

より二重譲渡された場合に，対抗要件をどのように考えるかが問題となる。この点，会社がいずれかの譲受人を株主として承認し，同人の株券交付請求に応じて同人に株券を交付した後は，民法467条に準じた一般原則による各譲受人の優劣関係を論ずるまでもなく，もはや他の譲受人は株主たる地位を喪失するとした裁判例がある[38]。会社法の下では，株券不発行会社では，株主名簿への記載・記録が会社及びその他の第三者との関係でも株式譲渡の対抗要件とされていることから（法130条1項），上記の二重譲渡の場合も，株主名簿への記載・記録が会社その他の第三者に対する対抗要件になると考えてよいだろう。

7．定款による株式譲渡制限

(1) 会社法による主な改正点

会社法は，譲渡制限株式[39]（法2条17号）として，株式全部について譲渡制限がなされる場合（法107条1項1号）のほか，株式譲渡が制限される種類株式（法108条1項4号）の2形態を定めた[40]。公開会社とは，その発行する全部又は一部の株式について譲渡制限を設けていない会社であるから（法2条5号），株式全部について譲渡制限がされる場合のみが公開会社ではない会社ということになる。旧商法では，譲渡制限株式を譲渡するためには取締役会による承認が必要とされたが，会社法では，取締役会設置会社では取締役会[41]，それ以外の会社では株主総会による承認が必要とされ，定款の定めによって異なる定めをすることもできるとされた（法139条1項）。定款でかかる定めをした場合は，その旨を登記し（法911条3項7号），かつ，株券に記載する必要があり

---

38) 秋田地判昭48・3・9判時703号91頁
39) その定義としては，「譲渡による当該株式の取得について当該株式会社の承認を要する旨の定めを設けている場合における当該株式をいう」との表現が用いられている。譲渡制限株式は，当事者間では有効に譲渡できるが，会社との関係上，株主名簿の名義書換をめぐって問題となるためである。後記(2)参照。
40) 会社法の下では，譲渡制限性は株式の種類の一つとして位置づけられる。
41) 取締役会の譲渡承認の判断は広範な裁量に委ねられているが，善管注意義務・忠実義務に違反することはできない。また，取締役が譲渡当事者である場合には，譲渡人，譲受人いずれの場合でも，決議について特別利害関係人に該当すると解される（江頭・前掲注15）228頁）。

（法216条3号），これを怠ると善意の第三者に対抗できない[42]。

　株式譲渡の承認請求については，譲渡する株主からの承認請求（法136条）と株式取得者からの承認請求（法137条）がある。株式取得者からの承認請求は，利害関係人の利益を害するおそれのないものとして法務省令[43][44]で定める場合を除き，株主名簿上の株主又はその相続人等一般承継人と共同でする必要がある（法137条2項）。

　会社が譲渡又は取得を承認しない場合には，会社自身が買い取るか，買い取る者（指定買取人）を指定しなければならない（法140条1項）。会社が買い取る場合には，株主総会の特別決議が必要である（法140条2項・309条2項1号）。指定買取人を指定する場合には，取締役会設置会社では取締役会，その他の会社では株主総会の特別決議が必要であるが（法140条5項・309条2項1号），定款に別段の定めがあればこの限りではなく（法140条5項ただし書），これにより定款であらかじめ指定買取人を指定できる。

　会社による買取りの場合は，配当等に関する財源規制が適用される（法461条1項1号）。

　譲渡する株主又は株式取得者が承認請求をした場合の請求の撤回は，会社

---

42) 神田・前掲注10) 92頁
43) 利害関係人の利益を害するおそれがないものとしては，①株式取得者が株主として株主名簿に記載・記録された者又はその一般承継人に対して当該株式取得者の取得した株式に係る法137条1項の規定による請求をすべきことを命ずる確定判決を得た場合にその内容を証する書面等を提供したとき，②株式取得者が①の確定判決と同一の効力を有するものの内容を証する書面等を提供したとき，③株式取得者が当該株式を競売により取得した場合に，当該競売により取得したことを証する書面を提供したとき，④株式取得者が株式交換（組織変更株式交換を含む。）により当該株式会社の発行済株式の全部を取得した会社である場合，⑤株式取得者が株式移転（組織変更株式移転を含む。）により当該株式会社の発行済株式の全部を取得した株式会社である場合，⑥株式取得者が法197条1項の株式を取得した者である場合に，同条2項の規定による売却に係る代金の全部を支払ったことを証する書面等を提供したとき，⑦株式取得者が株券喪失登録者である場合において，当該株式取得者が株券喪失登録日の翌日から起算して1年を経過した日以降に請求したときなどが挙げられる（会社則24条1項）。
44) 当該会社が株券発行会社である場合は，①株式取得者が株券を提示した場合，②株式取得者が株式交換（組織変更株式交換を含む。）により当該株式会社の発行済株式の全部を取得した株式会社である場合，③株式取得者が株式移転（組織変更株式移転を含む。）により当該株式会社の発行済株式の全部を取得した株式会社である場合，④株式取得者が法197条1項の株式を取得した者である場合において，同条2項の規定による売却に係る代金の全部を支払ったことを証する書面等を提供したときなどが挙げられる（会社則24条2項）。

が買い取る旨の通知を受けた後は，会社の承諾を得た場合に限り，また，指定買取人についての通知を受けた後は，指定買取人の承諾を得た場合に限り，その請求を撤回することができる（法143条1項・2項[45]）。

(2) 譲渡制限に反してなされた株式譲渡の効力

譲渡承認機関の承認を欠く譲渡制限株式の譲渡の効力については，会社との関係のみならず譲渡当事者間においても無効であるとする見解（絶対説）も存在したが，旧商法204条1項ただし書の趣旨が会社にとって好ましくない者が株主となるのを防止することにあること，譲受人から会社に対し株式取得の承認請求ができること（旧商204条ノ5第1項）から，このような株式譲渡は，会社に対する関係では効力は生じないが，譲渡当事者間においては有効である（相対説）と解するのが一般であり[46][47][48]，最判昭48・6・15民集27巻6号700頁も相対説に立っている。

また，譲渡制限株式の譲渡について譲渡承認機関の承認がない場合に，会社が譲受人を株主として取り扱うことの可否について，最判昭63・3・15集民153号553頁・判タ665号144頁は，原告保有の被告会社の株式が競売により売却され，譲受人が旧商法204条所定の譲渡承認請求手続を未了であった場合に，原告が被告会社に対し株主権確認等を求めた事案において，大要「定款による株式譲渡制限がなされている場合に，取締役会の承認を得ないでなされた株式の譲渡は，譲渡の当事者間においては有効であるが，会社に対する関係では効力を生じないと解すべきであるから，会社は，譲渡人を株主として取り扱う義務があるものというべきであり，その反面として，譲渡人は，会社に対してはなお株主としての地位を有するものというべきである。譲渡が競売手続によってなされた場合も，任意譲渡の場合と別異に解する実質的理由もない。」旨の判示をし，会社は譲渡人を株主として取り扱う義務があるとした。

---

45) 従前は，会社により買受人として指定された者が売渡請求するまでは譲渡株主は承認請求を撤回できるとされていた（最判平15・2・27民集57巻2号202頁）。
46) 上柳克郎ほか編『新版注釈会社法(3)』（有斐閣，1986）71頁〔上柳克郎〕
47) 江頭・前掲注15) 232頁
48) 大隅＝今井・前掲注23) 425頁

譲渡制限株式について譲渡担保権を設定する場合について，前掲最判昭48・6・15は，傍論ながら，株式を譲渡担保に供することは，旧商法204条1項にいう株式の「譲渡」に当たるとして，譲渡担保に供する際に取締役会の承認が必要であると述べる。これに対し，譲渡担保として株式を差し入れる場合に，担保権者をして株主権を行使させるために特にこの者に名義書換をするときは，譲渡承認機関の承認が必要であるが，担保に差し入れる際には譲渡承認機関の承認を求める必要はなく，担保権が実行されて確定的に株式が担保権者に移転した場合に，その者から株式取得の承認を求めれば足りると解するのが多数説[49)][50)]である。

(3)　いわゆる一人会社の場合

　定款による株式の譲渡制限は，専ら会社にとって好ましくない者が株主となることを防止し，もって譲渡人以外の株主の利益を保護することにあるから，譲渡制限株式の譲渡について，唯一の株主が譲渡承認機関の承認を経ないで株式を譲渡した場合には，譲渡承認機関の承認がなくても，会社に対する関係でも有効とされる[51)]。この点は，有限会社における非社員に対する持分の譲渡制限（旧有限19条2項）も同様であり，最判平9・3・27民集51巻3号1628頁は，「有限会社の社員がその持分を社員でない者に対して譲渡した場合において，右譲渡人以外の社員全員がこれを承認していたときは，右譲渡は社員総会の承認がなくても，譲渡当事者以外の者に対する関係においても有効と解するのが相当である。」としている。

(4)　譲渡制限株式の一般承継等の場合

　旧商法下の議論として，相続，会社の新設分割・吸収分割・合併のような包括承継による譲渡制限株式の移転については，取締役会の承認を要しないとされていた[52)]。この点は，会社法でも同様であるが（法134条4号），他方，会社法は，定款の定めにより，譲渡制限株式について，相続その他の一般承

---

49)　上柳ほか編・前掲注46) 60頁・69頁〔上柳〕
50)　大隅＝今井・前掲注23) 432頁
51)　最判平5・3・30民集47巻4号3439頁

継により株式を取得した者に対し，会社からその株式を売り渡すことを請求できるようにした（法174条）[53]。会社が売渡請求をすることができる１年の期間の起算日である「相続その他の一般承継があったことを知った日」（法176条１項ただし書）については，売渡請求制度が相続その他一般承継による株式移転を制限する例外的なものであることに照らせば，「特定の相続人が被相続人の株式を相続により取得したことを知った日」ではなく，「相続開始の原因である被相続人の死亡を知った日」と解することが相当である[54]。

(5) 株式譲渡制限の契約

　会社を当事者としないで行った株式譲渡制限の契約は，会社法127条とは無関係であるから原則として有効であるが，その契約が，会社が契約当事者となる契約の脱法手段として用いられる場合に限って例外的に無効となるとするのが一般である。ただし，この契約の効力は当事者に債権的効力を有するにとどまり，これに反した株式譲渡がなされても，当該譲渡は有効であると解される[55]。

　他方，会社と株主の間で行った株式譲渡制限の契約は，会社法127条の脱法手段となりやすく原則として無効であるが，その契約内容が株主の投下資本の回収を不当に妨げない合理的なものである場合には，例外的に有効となると解されている[56]。この点に関し，従業員持株制度の下で退職従業員が株式譲渡義務を負うことは旧商法204条１項に反するかどうかが問題となったが，最判平７・４・25集民175号91頁は，閉鎖会社における従業員持株制度の下で，従業員が当該会社の株式を取得した際に，従業員と会社との間で締結された「従業員が退職時に，同制度に基づいて取得した株式を額面金額で取締役会の指定する者に譲渡する」旨の合意の効力が争われた事案において，従業員が自由な意思で制度趣旨を了解して株主になったことを重視して，当

---

52)　北澤・前掲注22) 204頁
53)　会社にとって好ましくない者を株主から排除するという譲渡制限制度の趣旨を徹底する趣旨である。
54)　東京高決平19・8・16商事1181号53頁
55)　大隅＝今井・前掲注23) 434頁
56)　大隅＝今井・前掲注23) 434頁

該条項は，旧商法204条1項に反せず，公序良俗違反でもないとする原審の判断を是認した。また，最判平21・2・17集民230号117頁は，日刊新聞の発行を目的とする株式会社の従業員が，持株会から譲り受けた株式を個人的理由により売却する必要が生じたときは，持株会が額面額でこれを買い戻す旨の当該従業員と持株会の株式譲渡合意の効力が争われた事案において，当該合意は，会社法107条及び127条に反するものではなく，公序良俗違反でもないとした。もっとも，これらの最判は，当該事案における個別的な事情を考慮して判断したものであって，持株制度の内容によっては，株式譲渡の効力が否定される余地もあるように解される。

8．訴訟上の問題点等

(1) 原告破産による訴訟中断の有無

当事者が破産手続開始の決定を受けた場合，破産者の財産は破産財団に帰属し，当事者はそれに関する管理処分権を失い，破産管財人のみがその権能を有する（破34条1項・78条）。そのため，破産者は財産上の権利義務関係については当事者適格を失い，破産財団に関する訴訟手続は破産管財人が受継するまで中断する（破44条1項）。株主権確認訴訟の係属中に（株主権を主張する）原告が破産した場合，訴訟が中断するかどうかは，当該訴訟が「破産財団に関する訴訟」に該当するかどうかにかかわるところ，配当請求権に関するものは純粋に財産権に関する訴訟手続であるから中断すると解するのが一般であるが，株主の地位の存否に関する訴訟手続については中断しないとする見解[57]と，中断するとの見解[58]に分かれている。

(2) 基本的な書証

株主権確認訴訟における基本的な書証としては，株券，株主名簿，原始定款，株式申込証，法人税の確定申告書，株主総会議事録，配当の事実を証する書面，株式譲渡承認に係る取締役会議事録等が考えられる。

---

57) 秋山幹男ほか『コンメンタール民事訴訟法II〔第2版〕』（日本評論社，2006）559頁
58) 鈴木正裕＝青山善充編『注釈民事訴訟法(4)』（有斐閣，1997）588頁〔佐藤鉄男〕

Ⅱ　株券発行・引渡請求訴訟

1. 意　義

(1)　株券発行請求訴訟

　旧商法では，会社は株券を発行することを原則としつつ，例外として，定款の定めにより株券を発行しないことが可能とされていた（株券不発行会社，旧商227条1項）。これに対し，会社法は，株券を発行しない会社を基本型として規定し，株券を発行する会社となるためには，その旨の定款の定めを置くことができるものとされた（法214条）[59)][60)]。ただし，複数の種類の株式のうち一部の種類の株式についてのみ株券を発行する旨の定めを置くことはできない[61)]。これは，現実の中小企業の多くが株券を発行していないことや，上場株式については振替制度により株券が発行されなくなることを踏まえたものである。

　株券発行会社は，株式を発行した日以後遅滞なく株券を発行する義務がある（法215条1項）。これは，株式併合，株式分割の場合も同様である（同条2項・3項）。ただし，公開会社でない株券発行会社は，株主から請求がある時までは株券を発行しないことができる（同条4項[62)]）。

　また，株券発行会社は，株主から株券不所持の申出があった場合には（法217条1項），株券を発行しないことを株主名簿に記載・記録しなければならない（同条3項）。株主は，会社に対し，株券発行を請求できるが，それが株券の再発行請求であれば，株主が株券発行費用を負担しなければならない（同条6項）[63)]。

---

59)　山下友信「株式総則,株主名簿,株式の譲渡,株券等」ジュリ1295号（2005）33頁
60)　中小企業では株券を発行していない会社が多数存在することや，上場株式については，振替制度により株券が発行されなくなることを勘案したものである。
61)　相澤哲＝豊田祐子「新会社法の解説(5)株式（株式の併合等・単元株式数・募集株式の発行等・株券・雑則)」商事1741号（2005）30頁
62)　旧商法226条1項ただし書の規定を実質的に引き継いだ規定である。当該規定は平成16年商法改正により定められたものであるが，これは，既存の中小企業の多くが株券を発行していない状態であったところ，かかる違法な株券不発行の状態を解消したいという実務上の要望に応えたものである（江頭・前掲注15）172頁）。

株主は株券発行会社が遅滞なく株券を発行しない場合（公開会社でない株券発行会社の場合は，株主が株券の発行を請求したにもかかわらずこれを遅滞なく発行しない場合）には，株券の発行を求めて，会社に対し，訴えを提起することができる。

(2) 株券引渡請求訴訟

　株券発行会社の株式を譲渡ないし強制執行，競売手続等で取得した者は，株主権に基づき，株券を権限なくして所持する者に対して，株券の引渡しを請求できる。株券発行・引渡請求訴訟は通常の給付訴訟であり，弁論主義，処分権主義が適用される。管轄や判決効，訴訟手続等について会社法に特段の定めはない。

2．株　　　券

(1) 意　　　義

　株券は，それが表章する株式の移転のみならず，株式の行使にも名義書換制度を通じて間接に必要とされるから，権利の移転及び行使に証券を必要とする有価証券である。株券の記載事項（法216条）としては，株券番号のほか，株券発行会社の商号（同条1号），当該株券に係る株式の数（同条2号），譲渡による当該株券に係る株式の取得について株式会社の承認を要することを定めたときはその旨（同条3号），種類株式発行会社にあっては，当該株券に係る株式の種類及びその内容（同条4号）があり，その交付によって権利が移転するので無記名証券である[64]。

(2) 株券の効力発生時期

　株券の効力発生時期については，手形の発行時期と同様，株主に株券が交付された時と解する交付時説（交付契約説），会社がその意思に基づいて株券を何人かに交付（占有移転）した時と解する発行時説，会社による株券の作成

---

63) 従前は，株券不所持の申出を受けた会社は，株主が提出した既発行株券を銀行・信託会社に寄託する措置をとることが認められたが，平成16年の商法改正により削除された。
64) 旧商法225条は株主の氏名を記載することとしていたが，会社法で削除された。

時と解する作成時説（創造説）の対立があるが，最判昭40・11・16民集19巻8号1970頁は，株券が株主に交付される以前に第三者が当該株券を差し押さえ，これが競落された場合に，株主が会社に対して株主権確認を求めた事案において，「同条〔旧商法226条〕にいう株券の発行とは，会社が〔旧〕商法225条所定の形式を具備した文書を株主に交付することをいい，株主に交付したとき初めて当該文書が株券となるものと解するべきである。したがって，たとえ会社が前記文書を作成しても，これを株主に交付しない間は，株券たる効力を有しない」として，交付時説を採用した[65]。なお，会社の合併に際して，存続を予定する会社が合併登記以前に消滅すべき会社の株主に対してあらかじめ株券を発行した事案において，「株券の発行は株式を創設するものではなく，株券は既に存在する株式を表象するものであることは明らかである。したがって，未だ株主となっていない者に対して株券を発行しても，かかる者が株主となるものでもなければ，また，かかる株券が株式を表象するものでもない。」とした裁判例があり，交付時説を採用しているものと思われる[66]。

3．株券の失効制度

　平成14年商法改正以前は，株券についても，公示催告・除権判決の手続がとられていたが，①申立人にとって公示催告の費用を要し，②株券の現所持人が官報等により公示催告の存在を知ることは期待できず，③現所持人に対し権利の届出を促しかつ管轄裁判所に対し株券が所在不明でないことを通知できる者は，事実上，株主名簿の名義書換を取り扱う会社（旧名義書換代理人）のみであるが，法制上同人にそれを行う義務があるか否かが明らかでない等の批判があった。そのため，株券失効制度の導入に伴い，株券については公示催告・除権判決制度が適用されないこととなった（平成14年改正後の旧商230条ノ9ノ2）。会社法は，一定の簡素化を図ったうえで，この制度を維持している（法233条）。

---

65) 大判大11・7・22民集1巻413頁，大阪高判昭51・2・18金判499号32頁も同旨
66) 東京地判昭41・6・15判タ194号160頁

株券の失効制度の概要は，以下のとおりである（法221条〜233条）。すなわち，①株券を喪失した者は，株券発行会社に対して株券喪失登録簿への記載・記録を請求し（法221条〜223条），この場合，会社は株券の喪失登録をして一般に閲覧させるとともに，株主名簿上の株主と登録質権者に通知する（法224条1項・231条）。当該株券が喪失登録者以外の第三者から権利行使のために株券発行会社に提出された場合には，当該提出者に喪失登録がされている旨を通知する（法224条2項）。②喪失登録されている株券の株式については，当該株券喪失登録が抹消された日又は株券喪失登録日の翌日から起算して1年を経過した日のいずれか早い日までの間は，名義書換及び議決権行使等はできない。ただし，株主名簿上の株主が喪失登録をしている場合は議決権の行使はできる（法230条1項・3項）。③当該株券を有する者は喪失登録に対して異議の申請ができ，これがなされると会社は喪失登録者に通知し，2週間後に喪失登録を抹消する（法225条）。④喪失登録がされた株券は，登録された日の翌日から起算して1年経過後に失効し（法228条1項），喪失登録者は会社から株券の再発行を受けられる（法228条2項）[67]。

なお，旧商法では，株券喪失登録者が名義人でない場合には，①株券喪失登録日の翌日から1年を経過した時点で一定の要件を満たせば名義書換をしたものとみなされ（旧商230条ノ6第2項），②株券喪失登録期間中に配当等が行われた場合の効果について特則が置かれていたが（旧商230条ノ8第4項），これでは，譲渡制限株式について会社の承認がないにもかかわらず名義書換がなされるおそれが生ずるため，会社法は引き継いでいない。そのため，株券喪失登録者が名義人でない場合には，株券の再発行を受けたうえで名義書換を行う必要があり，喪失登録された株式が譲渡制限株式である場合には，名義書換の際に譲渡承認請求をする必要がある。そして，株券喪失登録期間中に配当等が行われた場合は，会社は名義人を株主として扱えば足り，株券喪失登録者は名義人に対し不当利得返還請求等をすることになる[68]。

---

67) 神田・前掲注10) 88頁
68) 相澤＝豊田・前掲注61) 30頁

Ⅲ 株主名簿名義書換請求訴訟

1. 内　　容

(1) 会社法による主な改正点

　株式の譲渡は，当事者間の株式譲渡の合意によりなされ，さらに株券発行会社（法214条）では株券の交付が必要である（法128条1項本文）。株式の譲渡は，取得者の氏名又は名称及び住所を株主名簿に記載・記録しなければ，会社その他の第三者（株券発行会社では会社）に対抗することができない（法130条1項・2項）[69]。

　株券発行会社では，株券を所持する者は単独で，会社に対して株主名簿を書き換えるよう請求することができる（法133条2項，会社則22条2項1号）。これに対し，株券不発行会社の株式（振替株式を除く。）についての株主名簿の名義書換は，利害関係人の利益を害するおそれがないものとして法務省令[70][71]で定める場合を除き，その取得した株式の株主として株主名簿に記載され，若しくは記録された者又はその相続人その他の一般承継人と共同して行う必要がある（法133条1項・2項）。

---

[69] ただし，「社債，株式等の振替に関する法律」による振替制度の下では，株券不発行会社（株式譲渡制限会社を除く）の株式で振替機関が取り扱うもの（振替株式）についての権利の帰属は，振替口座簿の記載又は記録を受けることで定まる（同法128条1項）。

[70] 利害関係人の利益を害するおそれがないものとしては，①株式取得者が株主として株主名簿に記載・記録された者又はその一般承継人に対して当該株式取得者の取得した株式に係る法133条1項の規定による請求をすべきことを命ずる確定判決を得た場合にその内容を証する書面等を提供したとき，②株式取得者が①の確定判決と同一の効力を有するものの内容を証する書面等を提供したとき，③株式取得者が指定買取人である場合において，譲渡等承認請求者に対して売買代金の全部を支払ったことを証する書面等を提供したとき，④株式取得者が一般承継により当該株式会社の株式を取得した場合に，当該一般承継を証する書面等を提供したとき，⑤株式取得者が当該株式を競売により取得した場合に，当該競売により取得したことを証する書面を提供したとき，⑥株式取得者が株式交換（組織変更株式交換を含む。）により当該株式会社の発行済株式の全部を取得した会社である場合，⑦株式取得者が株式移転（組織変更株式移転を含む。）により当該株式会社の発行済株式の全部を取得した株式会社である場合，⑧株式取得者が法197条1項の株式を取得した者である場合に，同条2項の規定による売却に係る代金の全部を支払ったことを証する書面等を提供したとき，⑨株式取得者が株券喪失登録者である場合において，当該株式取得者が株券喪失登録日の翌日から起算して1年を経過した日以降に請求したときなどが挙げられる（会社則22条1項）。

また，譲渡制限株式については，その取得者は，①当該譲渡制限株式を取得することについて会社から法136条の承認を受けている場合，②当該譲渡制限株式を取得したことについて会社から法137条1項の承認を得ている場合，③当該株式取得者が法140条4項に規定する指定買取人である場合，④当該株式取得者が相続その他の一般承継により譲渡制限株式を取得した場合以外については，会社に対して名義書換請求することはできないこととされた(法134条)。

　株券発行会社の場合，株券の所持者は適法な所持人であると推定されるので（法131条1項），株券を提示するのみで名義書換請求をすることができ，所持者が株主でないことの主張立証責任は被告たる会社が負う。これに対し，株券不発行会社の場合には，株券が発行されておらず，株券所持による権利推定はない。

　なお，①会社が株式を発行した場合，②会社が当該会社の株式を取得した場合，③会社が自己株式を処分した場合には，株主の請求によらないで会社が名義書換を行う（法132条）。また，振替株式についての株主名簿の名義書換は，振替機関が行う通知（総株主通知）によって行うこととされるため，振替株式について会社法133条は適用されない（社債株式振替161条1項）。

(2) 訴訟の性質

　名義書換請求訴訟は通常の給付訴訟であり，弁論主義，処分権主義の適用がある。管轄や判決効，訴訟手続等について会社法に特段の定めはない。

2．株主名簿

　株主名簿には，①株主の氏名又は名称及び住所（法121条1号），②各株主の有する株式の数（種類株式発行会社にあっては，株式の種類及び種類ごとの数）（同条

---

71) 当該会社が株券発行会社である場合は，①株式取得者が株券を提示した場合，②株式取得者が株式交換（組織変更株式交換を含む。）により当該株式会社の発行済株式の全部を取得した会社である場合，③株式取得者が株式移転（組織変更株式移転を含む。）により当該株式会社の発行済株式の全部を取得した株式会社である場合，④株式取得者が法197条1項の株式を取得した者である場合において，同条2項の規定による売却に係る代金の全部を支払ったことを証する書面等を提供したときなどが挙げられる（会社則22条2項）。

2号），③株主が株式を取得した日（同条3号），④会社が株券発行会社である場合には，株式（株券が発行されているものに限る。）に係る株券の番号（同条4号），⑤質権の登録（法148条），⑥信託財産の表示（信託2条3項，法154条の2）を記載する必要がある。

株券不発行会社では，株主名簿に株主として氏名又は名称及び住所を記載された株主は，会社に対し，当該株主についての株主名簿に記載・記録された株主名簿記載事項を記載した書面等の交付・提供を請求することができる（法122条1項）。ただし，これは振替株式には適用されない（社債株式振替161条1項）。また，旧商法下における名義書換代理人の制度は，株主名簿管理人と名称が改められ（法123条），登録機関の制度（旧商206条3項）は廃止された。

会社法では，会社が一定の日を定め，当該日において株主名簿に記載・記録されている株主（及び登録株式質権者）を，ある権利との関係で権利者とすることができる（基準日制度，法124条1項）。基準日後に株式を取得した者は，基準日株主として扱われないが，基準日が株主総会又は種類株主総会における議決権との関係で設定されている場合には，当該基準日後に株式を取得した者に議決権を行使させることができる（法124条4項）。

架空名義・他人名義を用いて名義書換を受けても，会社に対して株主であることを対抗できないとされる[72]。これに対し，公開会社においては，家族の名など他人名義を使用する名義書換が広範に行われている実態にかんがみると，当人が名義書換をしたことが立証される限り，戸籍上の氏名・通称以外を使用した者の会社に対する権利行使を否定することはできないとする見解[73]がある。

3．名義書換の立証方法

株主名簿の名義書換は，株券発行会社については，株券の占有者が会社に対し株券を提示して行う。株券の占有者は適法な所持人と推定されるので

---

72) 東京地判昭63・1・28判時1269号144頁，東京高判昭63・6・28金判1206号32頁
73) 江頭・前掲注15) 198頁

(法131条1項），会社は，名義書換請求者が無権利であることにつき悪意・重過失[74]がない限り，無権利者の請求に応じても，責任を負わない。ただし，株券発行会社が株券の発行を不当に遅滞している場合は，株券の交付なくして株式の譲受けを会社に主張できるため[75]，株式の譲受人は自己の実質的権利を証明することによって会社に対して名義書換を請求できると解される。株券不所持の申出がなされた場合は，いったん会社に株券の発行を求めたうえで（法217条6項），その株券を譲受人に交付し，譲受人は，そのうえで当該株券を会社に提示して株主名簿の名義書換を請求する必要がある。ただ，被相続人である株主が株券不所持の申出をしていた場合は，会社に対して株券の発行を求める者はその相続人しかいないから，例外的に，会社に対し，株券を提示することなく，相続による取得を実質的に証明して株主名簿の名義書換を請求できる。

　名義書換が必要な株式移転には，譲受けによる取得のほか，相続，合併による場合も含まれる。

4．名義書換の不当拒絶

(1) 不当拒絶の効果

　会社が名義書換を不当拒絶した場合，株主は名義書換なしに株主であることを会社に対抗できるかどうかについて，最判昭41・7・28民集20巻6号1251頁は，大要「正当の事由なくして株式の名義書換請求を拒絶した会社は，その書換のないことを理由に株式譲渡を否定し得ず，このような場合，会社は株式譲受人を株主として取り扱うことを要し，株主名簿上に株主として記載されている譲渡人を株主として取り扱うことはできない。この理は，会社が過失により株式譲受人から名義書換請求があったにもかかわらず，そ

---

74)　「悪意・重過失」とは，名義書換請求者が無権利者であることを立証できるにもかかわらず，故意又は重大な過失によりそれを怠ることであり，単に無権利者であることを認識しても，訴訟となった場合にそれを立証できるだけの証拠を有しない場合には，悪意・重過失があったとはいえない（江頭・前掲注15) 199頁）。

75)　最大判昭47・11・8民集26巻9号1489頁

の書換をしなかった場合でも同様である。」旨の判示をした。この場合に，名義書換請求者は，損害が発生したときには，会社に対し，損害賠償を請求できる。

　株式譲渡制限の定めをする旨の定款変更決議をした会社が，旧商法350条1項（法219条1項1号）の株券提出期間の経過後に，未提出株券の所持人から名義書換請求を受けた場合，これを拒否することができるかという点については，株券提出期間の経過後に旧株券の交付を受けて株式を譲り受けたと主張して，名義書換請求をしてきた場合には，旧株券は株券提出期間が経過した時には無効となるところ（法219条1項1号・3項），このような無効の株券を交付しても，旧商法205条1項にいう「株券」の交付があったとは認められないから，旧株券の交付によって株式の譲渡はできず，名義書換請求は認められないと解される[76]。一方，株券提出経過前に旧株券の交付を受けて株式を譲り受けたと主張して，名義書換請求をしてきた場合について，最判昭60・3・7民集39巻2号107頁は，大要「株券提出期間内に旧株券を提出しなかった株主も株主たる地位を失うものではなく，このことは，株券提出期間満了前に，したがって株式譲渡制限の定款変更の効力発生前に旧株券の交付を受けて株式を譲り受け，株主の地位を取得していたが，いまだ株主名簿上の名義書換を受けていなかった者についても異なるところはない。株券提出期間経過前に株主となっていた者は，右期間を徒過したためその所持する旧株券が株券としては無効となった後であっても，会社に対し，旧株券を呈示し，株券提出期間経過前に旧株券の交付を受けて株式を譲り受けたことを証明して，名義書換を請求できる。」旨の判示をした。

5．名義書換未了株主等の扱い

　会社が名義書換未了の者を株主として取り扱うことを許す場合，会社は株主名簿上の株主と株式譲受人のいずれを株主として取り扱うか選択の自由があるだけでなく，両者を株主として扱わない事態となり得ること，株主平等

76）東京地判昭56・9・8金判649号37頁

原則に反する可能性があることを理由に、会社から名義書換未了株主を株主として扱うことを否定する見解もあるが、最判昭30・10・20民集9巻11号1657頁は、株主名簿の確定的効力は、集団的法律関係を画一的に処理する会社の便宜のための制度であり、旧商法206条1項（法130条）も「対抗スルコトヲ得ズ（対抗することができない。）」と規定していることから、会社が自己の危険において、名義書換未了株主であっても、基準日当日から株式を取得していた者を株主と認め、同人に権利行使を認容することは差し支えないと判示し、これを支持するのが多数説といえよう[77][78]。

失念株（譲受人が適時の名義書換を失念したため、利益配当、株主割当による新株の有利発行等が会社から譲渡人に対しなされる事態）について、譲受人（失念株主）が譲渡人（名簿上の株主）に対して、いかなる請求が可能であるかという問題がある。判例は、①利益配当、株式分割等名簿上の株主が出捐なしに得たものについては、失念株主の名簿上の株主に対する不当利得返還請求を認める[79]が、②名簿上の株主が株主割当による新株の有利発行を受けた場合は、失念株式の権利を認めていない[80]。しかし、権利含みの価格で株式譲渡がなされた以上、②の場合も、失念株主は名簿上の株主に対し不当利得返還請求ができるとの反対説も有力である[81][82][83]。名義上の株主が株式分割により新株式の交付を受け、その後、これを売却して利益を得た場合、失念株主は、名義上の株主に対し、原則として、当該売却代金相当額を不当利得返還請求できる[84]。

なお、平成21年1月5日から上場株式が振替制度に移行された関係で、失念株式の問題が発生する余地はほとんどなくなったものと考えられる。

---

77) 江頭・前掲注15) 204頁
78) 北澤・前掲注22) 247頁
79) 最判昭37・4・20民集16巻4号860頁、最判平19・3・8民集61巻2号479頁
80) 最判昭35・9・15民集14巻11号2146頁
81) 江頭・前掲注15) 205頁
82) 譲受人の譲渡人に対する不当利得返還請求を認める裁判例としては、山口地判昭42・12・7判時518号76頁、東京地判昭56・6・25金判636号55頁、東京地判平16・7・15金判1225号59頁がある。
83) ただし、財産秘匿等の意図で故意に名義書換をしない譲受人については、名簿上の株主の利得を容認する趣旨で自己の権利を放棄したとみられる場合も多いであろう（江頭・前掲注15) 206頁）。
84) 前掲注79) 最判平19・3・8

第3章

株主総会決議に関する訴訟

I 総　　論

1．株主総会決議の瑕疵を争う必要性

　株主総会は，会社法及び定款に定められた事項について決議をすることができる機関であるが（法295条），取締役・監査役などの役員の選任（法329条），取締役等の報酬（法361条・379条・387条），計算書類の承認（法438条2項）等株式会社の重要な事項について決議することになるため，その決議に瑕疵があると，株主等の関係者に与える影響も大きいことになる。そこで，会社法は，株主総会決議について，株主総会決議不存在確認及び無効確認の訴え（法830条1項・2項），株主総会決議取消しの訴え（法831条）を定め，決議の後にその瑕疵を争い，決議の効力を否定できる制度について定めている。

2．株主総会決議の瑕疵を争う訴訟の実務上の特徴

　実務上，株主総会決議の瑕疵を争う訴訟としては，招集手続の瑕疵，議決権行使の瑕疵を理由とする株主総会決議取消しの訴え又は株主総会決議不存在確認の訴えの類型が多い。もっとも，株主総会決議取消しの訴えには提訴期間があるため，株主総会決議取消しの訴えの提訴期間を過ぎた後に，株主総会決議不存在確認の訴えが起こされることが多いように思われる。

わが国の株式会社の大部分は同族株主が支配するいわゆる小規模閉鎖会社であり，株主名簿が作られていないか，作られていても，株式会社が株主名簿上の株主はいわゆる名義株主であると主張する場合が多い。このような株式会社は，親族間の仲が円満であるような場合には，株主総会が法的手続に則って行われていなくても紛争にはならないが，親族らが不和となり，誰が株主であるかが争われるようになると，株式会社（すなわち経営陣）から株主であることを否定された株主が，自己に対する招集通知がないことや，議決権行使が制限されたことを理由として株主総会決議取消し又は株主総会決議不存在確認の訴えを提起することになる。このような場合には，主たる争点は，誰が株主であるかということになり，原告が株主であるとして訴訟を提起した場合には，原告が株主でないと認定されれば当該訴訟は原告適格がないものとして却下されることになる。また，原告が株主であると判断される場合であっても，招集通知の瑕疵や議決権行使の瑕疵は原則として決議取消事由となるが，その瑕疵が著しいときは決議不存在事由とされるため，当該訴訟が株主総会決議取消しの訴えではなく，株主総会決議不存在確認の訴えであるような場合には，原告が所有する株式数によっては，当該瑕疵は決議取消事由にすぎないとして株主総会決議不存在確認の訴えが棄却されることになる。したがって，招集手続の瑕疵や議決権行使の瑕疵がどの程度大きければ決議不存在事由となるのか，その瑕疵がどの程度であれば決議取消事由にすぎないのかが問題となる。

3．株主総会決議不存在確認及び無効確認の訴え，株主総会決議取消しの訴えに共通する訴訟手続等

(1) 管轄，弁論及び裁判の併合について

　(a) 管　　轄　　株主総会決議不存在確認及び無効確認の訴え，株主総会決議取消しの訴えは，株式会社の本店所在地を管轄する地方裁判所の専属管轄とされている（法835条）。この「本店の所在地」というのは，第1章Ⅱ4のとおり，形式的意味における本店の所在地をいうと解するのが相当であろう。

　もっとも，株主総会決議不存在確認及び無効確認の訴えは，確認の訴えであるため，株主総会決議不存在確認又は無効確認判決が確定した場合，決議

されたときから当該決議は不存在又は無効であったことになる[1]。そうすると，本店移転に関する定款変更決議の不存在確認及び無効確認の訴えにおいては，当該決議が不存在又は無効とされると，決議が当初から不存在又は無効であったことになるため，定款変更決議に基づいて定められた本店所在地の地方裁判所に管轄がなかったことになる場合もある。そこで，本店所在地の定款変更決議に関する決議不存在確認及び無効確認の訴えにおいては，どこを本店所在地として管轄を定めるべきかが問題となる。これについては，①株主総会決議不存在確認，無効確認の訴えにおいて本店所在地が専属管轄とされた趣旨が，対世効のある株主総会決議不存在確認，無効確認の訴えについて複数の裁判所による判断を避けるためであること，②管轄は訴え提起時に定めるとされていること（民訴15条）を重視して，本店に関する定款変更決議が不存在，無効であるとする結論になるとしても，訴訟においては，訴え提起時の登記簿上の本店所在地に管轄があると考えることもできると思われる[2]。

(b) **弁論及び裁判の併合**　株主総会決議不存在確認及び無効確認の訴え，株主総会決議取消しの訴えが複数同時に係属するときは，弁論及び裁判は併合されることになる（法837条）。

---

1) 株主総会決議取消しの訴えについても，請求を認容する判決が確定しても，当該決議は将来に向かってその効力を失うとはされていないため（法839条参照），株主総会決議取消しの訴えの認容判決が確定した場合には，当該決議は当初から無効であったことになると解される（弥永真生『リーガルマインド会社法〔第13版〕』（有斐閣，2012）129頁・134頁）。
2) 裁判例としては，①本店移転に関する定款変更決議が不存在であると認定したうえで，決議の効力を争う訴訟における管轄は，登記簿の記載によるべきでなく，あくまで実体上の本店所在地によって律するべきであるが，定款変更決議は不存在であるから，本店所在地は従前どおりの東京にあるとしたもの（東京地判昭37・11・13判タ139号118頁），②本店所在地は登記簿の記載によるべきでなく，あくまで実体上の本店所在地によるべきであるが，その実体上の本店所在地を判断するについて本店に関する定款変更決議の有効性が問題となる場合においては，管轄を判断するためには当該決議の存否を認定しなければならないとして，その審理を尽くさせるために原審に差し戻したもの（東京高決平10・9・11判タ1047号289頁），③本店所在地は登記により定めるべきであり，本件では定款変更決議とそれに基づく登記により札幌市中央区に管轄があることになるが，原告が当該決議が存在しないとして争っているため，本案についての審理を経ていないのに当該決議が存在するものとして取り扱うことはできないから，本店所在地は，旧所在地である群馬県太田市にあるものとして扱うしかないとしたもの（東京高決平11・3・24判タ1047号289頁）などがある。

(2) 担保提供命令について

　株主が株主総会決議不存在確認及び無効確認の訴え，株主総会決議取消しの訴えを提起した場合（ただし，当該株主が取締役，監査役，執行役若しくは清算人であるとき等は除く。）には，裁判所は被告である株式会社の申立てにより，相当の担保を提供することを命じることができる（法836条）。

(3) 自白の拘束力，和解又は認諾の可否について

　株主総会決議不存在確認及び無効確認の訴え，株主総会決議取消しの訴えの認容判決には対世効があるため（法838条），自白の拘束力を認めないとする見解がある[3]。また，認諾はできないし，認容判決と同様の内容となる和解もできないと解されている。

(4) 判決の効力及び判決後の手続について

　株主総会決議不存在確認及び無効確認の訴え，株主総会決議取消しの訴えの認容判決には対世効があり（法838条），決議した事項の登記がある場合において株主総会決議不存在確認及び無効確認の訴え，株主総会決議取消しの訴えが確定したときには，本店所在地においてその旨の登記をしなければならない（法937条1項1号ト(1)及び(2)）。支店に関する会社法930条2項各号の登記がされているときも同じである。

Ⅱ　株主総会決議不存在確認の訴え

1．概　　説

　株主総会決議がされたという外観があるのに，実際にはそのような決議が

---

[3] ただし，この見解に立つとしても，後記のとおり，株主総会決議不存在確認及び無効確認の訴えは，訴え以外の方法によっても主張できると解されているため，訴え以外の方法によって株主総会決議不存在・無効が主張された場合にも自白の拘束力を認めないことになるのかは別に解する余地もあろう。

行われていないか，決議されたとしても，法的に決議が存在したと評価できないような場合には，その決議に利害関係を有する者は，株式会社を被告として，決議不存在確認を請求することができる。

決議不存在事由は重大な瑕疵であるため，株主総会決議取消しの訴えと異なり，提訴期間は定められていない。

2．原告適格

株主総会決議不存在確認の訴えは，確認の訴えの一種であり，私法の一般原則に従って，何人から何人に対しても，いつでもいかなる方法でも決議の不存在を主張でき，確認の利益が存する限り，訴えを提起することができると解されている。したがって，株主や取締役等の役員については，原則として確認の利益があり，原告適格が認められると解されている。

一般債権者に原告適格が認められるかについては問題がある。被告会社に対して土地の所有者として物権的請求権又は債権的請求権に基づいて建物収去土地明渡請求訴訟を提起している者が，原告として被告会社の役員選任決議の不存在確認の訴えを提起した場合に，原告には株主総会決議不存在確認の訴えを提起する法律上の利益はないとした裁判例[4]がある。

(1) 原告適格の認められる株主について

(a) **株主である時期**　決議の際には株主ではなかったが，決議後になって株式を譲り受けた者であっても，当該決議に拘束されることから，原告として株主総会決議不存在確認の訴えを提起できると解するのが相当である[5]。

株主総会決議不存在確認の訴えは，株主の共益権に基づくものであると考えられるため，訴訟係属中，株主であることを要し[6]，訴訟係属中に株式を

---

4) 名古屋地判昭61・10・27判時1251号132頁
5) 北澤正啓『会社法〔第6版〕』（青林書院，2001）340頁，大隅健一郎＝今井宏『会社法論(中)〔第3版〕』（有斐閣，1992）120頁，龍田節『会社法大要』（有斐閣，2007）168頁
6) 大隅＝今井・前掲注5)120頁，上柳克郎ほか編『新版注釈会社法(5)』（有斐閣，1986）328頁〔岩原紳作〕

譲渡して被告会社の株主でなくなった以上，原告適格を失うとするのが通説である[7]。もっとも，株主代表訴訟の原告適格について，会社法851条は一定の場合には原告適格を喪失しないとしているため，株主総会決議不存在確認の訴え等においても，その類推適用の可否が考えられる[8]。

なお，訴訟係属中に株主であれば，訴訟提起時と同一の株式を有している必要はないとされている[9]。

(b) **自己の議決権等の権利を害されたのではない株主でもよいこと**　株主総会決議不存在確認の訴えは，株主の共益権に基づくものであり，適正な会社運営のための訴訟であることからすると，自己の利益が害されたのではない株主も，原告適格を有すると解するのが通説である[10]。ただし，これについては，招集通知がされなかったという瑕疵について，招集通知を受けなかった株主が決議の瑕疵を争わないのは，決議の結果に満足しているからであり，それにもかかわらず招集通知を受けた他の株主に決議の瑕疵を争うための訴訟を提起させる必要はないとする反対説もある[11]。

(c) **議決権なき株式の株主について**　株主総会決議不存在確認の訴えの原告適格は，確認の利益がある限り，認められるが，議決権なき株式の株主についてどのような場合に確認の利益が認められるかが問題となる。

通説は，株主総会決議取消しの訴えに関し，株主総会決議取消しの訴えを提起できる権利は，議決権があることを前提とする共益権であることを理由として，議決権なき株式の株主は，原則として株主総会決議取消しの訴えの原告適格を有しないとしている[12]。他方，決議時の株主でなくても原告適格を有するし，自己の権利を侵害された株主でなくても原告適格を有すると解されていること，株主総会決議取消しの訴えを提起し得る権利は議決権でな

---

7) 設立無効の訴えに関する大判昭8・10・26民集12巻2626頁参照
8) 東京高判平22・7・7金判1347号18頁は，株主総会決議により株主の地位を奪われた株主は，会社法831条1項の関係では株主として扱ってよいとして，当該株主総会決議取消訴訟の原告適格を有するとした。
9) 大隅健一郎＝今井宏『総合判例研究叢書(3)商法(5)』（有斐閣，1959）152頁
10) 決議取消しの訴えに関する最判昭42・9・28民集21巻7号1970頁・判時498号61頁
11) 前田庸『会社法入門〔第12版〕』（有斐閣，2009）393頁，鈴木竹雄＝竹内昭夫『会社法〔第3版〕』（有斐閣，1994）258頁
12) 江頭憲治郎『株式会社法〔第4版〕』（有斐閣，2011）316頁，北澤・前掲注5)181頁

く株主権の一内容であることを理由に，法令，定款に従った会社経営を求める株主の権利実現のために議決権なき株式の株主も決議内容の瑕疵に関しては株主総会決議取消しの訴えを提起し得るという見解もある[13]。株主総会決議不存在確認の訴えについても，同様の議論がされることになろう。

(d) **株主名簿に記載された株主であること**　株式の移転は取得者の氏名住所が株主名簿に記載されなければ株式会社に対して対抗できないのであり（法130条1項），株主名簿に記載されていない株主は，原則として株主総会決議不存在確認の訴えの確認の利益を有しないと解するべきである。

しかし，株式会社が株式の譲渡を認めて譲受人を株主として認めることは可能であるとされており[14]，この場合には，名義書換未了の株主にも株主総会決議不存在確認の訴えの原告適格が認められよう。また，株式会社が株主として認めない場合であっても，株式会社が過失により名義書換を拒絶した場合[15]，株主が株式会社に対する株主権確認，株主名簿の名義書換の認諾調書を有する場合[16]，実質上の株主が株主名簿の名義書換請求をしたとしても株式会社がこれを拒絶することが明らかであって，株式会社において前記株主が実質上の株主である事実を知っており，かつ，その事実を容易に証明し得る状態にある場合[17]等には，名義書換がなくても株主であることを主張できるとされており，そうであれば，このような場合には名義書換が未了の株主であっても，株主総会決議不存在確認の訴えの確認の利益も認められると考えられる。

(e) **株式が共有されている場合について**　株式が共有されている場合には，当該株式についての権利を行使する者1名を定め，株式会社に対してその者の氏名又は名称を通知することが必要であり（法106条），これがされていない場合は，株式会社が権利行使を認めた場合を除き，原則として原告適格がないものとして，訴えが却下されることになる[18]。もっとも，旧商法下

---

13) 上柳ほか編・前掲注6）245頁〔菅原菊志〕，加藤良三ほか『株式会社法の理論Ⅰ』（中央経済社，1994）357頁，弥永・前掲注1）130頁
14) 最判昭30・10・20民集9巻11号1657頁・判時65号19頁
15) 東京地判昭37・10・4下民集13巻10号2004頁
16) 東京地判昭46・8・16判時649号82頁
17) 名古屋高判平3・4・24高民集44巻2号43頁

においては，権利行使者の指定及び株式会社に対する通知を欠くときには，共有者全員が議決権を共同して行使する場合を除き，株式会社の側から議決権の行使を認めることも許されないとされていたため[19]，「株式会社が当該権利を行使することに同意した場合」（法106条ただし書）が具体的にどのような場合を意味するのかは今後，問題となろう。

　権利行使者が指定されていない場合には，原則として原告適格は認められないが，判例は，①準共有されている株式が株式会社の発行済株式の全部に相当し，共同相続人のうちの一人を取締役に選任する旨の株主総会決議がされたとしてその旨の登記がされているときに，他の共同相続人が起こした株主総会決議不存在確認の訴え[20]，②共同相続人の準共有にかかる株式が双方又は一方の株式会社の発行済株式総数の過半数を占めているのに合併契約書の承認決議がされたことを前提として合併の登記がされているようなときの合併無効の訴え[21]においては，準共有者間で権利行使者の指定がない場合であっても，原告適格を認めている。

(f) **訴訟の承継について**

(ア) **包括承継の場合**　　相続により株式を取得した相続人は，株主総会決議不存在確認の訴えの原告たる地位を継承することになるとされている[22]。もっとも，株式に共同相続が開始すると，遺産分割されるまで，共同相続人が相続分に応じてこれを準共有することになるため[23]，その場合には，前記のとおり，権利行使者の指定（法106条）が必要となる。また，株主名簿の書換をしていない株式取得者は株式会社に対して株主であることを対抗できず，相続人についても同様に考えられているため，訴訟係属中に株主名簿の書換をすることも必要となろう。

---

18) 最判平 2・12・4 民集44巻 9 号1165頁，最判平 3・2・19判時1389号140頁参照
19) 最判平11・12・14判時1699号156頁
20) 前掲注18)最判平 2・12・4
21) 前掲注18)最判平 3・2・19
22) 株主総会決議取消しの訴え及び株主総会決議無効確認の訴えに関する最大判昭45・7・15民集24巻 7 号804頁・判タ251号152頁参照
23) 最判昭45・1・22民集24巻 1 号 1 頁・判時584号62頁，最判昭52・11・8 民集31巻 6 号847頁

(イ) **特定承継の場合** 訴訟係属中に株式を譲渡した場合，旧株主は株主総会決議不存在確認の訴えの原告適格を失い，包括承継の場合と異なり，譲受人は譲渡人の訴訟上の地位までは承継しないとして，原告適格を否定する見解が多数説である[24)][25)]。

(2) **原告適格の認められる取締役等について**

　取締役は，株主総会決議が成立すれば，株主総会決議を遵守して善良な管理者として，忠実に職務を遂行する義務を負うが（法330条，民644条，法355条），決議が法令に違反して無効又は不存在であるような場合には取締役はかかる決議を遵守する必要はないとされている。したがって，取締役は，決議の有効無効や存否について疑いがあるか，争いのあるときは，原則として株主総会決議不存在確認，無効確認の訴えを提起する法律上の利益を有する[26)]。

　再選されなかった取締役及び解任された取締役の原告適格については，株主総会決議不存在確認又は無効確認の訴えによって自己の地位が回復される場合には，当該決議に関し原告適格が認められるが，それ以外の場合には，在任中の決議の効力を争うことについて法律上の利益を有することを特に主張立証しなければ，在任中の株主総会決議の不存在確認及び無効確認の訴えを求める原告適格を有しないとするのが相当である[27)]。

---

24) 前掲注22)最大判昭45・7・15
25) 江頭・前掲注12)347頁，大隅＝今井・前掲注5)120頁
26) 上柳ほか編・前掲注6)391頁・402頁〔小島孝〕
27) 裁判例としては，①解任された取締役は，株主総会決議の効力を争うにつき法律上の利益を有することを特に主張立証しない限りは当然に株主総会決議につき無効確認を求める資格があるとはいえないとするもの（東京地判昭36・11・17下民集12巻11号2754頁），②もともと単なる形式上の取締役にすぎず，実体を伴わない単なる登記簿上の取締役には，取締役の名義回復の可能性があるというだけでは株主総会決議不存在確認の訴えの利益は認められないとするもの（東京高判昭53・4・4判タ368号347頁），③適法な選任手続を経ていない登記上の取締役について，解任決議があったとして前記登記が抹消された場合でも，当該取締役はもともと取締役ではないのであるから，解任の株主総会決議不存在確認の訴えには訴えの利益がないとするもの（大阪高判昭57・5・28判時1059号140頁）がある。

3. 被告適格と株式会社を代表する者

(1) 被告適格

　株主総会決議不存在確認の訴えは、株式会社が被告適格を有する（法834条16号）。清算結了登記を経由した株式会社であっても、清算開始の原因となった解散決議の瑕疵を争う訴訟においては、なお、当事者能力が認められると解されている[28]。

　株主総会決議不存在確認の訴えの認容判決が確定した場合、その判決は対世効をもつため（法838条）、当該決議の有効無効によりその地位が左右されることになる役員は、被告に共同訴訟的補助参加することができるが、共同訴訟参加人には原告適格又は被告適格が認められなければならないため、被告である株式会社に共同訴訟参加することはできない[29]。

(2) 株式会社を代表する者

　株式会社を当事者とする訴訟では、代表権のある取締役が株式会社を代表することになる（法349条1項・4項）。しかし、監査役設置会社においては、株式会社と取締役間の訴訟では、監査役が株式会社を代表することになり（法386条）、委員会設置会社においては、株式会社と取締役等間の訴訟では、取締役会が定める者又は監査委員会が選定する監査委員（法408条1項）が株式会社を代表することとなる。それ以外の株式会社では、株式会社と取締役間の訴訟は代表権のある取締役が株式会社を代表するが、株主総会又は取締役会で定めた者が株式会社を代表することもある（法353条・364条）。

　(a) **職務執行停止・代行者選任の仮処分決定がなされている場合**　株主総会における取締役選任決議の不存在確認の訴え等を本案として、取締役の職務執行停止・職務代行者選任の仮処分命令が申し立てられる場合がある。この仮処分決定が認められると、取締役らについては職務執行が停止され、

---

28) 東京高判昭56・11・25判時1029号76頁
29) 最判昭36・11・24民集15巻10号2583頁、前掲注23)最判昭45・1・22

裁判所の選任した取締役の職務代行者が，取締役の業務を行うことになる。

この職務執行停止・代行者選任の仮処分決定が発令された場合，職務執行を停止された取締役が代表取締役であるときには，仮処分決定に別段の定めがない限り，前記代表取締役は会社代表権の行使を含む一切の職務執行から排除され，これに代わって代表取締役の職務代行者として選任された者が会社代表者として株式会社の常務に属する一切の職務を行うことになる（法352条）。したがって，職務執行停止・代行者選任の仮処分決定が発令されている場合には，本案訴訟において株式会社を代表すべき者は職務代行者となる[30]。この場合，職務執行を停止された代表取締役は，本案訴訟に共同訴訟的補助参加することができる。

(b) **取締役・監査役選任決議の有効性が争われている株主総会決議不存在確認の訴えにおいて，被告である株式会社を代表すべき者はどのように決めるのか**　株主総会決議不存在確認の訴えにおいて，役員の選任決議が争われるときは，株式会社を代表するとされる取締役や監査役，株式会社を代表する者を定める取締役会を構成する取締役や，株式会社を代表する者を定める株主総会招集を決議し，株主総会を招集する取締役の地位が争われていることになる。

他方，株主総会決議不存在確認の訴えは，判決が確定した場合には，当該決議が決議時から不存在であったことになるため（法839条参照），当該訴訟において，役員選任決議の瑕疵が争われている場合に，株式会社を代表する者をどのように決めることになるのかが問題となることがある。

これについては，①当該決議が不存在，無効であるとする者と，当該決議が存在しているとして自らが株式会社を代表する者であると主張している者が当該決議の瑕疵の存否を争うのが訴訟経済に資すると解されること，②当該決議が存在するとしてその外形があるような場合に，当該決議の存在を前提として株式会社の代表者となっている者に被告会社の代表者として訴訟を担当させることが必ずしも不合理とはいえないことから，瑕疵があるとして争われている決議に基づいて選任された取締役・監査役やその取締役らによ

---

30) 最判昭59・9・28民集38巻9号1121頁・判時1142号136頁

って構成される取締役会や，その取締役らが招集した株主総会によって定められた者が株式会社を代表すべきであると解するのが相当であろう[31][32]。

4．訴えの利益について

(1) 株主総会の議案の否決と訴えの利益

　株主総会の決議不存在確認の訴え等の対象となる株主総会等の決議とは，第三者に対してもその効力を有するものを指すと解するべきであり，第三者に対しても効力を有する内容の議案が否決された場合には，当該決議が第三者に対してその効力を有する余地はないから，そのような否決決議は会社法831条所定の株主総会等の決議には当たらないと解するのが相当である[33]。

(2) 訴え提起後の事情

　株主総会決議不存在確認の訴えは確認訴訟であるが，訴え提起後の事情で確認の利益を喪失する場合もあり得る。

　(a) **役員選任決議について**　　判例は，役員選任の株主総会決議取消しの訴えの係属中，その決議に基づいて選任された取締役ら役員すべてが任期満了により退任し，その後の株主総会決議によって新役員が選任された場合に，株主総会決議取消しの訴えは訴えの利益を欠くに至るが，株主総会決議取消しの訴えが当該取締役の在任中の行為について株式会社の受けた損害を回復することを目的とするものである等の特別の事情が立証されるときは，訴えの利益は失われないとしていた[34]。しかし，その後，先行決議が不存在である場合には，同決議により選任された取締役が招集手続に関与した後行決議は，いわゆる全員出席総会においてされたなどの特段の事情がない限り，やはり不存在であるという判断をしたため[35]，先行決議で選任された役

---

31) 大阪高決昭49・9・10判タ313号271頁
32) 今井宏『株主総会の理論』(有斐閣，1987) 51頁
33) 東京高判平23・9・27金判1381号20頁参照。その原審である東京地判平23・4・14商事(資料版)328号68頁は，否決の取消しを求める訴えは，定型的に訴えの利益を欠いているとした。
34) 最判昭45・4・2民集24巻4号223頁・判時592号86頁

員が辞任や任期満了により退任するに際して株主総会決議によって新役員が選任された場合，後行の役員選任決議が有効であるとされるような特段の事情があるときには，先行する役員選任決議の決議不存在確認の訴えの利益はなくなるが，そうでなければ先行する役員選任決議の決議不存在確認の訴えの利益は喪失しないと解することになろう[36]。

(b) **破産手続開始決定を受けた場合**　株式会社の取締役又は監査役の解任又は選任を内容とする株主総会決議不存在確認の訴えの係属中に，当該株式会社が破産手続の開始の決定を受けても，破産手続開始当時の取締役らは，破産手続開始によりその地位を当然には失わず，会社組織に係る行為等については取締役らとしての権限を行使し得ると解するのが相当であるから，上記訴訟についての訴えの利益は当然には消滅しないとされている[37]。

(c) **同内容の再決議がなされた場合**　計算書類等承認の株主総会決議取消しの訴えの係属中に，その後の決算期の計算書類等の承認がされた場合であっても，先の決算期の計算書類等の承認決議が再度されたなどの特段の事情がない限り，株主総会決議取消しの訴えの利益は失われないとされている[38]。また，退職慰労金贈呈の株主総会決議取消しの訴えの係属中に，先行決議の取消判決が確定した場合には遡って効力を生じるものとされたうえで，先行決議と同内容の決議が有効に成立し，それが確定したときは，特別の事情がない限り，先行決議に関する株主総会決議取消しの訴えには訴えの利益がないとされている[39]。

(d) **他の訴訟との関係**　株主以外の者に新株引受権を与える旨の特別決議について，株主総会決議取消しの訴えが係属する間に，その決議に基づき新株の発行が行われてしまった場合，新株発行無効の訴えで争うべきであり，株主総会決議取消しの訴えの確認の利益は消滅するとされている[40]。ま

---

35) 最判平2・4・17民集44巻3号526頁・判時1354号151頁
36) 最判平11・3・25民集53巻3号580頁・判時1672号136頁，最判平13・7・10金法1638号40頁参照
37) 最判平21・4・17判タ1297号124頁
38) 最判昭58・6・7民集37巻5号517頁・判時1082号9頁
39) 最判平4・10・29判タ802号109頁
40) 最判昭37・1・19民集16巻1号76頁

た，新株がすでに発行された後は新株発行無効の訴えを提起しない限り，当該新株の発行を無効とすることはできず，新株発行に関する株主総会決議無効確認の訴えは確認の利益もない[41]。以上のように，新株発行（会社法においては募集株式の発行）後は，新株（募集株式）発行に関する株主総会決議不存在確認の訴えは，確認の利益を失うことになる。

　また，合併の無効は合併無効の訴え（法828条1項7号・8号），株式交換・株式移転は株式交換無効の訴え・株式移転無効の訴え（法828条1項11号・12号），株式会社の分割は分割無効の訴え（法828条1項9号・10号）をもってのみ主張することができるとされているため，株主総会決議不存在確認の訴えの係属中に合併等がなされたような場合には，訴えの変更により合併無効の訴え等に変更でき，株主総会決議不存在確認の訴えの利益を喪失すると解するべきである[42][43][44]。

　(e)　**株主総会決議不存在確認の訴えに固有の問題**　株主総会の決議がその成立要件を欠いた場合でも，その決議の内容が商業登記簿に登記され，外見上株式会社その他の関係人に拘束力を持つかのように見えるときは，その効力のないことの確定を求める訴えは適法であるとされている[45]。これらの場合には，実際に決議されていないのであるから，決議は不存在とされることになる。

　また，実際に株主総会が開催されていなくても商業登記簿に登記されている場合には，当該決議の不存在を求める訴えは適法であるが，それ以外の場合，例えば，株主総会議事録に記載がある場合も，商業登記簿に記載がある

---

[41]　最判昭40・6・29民集19巻4号1045頁・判時415号39頁
[42]　前掲注8）東京高判平22・7・7は，定款変更及び株式交換についての株主総会決議により株主の地位を奪われた株主が提起した当該決議取消訴訟において，決議後に，当該会社が吸収合併されて消滅し，合併無効の訴えの提起がないなどの事情の下においては，当該決議取消訴訟の訴えの利益は消滅するとした。
[43]　新堂幸司「株主総会決議取消の訴え」上柳克郎ほか編『会社法演習Ⅱ』（有斐閣，1983）92頁
[44]　もっとも，江頭・前掲注12)351頁は，株主等に何らの救済措置がない場合には，組織再編行為等の決議取消しの訴え等決議の瑕疵を攻撃する遡及効のある訴えは，存続すると解するべきだとしている。
[45]　最判昭38・8・8民集17巻6号823頁・判時353号44頁，最判昭45・7・9民集24巻7号755頁・判時603号86頁

場合と同様に，当該決議の不存在確認を求める訴えは適法であるとする見解がある[46]。ただし，議事録上の株主総会決議の記載が誤記であることが明確な場合には，当該決議の不存在確認を求める請求には確認の利益がないとされている[47]。

5．決議不存在事由

株主総会決議が不存在であるとされるのは，決議が物理的に存在しないか，仮に存在しても，法的な瑕疵が著しいために決議が存在すると評価することができない場合をいうとされている。

(1) 招集手続に関するもの

株主総会は，取締役設置会社の場合には取締役会決議により，それ以外の場合には取締役によって決定され（法298条。旧商法においては，取締役会決議を経ることが必要であった〔旧商231条〕。），業務執行の一つとして，代表権のある取締役が株主に招集通知を発することによって開催されることになる（法299条）。

　(a)　**全員出席株主総会等の場合**　　取締役の決定又は取締役会の決議を経ないで，若しくは代表権のある取締役による招集通知なくして開催された株主総会における決議には瑕疵があることになるが，招集権者による株主総会の招集の手続を欠く場合であっても，株主全員がその開催に同意して出席したいわゆる全員出席総会において，株主総会の権限に属する事項について決議をしたときは，その決議は有効に成立するものというのが判例[48]である。また，株主の作成にかかる委任状に基づいて選任された代理人が出席することにより株主全員が出席したことになる株主総会において決議されたときには，株主が会議の目的たる事項を了知して委任状を作成したものであり，かつ，当該決議が会議の目的たる事項の範囲内のものである限り，決議は有効に成立するものとされている[49]。

　46）　長谷部茂吉「株式会社法上の実務上の諸問題」曹時23巻8号(1971)13頁
　47）　大阪高判昭46・11・30判時660号84頁
　48）　最判昭46・6・24民集25巻4号596頁・判時636号78頁

さらに、会社法は、書面による議決等を定めた場合を除き、議決権を有する株主が招集手続をとらないことを同意しているときは、招集手続は不要としている（法300条）。

(b) **取締役会決議を欠く場合について**　株主総会開催に取締役会決議が必要とされている場合（取締役会設置会社の場合）に、代表権のある取締役が取締役会決議なく株主総会を招集しても、取締役会決議の有無は外部から判明しがたいため、外形的に招集権限のある代表取締役が株主総会を招集した以上、当該決議の瑕疵は取消事由であると解されている[50]。

また、取締役会決議が存在せず、代表権のある取締役以外の取締役が招集した株主総会は、法律上の意義における株主総会とはいえないから、その決議は不存在となるとされている[51]。

(c) **代表権のある取締役による招集がない場合について**　株主総会の招集は業務執行の一つとして代表権のある取締役がすべきであるが、株主総会開催を決議した取締役会において、特定の株主総会に関する株主への招集権限を取締役に付与することは許されると解されており、この場合にはその取締役は代表権がなくても招集権限があることになる。

取締役会決議を経て、招集権限のない者が株主総会を招集した場合、当該決議には決議不存在事由があるという裁判例等[52]と、決議取消事由にすぎないとする見解がある[53]。

(d) **株主に対する通知について**　株主に対する通知は、株主に株主総会への準備をさせるために必要なものである。株主に対する招集通知がなかったことは、招集手続が法令に違反することになるため（法831条1項1号）、決議取消事由になると解されるが、招集手続を欠いた株式数が大きいときには、不存在事由となるとされている。裁判例を分析すると、招集手続を欠いた株式数が全体の4割を超えるような場合には、決議取消事由にとどまら

---

49)　最判昭60・12・20民集39巻8号1869頁
50)　最判昭46・3・18民集25巻2号183頁・判時630号90頁
51)　最判昭45・8・20判時607号79頁
52)　高松高判昭40・10・2判時433号44頁、名古屋地判昭46・12・2判時659号88頁
53)　大隅＝今井・前掲注9）17頁、西原寛一「株主総会の運営」田中耕太郎編『株式会社法講座(3)』（有斐閣、1956）845頁、上柳ほか編・前掲注6）37頁〔前田重行〕

ず，決議不存在事由となるとされているようである[54]。

決議不存在事由となるか決議取消事由になるかの判断の際に，株式数だけでなく，株主数も基準とすべきという見解[55]があるが，株式会社においては，決議要件は株式数を基準とし，株主数を基準としていないことからすると，株主数を基準とする必要はないのではないかと考えられる。

その他，決議不存在事由となるか決議取消事由となるかの判断の際に，株式会社の主観的意図（例えば特定の株主を排除するという株式会社側の意図）も考慮すべきであるとする見解[56]もある。

(2) 議決権行使について

株式会社が株主の議決権行使を制限することは，一株一議決権の原則（法308条1項）に反することになるため，決議方法の法令違反として決議取消事由となるが，その欠缺が著しい場合には，決議不存在事由になると解されている。

(a) **代理人による議決権行使**[57]

(ア) **議決権行使の制限の可否**　株式会社においては，いわゆる会社荒らしなどを防止するために，議決権行使の代理人資格を株主に限る旨を定款で定めていることがある。議決権を行使する株主の代理人の資格を当該株式会社の株主に制限する旨の定款の規定は，株主総会が株主以外の第三者により攪乱されるのを防止し，会社の利益を保護しようとする趣旨に出たものと認められ，合理的な理由による相当程度の制限ということができるから有効で

---

54) 東京高判昭30・7・19下民集6巻7号202頁，大阪高判昭58・6・14判タ509号226頁，東京高判平2・11・29判時1374号112頁，東京高判昭63・3・23判時1281号145頁，東京高決平4・1・17東高民時報43巻2＝12号2頁，名古屋地平5・1・22判タ839号252頁

55) 大隅健一郎「株主総会の決議が不存在と認められた事例」法学論叢65巻6号(1959)112頁

56) 前田庸「いわゆる決議不存在確認の訴」鈴木忠一＝三ヶ月章監修『実務民事訴訟講座(5)会社訴訟・特許訴訟』（日本評論社，1969）32頁

57) 東京地判平17・7・7判時1915号150頁は，上場会社である被告会社が行った議決権代理行使の勧誘が，勧誘者に対する必要事項を記載した参考書類が交付されておらず，株主に送付した委任状の用紙に議案ごとの賛否欄が設けられていないなどのため，上場株式の議決権の代理行使の勧誘に関する内閣府令に違反する場合において，当該違反は，旧商法247条1項1号の「法令違反」に該当せず，決議の方法の著しい不公正があった場合にも該当しないとした。

あるとされている[58]。

　もっとも，株式会社が定款で議決権行使の代理人資格を株主に限定している場合に，株主である地方公共団体，株式会社の職員又は従業員が議決権を代理行使することは，その職員又は従業員が株主でなくても定款に違反しないとされているため[59]，この場合は，株式会社の職員又は従業員が議決権行使をしたことは決議取消事由とはならず，逆に，その職員又は従業員の議決権行使を制限した場合には，制限された株式数に応じて，決議取消事由又は決議不存在事由となろう。

　株主が未成年者であるような場合，未成年者が株主となれることの当然の帰結としてその法定代理人は株主でなくても代理人として議決権を行使できるとされている[60]。したがって，株主でない法定代理人が議決権を行使したことは決議の瑕疵にならないことになる。

　(イ)　**代理人による議決権行使の方法**　　株主が代理人により議決権を行使する場合には，代理権を証する書面を株式会社に提出しなければならない（法310条1項）。実際には，株式会社は，株主総会開催時に委任状をチェックして代理人資格を確認することになるが，その確認方法は，印鑑照合の手続をとればよく，さらに時間的余裕がないようなときには，招集通知状若しくはその封筒，又は同封の出席票の提出をもって確認されていることが多い[61]。

　このような方法によって確認されたような場合で，かつ，株式会社が当該代理人に代理権がないことについて善意であるときには，出席した代理人について後になって代理権がなかったとされたとしても，株式会社は免責され，決議の瑕疵にはならないとするのが相当である[62]。

　株主が株式会社であるような場合，代表権のある取締役が議決権行使の委任状を作成することになる。後になって，その株主である株式会社において委任状を作成した取締役に代表権がなかったことが判明した場合，その委任状により議決権が行使された株主総会決議の効力が問題となる場合もある

---

58)　最判昭43・11・1民集22巻12号2402頁・判時542号76頁
59)　最判昭51・2・24判時841号96頁
60)　北澤・前掲注5)300頁
61)　鈴木＝竹内・前掲注11)244頁
62)　大隅＝今井・前掲注5)63頁

が，これについても，前記記載のような方法により委任状が確認されたような場合で，かつ，株主総会を開催した株式会社が，株主である株式会社の代表権のある取締役に代表権がないことについて善意であるようなときには，当該議決権行使は有効であり，決議の瑕疵にはならないとするのが相当であろう。

(b) **株主間契約に反する議決権行使について**　複数の企業又は個人が新規事業を行うために共同で出資をして株式会社を設立するような場合，各出資者は，株式会社設立前に事前に株主間契約を締結し，取締役の人数や人選方法，株式会社の運営方法等について合意していることが多い。しかし，実際に，このような株主間契約に反して，株主が，他の株主が派遣した取締役の解任決議に賛成したり，再任決議を否決することもある。このような決議は株主間契約に反した決議になるが，それは決議の瑕疵といえるかが問題となる。

契約で議決権を一定の方向等に行使することを他の株主又は第三者との合意で定めた場合，そのような契約も契約としては有効であるが，株主がこの契約に違反しても議決権行使自体の効力に影響はないとするのが多数説である[63]。もっとも，このような見解に立っても，株主間契約に違反する議決権行使が，株式会社や他の株主との関係でも権利濫用と評価されるような例外的場合には，当該議決権行使を権利濫用として定足数や可決要件の算定となる株式数から排除し，それにより，決議が成立要件を欠いているとして株主総会決議取消しの訴えを提起したり，決議が存在しないとして株主総会決議不存在確認の訴えを提起することは考えられる。

他方，前記のような解釈では今後多様化する株式会社のあり方に対応できないとして，株式会社設立前に株主間契約が締結され，当該株式会社の株主がその契約当事者だけのような場合には，その株主間契約は，株式会社の設立の目的やその後の運営方針を定めたものとして株式会社を拘束するものであり，定款と同視し得るものだから，株主間契約違反は定款違反と同義であるとして，決議取消事由であるとする見解もある[64]。

---

[63]　大隅＝今井・前掲注5)79頁
[64]　江頭・前掲注12)318頁

(c) **議決権行使と民法の規定の適用について**　議決権行使に心裡留保，通謀虚偽表示，錯誤，詐欺などの意思表示の瑕疵があるような場合に，当該議決権行使の効力はどのようになり，それが決議にどのような影響を与えるのかが問題となる。

　議決権の行使は議案に対する株主の意見の表明であるから，意思表示に準じて考えることができると考えられる[65]。そうすると，議決権行使も，意思表示に関する民法の一般原則に服するものと解せられる。したがって，例えば未成年者が法定代理人の同意なくしてなした議決権の行使は取り消すことができるし（民5条2項），詐欺・錯誤又は強迫による議決権の行使も無効であるか又は取り消すことができることになろう（民95条・96条）。そして，議決権行使に民法の規定が適用され，それにより当該決議が必要な可決要件を欠くことになるならば，その決議には決議取消事由があることになると考えられるし[66]，瑕疵のある株式数が大きいのであれば，決議は不存在とされることもあると考えられる。

　公序良俗違反については，株主総会決議の内容自体には何ら法令又は定款違反がなく，単に決議をなす動機，目的に公序良俗違反があるような場合には，議決権は無効にはならないとされている[67]。

(3) **株主総会開催禁止，株主総会決議禁止，議決権行使禁止等の各仮処分決定との関係**

(a) **株主総会開催禁止の仮処分との関係**　株主総会開催禁止の仮処分は，特定の株主総会について，取締役の違法行為差止請求権（法360条1項）を被保全権利として認められる仮処分である[68]。この株主総会開催禁止の仮処分決定に違反して株主総会が開催され，決議された場合でも，株主総会開催禁止の仮処分の被保全権利が取締役の違法行為差止請求権であり，取締役

---

65) 加藤ほか・前掲注13)394頁は，議案に対する株主の意思の表明であり，「表決」という方式で行われる株主の意思表示であるとしている。
66) 北澤・前掲注5)327頁，大隅＝今井・前掲注5)53頁，大隅＝今井・前掲注9)139頁
67) 最判昭35・1・12商事167号18頁
68) 長谷部幸弥「株主総会をめぐる仮処分—開催・決議・議決権行使禁止」門口正人編『新・裁判実務大系(11)会社訴訟・商事仮処分・商事非訟』（青林書院，2001）229頁

に対して不作為義務を課すものにすぎないとして，その仮処分決定に反して株主総会を開催することは，当該取締役について，株式会社に対する関係で義務違反の責任が生じることはあるかもしれないが，株主総会を開催した行為が無効又は不存在であるというものではないから，その決議には瑕疵がないという見解がある[69)][70)]。

他方，株主総会開催禁止の仮処分は，単に取締役に対し不作為義務を課すだけでなく，その株主総会招集権限を一時的に剥奪する効果を生じ，これに違反して開催された株主総会は無権限者の招集による場合と同様である等の理由で，株主総会開催禁止の仮処分決定に反して開催された株主総会における決議は不存在であるとする見解もある[71)][72)]。また，この仮処分決定には対世効があるとして，仮処分決定に反してなされた株主総会は法律上の株主総会とは認められないから，そこでなされた決議は不存在であるとする見解もある[73)]。

仮処分決定の実効性を担保するためにも，株主総会開催禁止の仮処分決定に反して株主総会が開催され，決議された場合には，当該決議は招集権限のない者によってなされたものであり，決議不存在となると解するのが相当である。

(b) **株主総会決議禁止の仮処分との関係** 株主総会決議禁止の仮処分は，特定の株主総会における特定の決議に関し，取締役の違法行為差止請求権（法360条1項）を被保全権利として認められる仮処分である[74)]ため，株主総会決議禁止の仮処分決定に反してされた決議の効力については，基本的には株主総会開催禁止の仮処分決定に反して決議された場合と同様に解することになろう。

---

69) 東京高判昭62・12・23判タ685号253頁
70) 竹下守夫「株主総会の停止を命じる仮処分に対し株主総会の終了後にした異議申立ての適否」ジュリ201号(1960)69頁
71) 浦和地判平11・8・6判タ1032号238頁
72) 大隅＝今井・前掲注5)33頁，長谷部・前掲注68)232頁，米津稜威雄「株主総会開催停止仮処分」竹下守夫＝藤田耕三編『裁判実務大系(3)会社訴訟・会社更生法〔改訂版〕』（青林書院，1994）122頁
73) 山口和男編『会社訴訟非訟の実務〔改訂版〕』（新日本法規出版，2004）319頁・349頁
74) 長谷部・前掲注68)229頁

これに対し，株主総会決議禁止の仮処分決定に違反して決議されたときは，株主総会及び決議は法律上一応存在するため，決議不存在ではなく決議無効であるとする見解もあるが[75]，決議内容の法令違反とはいえないため，決議無効とするのは相当でないと思われる。

(c) **議決権行使禁止の仮処分との関係** 議決権行使禁止の仮処分は，特定の株主総会における特定の決議について議決権行使を禁止することを求めるものであるが，①株式が存在することを前提に，その帰属について争いがある場合に，株主であると主張する債権者が，株主権に基づく妨害排除請求権を被保全権利として申し立てるときと，株主であると主張する債権者が，株主であると主張している債務者は株主ではないとして株主権不存在確認請求権を被保全権利として申し立てるとき，②新株発行無効の訴えを被保全権利として申し立てるときがある[76]。

議決権行使禁止の仮処分の債務者となる者は，①の場合は，株主であると主張している者であるが，株式会社も債権者が株主であることを争い，債務者の議決権行使を認めようとしているときは，株式会社も債務者となると扱われている。②の場合は，株式会社も債務者として扱われている。

②のように株式が存在しないことを前提として議決権行使禁止の仮処分が発令された場合には，当該議決権は定足数から排除されるが，①のように株式の帰属をめぐる争いから議決権行使禁止の仮処分が発令されたような場合には，当該議決権は定足数に算入されることになる[77][78]。

議決権行使禁止の仮処分決定に反して議決権が行使された場合，仮処分決定において株式会社も債務者となっているときには，株式会社は当該議決権を行使させてはならないという義務を負うことになると解すれば，議決権を行使させたことを決議方法の法令違反として取消事由になると解する余地もあると考えられる[79][80]。

---

75) 上柳ほか編・前掲注6) 389頁〔小島〕，山口編・前掲注73) 349頁
76) 長谷部・前掲注68) 233頁，竹中邦夫「議決権の行使を禁止する仮処分」竹下＝藤田編・前掲注72) 133頁
77) 神戸地判昭31・2・1 下民集7巻2号185頁，東京地判昭35・3・18商事207号10頁
78) 竹中・前掲注76) 229頁，大隅＝今井・前掲注9) 84頁，長谷部・前掲注68) 236頁

議決権行使禁止の仮処分決定が発令され，当該議決権が行使されないままに決議されたが，後になって議決権行使禁止の仮処分決定が取り消されたような場合には，本来議決権を行使させるべき者に議決権を行使させなかったことになる。しかし，決議の当時，仮処分決定は有効であったのだから，その決議には瑕疵はないと解するのが相当であろう[81)][82)]。

(d) **議決権行使許容の仮処分**[83)]**との関係**　①株主権又は株主権に基づく妨害排除請求権若しくは②名義書換請求権を被保全権利として，議決権行使許容の仮処分が申し立てられることがある。この仮処分の債権者は，株主であると主張する者であり，債務者は，①の場合には債権者が株主であることを争っている者であり，株式会社も債権者が株主であることを争っていれば株式会社も含まれ，②の場合には，株式会社のみとなる。

議決権行使許容の仮処分決定に従って議決権行使がなされ，決議されたが，本案訴訟において債権者が株主でないことが確定したような場合，債権者を株主として扱った決議に瑕疵があることになるのかが問題となる。これについては，仮処分決定が後になって不当であったと判断されるに至った場合でも，当該決定の取消しの裁判がされるまでは決議は有効であり，また，決議後に仮処分決定が取り消されても，その仮処分決定は遡及的に効力を失うわけではないから，その決議に決議取消事由が認められるわけではないとする見解がある[84)]。他方，仮処分決定は暫定的なものであり，その効力は必

---

79) 竹中・前掲注76)140頁，清水湛「株主議決権行使停止の仮処分の効力の及ぶ範囲」商事300号（1963）12頁
80) もっとも，決議取消事由であるとしても，提訴期間の起算日をいつにするかについては問題もあり，原則どおり決議日であるとする見解（新谷勝『会社仮処分』（中央経済社，1992）219頁）と，決議日からではなく，提訴し得る状態ができたときから起算すべきであるという見解（山口編・前掲注73)198頁）がある。
81) 最判昭39・5・21民集18巻4号608頁・判時376号46頁参照
82) 大隅＝今井・前掲注5)80頁，長谷部・前掲注68)236頁
83) 株式の帰属について争いがある場合に，議決権行使禁止の仮処分の効果として，株式の帰属を争っている相手方に議決権行使許容の効果が及ぶかという点については，これを消極に解する見解が有力であるため（米津・前掲注72)140頁，前掲注23)最判昭45・1・22参照），議決権行使の禁止だけでなく議決権許容の仮処分が必要となる場合がある。
84) 大隅健一郎「株主権に基づく仮処分」吉川大二郎先生還暦記念『保全処分の体系下』（法律文化社，1965）652頁

要最低限度にとどめるべきであるから，決議の効力が本案判決によっても影響されないとするのは仮処分決定に不当に強い効力を与えることになりかねないとして，議決権行使許容の仮処分決定が決議後に覆った場合には，決議取消事由になるとする見解もある[85]。

6．その他の訴訟手続について

(1) 請求原因や抗弁として主張することができること

株主総会決議不存在確認の訴えは，訴えをもってする必要はなく，抗弁をもって主張することもできる[86][87]。

(2) 主張立証責任について

決議が不存在とされる場合には，①招集手続等の違法が著しくて法律的意味における株主総会決議の存在を認めることができない場合と，②株主総会を開催した事実が全くなく，決議が事実上不存在である場合がある。

前記①の招集手続等の違法が著しくて法律的意味における株主総会決議の存在を認めることができないとして株主総会決議不存在確認を求める場合には，その違法を根拠づける事実は株主総会決議不存在確認の請求をする原告において主張立証する必要があろう。

前記②の株主総会を開催した事実が全くなく，決議が事実上不存在であるとして株主総会決議不存在確認を求める場合には，被告である株式会社が決議の存在を主張立証する必要があるとされている[88][89]。ただし，一般の債務不存在確認請求訴訟と同様に，争点を明確にするために，原告としても不存在事由を裏づける事実は主張すべきであろう。

---

85) 新谷・前掲注80）200頁
86) 最判昭35・12・1 ジュリ223号95頁
87) 大隅＝今井・前掲注5）138頁
88) 東京地判昭38・2・1 判タ141号154頁
89) 今井・前掲注32）170頁

III 株主総会決議無効確認の訴え

1. 概　説

　株主総会の決議内容に法令違反があるときは，その決議に利害関係を有する者は，株式会社を被告として，決議無効確認を請求することができる。
　株主総会決議無効確認の訴えも，決議の瑕疵が重大である場合に認められるものであるため，株主総会決議取消しの訴えと異なり，提訴期間の定めはない。
　株主総会決議無効確認の訴えは，株主総会決議不存在確認の訴えと同様に確認訴訟であることから，原告適格，被告適格と株式会社を代表する者，訴えの利益については，いずれも株主総会決議不存在確認の訴えと同様に解することになるため，前記IIの各該当箇所を参照されたい。

2. 決議無効事由

　決議無効事由は，決議内容が法令違反であることである（法830条2項）。株主平等原則に反するような決議（ただし，不利益を受ける株主の同意がある場合を除く。），欠格事由（法331条1項）のある者を取締役に選任する決議，公開会社において取締役は株主に限るという制限をおく決議（法331条2項違反）などが決議内容の法令違反に該当するとされている。

(1) 取締役選任の一任決議

　取締役は，株主総会において選任するとされている（法329条1項）ため，その選任を議長に一任する旨の決議を，決議の方法が法令に違反した場合であるとして取り消した裁判例[90]がある。しかし，このような場合は決議の内容自体が法令に違反するものであり，決議無効事由であるとする見解もある[91]。

---

90) 東京地判昭33・1・13判時141号12頁

(2) 退職慰労金の一任決議

　役員の退職慰労金（弔慰金）も職務執行の対価として定款又は株主総会決議により決めることになる（法361条・379条・387条等）ため，退職慰労金（弔慰金）の額を他に一任する決議が法令違反になるのかが問題となる。

　これについては，株主総会決議により役員の報酬（退職慰労金を含む。）の金額などの決定をすべて無条件に取締役会に一任することは許されないが，株主総会決議において，明示的若しくは黙示的に，その支給に関する基準を示し，具体的な金額，支払時期，支払方法などはその基準によって定めるべきものとしてその決定を取締役会に任せることは許され，その決議には瑕疵はないとされている[92]。退任取締役に贈呈する退職慰労金の額等の決定を取締役会に一任したところ，取締役会がそれをさらに取締役会長等に一任した場合であっても，退職慰労金の額等に関する内規があり，委任を受けた取締役会にも，再委任を受けた取締役会長等にも，退職慰労金の額の決定に裁量の余地がないような場合には，当該決議は旧商法269条に反するものではなく，無効ではないとした判例がある[93]。

3．その他の訴訟手続について

(1) 請求原因や抗弁として主張することができること

　株主総会決議無効確認の訴えは，訴えをもってする必要はなく，抗弁をもって主張することもできる[94] [95]。

(2) 主張立証責任について

　原告が原告適格や決議無効事由を主張することになる。

---

91) 大隅＝今井・前掲注9) 6頁
92) 最判昭39・12・11民集18巻10号2143頁，判時401号61頁，最判昭44・10・28判時577号92頁，最判昭48・11・26判時722号94頁
93) 最判昭58・2・22民集138号201頁・判タ495号84頁
94) 前掲注86)最判昭35・12・1
95) 大隅＝今井・前掲注5)138頁, 加美和照『新訂会社法〔第10版〕』（勁草書房，2011）269頁

Ⅳ　株主総会決議取消しの訴え

1. 概　説

　株主総会決議取消しの訴えは、①株主総会招集の手続又は決議の方法が法令若しくは定款に違反し、又は著しく不公正である場合（法831条1項1号）、②決議の内容が定款に違反する場合（法831条1項2号）、③決議につき特別の利害関係を有する株主が議決権を行使したことにより著しく不当な決議がされた場合（法831条1項3号）に、株主、取締役、監査役、清算人等が、裁判所に対し、株主総会決議の取消しを求めることができるとするものである。株主総会決議取消しの訴えは、決議に比較的軽微な瑕疵がある場合に、株主総会決議の効力が覆ることによって法的安定性が害されることも考慮して、決議の日から3か月以内という提訴期間を定め（法831条1項）、その間に一定の者が決議の瑕疵を争うことを認めるが、その期間を経過した後は、もはやその瑕疵を争うことができないとしたものである。他方、決議の瑕疵が軽微な手続上の瑕疵であるような場合は、手続をやり直したとしても同様の結論となるようなときまで当該決議を取り消すのは手続も煩雑になることから、瑕疵が重大でなく、また決議に影響を及ぼさないと認められるときには、裁判所は当該請求を棄却することができるとされている（法831条2項）。

2. 原告適格

　株主総会決議取消しの訴えを提起できるのは、株主、取締役（清算人）、監査役設置会社の監査役、委員会設置会社の執行役である（法831条1項）。この取締役（清算人）は、代表権のある取締役（清算人）に限られず、すべての取締役（清算人）を意味すると解されている（通説）。

(1) 原告適格の認められる株主について
　株主には株主総会決議取消しの訴えの原告適格が認められるが、訴訟係属

中に株式を譲渡し,被告会社の株主でなくなった場合には,原告適格も失うと考えられる。また,株主は株主名簿に記載されていなければ,株式会社に対して株主であることを対抗できないので,株主名簿に記載されていることも必要であると考えられる(原告適格が認められる株主については,前記Ⅱ2を参照されたい。)。

(2) 原告適格の認められる取締役について

株主総会決議取消しの訴えは,取締役,当該決議取消しにより取締役となる者(法346条1項の規定により取締役としての権利義務を有する者等を含む。)に原告適格が認められる。

3．被告適格と株式会社を代表する者

(1) 被告適格

株主総会決議取消しの訴えにおいて,被告となり得る者は当該株式会社に限られる(法834条17号)。

株主総会決議取消しの訴えの認容判決が確定した場合,その判決は対世効をもつため(法838条),当該決議の有効無効によりその地位が左右されることになる役員は,被告会社に共同訴訟的補助参加することができる[96]。

(2) 株式会社を代表する者

株主総会決議取消しの訴えにおいて株式会社を代表する者は,監査役(監査役設置会社において,原告が取締役である場合〔法386条〕,取締役会が定める者又は監査委員会が選定する監査委員(委員会設置会社において,原告が取締役である場合〔法408条1項〕),取締役会で決めた者(取締役会設置会社において原告が取締役であり,取締役会で決めた場合〔法364条〕),株主総会で決めた者(原告が取締役である場合で,監査役設置会社,委員会設置会社,取締役会設置会社において取締役会で決めた場合以外のとき〔法353条・364条〕),代表権ある取締役(前記以外のとき〔法349条

---

96) 前掲注29)最判昭36・11・24

1項・4項〕)ということになるが，株式会社を代表するとされたり，株式会社を代表する者を定める取締役会や株主総会に関与した取締役等を選任した決議の瑕疵が争われている場合に，株式会社を代表する者をどのように決めることになるのかが問題となる。

　株主総会決議取消しの訴えは，判決が当該決議を取り消すとした際に，決議が取り消されるものであり，判決が確定するまでの間，当該決議は有効として扱われる[97]。また，当該決議に取消事由はないとして自らが株式会社を代表する者であると主張している者が当該決議の瑕疵の存否を争うのが訴訟経済に資するとも考えられる。したがって，株主総会決議取消しの訴えにおいて株式会社を代表すべき者は，当該訴訟で争われている役員選任決議で選任された取締役，監査役や，それらの者が関与した取締役会や株主総会で定められた者と解すべきであろう。

4．訴えの利益について

　株主総会決議取消しの訴えは形成訴訟であり，法律に規定のある場合に許される訴えであるから，法律の規定する要件を充たす場合には訴えの利益が存することになる。しかし，その後の事情の変更により，訴えの利益を喪失する場合があると考えられる。
　この点については，前記Ⅱ4を参照されたい。

5．提訴期間

　株主総会決議取消しの訴えは，決議の日より3か月以内に訴えが提起される必要がある（法831条1項）。株主総会決議取消しの訴えにおいて，提訴期間経過後に新たな取消事由を追加主張することは許されない[98]。
　しかし，株主総会決議無効確認の訴えの無効事由として主張されていた瑕

---

[97]　龍田・前掲注5)191頁
[98]　最判昭51・12・24民集30巻11号1076頁・判時841号96頁

疵が取消事由に該当し，しかも，その訴えが株主総会決議取消しの訴えの提訴期間経過前に提起されている場合には，株主総会決議無効確認の訴えにおいて，決議取消しの主張が提訴期間経過後にされたとしても，当該株主総会決議取消しの訴えは，提訴期間の関係では株主総会決議無効確認の訴え提起時に提起されたのと同様に扱うのが相当であるとされている[99]。

6．決議取消事由について

(1) 招集手続の瑕疵

株主総会開催には，取締役の決定又は取締役会決議を経て，取締役が招集通知を発することを要するが，これらの株主総会開催の決定及び招集通知を出す者についての瑕疵については，前記Ⅱ5を参照されたい。

(a) **招集通知を発する時期及び方法について** 株主総会の招集通知には会議の目的たる事項を記載することになっており，取締役会設置会社では，書面による招集通知又は株主の承諾を得て電磁的方法による招集通知を出すことが求められている（法299条2項・3項）。したがって，取締役会設置会社での口頭による招集通知は，招集手続に瑕疵があることになり，決議取消事由となる。取締役会非設置会社では，書面等による議決権行使を定めない場合であれば，口頭での招集も認められている（法299条2項参照）から，口頭による招集であっても招集手続に瑕疵はないことになる。

株主総会の招集は，会日より2週間前（非公開会社である取締役会設置会社においては，1週間前となる。取締役会非設置会社であれば，定款によってさらに短縮することもできる。）に各株主に対して書面をもって通知することとされているが（法299条1項），株式会社がこの期限を守っていないことは，決議取消事由になると解されている[100]。

(b) **招集通知の記載内容について** 株主総会招集通知には，株主総会開催の日時，場所のほか，会議の目的である事項を記載しなければならない

---

99) 最判昭54・11・16民集33巻7号709頁・判時952号113頁
100) 最判昭44・12・18集民97号799頁，前掲注50)最判昭46・3・18

（法299条4項）。株主総会開催の日時，場所の記載がない場合，それに基づいてされた決議には決議取消事由があることになる。

旧商法では，株主総会は定款に別段の定めがある場合を除き，本店の所在地又はこれに隣接する地に招集することを要するとされていた（旧商233条）ため，これに反する招集は決議取消事由に当たると解されていたが[101]，逆に，招集通知に株主総会の開催場所の記載がない場合には，旧商法233条により株主総会は本店で開催されることになり，招集通知に瑕疵はないとされていた[102]。会社法は，株主総会招集場所に関する規定をおいていないため，本店所在地以外で株主総会を開催することには瑕疵はないことになるが，開催場所の記載がないことは決議取消事由となる余地が生じることになろう。

株主の出席困難な日時場所への招集通知がなされたことは決議取消事由に当たると解されている（通説）。

会議の目的である事項については，株主が株主総会においてどのような議題を扱うのかを事前に知り，それに対する準備をするために招集通知に記載することを要求されているものであるため，招集通知での記載は，議題の輪郭がわかる程度であれば足りるとされている。しかし，招集通知に「定款の一部変更の件」と記載するだけで，具体的にどのような定款変更をするのかの記載がないようなときは，招集手続に違法があり，取消事由に当たることになる[103][104]。

取締役会設置会社においては，定時株主総会の招集通知の際，株式会社は株主に対し，計算書類や事業報告を送付する必要があるが（法437条），これらの書類に不備があるときも，通知が不適法であるというべきであり，決議取消事由になると解するべきである[105]。

(c) **計算書類や監査役の報告書の備置き**　　定時株主総会においては，株

---

101) 最判平5・9・9判時1477号140頁は，瑕疵が重大であるため，裁量棄却もできないとしていた。
102) 大隅＝今井・前掲注5）28頁
103) 名古屋地判昭46・12・27判時660号88頁
104) 大隅＝今井・前掲注9）45頁
105) 大阪地堺支判昭63・9・28判時1295号137頁

式会社の決算報告がされ，計算書類が承認されることになる（法438条2項）。そのため，取締役は定時株主総会の会日の2週間前（取締役会設置会社の場合）又は1週間前（前記以外の場合）より，監査役の監査等（法436条）を受けた計算書類を本店に備え置くこととされている（法442条1項）。これを怠った場合には，計算書類承認決議には決議取消事由（招集手続の瑕疵）があるとするのが多数説である[106]が，計算書類備置懈怠は直ちに取消事由とはいえないが，計算書類がなかったために，株主が賛否の態度を決するための準備をして株主総会に臨むことを不能ならしめたときは，決議の成立手続が著しく不公正である場合があり得るという見解[107]もある。

(2) **議決権行使について**

株主は1株につき1個の議決権を有する（法308条1項）ため，株式会社が議決権のある株主の議決権行使を制限したような場合には，当該決議には決議方法の法令違反があることになり，決議取消事由があることになろう。もっとも，議決権行使が制限された議決権数が少ないような場合には，裁量棄却される場合もあるかもしれないし，それが多い場合には，決議不存在事由となることもあろう。

(3) **取締役の出席について**

全員出席総会や株主の同意により招集手続をとらなかった場合（法300条）において，取締役が招集されていないことが株主総会決議の瑕疵となるかどうかについては争われている。これについては，①取締役には株主総会における説明義務はあるが出席権はないため，株主らがその説明義務を果たす必要がないとしている場合には株主総会に取締役が出席する必要はないから，取締役が株主総会に出席していないことは決議の瑕疵とはならないとする見解と，②株主総会は株主によって構成されるが，完全な自足性を持った機関ではなく，その招集権や発案権は原則として株式会社の執行機関が有してい

---

106) 前掲注99)最判昭54・11・16，福岡高宮崎支判平13・3・2 判タ1093号197頁，宮崎地判平13・8・30判タ1093号194頁
107) 東京大学商法研究会編『商事判例研究(4)昭和28年度』（有斐閣，1963）16頁〔平出慶道〕

るため，株主総会への出席は取締役の義務だけではなく，権限でもあるとして，取締役に株主総会開催の通知をせず，あるいは取締役の出席を不当に拒絶した場合には，その決議には取消事由があるとする見解がある[108]。

(4) 株主総会の運営に関する問題

株主総会は，定款に特別の定めがない限り，株主総会において選任された者が議長となってこれを指揮，運営することになる 。そして，議長の選任方法や，議長による株主総会の運営，議決方法等に問題がある場合には，それは，決議方法の法令違反や，決議が著しく不公正な方法によってされた場合に当たり，決議取消事由となる場合がある。

(a) **議長の選任の瑕疵**　株主総会の議長が定款に定められているときに，議長が定刻に株主総会に来ないため，出席株主だけで株主総会を開いて決議した場合，議長の遅刻が社会通念上，許される程度のものであるときは，出席株主等による決議には決議方法の法令定款違反があり，取消事由があるというべきである。他方，議長が勝手に閉会を宣言し，他の取締役とともに退場した場合は，取締役のみが議長たり得るとする定款の規定にかかわらず，株主を議長に選任して株主総会を続行し得るとした裁判例もある[109]。

(b) **従業員株主の協力によりなされた決議**　従業員が株主となっている株式会社において，株主総会運営を円滑に進めるため，従業員株主に株主総会運営の協力をさせることがある。従業員株主らを他の株主よりも先に会場に入場させて株主席の前方に着席させる措置をとることには合理的な理由があるとはいえないから，このような取扱いは株主平等原則に違反するものであるとされている[110]。そうであれば，このような取扱いがされた株主総会における決議は，決議方法の法令違反として決議取消事由となることもあり得るだろう[111]。

---

108) 江頭・前掲注12)308頁，大隅＝今井・前掲注5)84頁，西原・前掲注53)859頁，近藤弘二「株主総会決議取消・無効確認・不存在確認の訴え」竹下＝藤田編・前掲注72) 13頁
109) 神戸地判昭31・2・1判時72号20頁
110) 最判平8・11・12〔四国電力事件〕判時1598号192頁
111) 末長敏和「株主総会当日の会社側の対応及び運営方法」家近正直編『現代裁判法大系(17)』(新日本法規出版，1999) 125頁

株式会社が円滑な議事進行確保のために従業員株主とリハーサルを行うことは，株式会社ひいては株主の利益に合致することであり，取締役ないし取締役会に認められた業務執行権（法362条2項）の範囲内の行為であるとされている[112]。しかし，株式会社が株主総会のリハーサルにおいて従業員株主ら会社側の株主を出席させ，その株主らに議長の報告や付議に関し，「異議なし」，「了解」，「議事進行」などと発言させることを準備させ，これを株主総会において実行して一方的に議事を進行させた場合は，これによって他の株主の質問する機会などが奪われるときには，決議の方法が著しく不公正であるとされる場合もあろう。

(c) **株主提案権を排除してなされた決議** 株主には，ある事項を株主総会の議題とすべきことを請求し得る議題提案権（法303条1項）と，株主総会において議案を提出する議案提案権（法304条）及び株主総会の招集通知に自己が提出する議案の要領を記載すべきことを請求し得る議案の要領の通知請求権（法305条1項）が認められている。これらの株主提案権は，株主が株主総会の機会を利用して，経営に関する自らの意見を株主総会の審議に直接反映させ，ひいては株主総会の活性化を図ることを目的とする制度である。

(ア) **議題提案権及び議案の要領の通知請求権について** 株式会社は株主から事前の議題提案権及び議案の要領の通知請求権の行使を受けた際，それが株主総会会日の8週間前までであるかどうか，当該株主が権利行使日の6か月前より引き続き発行済株式総数の100分の1以上に当たる株式又は300個以上の株式を有する株主であるかどうか（法303条2項・305条1項），当該議題が株主総会の権限事項であるかどうか（法295条1項・2項），議案が法令，定款に反しないこと，同一議案の連続提案の制限（法305条4項）に反しないことを判断したうえ，適法な株主提案権の行使であるときは，株主総会の招集通知に議題（会議の目的）として記載することになる。

株主が事前に提出した議案は，会社提案に対する修正ないし反対提案となることがあるが（例えば，役員選任について，会社提案とは異なる者を候補者とする場合），それが適法に提出されているのに株式会社が採用せず，招集通知に記載しない

---

112) 大阪地判平10・3・18〔住友商事株主総会決議取消し等事件〕判タ977号230頁

場合には，株主提案に対応する会社提案の議案についての決議取消事由になるとされている[113]。他方，株主の議案が会社提案に対応しないような内容のときに株式会社がそれを採用しなかったときは，決議そのものがされていないことになるので当該決議の取消しということは生じないとされている[114]。

　株主の事前の議案提出権を無視した場合，当該株主総会の決議全体の取消事由になるかどうかは争われており，招集通知もれの場合と同様に，当該株主総会決議の全体に影響を及ぼす共通の手続的瑕疵であることを理由とし，当該株主総会の決議のすべての取消事由となるとする見解[115]もあるが，裁判例・多数説は招集手続全体の瑕疵ではないため，その株主総会における他の決議の瑕疵にはならないとしている[116] [117]。

　(イ)　**株主総会における株主の議案提出権，動議の提出について**　株主総会においては，株主が議案を提出することもある（法304条）し，議案の修正を求める動議，議案の実質的審議を求める動議等を出すことがある。これに対しては，議事整理権（法315条1項）を有する議長が，場合によっては議案や動議提案の趣旨説明をさせ，議案や動議の採否を株主総会に諮るという運営がされることになろう。

　このような議案や動議が提出されたが，議長が議案や動議を聞き取れなかったような場合には，そもそも議案や動議が株主総会において提案されたといえるかどうかも疑問であるため，これを取り上げないことについて何らの瑕疵はないことになろう。また，当該議案や動議を提案した株主が議長の注意を無視し，過激な行動に出ているようなときには，株主総会の会議体としての本則を放擲し，株主としての利益を放棄するものだから，議案や動議提出の求めが適法な議案や動議の提出として受理されなかったとしてもやむを得ず，当該決議に瑕疵はないとされることもある[118]。さらに，当該株主の

---

113) 通説。上柳ほか編・前掲注6）85頁〔前田〕，多田晶彦「株主提案権の行使と株主総会の運営」家近編・前掲注111）144頁
114) 東京地判昭60・10・29金商734号23頁
115) 弥永・前掲注1）106頁
116) 前掲注114）東京地判昭60・10・29，東京高判昭61・5・15商事1079号43頁
117) 江頭・前掲注12）310頁，北澤・前掲注5）312頁，大隅＝今井・前掲注5）44頁，上柳ほか編・前掲注6）85頁〔前田〕

行動から，その者による議案や動議の提案が正当な株主権の行使というよりも，株主総会を混乱させ，株式会社を困らせるための一連の行動の一環ということができるときには，当該株主の議案や動議の提案は権利の濫用であり，株式会社がこれを取り上げなかったとしても決議の方法が著しく不公正であったとはいえないといえる場合もあろう[119]。

　これらの場合以外に議長が適法な議案や動議を取り上げなかった場合には，その議案や動議の内容や決議の内容によっては，決議方法が著しく不公正な場合として決議取消事由に該当することもあると考えられる。

　(d)　**招集通知に記載されていない事項についてなされた決議**　株主総会において，予め株主に通知がなかった事項を決議した場合には，いわゆる全員出席総会や会社法300条の場合，取締役会非設置会社の場合（法309条5項参照）を除き，決議方法の法令違反として決議取消事由に当たると解されている[120]。株主総会の招集通知上，「取締役増員の件」と記載されていたのに取締役の解任決議をした場合，招集通知上「取締役3名の選任」が議案とされていたのに「取締役4名の選任」を議案として決議がなされた場合，いずれも決議方法の法令違反として取消事由に当たるとされている[121]。ただし，取締役選任を議題とする招集通知に「取締役全員任期満了につき改選の件」と記載されているときは，特段の事情がない限り，株主総会において従前の取締役と同数の取締役を選任する旨の記載があると解することができるから，この場合，従前の取締役と同数の取締役を選任する決議は，招集通知に記載のない事項を株主総会において決議したことにはならないとされている[122]。

　(e)　**監査役，会計監査人の監査を経ない計算書類の承認決議**　計算書類等（法435条1項・2項）は，監査役又は会計監査人の監査，取締役会の承認を得て（法436条），定時株主総会に提出し，承認を受けなければならない（法438条1項・2項）。

---

118)　動議提出について，福岡地判平3・5・14判時1392号126頁
119)　河本一郎「九州電力総会決議取消事件について」商事1252号（1991）7頁
120)　名古屋高判昭29・5・26下民集5巻5号738頁
121)　最判昭31・11・15民集10巻11号1423頁・判タ67号60頁，東京高判平3・3・6金法1299号24頁
122)　最判平10・11・26金判1066号19頁

監査役の監査,会計監査人の監査を経ないで作成された計算書類の承認決議に瑕疵があるといえるかについては,裁判例及び多数説は,決議方法に法令違反がある場合に該当し,取消事由になると解している[123]。もっとも,決議の方法が法令に違反するものとして決議取消事由となるが,株主総会提出の議案又は書類について会計監査人・監査役の調査を欠いても,事実上,それらが違法又は著しく不当でないことを株式会社側で証明したときは,その決議は瑕疵のないものと解すべきであるとする見解[124],承認の対象に重大な瑕疵(法令違反)がある場合なので,決議無効事由である決議内容の法令違反とする余地もあるとする見解[125]もある。

(f) **説明義務違反**

(ア) **取締役らの説明義務**　株主に正当な質問をする機会を確保し,株主の株主総会参与権の実質化を図るために,会社法314条は取締役,会計参与,監査役及び執行役の説明義務を定めている。他方で株主の権利濫用といえる不当な質問権の行使を防止する必要もあるため,同条には説明義務が生じない場合として,①株主総会の目的である事項に関しないものである場合,②その説明をすることにより株主の共同の利益を著しく害する場合,③その他正当な事由のある場合として法務省令で定める場合には,説明を拒絶できるとしている(会社則71条)。

(イ) **取締役らの説明の程度**　決議事項について取締役らに説明義務が認められたのは,取締役が株主総会における議案の提案者であることに由来するものであり,その説明義務の範囲は,株主が株式会社の目的たる事項の合理的な理解及び判断をするために客観的に必要と認められる事項(客観的関連事項)となる。

取締役らがどの程度の説明をすれば説明義務を果たしたといえるかについては,決議事項の内容,質問事項との関連の程度,その説明内容等に加えて,質問株主が保有する資料等も総合的に考慮して,平均的な株主が議決権

---

123) 前掲注99)最判昭54・11・16,東京地判昭60・3・26判タ732号26頁
124) 大隅＝今井・前掲注5)314頁
125) 上柳克郎ほか編『新版注釈会社法(6)』(有斐閣,1987)521頁〔龍田節〕,谷口安平「株主総会決議の不存在と無効」上柳ほか編・前掲注43)110頁

行使の前提としての合理的な理解及び判断をなし得る状態に達しているか否かが検討されるべきであるが，質問株主が平均的な株主よりも多くの資料を有している場合，これを前提に説明義務の内容を判断することができるとされている[126]。

(ウ) **一括回答** 株主総会においては，株主からの事前の質問状に対し，重複する質問をまとめるなどしたうえで株式会社が一括回答をし，その後，さらなる質疑を受け付けて採決に入ることが多いが，このような一括回答が説明義務違反となるかどうかが問題となる。

これについては，法律上，株式会社の説明の方法については規定が設けられていないこと，株式会社は，株主が会議の目的事項を合理的に判断するのに客観的に必要な範囲の説明をすれば足りることなどから，一括回答が直ちに違法となるものではないし，仮に一括回答によって必要な範囲の説明に不十分な点があったとしても，それを補充する説明をすれば足りることであるから，一括回答自体は説明義務違反には当たらないとされている[127]。

(エ) **説明義務違反の効果** 説明義務違反が決議取消事由になるかどうかについては，①取締役等に説明義務違反が認められる場合でも，株式会社としては正当な事由があって説明を拒んだと考えていたのに，後になって裁判所の判断によって不当であったとして決議が取り消されると，非常に重大な結果を生じることもあるため，説明義務違反はそれ自体では決議取消事由とはならず，それを基礎として決議方法が著しく不公正と認められる場合にはじめて決議の効力に影響を与えるという見解[128]と，②取締役等の説明義務が法定されているため，これに違反した場合には，決議の方法の法令違反に該当するという見解[129] [130]があるが，前記(イ)のとおり，説明義務違反が認められる場合が限定されているため，後者の見解が相当であろう。

---

126) 東京地判平16・5・13〔東京スタイル決議取消し訴訟事件〕金判1198号18頁
127) 最判昭61・9・25金法1140号23頁，東京地判平元・9・29判時1344号163頁，東京地判平4・12・24判時1452号127頁，名古屋地判平5・9・30商事1342号1751頁
128) 鈴木竹雄「株主総会の運営に関する諸問題」商事925号（1981）2頁，森本滋「判批」判評356号（判時1282号）（1986）1頁
129) 東京地判昭63・1・28判時1263号3頁
130) 前田・前掲注11)372頁，鈴木＝竹内・前掲注11)244頁，今井・前掲注32)76頁

(g) **議案の採決方法の瑕疵**

(ア) **議案の採決方法**　株主総会においては，議長の議事進行により，各議案が採決されることになる（法315条1項）。株主総会における議事の方式については法律に特別の規定はないから，定款に別段の定めがない限り，株主総会の討論の過程を通じてその最終段階に至って議案に対する各株主の確定的な賛否の態度がおのずから明らかとなって，その議案に対する賛成の議決権数がその株主総会決議に必要な議決権数に達したことが明白になった以上，そのときに表決が成立したものと解すべきであって，必ずしも挙手，起立，投票などの採決の手続をとることを要しないとされている[131]。

また，決議の方法について定款に別段の定めがないときには，議案の賛否について判定できる方法であれば，いかなる方法によるかは株主総会の円滑な運営の職責を有する議長の合理的裁量に委ねられているとされている[132]。そこで，拍手による採決方法も直ちに違法ではなく，株主総会の場において議長の議事進行につき過半数の賛成があったことを前提として，その後の議事が進行していることに照らして，拍手により出席者の過半数の意思を確認できたものであれば，違法とはいえないことになろう[133]。

(イ) **定足数不足の総会決議**　定足数不足の株主総会決議は，決議自体の違法ではなく，決議方法の違法であるため，当該決議は当然無効ではなく，株主総会決議取消しの訴えの対象となるにすぎないとされている[134]。

(ウ) **出席議決権数の算定**　会社の大株主である原告と，会社経営陣が，それぞれ役員選任決議を提出し，経営権を争っている中で，役員選任議案の決議要件である「出席議決権数の過半数」を算出するに際し，株主提出の委任状に係る議決権数を会社提案の「出席議決権数」に含めない方法により行われた決議は，決議方法の法令違反があるとして，決議が取り消されることがある[135]。

---

131) 最判昭42・7・25民集21巻6号1669頁・判時492号77頁
132) 東京地判平14・2・21判時1789号157頁
133) 名古屋地判平11・4・23判タ1069号47頁
134) 前掲注109)神戸地判昭31・2・1，最判昭35・3・15判時218号28頁

(エ) **特別決議を要求されている議事について特別決議に必要な賛成議決権がなかった場合**　特別決議が必要な事案について，特別決議に必要な賛成議決権がなかったことが判明した場合も，決議方法の法令違反として，決議取消事由に当たるとすべきである[136]。

(5) **決議内容の定款違反**

　決議内容の定款違反は決議取消事由とされている（法831条1項2号）。これは，定款違反は単なる株式会社内部の自治規則の違反にすぎないため，株主・取締役らの会社関係者がその瑕疵を主張した場合に限って決議を取り消せばよいとの考えに基づく。

　決議内容が定款違反とされる場合は，定款所定の人数を超える数の取締役を選任する旨の決議などである。決議内容の定款違反の場合には，裁量棄却は認められていない（法831条2項）。

　なお，決議内容が直接的には定款に違反する場合であっても，それが同時に法令に違反するときは，決議無効事由にもなる[137]。

(6) **特別利害関係人の議決権行使による著しく不当な決議**

　特別利害関係人が議決権を行使し，それが著しく不当な決議であると評価される場合には，決議取消事由に当たるとされている（法831条1項3号）。株主総会において特別の利害関係を有する株主が議決権を行使した場合であっても，決議取消事由とされるのは，その議決権行使により著しく不当な決議が成立した場合であるとされているため，学説は，特別の利害関係を有する株主を広く解している。

　例えば，役員退職慰労金を支給する決議において，役員として支給を受ける者又はその相続人らは特別利害関係人に当たると解されている[138]。ま

---

135) 東京地判平19・12・6判タ1258号69頁。なお，この判決では，会社が議決権行使を条件として，株主1名につきQUOカード1枚（500円分）の提供をしたことが会社法120条1項の禁止する利益供与に該当し，かかる利益供与を受けてされた決議について，決議方法の法令違反があるとして，決議が取り消されている。

136) 大阪地判昭50・1・22金判444号14頁

137) 今井・前掲注32) 163頁

た，株主が株式会社の事業の全部又は重要な一部を譲り受ける場合[139]，株主たる取締役のした不法行為を免除する場合[140]も，当該株主は特別利害関係人に当たるとされている。

ただし，株主である取締役の解任に関する株主総会決議についての当該株主，有限会社の社員総会においてその社員である特定の者を取締役に選任すべき決議をする場合の当該社員はいずれも特別利害関係人に当たらないし[141]，事業を譲渡する株式会社の株主が譲受会社の代表取締役である場合に，当該代表取締役である株主は，直ちに特別利害関係人に当たるものではないともされている[142]。

7．裁量棄却

決議取消事由が存在しても，それが招集手続又は決議方法の法令・定款違反という手続上の瑕疵にすぎない場合には，裁判所はその違反する事実が重大でなく，かつ，決議に影響を及ぼさないと認めるときは，決議取消しの請求を棄却することができるとされている（法831条2項）。これは，手続上の瑕疵の場合，新たに株主総会をやり直して決議すれば同じ決議になるようなときにまで，決議を取り消す必要がないとの理由による。

どのような場合に裁量棄却がなされるかについて，判例には，①決議に取消事由となる違法があっても，その違法が決議の結果に異動を及ぼすと推測されるような事情が認められない場合には，裁判所は原告の請求を棄却できるとして，瑕疵と決議の間の因果関係の存否を基準として裁量棄却を判断するもの[143]と，②軽微な手続上の瑕疵とはいえないとして，その瑕疵と決議の間の因果関係を特に検討することなく決議取消しを認めているもの[144]が

138）　東京地判昭48・2・18判タ291号232頁，浦和地判平12・8・18判時1735号133頁
139）　最判昭42・3・14民集21巻2号378頁・判時476号17頁参照
140）　前掲注139)最判昭42・3・14，神戸地尼崎支判平10・8・21判タ1009号250頁，大阪高判平11・3・26金判1065号8頁
141）　前掲注139)最判昭42・3・14，最判昭53・4・14民集32巻3号601頁・判時892号100頁
142）　前掲注131)最判昭42・7・25
143）　前掲注14)最判昭30・10・20，最判昭37・8・30判時311号27頁，前掲10)最判昭42・9・28

あった。しかし，その後，最判昭46・3・18民集25巻2号183頁・判時630号90頁は，瑕疵が決議の結果に影響を及ぼさないと認められるときであっても，株主総会招集の手続又はその決議の方法に性質，程度からみて重大な瑕疵がある場合には，裁判所は株主総会決議取消しの請求を認容すべきであってこれを棄却することはできないとして，瑕疵が軽微なものなのか重大なものであるかが一次的又は決定的な基準であることを明示した。

8．その他の訴訟手続について

(1) 訴えによらなければならないこと

　株主総会決議取消しの訴えは形成訴訟であり，訴えをもってしなければならない[145]。

(2) 主張立証責任について

　株主総会決議取消しの訴えはいわゆる形成訴訟であり，法律の要件が認められる場合に提起できる訴訟である。したがって，原告が，原告適格，決議取消事由について主張立証すべきである。もっとも，重要訴訟の資料が被告会社に存在する場合が多いため，被告会社としても，決議が会社法の規定に則って行われているということを基礎づける事実を反証として積極的に主張立証すべきであろう。

---

144)　前掲注121)最判昭31・11・15
145)　大隅＝今井・前掲注5)128頁

第4章

取締役の地位に関する訴訟

I　取締役の地位確認・地位不存在確認訴訟

1．取締役の地位に関する実体関係

(1)　取締役とは

　取締役は，株式会社の必置機関である（法326条1項）。取締役は，株主総会で選任され，株式会社の代表者と任用契約を締結することによって，取締役たる地位に就く。

　旧商法では，すべての株式会社において，3人以上の取締役とこれを構成員とする取締役会の設置が強制されていたが（旧商255条・260条），会社法ではこの点が変更され，公開会社・監査役会設置会社・委員会設置会社以外では取締役会の設置が任意となった（法327条1項）。このため，取締役の地位・権限も，取締役会非設置会社であるか取締役会設置会社であるか（さらに委員会設置会社であるか）によって大きく異なる。

　(a)　**取締役会非設置会社**　　取締役会非設置会社の場合には，取締役は，それ自体として会社の機関であり，定款に別段の定めがある場合を除き，株式会社の業務を執行する（法348条1項）。取締役が2人以上あるときは，株式会社の業務は，定款に別段の定めがある場合を除き，取締役の過半数をもって決定する（同条2項）。また，取締役は，株式会社を代表するが（法349条1項），他に代表取締役その他株式会社を代表する者を定めた場合には，その

者以外の取締役は代表権を有しない。取締役が2人以上ある場合にも，取締役は各自株式会社を代表するが，定款，定款の定めに基づく取締役の互選又は株主総会決議によって，取締役の中から代表取締役を定めることができる（同条3項）。

　(b)　**委員会設置会社を除く取締役会設置会社**　委員会設置会社を除く取締役会設置会社の場合には，個々の取締役は会社の機関ではなく，取締役会のメンバーにすぎない。取締役会はすべての取締役で組織され（法362条1項），会社の業務執行を決定する（同条2項）。取締役会は，取締役の中から代表取締役を選定しなければならず（同条3項），代表取締役は会社の業務を執行し，対外的に会社を代表する。代表取締役以外の取締役に，業務執行を委ねることもできる（法363条1項2号）。

　(c)　**委員会設置会社**　委員会設置会社の場合には，取締役は，会社法又は同法に基づく命令に別段の定めがある場合を除き，会社の業務を執行することができない（法415条）。委員会設置会社の取締役会は，会社の業務執行について決定する権限を有するが（法416条1項1号），機動的意思決定を可能にすることが委員会設置会社を選択する理由であるから，実際には，一部の法定除外事項を除いて，業務決定権限は大幅に執行役に委任されることが予定されている（同条4項）。したがって，取締役会は基本的事項の決定と業務執行の監督を行い，執行役が業務を執行し，代表執行役が会社を代表するのが通例である。

(2)　**取締役の員数・資格**

　(a)　**取締役の員数**　取締役の員数は，取締役会非設置会社では最低1人（法326条1項），取締役会設置会社では最低3人（法331条4項）である。旧商法では，取締役の員数は3人以上とされていたが（旧商255条），上記のとおり，公開会社・監査役会設置会社・委員会設置会社以外の会社では取締役会の設置が任意化されたことから，取締役会非設置会社では，旧有限会社法25条と同様，取締役は1人でもよいこととされた。なお，上記の制限に反しない限りは，定款で，その最高人数や最低人数を決めることも可能である。

　(b)　**取締役の資格**　旧商法下では，法人が取締役になることができるか

否かについて争いがあり，否定説が通説であったが，会社法では法人が取締役になれないことが明記された（法331条1項1号）。

また，旧商法では，株式会社の取締役の資格を，定款で株主に限ることはできないとの規定があったが（旧商254条2項），会社法では，非公開会社については定款で定めることにより取締役の資格を株主に制限することも認められ，公開会社のみについて，旧商法254条2項の規制が維持された（法331条2項）。これは，公開会社については，従前どおり，取締役に広く適材を求めるべきであると考えられる一方，固定的な株主による継続的な会社への関与が続く非公開会社については，このような規制は必要ないと解されたためである[1]。なお，法律上，明文をもって規制が設けられているのは取締役の資格を株主に限る定款についてのみであり，各会社の具体的事情に応じて，定款上，取締役の資格を一定の者に限定することは不合理な内容でない限り許されると解されている[2]。

取締役の欠格事由については，会社法331条1項に法定されている。旧商法254条ノ2第2号では，破産手続開始決定を受け復権していない者は，株式会社の取締役となることができないとされていたが，会社法では，債務者に再度の経済的再生の機会を早期に与える必要性があるとの理由により，欠格事由から除外された。また，会社法では，取締役の欠格事由の対象となる犯歴に，金融商品取引法違反や各種倒産犯罪の罪が加えられている（法331条1項3号）。

(3) 取締役の選任

(a) **設立時の取締役選任**　株式会社設立時の取締役は，発起設立の場合には，発起人の議決権の過半数をもって選任する（法40条1項）。株式会社設立に際して，種類株主総会の決議で取締役を選任する種類株式（法108条1項9号）を発行する場合には，その種類株式に関する定款の定めの例に従

---

1)　相澤哲編著『一問一答新・会社法〔改訂版〕』（商事法務，2009）111頁
2)　名古屋地判昭46・4・30下民集22巻3＝4号549頁は，取締役の資格を日本国籍を有する者に限定した定款について，定款による資格限定は原則として各株式会社の自治に委ねられているとして，当該定款の規定は公序違反ではないから有効としている。

い，当該種類の設立時発行株式を引き受けた発起人の議決権の過半数をもって決定する（法41条1項）。また，定款で設立時の取締役を定めておくことも可能である（法38条3項）。

　募集設立の場合には，創立総会において，議決権を行使することができる設立時株主の議決権の過半数であって，出席した当該設立時株主の議決権の3分の2以上に当たる多数をもって，取締役を選任する（法73条1項・88条）。株式会社の設立に際して，種類株主総会の決議で取締役を選任する種類株式（法108条1項9号）を発行する場合には，その種類株式に関する定款の定めの例に従い，当該種類の設立時発行株式の設立時種類株主を構成員とする種類創立総会の決議によって選任する（法90条1項）。

　(b)　**会社成立後の取締役選任**
　(ア)　**選　任　方　法**
　(i)　会社成立後は，種類株主総会による選任を定めている場合を除き，株式会社の取締役は，株主総会において選任する（法329条1項）。一般に普通決議は，定足数も決議要件も定款によって緩和することができるが（法309条1項），取締役選任決議は慎重を期するため，議決権を行使することができる株主の議決権の過半数（定款でも3分の1までしか緩和できない。）を有する株主が出席し，出席した当該株主の議決権の過半数（定款で加重した場合はその割合以上）をもって行わなければならない（法341条）。

　2人以上の取締役の選任を同じ株主総会で行う場合，株主は，定款に別段の定めがある場合を除き，株主総会の日の5日前までに請求することにより，会社に対して累積投票によるべきことを求めることができる（法342条1項・2項）。この請求があったときは，取締役選任の決議については，株主はその有する株式1株につき選任すべき取締役の数と同数の議決権を有し，その議決権のすべてを1人の取締役候補者に集中して投票することも，2人以上の候補者に分散して投票することもでき（同条3項），その投票の最多数を得たものから順次取締役に選任されたものとする（同条4項）。

　(ii)　種類株主総会の決議で取締役を選任する種類株式（法108条1項9号）を発行している場合には，取締役は，その種類株式に関する定款の定めの例に従い，各種類の株式の種類株主を構成員とする種類株主総会の決議によって

選任される（法347条1項・329条1項）。定足数及び可決要件の規制は，株主総会決議による場合と同じである（法347条1項・341条1項）。

(イ) **任用契約締結の要否**　取締役選任の効果が発生するためには，株主総会による選任決議がされるだけでは足りず，被選任者と会社との間で任用契約が締結されることが必要である。古くの大審院判決は，取締役の選任行為の性質についていわゆる単独行為説を採り，株主総会における選任決議の成立のみにより被選任者は直ちに取締役たる資格を取得し，その就任の承諾を要しないと解していた[3]。しかし，被選任者の意思を無視して重大な義務と責任を伴う地位に就かせることは妥当ではないことから，現在の通説は，株主総会の選任決議のほかに，会社と被選任者との間において任用契約の締結を要するものとし，この契約は，株主総会の選任決議に基づく代表機関の就任申込みと，これに対する被選任者の承諾とによって成立するものと解している[4]。最判平元・9・19判時1354号149頁・判タ752号194頁も，監査役の選任について，監査役選任の効力は，株主総会における選任決議のみで生ずるものではなく，被選任者が就任を承諾することによって発生するものというべきであると判示している。もっとも，実務では，取締役候補者と会社との間にあらかじめ株主総会において選任決議が成立することを条件とする任用契約がなされていて，選任決議があると直ちに選任行為の効力を生ずる場合が多く，議論の実益がある場面は少ない。

(ウ) **取締役選任権限の委譲等**　取締役の選任は，株主総会の専属的決議事項であって，株主総会の決議はもちろん定款の規定によっても，これを株主総会以外の機関に委任することはできない（法295条3項）[5]。また，株主総会における取締役選任決議の効力を第三者の承認にかからしめることができるかについては，有効性を認める学説もあるが[6]，このような定款や総会決

---

3) 大判明34・7・8民録7輯37頁
4) 大隅健一郎＝山口幸五郎『総合判例研究叢書(3)商法(4)』（有斐閣, 1958) 29頁, 上柳克郎ほか編『新版注釈会社法(6)』（有斐閣, 1987) 12頁〔今井潔〕
5) 東京地判昭33・1・13下民集9巻1号1頁, 上柳ほか編・前掲注4) 7頁〔今井〕
6) 鈴木竹雄＝竹内昭夫『会社法〔第3版〕』（有斐閣, 1994) 227頁は, 原始定款の定めがあり, それ自体不合理でなければ有効であるとする。また, 江頭憲治郎『株式会社法〔第4版〕』（有斐閣, 2011) 299頁は, 特に濫用的な意図が看取されない限り, 株主総会決議の効力発生を第三者の承認にかからせる定款も原則として有効と解してよいとする。

議は無効であるという見解も有力である[7]。

(4) 取締役の終任

取締役は任期満了により終任となる。また、取締役と会社との関係は、委任に関する規定に従うから（法330条）、取締役はいつでも辞任することができ（民651条1項）[8]、取締役の死亡、破産手続開始決定又は後見開始の審判によって委任関係が終了する[9]（民653条）。また、取締役は、その欠格事由（法331条1項）に該当することになった場合には当然にその地位を失う。

ただし、任期満了又は辞任によって取締役が退任したことにより、取締役が欠けた場合又は法律若しくは定款に定めた取締役の員数が欠けた場合には、新たに選任された取締役が就任するまで退任取締役は、取締役としての権利義務を有する（法346条1項）。

以下、取締役の終任事由ごとに問題点を整理する。

(a) 任 期 満 了

(ア) 任　　　期　　株式会社の取締役の任期は、選任後2年（委員会設置会社の場合には1年）以内に終了する事業年度のうち最終のものに関する定時株主総会の終結の時までである（法332条1項本文・3項）。ただし、定款又は株

---

7) 東京高決昭24・10・31高民集2巻2号245頁、大隅＝山口・前掲注4)21頁
8) 東京地判昭55・7・29判時990号239頁は、取締役辞任登記手続請求訴訟において、会社が倒産必至の状態にあるときに、原告が辞任の意思表示をしたのは信義則に反すると被告が主張したのに対し、取締役はその事由の如何にかかわらず、何時でも会社を辞任し得ると判示して、被告の主張を排斥している。
9) 会社の破産手続開始決定により取締役が当然にその地位を失うか否かについては争いがある。学説上は、①会社と取締役との関係は、委任に関する規定が適用されるところ（法330条）、会社の破産によって取締役と会社の委任契約は終了すること（民653条2号）などから、従前の取締役は当然にその地位を失うとする見解（当然終任説。鈴木＝竹内・前掲注6)270頁）と、②民法653条2号は、委任者が破産した結果、委任者自らすることができなくなった行為は受任者もまたこれをすることができないため、委任は目的を達し得ず終了するという趣旨であるから、委任者である会社が破産した場合であっても、破産者たる会社自身がすることができる事項、すなわち、破産管財人の管理処分権限に属しない組織法上の行為等（株主総会の招集及び開催、役員の選任及び解任、株主総会決議不存在確認の訴えの提起等の会社の存在に伴う人格的活動）については、委任はなお終了しないと解すべきであるという見解（非終任説。河本一郎『現代会社法〔新訂第9版〕』（商事法務、2004）444頁）に分かれている。最判平16・6・10民集58巻5号1178頁、最判平21・4・17集民230号395頁・判タ1292号124頁は非終任説を採っている。

総会の決議によって，その任期を短縮することができる（同条1項ただし書）。また，非公開会社（委員会設置会社を除く。）では，定款によって，取締役の任期を，選任後10年以内に終了する事業年度のうち最終のものに関する定時株主総会の終結の時まで伸長することができる（同条2項）。

旧商法では，取締役の任期は原則2年（設立時に選任される取締役は1年）とされていた（旧商256条1項・2項）。しかしながら，委員会設置会社を除く非公開会社については，株主の変動も少なく，株主に対して取締役の信任を頻繁に問う必要性が乏しいことから，会社法では，上記会社については，それぞれの会社がその実態に応じて取締役の任期を定めることができることとし，最長10年まで伸長することができるとした。また，旧商法では，原則として，取締役の任期を2年を超えることができないものとし，定款をもって任期中の最終の決算期に関する定時総会の終結の時まで任期を伸長できることとしていたが（旧商256条1項・3項），会社法の下では，定款にこうした規定を設けなくとも，選任後2年以内の最終の決算期に関する定時総会終結の時までが任期となるから（法332条1項），旧商法256条3項に相当する規定を定款に設ける必要はなくなった。

なお，上記のとおり，取締役の任期が定時株主総会終結時までとされているため，所定の時期に定時総会が開かれなかった場合には，いつ取締役の任期が終了するのかが問題となるが，会社法332条1項は，定時総会が所定の時期に開催されることを前提とするものであるから，所定の時期に定時株主総会が開かれなくとも，取締役の任期は，通常定時総会が終結すべかりし時期（決算期から3か月以内。法124条2項参照）をもって満了すると解すべきである[10]。

以上の法定任期のほか，会社法では，株式会社が一定内容の定款変更を行った場合には，当該定款変更の効力が生じた時に取締役の任期が終了することとしている（法332条4項）。

(イ) **任期の起算点**　取締役の任期の起算点については，旧商法下では，株主総会による選任時とする見解[11]と就任時とする見解[12]に分かれてお

---

10) 東京高判平7・3・30金判985号20頁，横浜地決昭31・8・8下民集7巻8号2133頁，岡山地決昭34・8・22下民集10巻8号1740頁，上柳ほか編・前掲注4）40頁〔今井〕

り，就任する前に任期が進行するのは不合理であるとの理由から就任時説が通説であった。これに対し，会社法では，任期の起算点を「選任」時と規定した（法332条1項・2項）。ここにいう「選任」とは，原則として選任決議時の意味である。もっとも，選任決議において特に選任の効力の発生時点を後に定めることは可能であり，そうした措置をとることにより，従前の就任を起算点とするのと大きく変わらない運用をすることも可能とされている[13]。

(b) 辞　　　任

(ア) 辞任の意思表示の相手方　　取締役と会社との関係は，民法の委任に関する規定に従うから，取締役はいつでも辞任することができる（法330条，民651条1項）。取締役と会社の委任契約は，株主総会の取締役選任決議に基づいて，会社の代表機関が被選任者に取締役就任の申込みをなし，被選任者が承諾することによって締結されるから，辞任の意思表示も契約の相手方である会社に対してなすべきであり，具体的には，代表取締役その他の代表者に対してなすことが必要である[14]。

代表取締役その他の代表者が辞任する場合，他に代表者がいるときはその者に対し辞任の意思表示をすることになるが，他の代表者がいないときは，取締役会設置会社では，原則として，取締役会を招集して，取締役会に対して辞任の意思表示をする必要がある[15]。ただし，辞任の意思表示は単独行為であり，取締役会の承認決議は不要であるから，取締役会の成立を厳密に考える必要はなく，例外的に，別の方法により，取締役全員に辞任の意思が了知された場合には，辞任の効力発生を認めてよい[16]。取締役会非設置会社において，他に代表権のない取締役がいる場合には，その取締役に辞任の意思表示をすれば足りると解される。

取締役会非設置会社において，唯一の取締役が辞任する場合には，辞任の意思表示を受領すべき他の取締役も取締役会も存在しない。このような場合

---

11)　鈴木＝竹内・前掲注6）270頁
12)　大隅＝山口・前掲注4）48頁，上柳ほか編・前掲注4）38頁〔今井〕
13)　江頭憲治郎「『会社法制の現代化に関する要綱案』の解説〔Ⅱ〕」商事1722号（2005）15頁
14)　大隅＝山口・前掲注4）65頁，江頭・前掲注6）370頁
15)　東京高判昭59・11・13判時1138号147頁
16)　岡山地判昭45・2・27金判222号14頁

には，当該取締役が幹部従業員に対し辞任の意思表示受領権限を与えたうえで，これに対して意思表示することにより処理できると解すべきである[17]。

(イ) **辞任の効力の発生時期**　辞任は，単独行為であるから，一方的な辞任の意思表示が会社に到達した時に辞任の効力が生じる。会社の承諾は必要ない。取締役が，代表取締役その他の代表者にその処置を一任して辞表を提出したときは，その辞任の意思表示の効力の発生を代表者の意思にかからしめたものと解されるから，代表者が決定をなした時に辞任の効力が生じる[18]。

単独行為に条件や不確定期限を付けることは，相手方を不安定な状態に置き著しく不利益にするおそれがあるから，原則として許されないが，単独行為であっても，特に相手方を不利益にするおそれがない場合には例外的に条件を付けることもできると解されている。したがって，例えば監査役に選任されることを条件とする場合など，会社を不安定な状態に置き著しく不利益にするおそれのないものであるときは，取締役辞任の意思表示に不確定期限や条件を付けることも可能である[19]。

(ウ) **辞任制限特約の効力**　取締役の辞任を制限する旨の特約（辞任制限特約）があったにもかかわらず，取締役が特約に反して辞任の意思表示をした場合には，当該辞任は有効か。

まず，辞任制限特約が，会社以外の第三者と当該取締役との特約である場合には，そのような特約が会社と当該取締役との法律関係に影響を及ぼすことはないから，当該第三者との間で，特約違反・債務不履行の問題が生じることはあっても，会社との関係では，辞任の意思表示は有効である。

次に，辞任制限特約が会社との間で締結されている場合について，辞任制限特約を無効とし，辞任の効力を認めた裁判例がある[20]。もっとも，民法学

---

17) 仙台高判平4・1・23金判891号40頁，江頭・前掲注6) 371頁
18) 東京地判昭27・6・23下民集3巻6号875頁
19) 上柳ほか編・前掲注4) 80頁〔今井〕
20) 大阪地判昭63・11・30判時1316号139頁は，取締役は何時でも自由に辞任できること（旧商254条3項，民651条1項），会社側はいつでも株主総会の決議をもって取締役を解任することができること（旧商257条1項本文），取締役が会社に対して重い責任を負わされ（旧商266条1項），一定の行為をなすことを制約されていること（旧商264条・265条1項）等に照らし，辞任制限特約は無効であると判示している。

の理解としては，民法651条1項は強行法規ではないから，委任契約の不解除特約も有効であると解するのが一般的傾向であり[21]，取締役の辞任制限特約についても，特約を有効として，特約に反した辞任の効力を否定する見解がある[22]。また，同様に特約を有効と解するものの，辞任の意思が強い取締役に職務を強制しても意味がないので，このような特約は辞任自体を無効にするものではなく，民法651条2項の要件を充足するか否かにかかわらず，損害賠償義務を課す特約として解すべきであるという見解もある[23]。

(c) 解　　任
(ア) 解任決議
(i) 取締役は，いつでも，その取締役を選任した株主総会又は種類株主総会の決議によって解任することができる（法339条1項・347条1項）。解任について正当な理由がある必要はない（ただし，解任について正当な理由がない場合には，後記Ⅲ2のとおり，損害賠償の問題が生じる。）。

　解任の決議要件については，旧商法では特別決議が必要とされていたが（旧商257条2項・257条ノ3第2項・343条），会社法では普通決議に緩和された（法341条）。したがって，選任決議と同様に，議決権を行使することができる株主の議決権の過半数（ただし，定款でも3分の1までしか緩和できない。）を有する株主が出席し，出席した当該株主の議決権の過半数（定款で加重した場合にはその割合以上）をもって行う必要がある。ただし，累積投票制度によって選任された取締役の解任については，従前どおり，特別決議が必要である（法309条2項7号）。

(ii) 取締役解任決議がなされた場合，決議のみによって解任の効果が生じるのか，それとも，当該取締役に対して解任が告知されて初めて解任の効果が生じるのかについては争いがある。通説は，告知が必要であるとするが[24]，最判昭41・12・20民集20巻10号2160頁は，株式会社の代表取締役の解任（職）の効果は，取締役会の解任決議によって生じ，当該代表取締役であった者に対

---

21) 我妻榮『債権各論中巻二』（岩波書店，1962）691頁
22) 森淳二朗「判批」商事1002号（1984）37頁
23) 河内隆史「取締役の辞任について」酒巻俊雄先生還暦記念『公開会社と閉鎖会社の法理』（商事法務研究会，1992）270頁

する告知があって初めて生ずるものではないと判示している[25]。代表取締役の解任（職）と取締役の解任で，別異に解すべき根拠も見当たらないから，取締役の解任の場合も，解任決議によって解任の効力が生じると解される[26]。

(iii) 取締役の解任は，株主総会の専属的決議事項であるから，定款の規定又は総会決議によっても，これを株主総会以外の機関に委任することは許されない（法295条3項）。また，総会における取締役解任の効力の発生を第三者の意思にかからしめることができるか否かについては争いがあるが，できないとする見解も有力である[27]。

(iv) 取締役の選任に際して，代表取締役その他の代表者が当該取締役を一定期間解任しない旨を約していたとしても，取締役の解任は株主総会の専属的決議事項であるから，こうした代表者の約束は効力を有しない[28]。また，株主総会が不解任を前提として取締役選任決議をした場合であっても，取締役の解任権は，株主がその実質的な企業所有者としての利益を守るために，その時々の判断に従って行使すべきであるから，先の総会が後の総会における解任決議を制限することはできない。会社法339条1項の規定は強行法規と解すべきであり，後の株主総会が解任決議を行うことは妨げられない[29]。

(イ) **少数株主の解任請求**　取締役の職務執行に関し，不正の行為又は法令若しくは定款に違反する重大な事実があったにもかかわらず，当該取締役を解任する旨の議案が株主総会において否決されたとき，又は，当該取締役を解任する旨の株主総会決議が会社法323条の規定によりその効力を生じないときは，6か月前から引き続き総株主の議決権の100分の3以上の議決権

---

24) 上柳ほか編・前掲注4)67頁〔今井〕
25) これは，会社と代表取締役間の委任関係は，当該者が会社の代表機関としての地位を有することを不可欠の前提とするものであるところ，解任決議によって会社の機関としての地位が剥奪されれば，機関たる地位喪失の効果として，会社と代表取締役との委任関係も当然に終了する（したがって別途の解約告知は必要ない。）との考え方に基づくものである。
26) 江頭・前掲注6)372頁
27) 大隅＝山口・前掲注4)70頁，上柳ほか編・前掲注4)64頁〔今井〕参照。その他学説については，取締役選任権限の委譲等の項目を参照のこと。
28) 東京高判昭27・2・13高民集5巻9号360頁，大隅＝山口・前掲注4)70頁，上柳ほか編・前掲注4)63頁〔今井〕
29) 東京地判昭27・3・28下民集3巻3号420頁，大隅＝山口・前掲注4)70頁，上柳ほか編・前掲注4)63頁〔今井〕

を有する株主及び6か月前から引き続き発行済株式の100分の3以上の株の株式を有する株主（非公開会社の場合には6か月の株式保有期間は不要）は，当該株主総会の日から30日以内に，訴えをもって当該取締役の解任を裁判所に請求することができる（法854条）。解任判決が確定したときは，当該取締役は解任される（詳細は，後記Ⅲ1参照）。

2．取締役の地位不存在確認請求

(1) 訴訟の概要

会社の取締役ではないにもかかわらず，会社から取締役として扱われている者は，会社に対して自らが取締役の地位にないことの確認を求めることができる（以下，これを「ケース①」という。）。また，会社の取締役ではないにもかかわらず，取締役として振る舞っている者がいる場合には，当該会社は，当該者が取締役の地位にないことの確認を求めることができる（以下，これを「ケース②」という。）。さらに，第三者が，自称取締役が取締役の地位にないことの確認を求めることができる場合もある（以下，これを「ケース③」という。）。取締役の地位は，株主総会の選任決議及び会社と取締役との任用契約により，会社と取締役との間に生じる法律関係に基づくものであるから，取締役の地位不存在確認請求とは，この法律関係が存在しないことの確認を求める請求である。

(2) 原　　告

ケース①の場合には，取締役ではないにもかかわらず取締役として扱われていると自ら主張する者が原告となる。ケース②の場合には，会社が原告となる。ケース③の場合には，法律関係の当事者ではない第三者が原告として取締役地位不存在確認訴訟を提起することになるため，その原告適格が問題となるが，会社の組織上，取締役たる地位に法律上の利害関係を有する者については原告適格を認めてよいと解される[30]。例えば，株主は，株主総会における議決権行使を通じて取締役の選任・解任に関与することができるから（法329条1項・339条1項），取締役の地位に法律上の利害関係を有しているといえ，取締役地位不存在確認請求の原告適格が認められる[31]。

(3) 被　　　告

　ケース①の場合には会社が被告となり，ケース②の場合には自称取締役が被告となる。

　ケース③の場合には，必ず会社を被告とする必要がある。会社を被告とせずに，取締役地位不存在確認の認容判決が得られても，その効力が当該会社に及ばず，役員の地位をめぐる紛争を根本的に解決する手段として有効適切な方法とは認められないからである。会社を被告としない取締役地位不存在確認請求は，即時確定の利益を欠き，不適法である[32]。

　さらに，ケース③の場合には，会社のほかに，取締役ではないと主張されている当該個人も相手方とする必要があるか否か（固有必要的共同訴訟かどうか）について争いがあり，裁判例・学説は，会社と当該取締役の双方を被告とする必要があるとの見解[33]と，会社のみに被告適格があり双方を被告として訴えを提起した場合には取締役個人に対する訴えは不適法却下されるとの見解[34]に分かれている。被告適格の問題は，訴えの法的性質ないし訴訟物だけではなく，判決の効力が及ぶ範囲や，関係者の手続保障という観点か

---

30) 最判平 7・2・21民集49巻 2 号231頁は，宗教法人である神社の氏子総代等が同神社の代表役員の地位不存在確認等を求めた事案について，原告適格を肯定するには，組織上，原告らが被告の代表役員の任免に関与するなど代表役員の地位に影響を及ぼすべき立場にあるか，又は自らが代表役員によって任免される立場にあるなど代表役員の地位について法律上の利害関係を有していることを要すると判示し，氏子総代及び責任役員については，代表役員地位不存在確認訴訟の原告適格を認めている（氏子については原告適格を否定）。

31) 東京地判昭28・6・19下民集 4 巻 6 号884頁，西迪雄「取締役資格不存在確認の訴」松田判事在職四十年記念『会社と訴訟(上)』（有斐閣，1968）367頁

32) 最判昭42・2・10民集21巻 1 号112頁，最判昭43・12・24集民93号859頁，最判昭44・7・10民集23巻 8 号1423頁

33) 京都地判昭47・9・27判時694号84頁，西・前掲注31)370頁，中島弘雅「法人の内部紛争における被告適格について(2)」判タ531号（1984）22頁，川畑正文「商法特例法24条について（会社訴訟を中心に）」判タ1050号（2001）58頁

34) 東京高判平 5・3・24判タ839号241頁，東京高判平 6・5・23判時1544号61頁，なお，前掲注30)最判平 7・2・21は，甲宗教法人の氏子及び氏子総代等が原告となり，乙が上記宗教法人の代表役員の地位にないことの確認及び就任登記の抹消登記手続を，甲宗教法人のみを被告として請求した事案（代表役員乙は被告になっていない。）について，氏子総代等の請求を認容した原審の判断を維持しているから，同最判は，被告としては甲宗教法人のみで足りると判断したものと解する余地がある（ただし，同最判では被告適格は争点となっていないから，被告適格に関する判例としての先例価値は高いとはいえない。）。

らも検討する必要があるところ[35]、会社を被告とした取締役地位不存在確認判決には対世効があり（後記(6)参照）、取締役個人を共同被告としなくとも判決効は及ぶこと、取締役地位不存在確認訴訟では当該取締役の個人的問題より当該取締役を選任・解任した株主総会決議の存否や有効性が争点とされる場合が多く、当該取締役の手続保障もさほど強く要請されるとはいえないことからすれば、会社のみを被告とすれば足り、取締役個人に被告適格はないと解するのが相当である[36]。

(4) 訴えの利益

現在の紛争を解決する規準としては、現在の法律関係を明確にすることが一番直截であるから、確認の訴えは、現在の法律関係についてのみ提起することができ、原則として、過去の法律関係の存否を対象とする確認の訴えは、不適法である[37]。したがって、取締役地位不存在確認訴訟についても、現時点において当該者が取締役でないことの確認を求めれば紛争解決には十分であり、過去に取締役の地位になかったことの確認を求める利益はない[38]。

また、代表取締役を1名とする定款がある会社の場合において、自らが代表取締役であると主張する者は、自らの代表取締役地位確認訴訟と、後任者の代表取締役の地位不存在確認訴訟の両方を同時に提起することはできない。原告が代表取締役の地位にあることの確認判決が確定すれば、その対世効によって、後任者を含む第三者との関係においても、原告が代表取締役で

---

35) 最判解説民平成10年度［15事件］382頁〔河邉義典〕
36) 取締役の地位が関係する他の訴訟の被告適格については、旧商法下で、以下の最高裁判決がある。まず、取締役を選任又は解任する株主総会決議の取消請求、無効又は不存在確認訴訟は、会社の株主総会決議の効力自体を争うものであるから、その性質上、会社のみに被告適格がある（最判昭36・11・24民集15巻10号2583頁、最判昭59・9・28民集38巻9号1121頁）。取締役解任の訴えについては、①会社と取締役との会社法上の法律関係の解消を目的とする形成の訴えであるから、当該法律関係の当事者である会社と取締役の双方を被告とすべきものと解されること、②実質的に考えても、この訴えにおいて争われる内容は、取締役の職務遂行に関し不正の行為又は法令若しくは定款に違反する重大な事実があったか否かであるから、取締役に対する手続保障の観点も考慮されるべきであることから、会社とともに、当該取締役にも当事者適格がある（最判平10・3・27民集52巻2号661頁）。なお、以上の被告適格については、会社法で、明文をもって規定された（法834条16号・17号・855条）。
37) 最判昭32・11・1民集11巻12号1819頁
38) 東京地判昭33・11・17判時170号28頁、東京地判昭37・2・6判時286号28頁参照

あり，後任者が代表取締役ではないことが確定するからである。したがって，原告としては自己の地位についてのみ確認を求めれば足り，後任者の地位不存在確認まで求める利益はない[39]。

(5) 管　　轄

　会社法は，同法第7編2章第1節に定める会社の組織に関する訴えに関して，被告となる会社の本店の所在地を管轄する地方裁判所を専属管轄裁判所とする旨の規定を置いているが（法835条1項），取締役の地位不存在確認訴訟は，会社法の明文において列挙された会社の組織に関する訴えには含まれていない。このため，同訴訟の管轄については民事訴訟法の管轄規定に従うとの考え方もあり得る。しかしながら，そうすると同じ取締役の地位に関する訴訟が複数の裁判所に係属してしまう可能性があり[40]，対世効のある判決について既判力の矛盾抵触が生じるおそれがある（後記(6)参照）。会社法は，明文で判決に対世効を認めている会社の組織に関する訴えについては（法838条），会社の本店所在地を管轄する地方裁判所を専属管轄として，既判力の矛盾抵触が生じないように配慮しており，このような考え方からするならば，取締役地位不存在確認訴訟についても，ケース①～③のいずれであるかを問わず，会社法835条1項の類推適用により，当該株式会社の本店所在地を管轄する地方裁判所に専属管轄を認めるのが相当である。

(6) 判決の効力

　会社法は，取締役の地位不存在確認判決の効力について明文規定を置いていないが，誰が当該会社の取締役であるかは，何人との間でも合一的に確定されるべき事柄であるから，取締役の地位不存在確認請求を認容する確定判決には対世効があると解される[41]。

[39) 静岡地沼津支判昭43・7・3判時837号23頁，前掲注33)京都地判昭47・9・27，東京高判昭51・11・29判時837号19頁

[40) 例えば，会社が自称取締役を被告としてその住所地を管轄する地方裁判所（民訴4条1項・2項）に取締役地位不存在確認訴訟を提起し，株主が会社を被告として会社の主たる事務所の住所地を管轄する地方裁判所（民訴4条1項・4項）に同じ取締役の地位不存在確認訴訟を提起した場合などが考えられる。

(7) 処分権主義・弁論主義の適用の有無

　判決に対世効がある会社訴訟において，処分権主義・弁論主義の適用があるか否かについては争いがあるが，当事者に係争利益の処分権限がないことやなれ合い訴訟防止の必要性から，請求の認諾及び自白はできないと解するのが相当である（第1章Ⅱ参照）。したがって，判決に対世効がある取締役地位不存在確認訴訟においても，請求の認諾及び自白の効力は否定すべきである。なお，請求の放棄や訴えの取下げについては，対世効が生じないので効力を認めてよい。

(8) 確認判決に基づく登記手続の可否

　ケース①の場合において，自らが取締役ではないと主張する原告が，取締役地位不存在確認訴訟を提起し，請求認容の確定判決を得たとしても，それだけでは，原告自らが取締役就任登記の抹消登記手続や取締役退任登記手続をすることはできない。会社の登記の申請当事者は，原則として会社であり，登記申請手続を行うのは会社代表者であるからである[42]。したがって，これらの登記手続を望む原告は，取締役地位不存在確認請求に加えて，これらの登記手続請求をして，その認容判決を得る必要がある（登記手続請求については後記Ⅱ参照）[43]。

3．取締役の地位確認請求

(1) 訴訟の概要

　原告が，会社の取締役に就任したにもかかわらず，その地位に争いがある場合には，原告は会社を被告として，自らが取締役の地位にあることの確認

---

41) 前掲注34)東京高判平6・5・23。なお，前掲注32)最判昭44・7・10は宗教法人の役員の地位確認判決について対世効を認めている。
42) 法務省民事局第4課商業登記実務研究会編著『商業登記法逐条解説〔新版増補〕』（日本加除出版，1994）58頁
43) 登記手続請求の認容判決を得た場合には，その判決の確定によって，会社が登記申請の意思表示をしたものとみなされるから（民執174条），原告は判決をもって登記手続をすることができる。

請求をすることができる。なお，理論的には，取締役地位不存在確認請求の場合と同様，第三者が原告となって確認請求をすることも考えられるが，実務ではほとんどみない（第三者が原告となって提訴した場合には，地位不存在確認請求の場合と同様に，原告適格の問題が生じる。）。また，会社が原告となって取締役の地位確認請求をすることも理論上は可能であるが，これも実務ではほとんどみない。

(2) 原　　　告

自らが取締役であると主張する者が原告となる。

(3) 被　　　告

(a) **被告適格**　前記2(3)と同様，会社を被告としない取締役地位確認の訴えは即時確定の利益を欠き，不適法である。また，原告に代わって取締役に就任したと主張する者がいる場合に，その者も取締役地位確認訴訟の被告とする必要があるか否かが問題となるが，会社を被告とする取締役地位確認請求を認容する確定判決には対世効があるから（後記(5)），会社を被告とすれば足り，後任の自称取締役を被告とする必要はない[44]。したがって，自称後任取締役に被告適格はない。

(b) **代表取締役地位確認訴訟において会社を代表すべき者**　例えば，監査役非設置会社において，代表取締役であったXを取締役から解任し，Aを後任の取締役として選任する株主総会決議が行われ，更にAを代表取締役に選定する取締役会決議が行われたという事案で，Xが株主総会決議及び取締役会決議は不存在であるから，現在も自らが代表取締役であるとして，その地位確認を会社に対して求めた場合，当該訴訟において，会社を代表すべき者は誰か。

Xの主張によれば，Xが会社の代表取締役となるはずであるため問題となるが，株主総会決議及び取締役会決議で選任された代表取締役は，仮に決議

---

[44]　千葉地判昭41・12・20下民集17巻11＝12号1259頁，前掲注39)静岡地沼津支判昭43・7・3，前掲注33)京都地判昭47・9・27

に瑕疵があるとしても会社を実際上支配し経営を担当しているのが通常であるから，Aを代表者と扱うのが事の実態に合うし，実質的な対立当事者であるAを代表者として訴訟に関与させることが真実発見にも役立つから，Aが当該訴訟における会社の代表者となると解すべきである[45]。

(4) 管　　　轄

　前記2(5)のとおり，取締役地位確認訴訟の管轄は，当該株式会社の本店所在地を管轄する地方裁判所（法835条1項類推適用）にあると解される。

(5) 判決の効力，処分権主義・弁論主義の適用

　前記2(6)のとおり，取締役地位確認請求を認容する確定判決には対世効があると解される[46]。したがって，前記2(7)のとおり，取締役地位確認訴訟において，請求の認諾及び自白をすることはできない。

Ⅱ　取締役の地位に関する登記請求訴訟

1．取締役退任登記手続請求訴訟

(1) 訴訟の概要

　(a) **商業登記請求権の有無及び根拠**　　取締役の氏名は登記事項であるから（法911条3項13号），取締役が退任した場合には，会社はその旨の変更登記をする必要がある（法915条1項）。もっとも，商業登記は，不動産登記法におけるような共同申請主義をとらず，登記権利者・登記義務者の観念がなく，また，判決による登記に関する規定（不登63条）も設けられていないため，私法上の商業登記請求権が認められるか否かについては争いがあり，かつて

---

45)　大阪地判昭27・12・5 下民集3巻11号1732頁，奈良次郎「法定代理人についての若干の考察」民訴24号（1978）58頁，菊井維大＝村松俊夫『全訂民事訴訟法Ⅰ〔補訂版〕』（日本評論社，1993）324頁，最判解説民平成5年度〔26事件〕639頁〔倉吉敬〕，川畑・前掲注33）55頁

46)　前掲注32)最判昭44・7・10

は，会社の登記義務は国家に対する公法上の義務であって，登記を求める私法上の権利が発生する余地はないとの否定説もあった[47]。しかしながら，現在では，学説・裁判例とも，根拠に争いはあるものの，私法上の商業登記請求権を認める見解が多数であり，最高裁判決も商業登記請求を認容している[48]。

商業登記請求権の根拠については，①委任契約終了による原状回復義務に根拠を求める見解（委任契約説）[49]，②登記に関する法規（法915条1項）の精神に根拠を求める見解（登記法規説）[50]，③条理に根拠を求める見解（条理説）[51]などの対立がある。しかし，いずれの見解に立った場合でも，会社の取締役を退任（辞任・任期満了・解任）したにもかかわらず，取締役の退任登記がなされず，会社の取締役として公示されたままの状態になっている者は，会社に対して，自らが被告会社の取締役を退任した旨の変更登記手続を請求することができると解されている。

(b) **取締役の員数を欠く場合の退任登記手続請求**　株式会社の取締役が任期満了又は辞任によって退任したことにより，法律又は定款に定める取締役の員数を欠くに至った場合，退任した取締役は，新しく選任された取締役が就任するまで取締役としての権利義務を有する（法346条1項）。そして，この場合には，いまだ会社法915条1項に定める登記事項の変更を生じていないと解されるから，仮に原告が，裁判所において退任登記手続請求の勝訴判決を得て登記申請をしても登記申請は却下され，新たに選任された取締役が就任するまで退任登記をすることはできない[52]。このため，任期満了又は辞任によって原告が取締役を退任したことにより，法律又は定款に定める取締

---

47) 東京地判昭29・12・20下民集5巻12号2069頁
48) 前掲注30)最判平7・2・21
49) 東京高判昭30・2・28判時49号15頁，前掲注16)岡山地判昭45・2・27，味村治『詳解商業登記(上)〔新訂〕』（民事法情報センター，1996）113頁，竹内昭夫「判批」ジュリ171号（1959）64頁
50) 田中誠二『会社法詳論(上)〔3全訂版〕』（勁草書房，1993）584頁，加美和照「判批」金判249号（1971）7頁。なお，この見解に比較的近い考え方として，会社法908条1項を根拠に，商業登記請求権を認める見解もある（服部榮三「商業登記における登記請求権」登記先例解説集18巻4号（1978）188頁）。
51) 千葉地判昭59・8・31判時1131号144頁，岐阜地判平4・6・8判時1438号140頁，高林克巳「商業登記請求権」松田判事在職四十年記念『会社と訴訟(上)』（有斐閣，1968）89頁
52) 最判昭43・12・24民集22巻13号3334頁

役の員数を欠くことになる場合には，そもそも裁判所としては，退任登記手続請求を認容することができないのではないかが問題となる。この点，後任者が就任しない限り，変更登記の請求権はないとの学説も存在するが[53]，委任契約説に立つ場合には，会社との委任契約が終了している以上，原状回復義務としての退任登記手続義務が生じていると解することが可能であるし，条理説に立つ場合にも，会社が後任取締役の選任を怠っている場合にその不利益を退任取締役に負わせるのは不合理であるから，条理上，会社の退任登記手続義務を肯定できるであろう。よって，勝訴判決を得ても，会社が後任取締役を選任するまで退任登記はできないが，訴訟においては，このような場合にも退任登記手続請求を認容するのが相当である。

(2) 原告・被告

　(a) 原　　　告　　被告会社の取締役として登記され，退任登記未了の者である。

　(b) 被　　　告　　商業登記手続請求訴訟において被告となるのは，会社代表者ではなく，会社自身である。古い裁判例では，取締役を被告として提訴された登記手続請求を認容したものもあるが，登記申請の当事者は会社であって，代表取締役その他の代表者は会社を代表して登記申請をするにすぎないから，登記手続請求訴訟は，代表取締役その他の代表者ではなく，会社を被告として提起するべきである[54]。

(3) 判決に基づく登記手続

　登記手続をなすべき旨の判決は，民事執行法174条にいう意思表示をすべきことを債務者に命ずる判決であるから，その判決の確定をもって，当事者は登記申請の意思表示をしたものとみなされる。そして，申請を命ずる裁判

---

53) 神﨑満治郎『判決による登記の実務と理論〔改訂〕』（テイハン，2001）422頁。また，商業登記請求権の根拠について，登記に関する法規の精神に根拠を求める見解に立つ場合には，会社法915条1項に定める登記事項の変更が生じていない以上，同条を根拠に，私法上の退任登記手続請求権があると解することは困難であると考えられる。

54) 前掲注45）大阪地判昭27・12・5，青森地判昭33・9・25下民集9巻9号1927頁，大阪高判昭40・1・28下民集16巻1号136頁

によって，登記申請についての代理権の授与が強制される結果，原告は会社の代理人として登記を申請することができる[55]。したがって，法律又は定款で定める取締役の員数を欠かない限り，退任した取締役本人が，確定判決に基づいて，退任登記を申請することができる[56]。

2．不実の登記の抹消登記手続請求訴訟

(1) 訴訟の概要
　(a) **商業登記請求権の有無及び根拠**　　会社の取締役に就任していないにもかかわらず就任登記がされている者や，取締役を退任していないにもかかわらず退任登記がされている者など，自分について不実の登記がされている者は，会社を被告として，当該登記の抹消登記手続を請求することができる。また，当該不実の登記について，法律上の利害関係を有する第三者も，会社を被告として，当該不実の登記の抹消登記手続請求をすることができる。

　このような商業登記請求が認められる根拠については，前記1(1)(a)を参照されたい。なお，取締役に就任していないにもかかわらず，就任登記がされているとして就任登記の抹消登記手続を請求する場合には，そもそも委任契約が成立していないので，登記請求権の根拠として委任契約説（委任契約終了に基づく原状回復義務に根拠を求める見解）を採ることはできない。そのため，何らの契約関係もないのに不実の登記がされた場合については，人格権（氏名権）侵害に基づく妨害排除請求権として抹消登記手続請求権を有するという見解が有力である[57]。

　(b) **不実の役員退任事由の抹消ないし更正請求の可否**　　辞任した取締役について，辞任登記ではなく解任登記がされている場合に，当該解任登記の抹消登記手続請求をすることができるであろうか。このような解任登記は役

---

55) 味村・前掲注49)130頁
56) 昭和30・6・15民事甲第1249号民事局長回答
57) 東京地判昭35・11・4 下民集11巻11号2373頁，味村・前掲注49)119頁，筧康生「商業登記請求権について」青山正明編『民事法務行政の歴史と今後の課題(下)』（テイハン，1993）424頁，竹内・前掲注49)64頁，神崎・前掲注53)396頁

員資格消滅の事由については真実ではないものの，資格消滅の身分変動については真実に合致しており，登記としては有効であるから，抹消登記手続請求はできないと解されている[58]。また，退任事由の更正登記請求をすることも考えられるが，当該取締役が退任したとの実体関係は正確に公示されていること，解任は正当理由の有無を問わず会社がいつでもなし得るものであって，解任登記は取締役の非違行為を示すものではないことからすれば，当該取締役の不利益が著しいとはいえず，商業登記請求権の根拠についていずれの見解を採る場合であっても，更正登記請求権を認めるのは困難であろう。

(2) 原告・被告
  (a) 原　　告　　自分について不実の取締役登記がされている者は原告として当該登記の抹消登記手続請求をすることができる。

  次に，当該不実の登記によって自己の利益を直接害されるとはいえないが，会社の組織上，取締役の地位に法律上の利害関係を有する内部者（株主等）が，会社に対して不実の登記の抹消登記手続請求をすることができるかについては争いがあり，肯定説[59]と否定説[60]の両説がある。この点，第三者が登記手続請求権を有する根拠は必ずしも明確ではなく，否定説にも傾聴すべき点はあるが，少なくとも，株主については，前記Ⅰ2(2)のとおり，取締役地位不存在確認請求訴訟の原告適格が認められると解されており，取締役の地位不存在確認判決を得られるにもかかわらず，不実の就任登記を抹消できないというのでは中途半端な解決しか得られず，不合理であることから，株主には取締役就任登記の抹消登記手続請求権があると考えるのが相当である。

---

58) 最判昭25・6・13民集4巻6号209頁，東京地判昭63・7・7判時1284号131頁
59) 味村・前掲注49)118頁，鴻常夫「判批」ジュリ729号 (1980) 138頁。なお，前掲注30)最判平7・2・21は，宗教法人である神社の氏子総代及び責任役員が，同神社の代表役員就任登記の抹消登記手続を求めた事案について，その請求を認容した原審の判断を維持しているので，当該団体の組織上，役員の地位に法律上の利害関係がある者には，登記手続請求権があると解していると思われる。
60) 東京地判昭41・5・30判時448号58頁，山崎悠基「判批」判評96号（判時643号）(1971) 103頁

(b) **被　　　告**　登記手続請求訴訟の被告が，会社の代表取締役その他の代表者ではなく，会社自身であることは，前記1(2)(b)のとおりである。

(3) 訴えの利益

(a) **裁判所の嘱託登記により目的を達成できる場合**　取締役選任の株主総会決議の取消し又は不存在確認若しくは無効確認請求とともに，当該取締役の就任登記の抹消登記手続請求がされた場合，後者の請求について訴えの利益は認められない。なぜならば，株主総会で決議した事項についての登記がある場合で，当該決議の取消し又は不存在確認若しくは無効確認判決が確定した場合には，裁判所書記官は，職権で，会社の本店（及び支店）の所在地を管轄する登記所にその登記を嘱託しなければならないから（法937条1項1号ト），原告としては，決議取消し又は不存在確認若しくは無効確認判決さえ得れば，不実の就任登記は職権による登記嘱託で抹消されることになり，目的を十分に達成することができるからである[61]。

(b) **原告自らが抹消登記申請をできる場合**　代表取締役の定員を1名とする定款のある会社において，代表取締役の解職登記をされたXが，自らを代表取締役から解職し，Aを後任の代表取締役に選定した取締役会決議は無効であるとして，同決議の無効確認と，Xの解職登記及びAの就任登記の抹消登記手続を求めた場合には，各登記手続請求に訴えの利益はあるか。また，同様の事実関係下において，Xが，自らが代表取締役の地位にあることの確認請求とともに，これらの各登記の抹消登記手続を求めた場合には，各登記手続請求には訴えの利益があるか。

登記された事項につき無効の原因がある場合には，当事者は，その登記の抹消を申請することができ（商登134条1項2号），会社の登記について，抹消を申請する者は会社である。具体的には，会社の代表者がその申請について会社を代表するが，ここでいう会社代表者とは実体上の代表者をいうのであって，例えば，前任者の代表取締役解職及び後任者の代表取締役就任が無効であることを理由として，解職登記及び就任登記の抹消を申請するときは，

---

61) 味村・前掲注(49)118頁

解職登記をされた前任の代表取締役がこれを行う[62]。そして，抹消申請をする際には，登記事項に無効原因があることを証する書面を添付する必要があるが（商登134条2項・132条2項本文），登記事項の基礎となった法律関係を無効と確認する判決が，この書面に該当することは問題がない[63]。そうすると，Xを代表取締役から解職し，Aを後任の代表取締役に選定した取締役会決議無効確認判決がされたり，同決議が無効であることを理由としてXの代表取締役たる地位を確認する判決がされたりした場合には，Xは，この確定判決の謄本を登記事項に無効原因があることを証する書面として添付して，自ら被告会社を代表して，Xの解職登記及びAの就任登記の抹消登記申請をすることができるから，取締役会決議無効確認請求や代表取締役地位確認請求のほかに，訴訟において抹消登記手続請求をする利益はない。したがって，これらの登記手続請求に係る訴えは却下される[64]。

(c) **既に効力を有していない登記の抹消登記手続請求** 過去にY会社の取締役に就任し，その後に取締役を辞任した旨の登記がされているXが，自分は一度もY会社の取締役に就任したことがないとして，既に効力を失っている上記就任登記及び辞任登記の抹消登記手続請求をすることができるか。このような場合には，Xは現時点においてY会社の取締役として公示されているわけではなく，登記によって公示されている権利関係と実体の権利関係の間に齟齬はないから，登記実務においては，このような抹消登記手続を申請しても却下される（前記(1)(b)参照）。そうすると，そもそも認容判決を得ても，抹消登記手続を現実にすることができない以上，このような登記手続請求は訴えの利益がないとして却下されるべきではないかが問題となる。

この点，既に効力を失っている登記の抹消登記手続を求める訴えは，訴えの利益を欠くとする下級審裁判例が少なくないが[65]，抹消登記手続請求は現在の給付を求める訴えであり，現在の給付を求める訴えについては，他の方

---

62) 味村・前掲注49) 302頁
63) 味村・前掲注49) 306頁
64) 最判昭61・9・4民集40巻6号1013頁，東京地判昭63・8・23金判816号18頁
65) 東京地判昭33・11・17判時170号28頁，前掲注38) 東京地判昭37・2・6，前掲注44) 千葉地判昭41・12・20

法により権利保護の目的を達し得るなど特別の事情がない限り，訴えの利益が肯定されるのが原則である[66]。そうすると，既に効力を失っている登記の抹消登記手続請求であっても，訴えの利益が欠けるとはいえず[67]，裁判所は，訴え却下判決ではなく請求棄却判決をすべきである[68]。

(4) 判決に基づく登記手続

抹消登記手続を命ずる判決が確定したにもかかわらず，会社が任意に登記手続をしない場合には，前記1(3)のとおり，原告が確定判決に基づいて自ら抹消登記手続をすることができる。

Ⅲ 取締役の解任をめぐる訴訟

1．取締役解任の訴え

(1) 制度の概要

取締役の職務執行に関し，不正の行為又は法令若しくは定款に違反する重大な事実があったにもかかわらず，①当該取締役を解任する旨の議案が株主総会（種類総会の決議で取締役を選任する種類株式を発行している場合には当該取締役の選任権限を有する種類株主総会）において否決されたとき，又は，②当該取締役を解任する旨の株主総会決議があったにもかかわらず，取締役解任について特定の種類株主総会決議を要する旨の定めのある種類株式が発行されてお

---

66) 最判昭41・3・18民集20巻3号464頁は，所有権保存登記及びその後順次経由された所有権移転登記の抹消登記手続請求訴訟において，最終登記名義人を被告とする請求について敗訴判決があったため，その余の被告ら（順次なされた所有権移転登記の中間取得者）の経由した各登記の抹消登記手続を求める訴えには利益がないのではないかが問題となった事案で，各登記の抹消登記の実行が不可能であっても，それがために訴えの利益がなくなるわけではないと判示している。
67) 前掲注58)東京地判昭63・7・7
68) 既に辞任登記がされており，登記によって公示されている権利関係と実体の権利関係の間に齟齬はないから，商業登記請求権の根拠についてどの見解に立つとしても，本文中の設例の場合には，当該登記の抹消登記手続請求権は認められないと考えられる。

り、当該種類株主総会において取締役解任決議が得られないために株主総会の解任決議の効力が生じない場合（法323条）には、一定の少数株主は、当該株主総会の日から、30日以内にその取締役の解任を裁判所に対し請求することができる（法854条）。

　取締役の解任の訴えは、株主の多数派から取締役が選任されていて、株主総会における多数決では解任決議が成立しない場合に、判決によって、多数決原理を修正することを認めたものである。

(2) 原　　　告

(a) **持株要件**　　公開会社の株主が取締役解任の訴えを提起するためには、①6か月前から引き続き総株主の議決権の100分の3以上の議決権を有する株主であるか、②6か月前から引き続き発行済株式の100分の3以上の数の株式を有する株主である必要がある（法854条1項）。非公開会社の場合には、持株比率要件については同じであるが、6か月の株式保有期間は不要である（同条2項）。

　①の「総株主」からは、当該取締役を解任する旨の議案について議決権を行使することができない株主及び当該請求に係る取締役である株主が除外され、これらの株主は解任の訴えの原告となることもできない（法854条1項1号イ・ロ）。また、②の「発行済株式」からは、当該株式会社である株主の有する株式及び当該請求に係る取締役である株主の有する株式が除外され、これらの株主は解任の訴えの原告となることもできない（同項2号イ・ロ）。なお、①及び②の持株比率については定款で引き下げることが可能であり、6か月の株式保有期間を定款で短縮することも可能である（法854条1項）。

　6か月の起算点は、株主総会の日ではなく、訴え提起の時点である[69]。単独では上記持株比率を満たさない株主も、他の株主と合同して持株比率要件を満たす場合には、他の株主と合同して解任の訴えを提起することができる[70]。

　訴訟係属中に原告が株式譲渡をして所定の持株比率を下回った場合には、

---

69)　上柳ほか・前掲注4) 75頁〔今井〕
70)　山口和男編『会社訴訟非訟の実務〔改訂版〕』（新日本法規出版、2004）461頁

原告適格を失い，解任の訴えは却下される[71]。これに対し，新株発行により持株比率が減少した場合については，原告適格を失わないというのが通説であるとされてきた[72]。このように解しないと，被告が新株発行をすることにより，取締役解任の訴えを回避することが可能になってしまうからである。しかし，資金調達の必要性から適法に新株発行がなされ，その結果，原告の持株比率が低下した場合にまで，少数株主権である取締役解任請求権を認めることについては疑問がある。そこで，新株発行による場合にも，訴訟係属中に原告の持株比率が，総株主の議決権の100分の3の議決権又は発行済株式の100分の3の数の株式を下回った以上は，原則として，原告適格は失われるのであり，例外的に，新株発行が原告の持株比率を低下させて解任の訴えを回避する目的で行われた場合には，被告が原告適格喪失の主張をすることを権利濫用・信義則違反により制限すれば足りるとも考えられる[73]。

(b) **解任の否決決議との関係**　取締役解任の訴えを提起するためには，株主総会が当該取締役の解任を否決したこと又は株主総会の解任決議が会社法323条により効力を生じないことが必要であるが，当該取締役の解任を株主総会の議案として提案した者と原告たる株主が同一人物である必要はない[74]。また，株主総会において解任の否決に賛成した株主が取締役解任の訴えを提起することについては，許されないとする見解もあるが[75]，取締役解任の訴えは，共益権の一種であり，権利行使に際しては会社の社団的利益のために行使すべき要因を含むのであるから，解任否決決議に積極的に賛成した者が提起したというだけで原告適格を否定するのは困難である[76]。ただ

---

71) 岩井伸晃「取締役の解任」門口正人編『新・裁判実務大系(11)会社訴訟・商事仮処分・商事非訟』(青林書院，2001) 50頁

72) 上柳ほか編・前掲注4) 76頁〔今井〕，岩井・前掲注71) 50頁

73) 最決平18・9・28民集60巻7号2634頁は，株式会社の株主が旧商法294条1項に基づき検査役選任の申請をした時点で総株主の議決権の100分の3以上を有していたが，新株発行により総株主の議決権の100分の3未満しか有しないものとなった場合には，当該会社が当該株主の申請を妨害する目的で新株を発行したなどの特段の事情のない限り，当該申請は，申請人の適格を欠くものとして不適法である旨判示した。これは，非訟事件についての判断ではあるが，取締役の解任の訴えと同じ少数株主権の行使に関わる最高裁の判断であって，本論点の解釈にもその趣旨が及ぶものと解する余地があろう。

74) 上柳ほか編・前掲注4) 75頁〔今井〕

75) 西本寛一「取締役の解任」愛知学院論叢10巻1号 (1967) 33頁

し，他の事情がさらに加わった場合に，信義則違反（禁反言）や権利濫用が争われる余地があることまでは否定されない[77]。

(3) 被 告

取締役解任の訴えの被告適格については，旧商法下では，会社説，取締役説，会社＋取締役説という３つの見解の対立があったが，最判平10・3・27民集52巻２号661頁は，取締役解任の訴えは，会社と当該取締役の双方を被告とすべき固有必要的共同訴訟であると判示している。会社法では，明文で，取締役解任の訴えは当該会社及び取締役を被告とするとの規定が設けられた（法855条）。

なお，取締役解任の訴えは，在任中の取締役の解任を求める訴えであるから，任期満了又は辞任により退任したが法律又は定款に定める取締役の員数を欠くために取締役としての権利義務を有する者（法346条１項。取締役権利義務者）を被告として，解任の訴えを提起することはできない[78]。取締役権利義務者が，違法不当な職務執行を行っている場合には，少数株主としては取締役解任の訴えによるのではなく，速やかに株主総会招集権（法297条）又は株主提案権（法303条）を行使して，新たな所定数の適当な取締役の選任を求めるべきである。株主総会招集請求をしても，遅滞なく取締役が株主総会を招集しない場合には，会社法297条４項 により，裁判所の許可を得て，少数株主が，後任の取締役選任を議題とする株主総会を招集することができる。また，取締役権利義務者に不正行為等があるのに，取締役を新たに選任することができない場合には，株主は，会社法346条２項の「必要があると認めるとき」に該当するものとして，仮取締役の選任を申し立てることができ，仮取締役が選任された場合には，取締役権利義務者の地位は失われると解される（法346条１項）[79]。

---

76) 上柳ほか編・前掲注４）75頁〔今井〕，大森忠夫ほか編『注釈会社法(4)』（有斐閣，1968）312頁〔浜田一男〕
77) 山口編・前掲注70）461頁
78) 最判平20・2・26民集62巻２号638頁
79) 前掲注78) 最判平20・2・26

(4) 訴えの利益

　会社法854条の解任の訴えの目的は，現に取締役の地位にある者の地位を剥奪することにあるから，被告取締役が退任した場合には，取締役解任の訴えは，訴えの利益を欠き，却下される[80]。また，取締役解任の訴え係属中に，被告取締役が任期満了で退任し，株主総会で再任された場合についても，裁判例は，訴えの利益を原則として否定している[81]。

(5) 株主総会における否決決議

　(a) **定足数不足による流会の場合**　　取締役解任の訴えを提起するためには，当該取締役を解任する旨の議案が株主総会において否決されたこと又は当該取締役を解任する旨の株主総会決議が会社法323条の規定によりその効力が生じないことが必要である。会社法854条にいう「当該役員を解任する旨の議案が株主総会において否決されたとき」の意義について，定足数の出席を得て解任議案を上程し，これを審議したうえで決議が成立しなかった場合でなければならないという見解もあるが[82]，このような見解を採ると，多数派株主が総会出席をボイコットすることにより，取締役解任の訴え提起を妨害することが可能となるから相当でない。したがって，「当該役員を解任する旨の議案が株主総会において否決されたとき」とは，議題とされた解任の決議が成立しなかった場合を意味し，定足数に達する株主の出席がないため流会となった場合や，定足数を充たしているにもかかわらず議長が一方的に閉会を宣言するなどして流会となった場合も含まれると解すべきである[83]。

　(b) **緊急動議で取締役解任が議題として上程された場合**　　総会の議事日程において予定されていなかったにもかかわらず，緊急動議で取締役解任が議題として上程され，否決された場合にも，否決決議があったとして，取締

---

80) 東京地判昭31・4・13判タ59号92頁，大阪高判昭53・4・11判時905号113頁
81) 神戸地判昭51・6・18判時843号107頁，前掲注80)大阪高判昭53・4・11，名古屋地判昭61・12・24判時1240号135頁
82) 東京地判昭35・3・18下民集11巻3号555頁，西本・前掲注75)31頁
83) 高松高決平18・11・27金判1265号14頁，上柳ほか編・前掲注4)74頁〔今井〕，大森ほか編・前掲注76)314頁〔浜田〕

役解任の訴えを提起することができるか。

　旧商法下では，①株主総会にあっては，あらかじめその招集通知に記載された議題以外の案件を決議することはできず，これに違反することは旧商法247条1項1号の決議取消事由に該当するから，このような違法な決議をもって旧商法257条3項・257条ノ3第4項の否決決議とみることはできないという見解[84]と，②取消事由があっても，判決で取り消されるまでは決議は有効であり，提訴期間を経過すれば確定的に有効なものになること，結果において否決された以上，これを別異に取り扱う必要はないことから，否決決議があったことを認めて訴え提起を許す見解[85]の対立があり，②が通説であった。

　これに対し，会社法では，取締役会非設置会社の株主総会では，招集の際に定められた目的事項以外の事項に関しても決議を行うことができることとされたため（法309条5項参照），そもそも上記のような問題が生じないこととなった。したがって，取締役会非設置会社においては，緊急動議で取締役解任が議題として上程され，否決決議がされた場合でも，会社法854条1項の否決決議があったものとして，取締役解任の訴えを提起することができると解される。

　他方，取締役会設置会社では，招集の際に定められた目的事項（法298条1項2号）以外の事項を決議することはできない旨が明記されたところ（法309条5項），この条文の新設によって，招集の際に定められた目的事項以外の事項の決議は単なる取消事由（法831条）ではなく，無効ないし不存在事由（法830条）に該当することが明確化されたとの見解が主張されている[86]。このような見解を採る場合には，緊急動議による否決決議が，出訴期間の経過によって有効に確定するということはあり得ないことになるから，かかる無効な否決決議をもって会社法854条1項にいう否決決議があったとすることは困難であると解される。逆に，このような見解を採らず，従前どおり，招集の

---

84)　塩田親文「取締役の解任をめぐる若干の問題（2・完）」立命館法学22号（1957）34頁
85)　上柳ほか編・前掲注4）75頁〔今井〕，大森ほか編・前掲注76）314頁〔浜田〕
86)　宍戸善一＝黒沼悦郎「対談・機関関係」中央経済社編『新「会社法」詳解〔企業会計特別保存版〕』（中央経済社，2005）66頁

際に定められた目的事項以外の事項について決議しても決議取消事由にとどまる（法831条1項1号）と解するのであれば，旧商法下の通説と同様，緊急動議による否決決議を会社法854条1項にいう否決決議とみることが可能であろう。

(c) **解任決議がされる見込みが乏しい場合**　当該取締役の解任議案を付議しても，当該会社における株主構成等から株主総会において解任決議がされる見込みが乏しい場合には，株主総会の否決決議を経ずに，直ちに裁判所に取締役解任の訴えを提起することができるであろうか。

会社法854条1項が，株主総会による否決決議を取締役解任の訴えの要件とした趣旨は，株主総会の自治を第一次的には尊重する趣旨であるから，株主総会による意思決定の機会のないまま，司法的な是正救済を求めるのは，同項の予定するところではない。また，事実上の否決の見込みをもって「当該役員を解任する旨の議案が株主総会において否決されたとき」に該当するとすると，当該株主総会の日から30日以内という出訴期間の起算点をいつに求めればよいかも不明となり，出訴期間を定めた法の趣旨にも反することになる。したがって，事実上解任決議がされる見込みが乏しい場合であっても，原告は，被告取締役の解任を否決する株主総会決議を経てからでなければ，解任の訴えを提起できないと解するべきである。少数株主が株主総会招集請求をしても，取締役がその招集に応じない場合には，少数株主が裁判所の許可を得て，特定取締役の解任を議案とする株主総会招集を行い（法297条4項），否決決議（定足数不足による流会を含む。）を経てから，取締役解任の訴えを提起すべきである。

(6) **解任事由**

(a) **解任事由の具体的意義**　取締役の解任請求が認められるのは，取締役の「職務の執行に関し不正の行為又は法令若しくは定款に違反する重大な事実があった」場合である。

(ア) **「職務の執行に関し」**　「職務の執行に関し」とは，職務執行それ自体のみでなく，職務の執行に直接又は間接に関連してなされた場合も含み，例えば，取締役会の承認を得ない競業行為や，取締役会の承認を得ずに会社

となす自己取引(取締役会非設置会社の場合には株主総会の承認を得ない競業行為・自己取引)のごときものも含む[87]。

(イ) **「不正の行為」** 「不正の行為」とは,取締役がその義務に違反して会社に損害を生ぜしめる故意の行為,例えば会社財産の私消などをいう[88]。なお,「不正の行為」については,法令定款違反の場合と異なり,重大なものであることは条文上要求されていないが,不正ということの性質上当然である。「不正の行為」の有無が争われた裁判例としては,有限会社の取締役が,自己と会社との現金出納を区別せず,混同した会計処理をしており,会社収入を私的に費消していることが推認されるとして,「不正ノ行為」(旧有限31条ノ3第1項)の存在を認めたものがある[89]。

(ウ) **「法令若しくは定款に違反する重大な事実」** 「法令若しくは定款に違反する重大な事実」とは,過失の場合も含むが重大な違反であることを要する。これは,軽微な違反についてまで裁判所の介入を認めると,株主総会の自治を侵すことになるからである。また,経営判断の尊重は,解任請求においても,取締役の善管注意義務違反を判断する場合と同様に考慮される[90]。「法令若しくは定款に違反する重大な事実」の有無が争われた裁判例としては,①取締役が特段の事由なくして株主総会の招集を怠り,設立以来約2年半の間に1回も株主総会を開かなかった場合に,法令に違反する重大な事実があるとしたもの[91],②繊維工業製品の製造業を業務目的とする会社が,ボーリング場を建設し,これを子会社に賃貸したところ,子会社の経営が失敗し,このため親会社が損害を受けたことを理由に親会社の取締役解任が求められた事案において,ボーリング場の建築賃貸を始めたのは無理からぬ経営上の判断であり,善意に基づく会社財産の管理運営とみるのが相当であるとして,取締役の解任請求を棄却したもの[92]などがある。

---

87) 上柳ほか・前掲注4)74頁〔今井〕
88) 上柳ほか・前掲注4)74頁〔今井〕
89) 大阪地判平5・12・24判時1499号127頁
90) 上柳ほか・前掲注4)74頁〔今井〕
91) 東京地判昭28・12・28判タ37号80頁
92) 前掲注81)神戸地判昭51・6・18

(b) **解任事由の発生時期**　会社法854条1項は，不正の行為又は法令若しくは定款に違反する重大な事実が「あったにもかかわらず」，株主総会で役員の解任決議が否決されたことを，役員解任の訴えの要件としている。そこで，取締役解任の訴えにおいて主張できる解任事由が，いつまでに生じた事由であることを要するかが問題となる。具体的には，①取締役解任議案が否決された後に生じた事由，②取締役解任を議案とする株主総会の審議中に生じた事由，③現在の任期開始前に発生・判明していた事由などが問題となる。

　裁判例としては，会社法854条1項が「あったにもかかわらず」と規定していることからすれば，当該役員解任議案が否決された後に当該役員について生じた不正行為又は法令若しくは定款に違反する重大な行為をもって取締役解任の訴えの解任事由とすることはできないが，当該役員解任議案が否決された時点までに生じた事由については，取締役解任の訴えの解任事由とすることができるとして，上記①の事由については否定し，上記②の事由については肯定したもの[93]，取締役解任の訴えの目的は，取締役の当該任期中の職務執行について，取締役の地位にとどめておくことが不適切と認められるような不正行為等があった場合に，任期満了前に当該取締役と会社との委任関係を解消させることにあるとして，原則として，現在の任期開始前に発生・判明していた事由は解任事由には当たらないとして，上記③の事由について否定したもの[94]がある。

(c) **解任事由についての審議の要否**　また，役員解任議案が否決された株主総会において実質的に審議されていない解任事由を，取締役解任の訴えで主張できるかという問題もある。

　会社法854条1項が株主総会による否決決議を取締役解任の訴えの要件とした趣旨は，取締役解任の是非をまずは株主総会で判断させるためであるから，株主総会において実質的に審議されていない解任事由を取締役解任の訴えにおいて主張するのは，上記趣旨に反するようにも思われる。他方，多数派株主の戦略によっては，そもそも株主総会が成立しない場合や，実質審議

---

93)　前掲注83)高松高決平18・11・27
94)　京都地宮津支判平21・9・25判時2069号150頁，宮崎地判平22・9・3判時2094号140頁

なしに否決決議がされてしまう場合もあり得るのであり、そのような場合にまで解任事由について株主総会の実質審議を要求するのは不可能である[95]。以上によれば、株主総会において実質審議されていない事由は解任事由として主張できないと一般的に結論づけることは相当でないが、解任議案を提出した株主が、解任事由を敢えて秘匿して解任議案を提出し、それが否決されたというような場合には、実質的には解任決議を経ていないものとして、そのような解任事由を取締役解任の訴えで主張することが制限される可能性もあると思われる[96]。

(7) 判決の効力

(a) **解任判決により解任された取締役の再任の可否** 取締役解任の判決は、会社と取締役との間の会社法上の法律関係を解消する形成判決であり[97]、解任判決が確定すると、会社の行為を待たずに当然に解任の効果を生じ、当該取締役の残任期間における取締役としての地位を将来に向かって失わせる効果を生ずる[98]。もっとも、取締役解任の判決の効力は上記の限度にとどまるから、解任された者が次の株主総会で取締役に再任されることを妨げるものではない[99]。

(b) **対世効の有無** 取締役解任の訴えについては、専属管轄の規定(法856条)が設けられながら、対世効に関する規定は存在しないから、認容判決に対世効はないと考えられている[100]。

---

95) 舩津浩司「判批」ジュリ1358号(2008)180頁
96) 川島いづみ「判批」金判1271号(2007)15頁も、解任議案が否決された時点までに生じた解任事由について、解任の訴えの解任事由とすることが常に可能であるかといえば、解任の訴え提起の前提として株主総会の否決を要求する現行制度の趣旨からして、疑問な場合が生ずる可能性も完全には否定できないとしている。なお、前掲注83)高松高決平18・11・27は、取締役解任を議案とする株主総会で審議されなかった解任事由(定時株主総会の未開催、決算書の未承認)についても解任事由として認めているが、この決定は総会が流会になった事実に関するものであるから、上記結論を直ちに一般化することはできないと解される。
97) 前掲注36)最判平10・3・27
98) 前掲注80)大阪高判昭53・4・11
99) 上柳ほか編・前掲注4)79頁〔今井〕
100) 前掲注35)382頁〔河邉義典〕

もっとも，取締役解任の訴えが，会社と取締役の双方を被告適格とすべき固有必要的共同訴訟であることからすれば（法855条），少なくとも，当該取締役と会社の構成員・機関には，解任判決の効力が及ぶと解されるから，対世効がなくとも，特に不都合な事態は起こり得ないであろう。

2．解任された取締役からの損害賠償請求

(1) 訴訟の概要

　取締役はいつでも株主総会決議をもって解任することができる（法339条1項）。また，取締役選任権限を有する種類株式が発行されている場合には，種類株主総会において選任された取締役については，当該種類株主総会決議によっていつでも解任することができる（法347条1項・339条1項）。解任された者は，その解任について正当な理由がある場合を除き，株式会社に対し，解任によって生じた損害の賠償を請求することができる（法339条2項）。旧商法では，損害賠償請求ができるのは，任期の定めがある場合のみであったが，会社法339条2項では，任期の定めがあることは損害賠償請求の要件として規定されていない[101]。

(2) 法的性格

　旧商法257条1項ただし書（法339条2項に対応）の法的性格については争いがあり，学説は3つに分かれる。すなわち，①旧商法257条1項は会社に任意の解任権を与えており，その行使は適法行為であるにもかかわらず，同項ただし書が解任された取締役に損害賠償請求を認めていることからすれば，その損害賠償責任は債務不履行によるものでも不法行為によるものでもなく，故意・過失を要件としない特別の法定責任であると解する見解（法定責任説）[102]，②解任権の行使は本来適法な行為であるから，解任そのものを理由として損害賠償の請

---

101) 法文上は任期の定めがあることは要件となっていないが，裁判例の中には，任期の定めのない特定有限会社の取締役が，会社法339条2項に基づく損害賠償請求をした事案において，同条項は，具体的な任期があることを損害賠償発生の要件としているとして，損害賠償請求を排斥した秋田地判平21・9・8金判1356号59頁も存在する。

求をなし得るのは，不法行為の成立が認められる場合に限られるはずであるとして，旧商法257条1項ただし書の損害賠償責任を不法行為責任と解する見解（不法行為責任説）[103]，③旧商法257条1項が任期の定めのある場合にのみ損害賠償請求を認めているのは，任期には地位を保障する面があり，その満了前にみだりに解任することはできないという考えに基づくものであるから，同項ただし書の損害賠償責任は，任期中の不解任特約に違反したことを理由とする債務不履行責任であると解する見解（債務不履行責任説）[104] の3説であり，①の法定責任説が通説・裁判例の立場であった。

会社法でも，基本的な議論は異ならないと考えられる。会社法339条2項の法的性格をどう解するかは，後記のとおり，同項にいう「正当な理由」の解釈に影響を与える。

(3) 正当理由

(a) 正当理由の意義　会社法339条2項の法的性格について不法行為責任説に立つ場合には，正当理由は，解任が不法行為を成立させるときに限って否定されることになるから，解任の正当理由は広く認められることになる。債務不履行責任説に立つ場合には，不解任の特約があるのに，解任してなお損害の賠償を免れ得る正当の理由ということになるので，解任の正当理由が認められる範囲は狭くなる。通説である法定責任説に立つ場合には，正当理由の内容は，会社・株主の利益と取締役の利益の調和の上に決せられることになり，「取締役に職務を執行させるにあたり障害となるべき状況が客観的に生じた場合」[105]，「会社において取締役として職務の執行を委ねることができないと判断することもやむ得ない，客観的，合理的な事情が存在する場合」[106] といった表現で説明されている。以下，法定責任説を前提とし

---

102) 大阪高判昭56・1・30判時1013号121頁，原審神戸地判昭54・7・27判時1013号125頁，東京地判昭63・2・26判時1291号140頁，広島地判平6・11・29判タ884号230頁，江頭憲治郎「判批」ジュリ865号（1986）112頁
103) 大森ほか編・前掲注76)304頁〔浜田〕
104) 上柳ほか編・前掲注4)70頁〔今井〕
105) 近藤光男「会社経営者の解任」鴻常夫先生還暦記念『八十年代商事法の諸相』（有斐閣，1985）404頁
106) 東京地判平8・8・1商事1435号37頁

て，具体的にどのようなものが正当理由に該当するかを整理する。

　(ｱ)　**法令定款違反行為・心身の故障**　　取締役に職務執行上の法令定款違反行為があった場合や，心身の故障のため職務執行に支障がある場合には，解任の正当理由が認められる[107]。裁判例としては，①代表取締役が持病の悪化により療養に専念するために，その有する株式全部を他の取締役に譲渡し，同人と代表取締役の地位を交替したところ，取締役からも解任されたという事案について，解任の正当理由を認めた原判決を維持したもの[108]，②取締役が特定の業者と癒着し，不当に自己又は第三者の利益を図るなどした行為は，法令違反の疑いのある著しく不相当な職務執行であるとして，解任の正当理由を肯定したもの[109]がある。

　(ｲ)　**職務への著しい不適任**　　職務への著しい不適任（経営能力の著しい欠如）も，解任の正当理由となる[110]。裁判例としては，①会社の監査役が，税理士として会社のためになした税務処理において，明らかな過誤を犯して会社に損失を与えたという事案において，監査役として著しく不適任であるといえるとして，解任の正当理由を肯定したもの[111]，②会社の代表取締役が，虚言を弄して妻を取締役に就任させた上，代表取締役を解任された後には後任の代表取締役の業務遂行を妨害したという事案において，解任の正当理由を肯定したもの[112]，③会社の取締役について，従業員らからの信頼が十分でなく，適切さを欠く業務執行の態様があったことは否定できないが，著しい職務への不適任があったとはいえないとして，解任の正当理由を否定したもの[113]，④会社の取締役が，自己の人事に対する不満を契機として，週刊誌の記者に会社の情報をリークしたという事案において，解任の正当理由を肯定したもの[114]がある。

---

107)　上柳ほか編・前掲注4)71頁〔今井〕
108)　最判昭57・1・21集民135号77頁・判タ467号92頁
109)　前掲注106)東京地判平8・8・1
110)　上柳ほか編・前掲注4)71頁〔今井〕
111)　東京高判昭58・4・28判時1081号130頁
112)　大阪地判平10・1・28労判732号27頁
113)　東京地判平11・12・24労判777号20頁
114)　東京地判平18・8・30労判925号80頁

(ウ) **経営上の判断の失敗** 取締役の経営上の判断ミスにより会社が損害を被ったが，経営判断尊重の考え方からすれば，取締役に損害賠償責任があるとまではいえない場合について，当該取締役を解任することは正当理由を欠く解任となるか。この点については，①経営に失敗した取締役に対し損害賠償責任を追及できないだけでなく，その解任につき損害賠償請求権を取締役に与えることでコストを大きくかけることは，多数株主による会社支配に大きな制約を課すことになり不当であるとして，解任の正当理由を認める見解[115]と，②報酬請求権を喪失するリスクを負わせる形で取締役の経営判断を制約すべきでないとして，解任の正当理由を否定する見解[116]に分かれる。裁判例としては，解任の正当理由には経営判断の誤りによって会社に損害を与えた場合も含まれると判示したものがある[117]。

(エ) **主観的な信頼関係喪失** 解任の正当理由を肯定するためには，業務執行の障害となるべき客観的状況を要し，大株主の好みや，より適任な者がいるというような単なる主観的な信頼関係喪失を理由とする場合には，正当理由の存在は認められない[118]。裁判例としては，①代表取締役を除く全取締役の決定に基づいて代表取締役に態度改善の要求をしたところ，原告が会社を乗っ取ろうとしていると曲解されて解任されるに至った場合に，解任の正当理由を否定したもの[119]，②原告の性格や行状に勤務を継続できない程の特段の問題点があったとは認め難く，原告が会社内で孤立するようになったのは，代表者との折り合いが悪くなったことに最大の原因があるとして，解任の正当理由を否定したもの[120]，③事前に大株主に相談することなく株主割当による新株発行を実施するなど，大株主の信頼感を失わせる言動があったことは認められるが，取締役ないし監査役の適格性を欠く，あるいは客観的に職務遂行が不可能となるような障害があるとは認められないとして解任の正当理由を否定したもの[121]がある。

---

115) 近藤・前掲注105) 404頁
116) 江頭・前掲注102) 113頁
117) 前掲注102) 広島地判平 6・11・29
118) 前掲注106) 東京地判平 8・8・1，近藤・前掲注105) 404頁
119) 前掲注102) 大阪高判昭56・1・30，原審前掲注102) 神戸地判昭54・7・27
120) 東京地判昭57・12・23金判683号43頁

(b) **正当理由の主張立証責任**　「正当な理由」を基礎づける事実の主張立証責任については，会社側が正当理由を主張立証した場合に限り賠償責任が否定されるとする抗弁説と[122]，取締役の側で正当理由なくして解任されたことを主張立証して損害賠償を求めるべきであるとする請求原因説[123]があるが，抗弁説が多数説である。裁判例においても，解任の正当理由があることが，会社側の抗弁として主張整理されている[124]。この点，旧商法257条1項ただし書は「正当ノ事由ナクシテ……解任シタルトキハ其ノ取締役ハ会社ニ対シ……損害ノ賠償ヲ請求スルコトヲ得」と規定しており，請求原因説が成立する余地のある文言であったが，会社法339条2項は「解任された者は，その解任について正当な理由がある場合を除き，株式会社に対し，解任によって生じた損害の賠償を請求することができる」と規定しており，条文の文言上も，正当理由の存在が抗弁であることが明確化されたといえる。

(4) **損　　　害**

賠償されるべき損害の範囲は，取締役を解任されなければ残存の任期期間中及び任期終了時に得べかりし利益の喪失による損害である[125]。

具体的に問題となるものとしては，以下のものがある。

(a) **退職慰労金**　残存任期期間中の役員報酬が損害に含まれることについては異論を見ないが，退職慰労金についても，支払を受ける可能性が高い

---

121)　名古屋地判昭63・9・30判時1297号136頁
122)　江頭・前掲注102)112頁，近藤・前掲注105)405頁
123)　東京大学商法研究会『商事判例研究昭和27年度』（有斐閣，1962）［1事件］5頁〔竹内昭夫〕，新谷勝『会社訴訟・仮処分の理論と実務』（民事法研究会，2007）171頁
124)　前掲注121)名古屋地判昭63・9・30，前掲注102)広島地判平6・11・29
125)　前掲注102)大阪高判昭56・1・30，原審前掲注102)神戸地判昭54・7・27，前掲注102)東京地判昭63・2・26。なお，損害賠償の範囲に関するこのような通説・裁判例の見解は，取締役の任期が2年に限定されていた旧商法の下では，それほど違和感はない。しかし，役員の任期を伸長しているような中小企業では，場合により10年もの長い任期があり得る現行法（法332条2項）の下で，役員の報酬が会社の資産規模に比して不相当に高額である場合もある。そのような会社において，解任後も長期間にわたり高額の報酬を保障するような結論を常に認めることには，実務上疑問がもたれており，事案に応じて，相当因果関係による限定（任期終了期満了まで解任時の報酬を得られる蓋然性を否定すべき特別な事情が存在する場合，残任期が長期に及ぶため，任期満了まで解任時の報酬を得られる蓋然性を認めることが困難な場合等）などが試みられたりもしている。

と認められれば，損害に含まれる[126]。すなわち，退職慰労金については，株主総会決議があって初めて支給されるものであるから（法361条），当然に損害に含まれるものではないが，被告会社において退職慰労金規程や過去の支給慣行があり，これらによって一定の基準に基づく退職慰労金が支払われることになっている場合には，退職時に当該退職慰労金が支払われた可能性が高いといえ，損害と認められる方向に働く[127]。裁判例としては，退職慰労金を損害と認めた事案[128]と，損害と認めなかった事案[129]がある。

(b) 賞　　与　　旧商法下では，取締役に対する賞与の支払は，会社の利益処分（旧商283条1項）として行われていたところ（第5章Ⅰ7），配当可能利益がない場合に賞与を支払うことは違法であるし，配当可能利益がある場合であってもその利益をどのように配分するか（株主に配当するか，内部留保するか，一部を賞与として役員に支給するか）は，当該決算期ごとの情勢に応じて株主総会が決議するものであるから，過去に賞与が支給されていたというだけでは当然に損害に含まれることにはならなかった。そこで，それまで常に一定額が役員賞与として支給されており，原告の取締役解任後も特に業績に変化がなく配当可能利益が生じており，他の取締役にも賞与が支払われているなどの事情から，原告が解任されていなければ同様に賞与の支給を受けていた可能性が高いと認められる場合には，損害に含まれる余地があると解され[130]，裁判例も，賞与を損害と認めた事案[131]と，損害と認めなかった事案[132]がある。

この点，会社法下では，賞与も会社法361条の規律に服することが条文上明確化されたことから，今後は剰余金処分（法452条）としてではなく，会社法361条の株主総会決議に基づいて役員賞与が支給されることになる（第5章Ⅰ7）。実務において，役員賞与の支給についての総会決議の形式は様々であるが，例えば，毎年定額の賞与を支給するという形式で総会決議がされてい

---

126)　上柳ほか編・前掲注4）72頁〔今井〕
127)　荒谷裕子「判批」福岡大学法学論叢29巻1～4号（1984）366頁参照
128)　前掲注120）東京地判昭57・12・23
129)　前掲注102）大阪高判昭56・1・30，原審前掲注102）神戸地判昭54・7・27
130)　荒谷・前掲注127）364頁参照
131)　前掲注102）大阪高判昭56・1・30，前掲注121）名古屋地判昭63・9・30
132)　前掲注120）東京地判昭57・12・23

る場合には，賞与が損害に含まれる余地は広がると考えられる。

　(c)　**慰　謝　料**　慰謝料については，損害に含まれるとの少数説[133]もあるが，損害に含まれないとするのが多数説・裁判例の立場である[134]。ただし，多数説・裁判例の立場に立った場合でも，解任について会社の不法行為責任が成立するような場合や（ただし，解任決議自体が不法行為を構成することは極めて稀である。），会社が解任理由を第三者にことさらに流布するなどして違法に原告の名誉を毀損した場合などには，通常の不法行為（民709条）に基づく損害賠償請求として，慰謝料請求が認められる余地がある。

　(d)　**弁護士費用**　弁護士費用についても，損害に含まれないとするのが多数説・裁判例の立場である[135]。もっとも，弁護士費用についても，通常の不法行為（民709条）に基づく損害賠償請求として認められる余地があることは否定できない[136]。

(5)　**代表取締役の解職への類推適用**

　代表取締役の解職について，会社法339条2項の類推適用ないし準用があるか否かについては争いがあり，同条の類推適用により，損害賠償責任を認めるべきであるという見解[137]，代表取締役の解職は，業務執行についての決定の一環であり経営判断であり，明文規定がない以上，同条の類推適用も準用も認められないという見解[138]がある。なお，後者の見解を採る場合であっても，民法651条2項や民法709条に基づく損害賠償請求については，それぞれの要件を満たす限り可能である。

---

133)　西本・前掲注75) 27頁
134)　前掲注102) 神戸地判昭54・7・27，前掲注120) 東京地判昭57・12・23，上柳ほか編・前掲注4) 72頁〔今井〕
135)　前掲注102) 大阪高判昭56・1・30，原審前掲注102) 神戸地判昭54・7・27，前掲注102) 東京地判昭63・2・26，上柳ほか・前掲注4) 72頁〔今井〕
136)　前掲注102) 大阪高判昭56・1・30は，不当応訴等の特段の事情がある場合には，損害として含める余地があることを判示している。
137)　上柳ほか編・前掲注4) 149頁〔山口幸五郎〕，岩井・前掲注71) 61頁
138)　近藤・前掲注105) 410頁

第5章

取締役の報酬・退職慰労金に関する訴訟

I 取締役の報酬請求訴訟

1．制度の概要

　取締役と会社との関係は，委任ないし準委任であって，民法の委任に関する規定に従う（法330条）。委任は無償を原則とするが（民648条1項），株式会社の取締役の場合には，取締役任用契約の中に，適法な手続によって定められた対価を与える旨の明示又は黙示の特約が含まれている場合がほとんどである。

　もっとも，取締役の報酬，賞与その他職務執行の対価として株式会社から受ける財産上の利益（以下，まとめて「報酬等」という。）は，定款又は株主総会決議をもって，①報酬等のうち額が確定しているものについては，その額を，②報酬等のうち額が確定していないもの（すなわち，その額が会社業績を示す指標等に連動する可変的な定め方がなされる場合）については，その具体的な算定方法を，③報酬等のうち金銭でないものについては，その具体的な内容を，定めなければならない（法361条1項。なお，委員会設置会社における取締役報酬の決定は報酬委員会が行う〔法404条3項・409条3項〕。）。したがって，報酬等の支払特約があっても，これらの定款の定め又は株主総会決議がなければ，具体的な報酬等請求権は発生しない[1]。取締役の報酬決定を取締役又は代表取締役に任せると，いわゆるお手盛りの弊害が生じることから，株主保護のために，取締役

の報酬の決定を定款又は株主総会決議によって定めることとしたものである。ただし，いったん株主総会決議により金額が決まれば，それによりお手盛りの弊害は抑えられるから，毎事業年度ごとに役員報酬金額を定める決議をする必要はなく，増額又は減額するときのみ決議すれば足りる[2]。

　定款の定め又は株主総会決議によって，具体的報酬請求権が発生しているにもかかわらず，会社がその金額を支払わない場合には，取締役は会社を被告として役員報酬請求訴訟を提起することができる。

2．取締役（会）や代表取締役への一任の可否

(1)　取締役（会）への一任の可否

　会社法361条1項が，取締役報酬を定款又は株主総会決議で定めることを要求したのは，上記のとおり，取締役報酬という名目で会社財産が役員によって無制限に支出されるのを防ぐためであるから，株主総会が取締役報酬の決定を取締役（取締役会非設置会社の場合）や取締役会（取締役会設置会社の場合）へ無条件に一任することは許されない[3]。しかし，株主総会において取締役全員の報酬総額（又は最高限度額）を定め，その具体的な配分を取締役（会）の決定に委ねることは，上記趣旨に反しないから，適法である[4]。なお，取締役会に報酬総額の具体的配分を委ねた場合に，当該取締役会決議に，報酬を受ける取締役本人が参加できるか（法369条2項の特別利害関係人として排除されるか）については争いがあるが，既に株主総会で報酬総額が定められている以上，各取締役にどのように報酬が配分されようとも，会社との間で利害対立を生じ

---

1)　最判平15・2・21金判1180号29頁
2)　大阪地判昭2・9・26新聞2762号6頁，上柳克郎ほか編『新版注釈会社法(6)』（有斐閣，1987)』390頁〔浜田道代〕，大隅健一郎＝今井宏『会社法論�〔第3版〕』（有斐閣，1992）166頁ただし，例外的に，株主総会の報酬決議が，特定の取締役の当該任期の報酬金額についてのみ決議する趣旨であることが明白である場合には，その報酬決議の効力は，当該取締役の再任後の報酬や後任取締役の報酬には及ばないから，改めて決議することが必要となろう（5(3)参照)。もっとも，中小閉鎖会社の株主総会が，このような限定的な趣旨で報酬決議することは多くないと思われる。
3)　東京地判昭26・4・28下民集2巻4号566頁
4)　最判昭60・3・26集民144号247頁・判タ557号124頁

ないので、各取締役とも特別利害関係人には当たらないと解される[5]。

　一任を受けた取締役(会)が、株主総会の決定した取締役全体の報酬最高限度額を超えて、各取締役への報酬を決めてしまった場合には、その超過する部分は違法であり、各取締役への報酬額は、特段の事情がない限り、取締役(会)が決定した報酬合計額の株主総会が決定した最高限度額に対する比率に従って、減額された金額になる[6]。

(2) 代表取締役への再委任の可否

　株主総会が取締役(会)に報酬総額の具体的配分を委ねた場合に、さらにこれを代表取締役に再委任することができるか否かについては争いがあり、そのような一任は許されないという見解や[7]、取締役全員の同意がある場合に限り適法であるという見解[8]もあるが、判例は、取締役の報酬の個別金額の決定を代表取締役に再委任することを認めている[9]。

3. 一人会社における役員報酬決定・全株主同意による役員報酬決定

　一人会社(株主が1人である株式会社)において、当該唯一の株主が取締役の報酬を決めた場合には、株主保護は図られており、取締役によるお手盛りは防止されたことになるし、当該唯一の株主の意思決定をもって会社法361条1項の株主総会決議があったとみることも可能であるから[10]、正規の株主総会の手続がとられていなくても、同株主が決めた報酬額を適法に支給することができる[11]。同様に、株主総会決議に代わる全株主の同意があったとき

---

[5] 大阪地判昭28・6・29下民集4巻6号945頁、名古屋高金沢支判昭29・11・22下民集5巻11号1902頁、上柳ほか編・前掲注2)391頁〔浜田〕、大森忠夫ほか編『注釈会社法(4)』(有斐閣、1968)534頁〔星川長七〕
[6] 福岡高判昭55・1・31判時969号106頁
[7] 上柳ほか・前掲注2)391頁〔浜田〕
[8] 大隅=今井・前掲注2)166頁
[9] 最判昭31・10・5集民23号409頁、東京地判昭44・6・16金判175号16頁
[10] 一人会社では、その1人の株主が出席すれば招集手続がなくても株主総会が成立する(最判昭46・6・24民集25巻4号596頁)。
[11] 東京地判平3・12・26判時1435号134頁

も，その取締役報酬の支給は適法であると解される[12]。

4．株主総会決議による追認があった場合

　会社法361条1項は，報酬決定を行う株主総会決議の時期について特に定めていないが，取締役報酬名目で会社財産が不当に流出することを防ぐという目的からすれば，取締役報酬の支払に先立って株主総会決議が行われることを本来予定していると解される。しかしながら，会社法361条1項が，株式会社の取締役の報酬について，定款にその額の定めがないときは，株主総会決議によって定めると規定している趣旨は，取締役ないし取締役会によるいわゆるお手盛りの弊害を防止し，取締役報酬の額の決定を株主の自主的な判断に委ねるところにあると解される。そうすると，株主総会決議を経ずに取締役報酬が支払われた場合であっても，これについて後に株主総会の決議を経た場合には，事後的にせよ上記の規定の趣旨目的は達せられるから，当該決議の内容等に照らして，上記規定の趣旨目的を没却するような特段の事情があると認められない限り，当該取締役報酬の支払は，株主総会決議に基づく適法有効なものになると解される[13]。

5．取締役報酬の減額・不支給

(1)　一方的減額・不支給の可否

　定款又は株主総会決議によって適法に取締役報酬が決定されたときは，それが会社と取締役との間の契約内容となり，契約当事者である会社と取締役の双方を拘束するから，当該取締役の同意がない限り，株主総会決議によってもその報酬額を変更することはできない[14]。取締役の職務内容に著しい変更があり，それを前提に当該取締役の報酬を無報酬とする株主総会決議がされた場合であっても，当該取締役は，これに同意しない限り，報酬請求権を

---

12)　前掲注1）最判平15・2・21
13)　最判平17・2・15集民216号303頁・判タ1176号135頁
14)　前掲注9）最判昭31・10・5

失わない[15]。学説や裁判例の中には，職務に著しい変更があった場合は役員報酬もそれに応じて変更することが合理的であるとの観点から，信義則（事情変更の原則）に基づく報酬変更を認めるものもあるが[16]，旧商法下では，報酬額の定めが当事者を拘束する期間が最長2年と短いことや（旧商256条1項）（後記(3)参照），会社としては任期中に取締役の職務内容が変わる可能性があることを当然予想すべきであることから，消極に解する見解が多数であった[17]。この点，会社法は，委員会設置会社を除く非公開会社において，取締役の任期を定款によって最長10年まで伸長することを可能としており（法332条2項），報酬額の定めが当事者を拘束する期間が10年に及ぶ場合も生じ得るようになったことから，会社法下では，上記消極説が根拠としていた点のうちの一つが妥当しない事案が出てくる可能性はある。もっとも，会社としては，役員報酬の定めに期間制限を設けたり，一定範囲の報酬変更について取締役の同意を得ておく等の措置をあらかじめ講じることによって，不合理な事態を回避することが可能なのであるから，基本的には，会社法下でも，信義則の適用には慎重な検討が必要であると解される。

(2) 当該取締役の同意がある場合

以上に対し，役員報酬の変更について当該取締役の明示又は黙示の同意があれば，報酬を減額又は不支給とすることが可能である。例えば，①取締役任用契約に，会社が一定範囲内で報酬を変更することを許容する特約が付与されている場合や，②各取締役の報酬が個人ごとにではなく，取締役の役職ごとに定められており，何人でもその就いた役職によって定められた額の報酬を受けるものとされており，当該取締役がこれを知って就任した場合には，明示又は黙示の特約の問題として解決できる場合が多いであろう[18]。ただし，取締役は役職にかかわらず厳格な責任を負うので，無報酬とすること

---

15) 最判平4・12・18民集46巻9号3006頁
16) 信義則（事情変更の原則）に基づく報酬変更を認める裁判例・学説として，大阪地判昭58・11・29判タ515号162頁，加美和照「判批」判評392号（判時139号）(1991) 43頁
17) 名古屋地判平9・11・21判タ980号257頁，最判解説民平成4年度〔27事件〕598頁〔水上敏〕，川島いづみ「判批」ひろば45巻2号75頁

についての黙示の同意を認定するに当たっては，慎重にすべきである[19]。

(3) 役員報酬の定めに期間制限がある場合

一方的な減額・不支給が禁止されるのは，契約の拘束力によるものであるから，契約期間の経過によって，役員報酬額に関する合意の効力が消滅した場合には，それ以後の報酬について従前と異なる金額を定めることが可能である[20]。仮に年度ごとに役員報酬金額を決めている場合であれば，翌年度から減額した報酬額を株主総会で決議することができる。もっとも，通常は，役員報酬金額について期間を定めておらず，当該取締役の任用契約の期間（原則2年〔法332条1項〕。ただし，委員会設置会社を除く非公開会社では最長10年まで伸長可〔同条2項〕）の報酬額を定めたものと推認するのが合理的であると考えられる事例が多いであろう[21]。

6．使用人兼取締役の使用人給与

使用人兼取締役[22]が使用人として受ける給与が，会社法361条〔旧商法269条〕の適用を受けるかについては，旧商法下では争いがあり，肯定説もあったが[23]，雇用契約の対価としての使用人給与分は同条の報酬に含まれないというのが多数説であった[24]。つまり，多数説によれば，使用人給与について旧商法269条1項に基づく株主総会決議を経る必要はないものの，取締役が使用人として給与を受けることは利益相反取引（旧商265条）に当たるから，

---

18) 東京地判平2・4・20判時1350号138頁，前掲注17) 599頁〔水上〕。なお，福岡高判平16・12・21判タ1194号271頁は，会社が上記②の内規や慣行が存在すると主張したのに対し，このような内規や慣行の存在は認められないとして，当初定められた金額に基づく報酬請求を認容している。
19) 山口和男「判批」判タ852号197頁
20) 前掲注17) 597頁〔水上〕
21) 前掲注17) 596頁〔水上〕
22) 取締役が使用人〔従業員〕としての地位を有するかの判断基準等については，山口幸雄ほか編『労働事件審理ノート〔第3版〕』（判例タイムズ社，2011）142頁参照
23) 大森ほか編・前掲注5) 532頁〔星川〕
24) 大隅＝今井・前掲注2) 169頁，田中誠二『会社法詳論(上)〔3全訂版〕』（勁草書房，1993）570頁

あらかじめ取締役会の承認を得て一般的に定められた給与体系に基づいて使用人給与を受ける場合を除いて，取締役会の承認を得ることが必要であることになる[25]。この点は，会社法でも，特に改正を窺わせる規定は設けられておらず（ただし，委員会設置会社については取締役が使用人を兼ねることはできないとの規定が新設された〔法331条3項〕。），旧商法下での上記解釈が維持されると解してよいであろう[26]。

　もっとも，使用人給与が会社法361条の適用を受けないとすると，取締役報酬を少額とし，使用人給与を多額にすることにより，同条の趣旨を潜脱する危険性が生ずる。この問題に関して，最判昭60・3・26集民144号247号・判タ557号124頁は，使用人として受ける給与の体系が明確に確立されている場合には，使用人兼取締役が別に使用人として給与を受けることを予定しつつ，取締役として受ける報酬額のみを株主総会で決議することとしても，旧商法269条の脱法行為に当たるとはいえないと判示している。ここでいう「予定しつつ」の意味としては，一般には，報酬決議に際して使用人給与が含まれていないことを明らかにする必要があると解されている。したがって，こうした要件を満たさないのに，株主総会で名目的な低額の取締役報酬のみを決め，使用人給与名目で高額な支給を恣意的に行った場合には，会社法361条の脱法行為として，支給を行った代表取締役その他代表者の会社に対する損害賠償責任や，当該使用人兼取締役の会社に対する不当利得返還責任・損害賠償責任の問題等が生じる可能性がある。

7．賞　　与

　役員賞与を，旧商法269条1項に基づく株主総会決議によってではなく，旧商法283条1項に基づく株主総会による利益処分案の承認決議によって決定・支給することができるかについては，旧商法下において争いがあり，否定説も有力であったが[27]，通説・裁判例は肯定説を採っていた[28]。会社実務

---

25) 最判昭43・9・3集民92号163頁・金判129号7頁
26) 鳥飼重和ほか『非公開会社のための新会社法〔新版〕』（商事法務，2006）78頁
27) 上柳ほか編・前掲注2）394頁〔浜田〕

においても，利益処分として役員賞与を決定していた会社が多かったようである。

これに対し，会社法361条は，旧商法269条で単に「報酬」とされていた文言を，「取締役の報酬，賞与その他の職務執行の対価として株式会社から受ける財産上の利益」と改め，賞与が含まれることを明確化したため，賞与支給の根拠規定は会社法361条に一本化されることになった。会社法では，剰余金の処分から「株式会社の財産を処分するもの」を除いているため（法452条），剰余金の処分として役員賞与を支給することはできない[29]。なお，会社法は会計処理の方法について直接規定するものではないが，今後の実務としては，費用処理するのが一般的な流れになるであろうと予想されている[30]。

8．取締役報酬債権の商事債権性

会社と取締役との間の取締役任用契約は商行為（法5条・4条1項，商503条2項）であると解されるから[31]，取締役の報酬債権は商事債権である。したがって，その遅延損害金は商事法定利率年6分である（商514条）[32]。

Ⅱ　取締役の退職慰労金請求訴訟

1．制度の概要

取締役の退職慰労金に，会社法361条の適用があるかについては，否定する見解も存在するが[33]，判例は，在職中における職務執行の対価として支給

---

28) 大阪地判昭55・4・9判タ417号152頁，東京地判昭56・12・15金判648号26頁，鈴木竹雄 竹内昭夫『会社法〔第3版〕』（有斐閣，1994）375頁
29) 相澤哲ほか「新会社法の解説(8)株主総会以外の機関(上)」商事1744号（2006）102頁
30) 「座談会・新会社法と企業会計上の諸問題」中央経済社編『新「会社法」詳解〔企業会計特別保存版〕』（中央経済社，2005）116頁〔神田発言〕，鳥飼ほか・前掲注26)76頁
31) 雇用契約を附属的商行為に当たると判示したものとして，最判昭30・9・29民集9巻10号1484頁参照
32) 前掲注15)最判平4・12・18

されるものである限り，退職慰労金にも会社法361条が適用されるとしている[34]。なお，退職慰労金には，通常，報酬の後払的な部分と在職中の功労に報いる趣旨で加算される功労加算的な部分とがあるところ，判例が敢えて，「在職中における職務執行の対価として支給されるものである限り」と限定を付していることからすると，退職慰労金のうち功労に報いる趣旨の部分には，会社法361条は適用されないのではないかとの疑問が生じる。しかし，功労金も，在職中の職務執行がより高く評価された結果，支給されるものにほかならないから，これも職務執行の対価といってよいし[35]，お手盛り防止という会社法361条の立法趣旨から考えれば，基準が不明確となりやすい功労金部分の方が，お手盛りの危険性が高いともいえる。そうすると，退職慰労金は全体として同条の適用を受けると解すべきである。裁判例及び学説も，報酬の後払であるか，在職中の功労に報いる趣旨のものであるかを問わず，同条の適用を認めている[36]。

したがって，退職慰労金についても，これを会社に請求するためには定款の定め又は株主総会決議が必要であり，定款の定め又は株主総会決議によって具体的な退職慰労金請求権が発生しているにもかかわらず，会社がこれを支払わないときは，退任取締役は会社を被告として，退職慰労金請求訴訟を提起することができる。

また，退職慰労年金についても，取締役の職務執行の対価として支給される趣旨を含むものと解されるから，会社法361条1項にいう報酬等に当たる[37]。

---

33) 鈴木竹雄「退職慰労金の特殊性」商事484号（1969）3頁は，既に退任して取締役会での議決権も発言権も失った元取締役に対して支払われる退職慰労金については，お手盛りの危険性がないから，旧商法269条1項の報酬に当たらないとする。
34) 最判昭39・12・11民集18巻10号2143頁，最判昭44・10・28集民97号95頁・判時577号92頁，最判昭48・11・26判時722号94頁
35) 味村治＝品川芳宣『役員報酬の法律と実務〔新訂第2版〕』（商事法務研究会，2001）23頁・129頁
36) 東京地判昭42・4・8判タ208号186頁，大阪高判昭42・9・26判時500号14頁，京都地判昭44・1・16判タ232号164頁，大阪地判昭44・3・26判時559号28頁，大阪高判昭48・3・29判時705号23頁，大阪高判昭53・8・31判時918号114頁，大隅＝今井・前掲注2）167頁，上柳ほか編・前掲注2）397頁〔浜田〕，北澤正啓ほか『〔新版〕役員退職慰労金一問一答〔別冊商事法務230号〕』（2000）1頁
37) 最判平22・3・16集民233号217頁・判タ1323号114頁

2．会社法361条の適用の有無

(1) 死亡した取締役に対する弔慰金

(a) **退職慰労金の性質を有する場合**　死亡した取締役に対する弔慰金は，その性格が在任中の職務執行に対する対価である限りは，退職慰労金と同じであるから，会社法361条の適用を受ける[38]。なお，退職慰労金たる弔慰金に関しては，定款に退職慰労金額の定めがない限り，相続財産には当たらないと解されることから[39]，その受給権者は民法の相続規定によっては当然に定まらない。このため，株主総会又はその委任を受けた取締役（会）が，弔慰金の性質に反しない限度で受給権者及び配分率を決定することができると解されている[40]。一般的には，相続人を受給権者とすることが多いであろう。

(b) **退職慰労金の性質を有しない場合**　これに対し，弔慰金という名目で支払われる場合であっても，その金額が，会社の規模・役員の在職年数・職別等から判断して退職慰労金相当額より明らかに低額である場合には，死者への弔い・喪主への贈与等の趣旨で支払われる香典であって，在任中の職務執行の対価とはいえないから，会社法361条の適用は受けない[41]。

(2) 使用人兼取締役の退職慰労金

前記Ⅰ6のとおり，使用人兼取締役が使用人として受ける給与は，会社法361条の適用は受けない。使用人兼取締役が使用人として受ける退職金についても同様である。したがって，使用人の職務に対する退職金と取締役の職務に対する退職慰労金を合理的に区別できる場合には，前者については就業

---

38) 前掲注34)最判昭48・11・26，味村＝品川・前掲注35)131頁，上柳ほか編・前掲注2)403頁〔浜田〕，北澤ほか・前掲注36) 8頁
39) 退職慰労金は，定款の定めがない場合には，株主総会決議によって初めて具体的請求権として発生するから，被相続人たる取締役の死亡時に，退職慰労金請求権が被相続人の財産に属しているとはいえない（民882条・896条）（味村＝品川・前掲注35)196頁，北澤ほか・前掲注36) 8頁・10頁・62頁）。
40) 北澤ほか・前掲注36)10頁・62頁
41) 味村＝品川・前掲注35)132頁，北澤ほか・前掲注36)117頁

規則等による所定の計算式によって算出され，定款の定めや株主総会決議がなくとも，会社に支払を請求することができる[42]。しかし，使用人の職務に対する退職金と取締役の職務に対する退職慰労金を合理的に区別できない場合については，退職金全体について会社法361条の適用を認めざるを得ないから，定款の定め又は株主総会決議がない限りは，使用人兼取締役は退職慰労金を全く請求することができない[43]。

3．取締役（会）や代表取締役への一任の可否

(1) 取締役（会）への一任の可否及び要件
　(a) **一任の可否**　会社法361条はお手盛りによる弊害から株主を保護するための規定であるから，無条件に取締役（会）に退職慰労金額の決定を一任することは許されない。しかしながら，株主総会決議において，明示的又は黙示的に，退職慰労金支給に関する基準を示し，具体的な金額・支払期日・支払方法などは同基準によって定めるべきものとして，その決定を取締役（会）に任せることは許される[44]。具体的には，①退任取締役に対する退職慰労金の支給に関し，一定の支給基準が慣行ないし内規によって確立していること，②その基準が株主らにも推知し得べき状況にあること，③株主総会の決議において，明示的又は黙示的に，支給に関する基準を示し，当該退職慰労金の金額等を同基準に従って定めることを取締役（会）に任せたことを要する[45]。
　(b) **各要件の検討**
　㈠　**基準の確立**　適法に取締役（会）への一任決議を行うためには，退任取締役への退職慰労金の支給に関し，一定の支給基準が慣行ないし内規によって確立している必要がある。当該内規自体は，取締役（会）が決定したもので足り，株主総会の授権を得ていなくてもかまわない[46]。もっとも，退

42）　前掲注36)大阪高判昭53・8・31，東京地判昭59・6・3 労判433号15頁，大阪地判昭59・
　　9・19労判441号33頁，千葉地判平6・30判時1326号150頁
43）　前掲注36)京都地判昭44・1・16
44）　前掲注34)最判昭39・12・11，前掲注34)最判昭48・11・26
45）　前掲注34)最判昭44・10・28，最判昭58・2・22集民138号201頁・判タ495号84頁
46）　長崎地佐世保支判昭51・12・1 金判522号49頁

職慰労金に関する支給基準が，不明確であったり無限定な裁量を許すものである場合には基準としての意味をなさず，違法な無条件一任と同じ結果となるから，ここでいう一定の支給基準とは，お手盛りを防止できる程度の明確性及び裁量の限界を有した合理的基準である必要があると解される[47]。会社実務では，報酬月額に取締役在任年数及び各役位ごとによる一定の係数を乗じた金額の合計（基本金額部分）に，同金額の3割以内程度で功労金を加算する余地（功労金部分）を認める内容の内規もよく見られるが，このような内規であれば支給金額の最高限度も算定可能であるから，基準の合理性を認めてよいであろう[48]。

　(ｲ)　**基準の推知可能性**　　書面投票が可能な株主総会（法298条1項3号・2項），電磁的方法による議決権行使が可能な株主総会（法298条1項4号）については，株主総会招集通知に際して，法務省令で定めるところにより，株主に対し，議決権行使の参考となるべき事項を記載した株主総会参考書類を交付しなければならない（法301条1項・302条1項）。そして，会社法施行規則では，取締役の提案議案が，取締役又は監査役の退職慰労金額を一定の基準に従い決定することを取締役・監査役・その他第三者に一任する議案であるときは，その基準の内容を株主総会参考書類に記載するか，そうでなければ，各株主が当該基準を知ることができるようにするための適切な借置を講ずることが求められている（会社則82条2項）。したがって，このような場合については，上記の措置を履践することによって，基準の推知可能性は満たされるといえよう。

　上記以外の場合には事案ごとに判断するほかないが，判例は，株主が取締役会の議事録を閲覧することにより，支給基準に関する内規の存在を知ることができ，かつ，会社は株主総会で株主から請求があれば，支給基準の内容を説明することにしていたという程度の事実関係が認められれば，推知可能性を認めているようである[49]。

---

　47)　前掲注36)大阪地判昭44・3・26，前掲注36)大阪高判昭48・3・29，北澤ほか・前掲注36) 84頁
　48)　家近正直「取締役の退職慰労金」本間輝雄先生・山口幸五郎先生還暦記念『企業法判例の展開』（法律文化社，1988）240～241頁参照

(ウ) **基準に従って金額等を決めることを一任する旨の株主総会決議**　会社実務においては、「当社所定の基準に従い、相当額の範囲内で退職慰労金を贈呈することとし、その具体的金額・時期・方法等は取締役（会）に一任する」といった文言で決議がされることが多いが、このように、会社内に一定の支給基準があること、その基準に従って具体的金額等を決めることを取締役（会）に一任することが明示されて決議がされていれば問題はない。最高裁判決は黙示による一任も認めているが、前記(イ)の基準の推知可能性との関係からしても、原則として、一定の基準が存在すること及び取締役（会）には同基準に従って金額等を決定すべき制約が課されていることが明示されたうえで一任決議がされるべきであろう。

(2) **代表取締役への再委任**
　(a) **単なる金額計算を再委任した場合**　株主総会が取締役（会）に退職慰労金額の決定を一任した場合に、取締役（会）が、退職慰労金額の単なる機械的な計算を代表取締役に再委任することは適法である[50]。
　(b) **裁量により決定すべき金額を再委任した場合**　これに対し、退職慰労金額の決定に裁量の余地がある場合に、金額決定を代表取締役に再委任できるかについては争いがあり、再委任を無効とする見解[51]、退任取締役の同意を条件に有効とする見解[52]、株主総会決議が再委任を禁ずる趣旨でなければ有効とする見解[53]などに分かれている。判例は、通常の取締役報酬について、裁量の余地のある金額決定を代表取締役に再委任することを認めており（前記Ⅰ2(2)参照）、退職慰労金についても、会社法361条の目的たる株主保護は、一定の支給基準に従うという枠によって全うされていると考えられるので、当該株主総会決議が再委任を禁ずる趣旨でない限り、代表取締役への

---

49)　前掲注34)最判昭48・11・26及びその原審である前掲注36)大阪高判昭48・3・29、前掲注45)最判昭58・2・22
50)　前掲注45)最判昭58・2・22
51)　上柳ほか編・前掲注2)399頁〔浜田〕、青竹正一「取締役退職慰労金の不支給・低額決定に対する救済措置(上)」判評412号（判時1452号）(1993)　8頁
52)　味村＝品川・前掲注35)181頁
53)　江頭憲治郎「判批」ジュリ881号（1987）138頁

再委任も適法と解してよいと考えられる。

4．株主総会決議がされない場合の救済措置

(1) 退職慰労金請求権の発生時期

(a) 取締役の会社に対する退職慰労金請求権は，定款の定め又は株主総会決議によって退職慰労金の金額が決定されて初めて，具体的に発生する。したがって，取締役任用契約締結時に退職慰労金を支払うとの特約を結んでいた場合であっても，あるいは，会社に退職慰労金支給内規が存在している場合であっても，退職慰労金額について定款の定め又は株主総会決議がなければ，退任取締役は会社に対して，退職慰労金を請求することはできない[54]。定款の定め又は株主総会決議がないままに，退任取締役が退職慰労金の支給を受けた場合には，法律上の原因を欠くものとして不当利得となり[55]，会社法423条1項に基づく損害賠償請求をされる場合もある[56]。

具体的な退職慰労金請求権が発生する時期は，金額が決定される方法によって異なり，①定款に退職慰労金額が定められている場合には取締役の退任時に，②株主総会において退職慰労金の具体的金額が決議された場合には株主総会決議の成立と同時に，③株主総会が取締役(会)への一任決議を行い，取締役(会)が退職慰労金の具体的金額を決議した場合には，取締役(会)の決定と同時に（ただし，後記(b)参照），④株主総会から一任決議を受けた取締役(会)がさらに代表取締役に金額決定を再委任した場合には，代表取締役による金額決定時に，具体的な退職慰労金請求権が発生する。

(b) もっとも，上記③の場合には，株主総会が示した一定の支給基準（内規や慣行）の内容次第で，株主総会決議の段階で具体的請求権が発生していると解される場合がある。

---

54) 東京地判昭47・11・1判時696号227頁，前掲注36)大阪高判昭53・8・31，前掲注18)東京地判平2・4・20，東京地判平3・3・8判タ766号265頁，前掲注1)最判平15・2・21
55) ただし，事実関係によっては，定款の定め又は株主総会決議なくして支給された退職慰労金相当額の不当利得返還請求をすることが，信義則に反し権利濫用として許されないとされる場合もある（最判平21・12・18集民232号803頁・判タ1316号132頁参照）。
56) 前掲注1)最判平15・2・21参照

すなわち，まず，取締役（会）への一任決議の形式が採られていても，内規等で定められた支給基準に所定の係数を入れれば，自動的に退職慰労金額・時期・方法が決まり，取締役（会）への一任決議が単に計算を委ねる意味しかないと認められる場合には，株主総会決議の段階で具体的な金額等が一義的に決定されているのであるから，取締役（会）の決定を待たなくとも具体的な退職慰労金請求権が発生していると解される[57]。

　これに対し，内規等で定められた支給基準に，減額・不支給規定がある場合には，株主総会から一任決議を受けた取締役（会）が，減額・不支給事由の有無，それによって減額すべき金額等を決定しない限り，退職慰労金請求権の具体的内容は定まらないから，株主総会決議のみでは具体的な退職慰労金請求権は発生しない[58]。

　次に，内規等で定められた支給基準に，減額・不支給規定はないものの，功労加算金規定がある場合については争いがある。学説の中には，報酬月額に取締役在任年数及び各役位ごとの一定の係数を乗じて，自動的に算出される基本金額部分については株主総会決議のみで具体的請求権が発生するという見解もあるが[59]，反対する見解が有力である[60]。株主総会決議のみによって，基本金額部分の具体的な退職慰労金請求権が発生するか否かは，当該株主総会決議の意思解釈によって決まると解されるが，株主総会が，基本金額部分と功労加算金部分を区別して，後者の金額決定のみを取締役（会）に委ねるとの決議をすることは稀であり，一体としての退職慰労金額の決定を一任する趣旨である場合がほとんどであろう。また，支給金額だけでなく，支給方法や支給時期についても取締役（会）に委ねられており，取締役（会）でこれらの事項を決定しなければ具体的内容が確定しないことも少なくない。したがって，一般的には，取締役（会）等の決定により全体としての退職慰労金額等が決まったときに初めて具体的請求権が発生すると解すべき場合が

---

57) 北澤ほか・前掲注36) 54頁・68頁
58) 東京地判平元・11・13金判849号23頁
59) 青竹・前掲注51) 9頁
60) 味村＝品川・前掲注35) 192頁，北村雅史・判例リマークス2002(下)104頁，加美和照「判批」判タ975号（1998）121頁

多いと考えられる[61]。

(2) 救済措置の検討

以上のとおり，上記(1)(a)のいずれかの方法により，具体的な退職慰労金請求権が発生していない限り，退任取締役は退職慰労金を請求することができない。そこで，株主総会決議が行われない場合に，退任取締役に何らかの救済措置が考えられないかが問題となる（損害賠償請求による救済については後記Ⅲ参照）。

(a) 会社法361条の適用排除の可否　　過去の裁判例をみると，株主総会を開催しないのが常態であるような同族会社については会社法361条を適用すべきでないという主張が当事者からなされている場合が多い。しかしながら，このような理由で，株主の利益保護を目的とする同条の適用を排除することはできない[62]。

(b) 信義則の適用の可否　　次に，下級審裁判例の中には，代表取締役がいったんは退職慰労金の支払を約束したにもかかわらず，その後に，株主総会決議がないことを理由に支払を拒否するに至ったという場合に，信義則（衡平の理念）を理由に挙げて退職慰労金請求を認容するものがみられる[63]。しかしながら，代表取締役と株主は別個の利益主体であるから，代表取締役の行為に信義則違反が認められるからといって，お手盛り防止によって保護

---

61) 東京高判平12・6・21判タ1063号185頁は，功労加算金規定のある役員退職慰労金支給規定に基づき取締役会に退職慰労金額の決定を一任する旨の株主総会決議がされたが，取締役会決議がされないまま会社が破産したという事案において，会社の内規等に退職慰労金額を算定する基準が定められていたとしても，取締役会に退職慰労金額の決定を一任する旨の株主総会決議によって直ちに退職慰労金請求権が発生するわけではなく，取締役会が額を具体的に決定して初めて，退職慰労金請求権が発生すると判示している。

他方，東京高判平20・9・24判タ1294号154頁は，当該会社の退職慰労金内規の定め方に照らすと，株主総会決議で取締役会の判断に委ねた部分は，主として功労加算をするかどうかという点と1か月以内に支給という原則を会社の業績等に照らして変更するかどうかという点にあったと認定し，基本金額部分は取締役会の決定を待たずに支給することに確定したと判示している。

62) 最判昭56・5・11判時1009号124頁・判タ446号92頁

63) 大阪地判昭46・3・29判時645号102頁，京都地判平4・2・27判時1429号133頁，東京高判平7・5・25判タ892号236頁，東京高判平15・2・24金判1167号33頁。なお，信義則による救済を主張する学説として，落合誠一編『会社法コンメンタール8－機関(2)』(商事法務，2009) 195頁・202頁〔田中亘〕など。

されるべき株主の利益を無視することはできない。ただし，過去に株主総会が開かれたことがなく，代表取締役に株主総会の決議事項の決定が実質的に委任されていた等の事情から，代表取締役の退職慰労金支払約束をもって，株主全員の承諾に当たると認めることができるのであれば，会社法361条1項の株主総会決議があったと同視して（前記Ⅰ3参照），退職慰労金請求を認容する余地があるであろう[64]。信義則違反を理由に挙げている上記各裁判例も，株主全員の実質的承諾を認定しているものが多い。

　(c)　**民法130条の適用の可否**　会社と退任取締役との間で，退任時に退職慰労金を支給するという合意がある場合，その内容は，株主総会決議によって金額が定められることを条件として退職慰労金を支給するという趣旨のものと理解される。そうすると，会社が退職慰労金の支給議題を株主総会に提出せずに放置している場合には，会社が条件成就を妨げたものとして，民法130条により請求権の効力発生を擬制し，退職慰労金を請求することができるのではないかが問題となる。

　しかしながら，上記の合意は，会社法361条1項によって当然に要求されることを約定したにとどまるところ，法律行為の効力発生のために法律上当然に必要とされる要件（いわゆる法定条件）は，民法130条にいう「条件」には該当しないと解されており，類推適用も認められない[65]。したがって，会社が退職慰労金支給に関する議題を株主総会に提出せずに放置していても，民法130条の適用はなく，同条を根拠に退職慰労金請求をすることはできない[66]。

　(d)　**株主総会決議請求の可否**　学説の中には，取締役任用契約に報酬付与の特約があるにもかかわらず，報酬の議題が株主総会に提出されずに放置されている場合には，取締役は会社に対して，報酬額を定めるべき株主総会の決議を求めることができるとの見解がある[67]。しかしながら，株主総会に付議する議題の決定権限は，基本的に，取締役（取締役会非設置会社の場合〔法298条1項〕）ないし取締役会（取締役会設置会社の場合〔法298条4項〕）にあり，例外的に，

---

64)　大阪高判平元・12・21判時1352号143頁，上柳ほか編・前掲注2）387頁〔浜田〕
65)　最判昭36・5・26民集15巻5号1404頁
66)　東京地判平3・7・19金法1308号37頁
67)　川島いづみ「取締役報酬の減額，無償化，不支給をめぐる問題」判タ772号（1992）78頁

一定の要件を満たす株主に，株主総会の議題提案権（法303条）や株主総会の招集権（法297条）が認められているにすぎない。したがって，退任取締役がこれらの要件を満たす株主でもある場合は，株主として権利行使することは可能であるが，そうでなければ，退職慰労金決議請求権を認める根拠はない[68]。

5．株主総会決議後の不支給の可否

(1) 不祥事の発覚

　株主総会決議後に，当該退任取締役の不祥事が発覚した場合に，会社は退職慰労金の支払を拒否することはできるか。

　この点，当該不祥事が仮に事前に判明していれば，退職慰労金支給の株主総会決議はなされなかったであろうという場合であっても，株主総会決議によって既に具体的な退職慰労金請求権が発生している以上は，これを株主総会決議や取締役会決議によって一方的に奪うことはできない（当該決議内容が法令に違反するとはいえないから，決議無効には当たらない。法830条2項参照）。したがって，会社としては，当該退任取締役に対する損害賠償請求権（法423条1項等）を自働債権とし，退職慰労金請求権を受働債権として，対当額で相殺することにより（民505条），その支払を免れることができるにすぎない[69]。

(2) 経営状況の変化

　株主総会において，内規に定める退職慰労年金の支払を決定した後に，経営状況等が変化し内規を廃止したことを理由に，会社は退職慰労年金の支払を拒むことができるか。

　この点について，前掲（注37））最判平22・3・16集民233号217頁・判タ1323号114頁は，退任取締役が個別の株主総会決議により内規（役員退職慰労年金規程）に定める具体的な退職慰労年金債権を取得した場合，その支給期間が長期にわたり，その間に社会経済情勢等が変化し得ることや将来退任する取締

---

68) 北澤ほか・前掲注36)11頁，青竹正一「取締役退職慰労金の不支給・低額決定に対する救済措置(下)」判評413号（判時1455号）(1993) 13頁
69) 北澤ほか・前掲注36)60頁・129頁

役との間に不公平が生ずるおそれがあることなどを勘案しても，集団的、画一的処理が制度上要請されるという理由のみから，内規の廃止の効力を既に退任した取締役に及ぼし，その同意なく未支給の退職慰労年金債権を失わせることはできないと判示している。

Ⅲ 取締役の退職慰労金不支給（減額）を理由とする損害賠償請求訴訟

1．制度の概要

　株主総会が，一定の支給基準に従って退職慰労金額を決定することを取締役（会）に委ねる旨の決議をしたにもかかわらず，取締役（会）が合理的期間を経過しても正当な理由なく退職慰労金額を決定しない場合や，当該支給基準を逸脱して減額・不支給決定をした場合などには，取締役に善管注意義務違反又は忠実義務違反（法330条・355条，民644条）が認められる。したがって，これらの善管注意義務違反等によって損害を被った退任取締役は，会社及び違法行為をした取締役個人を被告として，損害賠償請求訴訟を提起することができる。

2．取締役（会）による決定懈怠，減額・不支給の場合

(1)　取締役の責任
　(a)　取締役の善管注意義務違反等が問題となる場面
　　(ア)　取締役（会）が決定を放置している場合　　取締役は株主総会の決議に従って，忠実に職務を遂行する義務を負っているから（法330条・355条，民644条），株主総会が一定の支給基準に従い退職慰労金額を決定することを取締役（会）に委任する旨の決議をした場合には，速やかにこれを決定する義務を会社に対して負っている[70]。したがって，取締役（会）が，正当な理由

---

[70]　北澤ほか・前掲注36) 14頁

なく合理的期間を過ぎても，退職慰労金額の決定を懈怠している場合には，取締役としての職務を怠るものとして，善管注意義務違反又は忠実義務違反を構成する。なお，取締役会設置会社において，取締役会の招集権者が定められている場合（法366条1項ただし書）であっても，任務懈怠を問われるのは，招集権者である取締役（通常は代表取締役である。）に限られない。他の取締役も，招集権者に対して取締役会の招集を請求することができ，一定期間に招集されない場合には，請求取締役が自ら取締役会を招集できるからである（法366条2項・3項）。

退職慰労金額の決定をなすべき合理的期間の長さは，内規の定めや従前の慣行に従って判断されるが，決議まで時間を要さざるを得なかった個別事情がある場合には（減額・不支給事由の調査に要した時間や，死亡弔慰金の場合に受給権者の確定に要した時間等），それも考慮の要素となる。

(イ) **取締役（会）が減額・不支給を決定した場合**　取締役は，株主総会の委任の趣旨に従い，所定の支給基準に従い金額を決定する義務を負っているから，所定の支給基準を無視するなど，株主総会から与えられた裁量権を逸脱ないし濫用して減額・不支給を決定した場合には，善管注意義務違反又は忠実義務違反を構成する。

したがって，内規等に減額・不支給事由が規定されており，かつ，同事由に該当する具体的事実が認められるのであれば，当該基準の範囲内で減額・不支給の決定をすることは何ら妨げられないが，減額・不支給事由に該当する具体的事実もないのに減額・不支給決定をすると，基準の適用を誤ったものとして違法となる。また，株主総会が依拠した支給基準に減額・不支給に関する規定がまったくない場合には，株主総会決議による委任の範囲に減額・不支給は含まれていないと解されるから，取締役（会）が基準に基づかない減額・不支給決定をすると，違法となる可能性が大きい。ただし，退任取締役が会社の財産を横領するなど刑事罰に該当する行為をしていたことが株主総会決議後に発覚した場合などは，社会通念上減額・不支給が当然であるから，株主総会決議の黙示の委任の範囲内であるとして，減額・不支給規定がなくとも，取締役（会）において，減額・不支給の決定をすることが可能であると解する余地がある。

(b) **取締役に対する損害賠償請求の根拠法条**

(ア) **会社法429条**　取締役がその職務を行うにつき悪意又は重過失があったときは，当該取締役は，これによって第三者たる退任取締役に生じた損害を賠償する責任を負う(法429条)。取締役が，違法に退職慰労金の決定を懈怠し，あるいは違法に減額・不支給を決定しても，会社に損害は発生しないが，会社法429条に基づく損害賠償は，取締役の任務懈怠の行為と第三者の損害との間に相当因果関係がある限り，いわゆる間接損害の場合であると直接損害の場合であるとを問わずに請求可能と解されているから[71]，取締役の任務懈怠によって会社に損害が生じていないことは，請求の妨げとはならない。

なお，会社法429条に基づく損害賠償責任は，法が特に認めたものであって不法行為責任の性質を有するものではないから[72]，同損害賠償債務は，期限の定めのない債務として履行請求を受けたときから遅滞に陥り，遅延損害金は民法所定の年5分となる[73]。消滅時効期間は，民法167条1項により10年である[74]。

(イ) **民法709条**　会社法429条に基づく責任と一般不法行為責任は競合するから[75]，不法行為の成立要件が具備されれば，民法709条に基づく責任を追及することも可能である。

(ウ) **会社の責任との関係**　後記(2)のとおり，会社は，代表取締役その他の代表者がその職務を行うについて第三者に加えた損害を賠償する責任を負うが(法350条)，会社の責任が成立する場合であっても，代表者個人は法人と並んで損害賠償責任を負う[76]。

(2) **会社の責任**

会社は，代表取締役その他の代表者がその職務を行うについて第三者に加えた損害を賠償する義務を負う(法350条)。したがって，退職慰労金の減額・

---

71) 最大判昭44・11・26民集23巻11号2150頁
72) 前掲注71)最大判昭44・11・26，最判昭49・12・17民集28巻10号2059頁
73) 最判平元・9・21判時1334号223頁・判タ714号83頁
74) 前掲注72)最判昭49・12・17
75) 前掲注71)最大判昭44・11・26
76) 最判昭54・11・30集民128号139頁・判タ404号60頁参照

不支給について，代表取締役その他の代表者に善管注意義務違反等が認められる場合には，会社も退任取締役に対して損害賠償責任を負う。

(3) 裁判例

　一任決議を受けた取締役会の決議懈怠や減額・不支給決議の違法性が争われる裁判例は近年増えており，①取締役会が1年8か月も退職慰労金額の決定を引き延ばしたうえ，内規の基準額よりも50％減額した旨の金額を決定した事案について，損害賠償責任を認めたもの[77]，②取締役会が定めた金額自体は合理的であるが，取締役会がその支払について不法不当な条件を付し，支払をしなかったことは違法であるとして，損害賠償責任を認めたもの[78]，③株主総会が退職慰労金額の決定を取締役会に一任した場合において，取締役らが額の決定を放置したことが任務懈怠であるとして，損害賠償責任を認めたもの[79]，④株主総会からの一任決議を受けた取締役会が，取引先からの債権一部回収不能を当該退任取締役の責任であるとして退職慰労金を一部減額した決議部分を無効と判示し，減額前の退職慰労金の支払を命じたもの[80]，⑤株主総会から一任決議を受けた取締役会が，会社の業績が悪化していること等を理由として，退職慰労金規定を無視して少額の退職慰労金支給決定をしたのは不法行為に当たるとして，損害賠償請求を認容したもの[81]，などがある。

3．株主総会への付議懈怠の場合

(1) 退職慰労金支給議題を株主総会に付議しないことの違法性

　株主総会を招集するか否か，いかなる議題を付議するかを決定するのは，原則として，取締役（取締役会非設置会社の場合〔法298条1項〕）ないし取締役会であり（取締役会設置会社の場合〔法298条4項〕），法令や定款において義務づけら

---

[77] 前掲注58)東京地判平元・11・13
[78] 京都地判平2・6・7判時1367号104頁
[79] 東京地判平6・12・20判タ893号260頁
[80] 東京高判平9・12・4判時1657号141頁
[81] 東京地判平10・2・10判タ1008号242頁

れている事項を除けば，その決定は，基本的に取締役（会）の裁量に委ねられているものと解される。しかしながら，会社と退任取締役との間に退職慰労金支給の合意がある場合には[82]，退任取締役は会社に対して抽象的な退職慰労金請求権（株主総会決議によって認められた金額の限度で具体的な請求権に転化する権利）を有しているのであるから，会社の取締役（会）は，株主総会に退職慰労金に関する議題を付議することを決定し，株主総会の判断を経る義務があるというべきである（ただし，最終的に支給・不支給及び金額を決めるのは株主総会の専権である。）。取締役（会）が，合理的期間を徒過しても正当な理由なく，退職慰労金支給に関する議題を株主総会に付議しない場合には，取締役は職務を怠るものとして，善管注意義務違反又は忠実義務違反を問われる余地がある[83]。

(2) 付議しなくとも違法にならない場合

(a) **期間の合理性** 当該取締役の退任後・株主総会への付議までには，一定の期間を要する場合があるから，合理的期間内であれば，株主総会への付議が未了であっても義務違反にはならない。どの程度の期間が合理的といえるかについては，当該会社における内規や慣行に照らして検討すべきであり，内規や慣行で付議の時期が決められていればそれが義務の内容となる。一般的には，定時総会終結時に任期満了退任する取締役に対する退職慰労金支給決議は当該定時総会で，事業年度の途中で辞任や死亡により退任した取締役に対する退職慰労金支給決議は，その退任後最初に行われる定時株主総会で行われることが多い[84]。なお，付議するに当たって特に時間を要する個別事情がある場合には，それも考慮すべきことは，前記2(1)(a)(ア)と同じである。

---

82) どのような場合に会社と退任取締役との間に退職慰労金支給の合意があると認定できるかは事案によるが，単に内規や慣行があるというだけで黙示の合意を認定することには疑問がある。内規は，取締役会が株主総会に退職慰労金支給議案を付議する場合の参考，ないしは株主総会が取締役会に金額決定を一任する場合の基準であるにすぎない場合も多いと思われ，内規の存在のみから，会社と退任取締役との間の退職慰労金支給合意を推認することは一般的に困難であると考えられる。したがって，退職慰労金支給合意があることを根拠に，株主総会に退職慰労金支給議題を付議しないことが取締役の任務懈怠に当たると解されるのは，通常は，会社と退任取締役との間で明示の退職慰労金支給合意が存在する場合であろう。
83) 青竹・前掲注68)14頁，水田耕一「会社の業績不振と役員退職慰労金の取扱い」商事795号(1978) 3頁
84) 水田・前掲注83) 5頁

(b) 付議しない正当な理由　次に，退職慰労金支給に関する議題を株主総会に付議しないことについて正当な理由がある場合には，付議しないことは違法ではない。このような場合としては，退任取締役について，内規に定める不支給事由に該当する具体的事実が認められる場合が考えられる。また，内規に不支給事由が規定されていない場合でも，取締役が在職中に会社の財産を横領するなど，刑事罰に該当するような行為をした場合には，議題を付議しない合理的理由があると解してよい[85]。

(3) 相当因果関係

以上により，取締役（会）が株主総会に退職慰労金支給議題を付議しなかったことが違法であると認められても，損害賠償責任が認められるためには，さらに，違法行為と損害との間に相当因果関係が認められる必要がある。したがって，原告（退任取締役）としては，違法行為がなければ損害が発生しなかったこと，すなわち，取締役（会）が株主総会に退職慰労金支給議題を付議していたら，損害額として主張する金額と同額の退職慰労金支給が決議されていたであろうことを主張立証する必要がある。株主総会は，内規や慣行にとらわれずに退職慰労金額を判断することが可能であり（後記4参照），取締役（会）が付議した金額どおりの退職慰労金額が決定されるとは限らないから，一般的には，相当因果関係の立証は難しいことが多いであろう。

4．株主総会による減額・不支給の場合

株主総会決議において，退職慰労金額を定める場合，いかなる金額を定めるかは株主総会の自主的判断に委ねられており，原則として，手続が適法である限りは，額が相当かどうかは裁判所の審査対象とはならない[86]。内規や慣行があっても，株主総会はこれには拘束されず，独自に退職慰労金額を決定することが可能である[87]。したがって，株主総会が内規や慣行によらずに

---

85) 青竹・前掲注68) 14頁
86) 江頭憲治郎「会社役員の報酬に対する法の規制」法教（第2期）6号（1974）64頁，矢沢惇「取締役の報酬の法的規制」『企業法の諸問題』（商事法務研究会，1981）228頁

低額又は不支給を決議したとしても，このような株主総会決議自体を捉えて違法ということは難しい。

これに対して，学説では，株主総会が正当な理由もなく内規や慣行を無視した低額な支給決議や不支給決議をした場合には，①当該株主総会決議の効力を争う方法や，②不支給又は著しく低額の決議をする原因となった退職慰労金議案を提出した取締役の責任を追及する方法によって救済すべきであるとする見解もある[88]。しかしながら，①については，仮に多数決濫用の決議として株主総会決議無効確認判決や取消判決がされたとしても，それのみでは退職慰労金請求ができることにはならない（退職慰労金支給に関する決議が取り消され，あるいは決議が無効であることが確認されたにすぎず，新たな支給決議がされない限り，具体的な退職慰労金請求権は発生しない[89]。）。また，②については，かかる場合に取締役に違法行為が認められるかは問題であるし[90]，仮に取締役に違法行為が認められるとしても，退職慰労金額をいくらにするかは株主総会の判断事項であり，内規どおりの金額で取締役（会）が議案を提出しても株主総会がこれを可決したか否かはわからないのであるから，違法な議案提出と損害発生との相当因果関係の立証は困難である[91]。したがって，理論的可能性としてはともかく，救済方法としての実効性には疑問がある。なお，特殊な事案における事例的判断ではあるが，取締役会が退職慰労金不支給の

---

87) 東京地判昭62・3・26金判776号35頁
88) 青竹・前掲注68) 18頁
89) 大阪高判平19・3・30判タ1266号295頁。これに対し，東京地判平9・8・26判タ968号239頁は，退職慰労金を支給しない旨の株主総会決議が公序良俗に反する場合は，例外的に退職慰労金請求権が生じる余地があると判示しているが，その理論的根拠については述べていない。
90) 東京地判平19・6・14判時1982号149頁・金判1271号53頁は，退任取締役（原告）が会社取締役（被告ら）に対し，被告らが虚偽の事実を前提として原告の功労を無視し，著しく低い金額による退職慰労金支給議案を株主総会に提案したことは任務懈怠に該当するとして，損害賠償を求めた事案について，取締役の貢献度の判定は会社・株主の自治に委ねられるべき問題であって，裁判所がこれを判定することはわが国の法制度の予定するところではない等として，特段の事情のない限り，取締役報酬に関する提案議案の実質的内容が不当であることを理由とする損害賠償請求はできないと判示している（ただし，退職慰労金に関する内規や支給慣行が存在しない事案に関するものである。）。
91) 前掲注89)大阪高判平19・3・30は，取締役が退職慰労金不支給の議案を株主総会に提出したことが不法行為に当たるとの主張に対し，取締役の上記議案提出行為と，退任取締役に対する退職慰労金が不支給になったこととの間に相当因果関係を認めることはできないとしている。

議案を株主総会に提出したことが，退任取締役の人格的利益を侵害した違法行為であるとして，不法行為に基づく慰謝料請求を認容した裁判例がある[92]。

5. 損 害 額

　取締役に善管注意義務違反等がなければ，退任取締役が得られたであろう金額が損害額となる。取締役（会）の決定懈怠ないし減額・不支給決定の場合には，取締役（会）が適法に決定していれば支給されたであろう金額を，内規や慣例などの基準から認定することになる。基本金額部分と功労加算金部分とに分かれている一般的な内規の場合には，功労加算金部分の決定については取締役（会）に幅広い裁量が認められ，功労加算金部分を支給しないことについて違法性が認められることは稀であるから，基本金額部分の賠償にとどまる場合が多いと考えられる。

　裁判例としては，①内規で決められた基本金額の50％を減額したのが違法であるとされた事案において，減額分を損害と認めたが，功労加算金部分の請求は認めなかったもの[93]，②取締役会が退職慰労金額の決定を放置し，最終的には不支給を決定した事案において，内規に従って算定された退職慰労金額を損害と認めたもの[94]，③取締役会が減額決議をした事案で，内規に従って算定された退職慰労金額と取締役会の決定金額との差額を損害と認めたもの[95]，④取締役会から一任された代表取締役が不支給を決定し，取締役会もこれを承認した事案で，従前の慣行に従って算出される金額を損害と認めたもの[96]がある。

---

92) 前掲注89)大阪高判平19・3・30は，代表取締役らが退任取締役に対し退職慰労金を支給しない旨の明確な回答をしないまま時間を引き延ばし，退任取締役をして退職慰労金が支給されるとの期待を抱かせ，その期待を利用して退任取締役に借入金の返済や株式の売却等を行わせた後，退任から約2年を経過した時期に至って，取締役会が退職慰労金不支給の議案を株主総会に付議することを決定したという事実関係を前提に，取締役会の上記措置には退任取締役の人格的利益を侵害した違法があるとして，慰謝料請求を認容している。
93) 前掲注58)東京地判平元・11・13
94) 前掲注79)東京地判平6・12・20
95) 前掲注81)東京地判平10・2・10
96) 東京地判平11・9・9金判1094号49頁

第6章

会社の取締役に対する責任追及訴訟

I 取締役制度の概要

1．取締役の地位及び権限

　本章では，株式会社における会社の取締役に対する責任追及訴訟（旧商266条1項に対応する法423条・462条・120条4項[1]）について触れる（以下，本章において「会社」という場合は，特に断らない限り，会社法上の株式会社を指す。）。

　取締役とは，最低限1人以上を選任しなければならない会社の必置機関であるが（法326条1項），その地位ないし権限は，その会社が選択した機関設計により異なっている。

　まず，会社法上の会社の原則的な形態であり，取締役会非設置会社にあっては，取締役とは，基本的に，業務執行権（法348条1項）及び代表権（法349条1項本文）を有する機関である。取締役が2人以上ある場合は，会社の業務は，定款に別段の定めがある場合を除いて，取締役の過半数をもって決定する（法348条2項）。また，各自が会社を代表する（法349条2項）。ただし，定款，定款の定めに基づく取締役の互選又は株主総会の決議によって取締役の中か

---

[1] 対応関係を詳述すると，旧商266条1項1号が法462条1項〔461条1項8号〕，旧商266条1項2号が法120条4項，旧商266条1項3号～5号が法423条1項に対応する。なお，利益相反取引に関する法423条1項・3項の責任は，承諾を得た場合が旧商266条1項4号，得ていない場合が旧商266条1項5号に対応する。

ら代表取締役を定めることが可能である（法349条1項ただし書・3項）。この場合は，代表取締役が業務執行権及び代表権を有することになり（法349条4項），代表取締役以外の取締役は業務の決定を行うにすぎない（法348条2項）。なお，社外取締役（法2条15号）は，会社に対する責任について他の取締役と異なる取扱いを受ける。

次に，取締役会設置会社（法2条7号）においては，3人以上の取締役を置かなければならない（法331条4項）。取締役は，取締役会を構成し（法362条1項），取締役会は，①業務執行の決定，②取締役の職務の執行の監督，③代表取締役の選定及び解職を行う（法362条2項）。取締役会は，重要な財産の処分及び譲受けなどの重要な業務執行の決定を取締役に委任することは許されない（法362条4項）また，取締役会設置会社の取締役には，業務執行権限の分担の有無により，業務執行権限及び対外的代表権限を有する代表取締役（法363条1項1号・349条1項ただし書），取締役会決議により業務執行権限を付与された業務執行取締役（法363条1項2号）又は業務執行権限を有しない取締役，また，会社に対する責任について他と異なる取扱いを受ける社外取締役（法2条15号・425条・426条・427条）といった区別がある。

また，委員会設置会社（法2条12号）においては，取締役会の決議（法402条2項）により選任された執行役が会社の業務執行を担当し（法418条2号），その取締役は，原則として，業務の執行をすることができない（法415条）が，取締役会を通じて，経営の基本方針などの一定の範囲の業務執行を決定するとともに，執行役等の職務の執行の監督を行う（法416条1項）。

2．取締役の義務（一般論）

取締役は会社との委任関係に基づき（法330条），会社に対して善管注意義務を負う（民644条）。この善管注意義務とは，行為者の有している個別的・具体的な能力・注意力とは関係なく，行為者が従事する職業や地位に対して通常期待される一般的・抽象的な注意義務をいう[2]。したがって，取締役の

---

2) 上柳克郎ほか編『新版注釈会社法(6)』（有斐閣，1987）29頁〔浜田道代〕

I□取締役制度の概要

負う注意義務の程度は，一般の通常人や企業経営者一般として期待されるものではなく，通常のあるべき取締役，「当該企業及び取締役の属する業界における通常の企業人」として期待される注意の程度を基準に判断すべきものである[3][4][5]。

また，会社法は，この善管注意義務に関する条項とは別に，取締役において，法令及び定款並びに株主総会の決議を遵守し，会社のため忠実にその職務を行わなければならないとして，忠実義務の規定を設けている（法355条）。ここで，取締役が遵守すべき法律には，会社法その他の法令中の，会社を名宛人とし，会社がその業務を行うに際して遵守すべきすべての規定が含まれる。会社が法令を遵守すべきことは当然であるところ，取締役が，会社の業務執行を決定し，その執行の任に当たる立場にあることからすれば，会社をして法令に違反させることのないようにすべく，その職務遂行に際して会社を名宛人とする規定を遵守することも，取締役の会社に対する職務上の義務に属するといえるからである[6]。なお，この忠実義務については，善管注意義務を敷衍し，かつ一層明確にしたにとどまるものであって，通常の委任関係に伴う善管注意義務とは別個の高度な義務を規定したものではないと解するのが判例である[7]。

このように，取締役は，会社に対し，上記のような善管注意義務・忠実義務，法令遵守義務等を負っているものであるが，その任務を怠ったときは，会社に対し，これによって生じた損害を賠償する責任を負うことになる（法423条1項）。

---

3) 東京地判平10・5・14判時1650号145頁
4) この点について，取締役の資格を専門的な知識を有するものに限定していない現行制度では，取締役の注意義務の内容を一般人のそれ以上に高めることはできないとする指摘もある（弥永真生『リーガルマインド会社法〔第11版〕』（有斐閣，2007）199頁）。
5) 注意義務の程度内容は，具体的な事案において個別的に判断されることになるが，参考となる近時の最高裁判例に，最判平20・1・28集民227号43頁・判時1997号143頁，最判平20・1・28集民227号105頁・判時1997号148頁，最判平21・11・27集民232号353頁・判時2063号138頁などがある。
6) 最判平12・7・7民集54巻6号1767頁・判時1729号28頁
7) 最大判昭45・6・24民集24巻6号625頁・判時596号3頁

II 取締役に対する責任追及訴訟

1．会社の取締役に対する責任追及訴訟に共通する訴訟手続上の問題

　ここで取り上げている，会社が取締役に対し法423条1項・462条1項（461条1項8号）・120条4項（以下「法423条1項等」という。）[8]の責任を追及する訴えは，いずれも通常の民事訴訟（給付訴訟）と同じであり，判決の効力も通常の民事訴訟における給付判決と同じである。

　しかし，この取締役の責任を追及する訴訟については，訴訟手続上，管轄及び訴訟における代表関係について留意する必要がある。

(1) 取締役の責任を追及する訴えの管轄

　会社が法423条1項等により取締役をはじめとする役員等の責任を追及する訴え（法847条1項）は，会社の本店の所在地を管轄する地方裁判所の管轄に専属する（法848条）。そして，本店の所在地とは，実質的な営業の本拠地をいうとする見解もあるが，第1章のII 4に述べたように，本店として定款で定めて登記した場所をいうものと解する[9]。

(2) 訴訟における代表関係

　会社による取締役の責任追及訴訟は，会社から取締役又はその地位にあった者に対して行われるものであるため，法353条・364条・386条・408条（以下「法353条等」という。）の適用の有無が問題となる。そして，代表取締役・取締役の別を問わず，現に取締役であり，あるいはその権利義務者又は職務代行者であれば，法353条等が適用される。また，旧商法とは異なり，法353条等は，取締役には取締役であった者を含むことを明文で明らかにし，訴訟上の代表に関する規定を退任取締役に及ぼしている。

---

　[8]　旧商266条1項各号。1号は法462条1項〔461条1項8号〕，2号は法120条4項，3号～5号は法423条1項に対応する。前掲注1）参照。

　[9]　東京高決平11・3・24判タ1047号289頁

具体的な取扱いについては，第1章のⅡ3を参照されたい。

2．法423条1項等の責任に共通する実体的な問題

(1) 責任主体

　法423条1項等の責任を負う主体は，取締役又は取締役であった者であって，取締役在任中に法423条1項等の責任を発生させる責任行為を行った者である。

(2) 法423条1項等の責任を発生させる責任行為

　法423条1項等所定の行為を自ら行った取締役（以下「行為取締役」という。）は，各規定所定の責任を負う。なお，複数の責任を負う取締役の間の関係は，連帯債務者の関係に立つ（法430条）。もっとも，法423条1項等の責任は，取締役に就任してから退任するまでの間の行為に基づくものである。したがって，取締役の就任前に各条項所定の行為をし又は加功し，その後に取締役に就任したとしても，当該行為について各条項の責任を問うことはできない。他方，取締役を辞任するなどしてその地位を喪失したとしても，行為時に取締役権利義務者（法346条1項）であれば，なお法423条1項等の責任を負う。

　なお，取締役会設置会社に限っての問題であるが，旧商法の下では，旧商法266条1項各号所定の行為が取締役会の決議に基づいて行われた場合には，その議案の決議に際し議案に賛成した取締役（以下「賛成取締役」という。）は，各号所定の行為を行ったものとみなされて各号に基づく責任を負っていた〔旧商266条2項〕。しかし，会社法は，取締役会で決議に賛成した取締役について，各号所定の行為を行ったものとみなして責任を負わせることをしていない。もっとも，例外的に，会社法120条4項の責任等において賛成取締役の責任を問う規定が設けられている[10]。決議に賛成し，あるいは反対することなく決議の成立を阻止しなかった点に，監視義務違反等の任務懈怠が認められる場合には，法423条1項に基づく任務懈怠に関する責任を負うべきことになる。なお，取締役会の決議に参加した取締役であって，作成された

議事録に異議をとどめないものは，その決議に賛成したものと推定される（法369条5項）。

(3) 時効期間

　法462条1項6号（461条1項8号）及び120条4項に係る債務は，いずれも会社法が定めた法定責任に基づくものとして，10年の時効（民167条1項）によって消滅する[11]。

　また，法423条1項の責任に係る債務も，その免除要件を厳格に規定していることからも窺われるように，一般の債務不履行責任にはとどまらない特別の法定責任であり，10年の時効（民167条1項）によって消滅すると解される[12]。なお，旧商法の下で，旧商法266条1項5号の責任について，時効期間を商事時効の5年と解することも可能とした指摘は，最判平20・1・28民集62巻1号128頁・判時1995号151頁で否定されている。

(4) 遅延損害金

　法423条1項等の定める取締役の責任の性質は，遅滞時期に影響する。そして，これらの規定で定める取締役の責任は，債務不履行責任を本質とする法定責任であると考えられ，期限の定めのない債務として請求を受けた時から遅滞に陥ると解される[13]。ただし，法462条1項6号（461条1項8号）の責任に対応する旧商法266条1項1号の責任に係る賠償義務については，これが資本充実の要請に基づくものであることを重視し，配当金支払の時に直ちに遅滞に陥るとする裁判例もあった[14]。

　また，法423条1項等の責任の性質を考慮し，これらの責任に係る遅延損

---

10) 法120条4項の責任について，会社則21条2号イ，3号ロ，ハ，法462条1項の責任について，計算規159条2号，3号，6号～8号の各ハ，同条9号のイ，ロの各(2)(3)，ハの(2)～(4)，ニの(3)～(5)，同条11号のハ～ホ

11) 札幌地判平14・9・3判時1801号119頁。上柳ほか・前掲注2）293頁〔近藤光男〕

12) 前掲注11）札幌地判平14・9・3，東京地判平7・10・26判時1549号125頁。上柳ほか・前掲注2）293頁〔近藤〕，近藤光男「株式会社と商法522条—取締役の責任を中心として」金法1574号（2000）40頁以下

13) 東京高判平6・8・29金判954号14頁

14) 東京地決昭41・12・23判時470号56頁

害金の利率については，6％になるとする考え方[15]もあるが，一般の債権と同様に年5％の割合によるとするのが通説である[16]。

(5) 責任の免除

(a) 全部免除　法423条1項の責任は，総株主の同意がなければ免除することができない（法424条）。法120条4項の責任も同様である（法120条5項）。また，法462条1項6号（461条1項8号）の責任は，任務懈怠責任ではなく，資本充実責任に基づくものであるため，基本的に免除することができないものではあるが，総株主の同意があれば，資本充実の要請に抵触しない範囲，すなわち，剰余金の配当を行った時点における分配可能額を限度として当該義務を免除することが可能である（法462条3項）。

　ここで免除の対象となる責任は，法423条1項等の各責任を通じて，既に発生している具体的な責任である。取締役在任中に将来発生する可能性のある責任のすべてを免除することはできない[17]。免除をすることについて，総株主の同意を要件とするのは，取締役の責任を追及する株主の代表訴訟提起権が単独株主権であることと平仄を合わせるものと説明される。同意を得るべき株主は，「総株主」であり，議決権のない株式に係る株主及び単元未満株主（法189条）も含まれる。単元未満株主の訴権を制限した場合は，総株主に含まれない。同意の形式は，株主総会決議である必要はなく，各株主の個別的な同意で足りる[18]。

　なお，複数の取締役が責任を負う場合の連帯責任（法430条）においても，負担部分を観念するのが通説であり[19]，会社が責任を負う取締役の中の一部の者に対してのみ責任の免除をした場合，残りの取締役は，責任の免除を受けた取締役の負担部分について責任を免れると解されている（民437条参照）[20]。

---

15) 大阪高判平2・7・18判時1378号113頁
16) 近藤・前掲注12) 41頁，奈良地判昭55・12・5金判622号42頁，高松高判平2・4・11金判859号3頁
17) 上柳ほか・前掲注2) 292頁〔近藤〕
18) 上柳ほか・前掲注2) 292頁〔近藤〕，山口和男編『会社訴訟非訟の実務〔改訂版〕』（新日本法規出版，2004) 508頁
19) 上柳ほか・前掲注2) 291頁〔近藤〕
20) 江頭憲治郎『株式会社法〔第4版〕』（有斐閣，2011) 445頁

なお，複数の取締役が負う責任相互の関係が不真正連帯債務であるとしても，免除の意思表示は，免除をする債権者の意思が絶対的効力を生じさせるものであれば，絶対的効力を認めることができると解されている[21]。

（b）**一部免除**（賠償責任額の制限）　総株主の同意のほかに，法423条1項の責任については，賠償責任額の制限に係る特則（一部免除制度）が設けられている。制限方法には，株主総会の特別決議による方法（法425条1項・309条2項8号），定款の定めに基づく取締役の過半数の同意（取締役会非設置会社）・取締役会の決議（取締役会設置会社）による方法（法426条），社外取締役についての定款に定めた範囲であらかじめなされた責任限定契約による方法（法427条）の三つがある。しかし，法462条1項6号の責任及び120条4項の責任については，このような責任の限定はなく，また，自己のために会社と直接に利益相反取引をした取締役については，法423条1項の責任一般とは異なり，一部免除をすることができない（法428条2項）。

（c）**訴訟上の和解等をする場合の要件**　株式会社が取締役の責任を追及する訴訟において，会社と当該取締役が訴訟上の和解をする場合には，総株主の同意を得る必要がない（法850条4項）。そして，このような訴訟上の和解に係る処分権限を会社に認める以上は，訴えの取下げ及び請求の放棄も認めることができる[22]。

Ⅲ　剰余金の配当に関する責任（法462条1項）

　会社は，法定の分配可能額を超えて法461条1項8号所定の剰余金の配当の行為が行われた場合，当該剰余金の配当により金銭等の交付を受けた者並びに当該行為に関する職務を行った業務執行取締役及び当該業務執行に株主総会決議や取締役会決議を経た場合における総会議案提案取締役・取締役会議案提案取締役に対し，連帯して，交付を受けた金銭等の帳簿価額に相当する

---

21) 最判平10・9・10民集52巻6号1494頁
22) 北澤正啓『会社法〔第6版〕』（青林書院，2001）459頁参照

金銭を支払うことを請求することができる。さらに，業務執行取締役の行う業務の執行に職務上関与したものとして法務省令（計算規159条8号）で定めるものも責任を負うことになる。なお，委員会設置会社では，業務執行を執行役が担当するため，執行役が業務執行者としての責任を負担する者となる（法462条1項柱書）。

1．剰余金の配当等に関する責任の趣旨及び性質

会社法は，資本充実の観点から，①一定の株式の買取り[23]，②一定の株式の取得[24]，③剰余金の配当について財源規制を設けている（法461条）。そして，財源規制に違反する株式の買取りや取得，剰余金の配当がされた場合，旧商法の解釈のように当該行為は当然無効であるとはされず，これを一応有効なものである[25]としたうえで，会社は，法462条1項の定める法定責任として，買取代金・取得対価の支払・剰余金の配当に係る金銭等の交付を受けた株主に対し，その交付を受けた金銭等の帳簿価額に相当する金銭の支払を求めることができる。しかし，株主に対して違法な配当に係る金銭等の相当額全額の返還を求めることの可否[26]や，訴訟費用等の点から多数の株主に対する返還請求訴訟を提起することの実効性といった問題がある。そこで，法462条1項[27]は，取締役の違法行為の抑止の観点からも，株主に返還請求をすることができる場合であっても，直ちに取締役に対し，違法に（しかし有効に）交付された買取代金・取得対価の支払，剰余金の配当に係る金銭等に相当する金銭の支払請求を可能とするものである。

以下では，旧商法266条1項1号に対応する会社法462条1項6号（461条1項8号）の定める責任のうち，違法な剰余金の配当に関する責任について述べる。そして，剰余金の配当に関する責任の性質は，旧法下では，その本質

---

[23] 法138条1号ハ又は2号ハ・176条1項・197条3項・234条4項の規定によるもの
[24] 法156条1項・157条1項・173条1項の規定によるもの
[25] 法463条1項の「当該行為がその効力を生じた日における分配可能額を超えることにつき」の文言を参照。
[26] 上柳克郎ほか編『新版注釈会社法(9)』（有斐閣，1988）16頁・17頁〔龍田節〕
[27] 法461条1項8号の剰余金の配当に関する責任が旧商266条1項1号の責任に対応

が資本充実維持の責任に基づくものであり，無過失責任と解するのが通説であったが[28]，会社法では，過失責任として構成されている（法462条2項）。

2. 要件事実及びその主張立証責任

　剰余金の配当に関する責任に関する請求原因は，①原告において分配可能利益を超える剰余金の配当が行われたこと（配当額が分配可能額を超えることを基礎づける事実），②被告が，(i)業務執行取締役として，①の剰余金の配当に関する業務を行ったこと，(ii)総会議案提案取締役として，①の剰余金の配当に関する議案を株主総会に提出し，その提案を受けた株主総会が当該提案を可決決議したこと，又は，(iii)取締役会議案提案取締役として，①の剰余金の配当に関する議案を取締役会に提出し，その提案を受けた取締役会が当該提案を可決決議したこと，③違法な剰余金の配当に係る金銭等の帳簿価額である。また，抗弁は，④前記②の行為をしたことについて，その職務を行うについての注意を怠らなかったこと，すなわち故意又は過失といった帰責事由がないこと，又は⑤既に株主から配当に係る剰余金に相当する金銭の全部又は一部を回収したことである。

3. 責任行為

　会社は，その株主に対し，剰余金の配当をすることができる（法453条）が，配当するについては，その都度，原則として株主総会の決議によって，一定の要件を充たした会計監査人設置会社で剰余金の配当等を取締役会が決定する旨の定款の定めを設けた会社（法459条）では取締役会の決議によって，配当財産の種類及び帳簿価額の総額，株主に対する配当財産の割当に関する事項，当該剰余金の配当がその効力を生ずる日を定める必要がある（法454条1項）。また，定款で定めていれば，取締役会の決議による剰余金の配

---

[28] 上柳ほか編・前掲注2）262頁・263頁〔近藤〕，大隅健一郎＝今井宏『会社法論㊥〔第3版〕』（有斐閣，1992）254頁。なお，東京地決平12・12・8 金法1600号94頁参照

当(中間配当)をすることもできる(法454条5項)。そして,責任行為となるのは,剰余金の配当に関する業務を行うこと(法462条1項柱書)[29],剰余金の配当議案について株主総会の承認決議があった場合において当該株主総会に違法な剰余金の配当議案を提出すること(同項6号イ)[30],剰余金の配当を取締役会が決定する旨の定款の定めがある場合における剰余金の配当議案や中間配当に関する議案について,取締役会の承認決議があった場合において当該取締役会に違法な配当議案を提出すること(同号ロ)である。

また,業務執行取締役の業務執行に職務上関与した者として法務省令(計算規)で定める者は,剰余金の配当による金銭等の交付に関する職務を行った取締役,法454条1項の規定による決定に係る株主総会において剰余金の配当に関する事項について説明をした取締役,同項の規定による決定に係る取締役会において剰余金の配当に賛成した取締役,分配可能額の計算に関する報告を監査役又は会計監査人が請求したときに当該請求に応じて報告をした取締役であり(計算規159条8号),これらの者も責任を負う(法462条1項柱書)。

そして,責任の対象となる違法な剰余金の配当とは,法461条2項の定める分配可能額の算出方法に違反し,分配可能額がないのに実施された利益配当(いわゆる蛸配当)をいい,例えば株主平等の原則に違反するような形態の利益配当であるなど,その他の法令や定款に違反して実施されたものは含まれない。また,剰余金の配当は,必ずしも金銭で行われる必要はなく,財産的価値を有する株主優待券の交付[31]のような非金銭の分配でも,ここでの責任の対象となる。しかし,剰余金の処分という形で分配額を超える違法な賞与の支給を行った場合については,旧商法下のように[32],法462条1項の責任行為に関する規定を類推適用することはできないと思われる。同条項の文言上,株主の地位に基づく剰余金の配当を受ける場合を対象としていることが明らかだからである。

---

29) 中間配当に関する旧商266条1項1号の責任行為に対応する。
30) 利益配当に関する旧商266条1項1号の責任行為に対応する。
31) 高知地判平2・3・28金判849号35頁参照(事案は鉄道会社における株主優待乗車券の交付)
32) 神戸地姫路支決昭41・4・11下民集17巻3=4号222頁・判時445号18頁,前掲注14)東京地決昭41・12・23。上柳ほか編・前掲注2)262頁〔近藤〕

もっとも，剰余金の配当のうち中間配当に関していえば，適法な中間配当の実施後，事業年度の終わりになって欠損が生ずることになった場合でも，当該中間配当は無効とならない[33]。しかし，会社の資本充実が害されているから，当該中間配当を実施した取締役は，欠損に係る額を補する責任を負うことになる（法465条1項10号）。この場合においても，取締役が，職務を行うについての注意を怠らなかったことを証明したときは，この責任を免れることができる（法465条1項ただし書）。

4．因果関係の中断

　法462条1項（461条1項8号）の責任は，違法な剰余金の配当が現に実施されたことが前提となっており，取締役が違法な配当議案を提出したが，株主総会で議案が否決されたり，適法な内容に修正可決された場合には，総会議案提案取締役（法462条1項6号イ）の責任は生じない[34]。
　また，株主総会は，取締役の提出した原案に拘束されることなく，適正に変更修正を加える権限を有する。そこで，株主総会が取締役の提出に係る配当議案に違法性があることを認識しながら，適法なものに修正することなく可決した場合，会社自身が違法配当の実施を決定したのであり，取締役の行為と会社の損害との間の因果関係が中断され，取締役は法462条1項（461条1項8号）の責任を負わないとの見解もあり得る。しかし，法462条1項（461条1項8号）の責任は，違法配当が現実に実施される前に，これを未然に防止することも目的とすると考えられ，責任の否定は認められない[35]。また，株主全員の一致により配当議案を承認する株主総会決議がされたとしても，取締役の責任免除の決議があったものと読み替えることはできない[36]。
　取締役会議案提案取締役（法462条1項6号ロ）の責任についても，同様に取締役会で適法な内容に修正可決されたり否決された場合には責任が生じない

---

33)　上柳ほか編・前掲注26）187頁〔河本一郎〕
34)　上柳ほか編・前掲注2）265頁〔近藤〕
35)　上柳ほか編・前掲注2）265頁〔近藤〕
36)　上柳ほか編・前掲注2）265頁〔近藤〕

し，逆に，取締役会において違法な内容であることを認識しながら可決したとしても責任は否定されないものと解される。

5. 故意又は過失

　法462条1項の責任の性質は，過失責任と規定されているが，同時に，立証責任の転換が図られ，取締役が免責を得るためには，当該取締役において，職務執行について注意を怠らなかったことを証明する必要がある。すなわち，故意又は過失といった帰責事由がないことを取締役の側で抗弁として主張立証することになる。もっとも，無過失に関しては，これが規範的要件であるため，取締役において自らに過失のないことを具体的に基礎づける評価根拠事実を抗弁として主張し，これに対して会社が過失の存在を根拠づける具体的な事実（厳密には過失の不存在についての評価障害事実）を再抗弁として主張立証することになる。なお，取締役の責任は過失責任とされているが，これと連帯責任を負うべき株主の責任（法462条1項柱書）は無過失責任である（法462条2項反対解釈）。

　また，中間配当後に欠損が生じた場合の支払責任（法465条1項10号）についても，職務を行うことについて注意を怠らなかったことを主張立証した場合は責任を免れることになる（同項ただし書）。

6. 金銭支払責任の内容・範囲

　例えば違法な剰余金の配当（違法な利益配当又は違法中間配当）が行われた場合，法462条1項の責任に係る金銭支払責任の対象は，「交付を受けた金銭等の帳簿価額に相当する金額を支払う」と規定されているとおり，配当に係る金銭等の帳簿価額の全額であって，違法な剰余金の配当により資本維持が害されて会社が損害を受けた違法な超過額に限定されない。配当の違法は，超過部分にとどまらないからである[37]。

---

37) 上柳ほか編・前掲注2) 265頁〔近藤〕

また，法462条１項の責任の追及は，株主に違法な剰余金の配当額の返還を求めることができると否とを問わず，取締役に対し直ちに直接的にその全額について請求することができる[38]。ただし，会社が株主から既に返還を受けた額は控除すべきであり[39]，この場合の返還及びその額の主張立証は，取締役が行う。

7．法462条１項の責任の主張方法

剰余金の配当が利益配当である場合，これを実施するについて，基本的に株主総会における承認決議を経る必要がある（法454条１項）。しかし，違法な剰余金の配当の責任は，違法な剰余金の配当が有効であることが前提であって，株主総会における承認決議の有無ないし効力によってその存否が左右されるものではないから，法462条１項６号（461条１項８号）の責任を追及するために当該利益配当に係る利益処分案を承認した株主総会決議の無効確認判決を得る必要はない[40]。

8．委員会設置会社における特則

委員会設置会社（法２条12号）においては，業務の執行は執行役の職務に属しており（法418条２号），取締役は会社の業務を執行することができない（法415条）。したがって，委員会設置会社において剰余金の配当を行う業務執行者は執行役となり，法462条１項（461条１項８号）の責任を負うのも執行役となる。取締役は，取締役会を通じて執行役の職務執行を監督する職務がある（法416条１項２号）から，この監督する職務に任務懈怠があれば，法423条１項の責任を負うことになる[41]。

38）上柳ほか編・前掲注２）262頁・264〜265頁〔近藤〕
39）上柳ほか編・前掲注２）262頁〔近藤〕
40）上柳ほか編・前掲注26）15頁〔龍田〕，上柳ほか編・前掲注２）264頁〔近藤〕
41）江頭・前掲注20）520頁

Ⅳ 株主の権利の行使に関する利益の供与に関する責任（法120条4項）

　会社は，何人に対しても，株主権の行使に関して，自己又はその子会社の計算において，利益を供与してはならないのであり，株主権行使に関する利益供与をすることに関与した取締役として法務省令（会社則21条）に定める者に対し，供与した利益の価額に相当する額の支払を請求することができる（法120条1項・4項）。

1．法120条4項の責任の性質及び趣旨

　会社から，株主権行使に関して，自己又はその子会社の計算において，利益の供与を受けた者は，会社又はその子会社に対し返還義務を負う（法120条3項）。しかし，会社が利益供与を受けた者から返還を受けることの事実上・法律上（民708条の問題）の困難さや，違法な利益供与に対する抑止的効果の見地から，法120条4項は，会社が，利益供与をすることに関与した取締役に対し，供与した利益額の弁済を請求できることを定めている。

　このような規制を設ける趣旨は，取締役とは会社の所有者たる株主の信任に基づいてその任に当たる執行機関であるところ，その取締役が会社の負担において，株主の権利の行使に影響を及ぼす趣旨で利益供与を行うことを許容することは，会社法の基本的な仕組みに反し，しかも，会社財産の浪費をもたらすおそれがあるといえこれを防止しようとすることにある。

　そして，この法120条4項の責任は，損害賠償責任ではなく，特別な法定責任ではあるが，その性質については，旧商法下では無過失責任と解されていた[42]のとは異なり，会社法では，利益の供与をした取締役については無過失責任のままとされたが，これに関与した取締役については過失責任として構成されている（同項ただし書）。

---

42) 上柳ほか編・前掲注2）266頁・268頁〔近藤〕

なお，法120条4項の責任を負う者については，利益供与をすることに関与した取締役として法務省令で定める者であるが，その範囲については，会社法施行規則21条において，利益の供与に関する職務を行った取締役，利益の供与が取締役会の決議に基づいて行われたときは，当該取締役会の決議に賛成した取締役及び当該取締役会に当該利益の供与に関する議案を提案した取締役，利益の供与が株主総会の決議に基づいて行われたときは，当該株主総会に当該利益の供与に関する議案を提案した取締役，その議案の提案の決定に同意した取締役（取締役会設置会社の取締役を除く。），その議案の提案が取締役会の決議に基づいて行われたときに当該取締役会において当該提出に賛成した取締役及び当該株主総会において当該利益の供与に関する事項について説明をした取締役とすることが定められている[43]。

2. 要件事実及びその主張立証責任

法120条4項の責任に関する請求原因は，例えば利益の供与をした取締役（法120条4項，会社則21条1号）については，①取締役が会社又はその子会社の計算により財産上の利益供与をしたこと，②それが株主の権利行使に関してされたこと，及び③供与された利益額である。この②要件に関しては，(i)特定の株主に無償で財産上の利益を供与したとき，又は(ii)特定の株主に有償で財産上の利益供与をしたが，会社が受けた対価がその利益に比較して著しく少ないときは，株主の権利行使に関して供与を受けたものと推定される（法120条2項）。そして，②要件を直接主張立証すべき場合の例には，対価が経済的合理性を有するように設定しながら，総会屋の関係企業に優先的に発注するなど，利益供与行為の対価が経済的合理性を有していた場合が挙げられる。また，②要件に係る(ii)の推定の利用例として，少部数の新聞・雑誌の継続的購入等を名目とする総会屋に対する利益供与が挙げられる[44]。

また，例えば，会社法施行規則21条2号イの定める賛成取締役について

---

43) 法120条4項の責任を負う者に利益供与の議案に賛成した取締役を加えているのは，取締役の責任全般について旧商法266条2項のような責任を設けなかったことの例外となるものである。
44) 江頭・前掲注20) 331頁

は，請求原因として，前記①②に代えて，㋐他の取締役が会社又はその子会社の計算により財産上の利益供与をしたこと，及び㋑それが株主の権利行使に関してであること，㋒ⓐ上記㋐が取締役会の決議に基づいて行われたこと，ⓑ上記ⓐの取締役会において取締役が㋐㋑に関する議案に係る取締役会決議に参加し，これに賛成したことであり，利益の供与をした取締役と同様に，③供与された利益額が加わる。

そして，抗弁としては，取締役（ただし，利益の供与をした取締役を除く。）において，④前記①又は上記㋒の行為をしたことについて職務の執行として注意を怠らなかったこと，すなわち，故意又は過失といった帰責事由がなかったことを主張立証して責任を免れることになる。また，⑤前記②や㋑を推定する(i)(ii)の主張に対しては，当該利益供与が株主の権利行使に関するものではないことを主張立証することになる。

3．取締役の責任行為

まず，現に利益供与行為をした取締役が，会社法施行規則21条1号の規定する利益の供与に関する職務を行った取締役として，法120条4項の責任を負う。取締役以外の使用人や監査役が介在者として存在する場合には，これらの者に指示した取締役が責任を負う。

また，その他の利益供与に関与した取締役とされる者として，前記1に掲記したように，利益の供与が取締役会決議に基づいて行われた場合において当該取締役会の決議に賛成した取締役等，会社法施行規則21条2号・3号に規定されている者も責任を負うことになる。

4．財産上の利益及び会社による利益供与の意義

利益供与の対象は財産上の利益でなければならない。財産上の利益とは，金銭だけでなく，それ以外の物品，債権等の権利，サービスや施設の提供，電気の供給を含む。供与行為には，会社が積極財産を供与する行為に限られず，債務の免除，意図的な債権の時効消滅の惹起により株主等の負債を解消

させるといった消極財産の消滅行為も含まれる。利益供与の対価について経済的合理性があるかどうかは問われない。

　また，供与の主体は株主の権利行使に関する会社である。会社がその代表者によって供与行為を行う場合のみならず，会社の従業員，子会社等の第三者を介して供与行為を行う場合も会社の行為となる。したがって，供与の態様には，会社が株主等に対して直接財産上の利益を供与するもののほか，会社がその費用を負担しながら，第三者をして株主等に対し財産上の利益を提供させることも含まれる[45]。なお，法120条1項が禁止する利益供与は，会社の計算により行われるものに限られ，取締役がその個人資産を支出する場合は対象とならない。

　財産上の利益供与の例としては，社会通念上相当とされる範囲を逸脱する特定の株主に対する株主優待券の交付[46]や，親子会社の間における子会社の取締役の任免に関する議決権行使に関して行われた親会社にとって非通例的に有利な条件の取引[47]等が挙げられる。しかし，取締役が自己の報酬の中から特定の株主である総会屋の発行する情報誌を購入することは，名目上は取締役の個人資産からの支出であってもその分の報酬を増すなど実質的に会社の計算による場合でない限り，法120条4項の責任を生じない[48]。

5．「株主の権利の行使に関し」の意義

　法120条1項が禁止する利益供与は，会社が「株主の権利の行使に関し」供与するものに限られる。株主の権利には，株主として行使するすべての権利を含む。議決権，株主提案権，代表訴訟提起権等の共益権であると，株式買取請求権等の自益権であるとを問わない。また，株主の権利行使に密接に関連する行為を行うことも含まれる。株主には，単元未満株主を含む。そして，「権利の行使に関し」とは，権利の行使又は権利の不行使に影響を与え

---

45)　上柳ほか編・前掲注26) 239〜240頁〔関俊彦〕
46)　元木伸『改正商法逐条解説〔改訂増補版〕』（商事法務研究会，1983) 223頁
47)　上柳ほか編・前掲注26) 255〜256頁〔関〕
48)　河本一郎『現代会社法〔新訂第9版〕』（商事法務，2009) 490頁

ることを意味する[49]。ここで，影響を与えるとは，客観的に影響が及ぶ可能性があるだけでは足りず，さらに会社に株主の権利行使に影響を与える主観的意図があることを要する[50]。

　この「株主の権利の行使に関し」の意義に関する裁判例には，従業員持株会の会員に対する福利厚生の一環としての奨励金の支払について，持株会の制度上，その会員の議決権行使の独立性が確保されており，従業員の入退会に制約のない事案について，奨励金の支払は株主の権利行使に関する利益供与でないとしたもの[51]や，現経営陣に敵対する株主に株主総会で議決権を行使させないために，同株主の持株を買い取る資金を第三者に供与する行為について，株式の譲渡自体は株主の権利の行使に関するものとはいえないが，利益供与の意図・目的が，経営陣に敵対的な株主に対し株主総会において議決権を行使させないことにある場合には，権利行使を止めさせる究極的手段として行われるものであるから，株主の権利の行使に関し利益供与を行ったことになるとするものがある[52]。また，株主の権利の行使に関して行われる利益供与は，これを規制する趣旨に照らして，当該利益が株主の権利行使に影響を及ぼすおそれのない正当な目的に基づき供与される場合であって，かつ，個々の株主に供与される額が社会通念上許容される範囲のものであり，株主全体に供与される総額も会社の財産的基礎に影響を及ぼすものでないときには例外的に違法性を有しないものとして許容される場合があるとする裁判例もあるが，その事案については，利益供与の額は社会通念上相当な範囲にとどまり，会社の財産的基礎に影響を及ぼすとまではいえないとしながらも，株主の権利行使に影響を及ぼすおそれのない正当な目的によるものとはできないとし，許容されない違法なものとした[53]。

---

49) 上柳ほか・前掲注26) 242頁〔関〕
50) 前掲注16) 高松高判平2・4・11
51) 福井地判昭60・3・29判タ559号275頁
52) 東京地判平7・12・27判時1560号140頁
53) 東京地判平19・12・6判タ1258号69頁

6. 故意又は過失

　法120条4項の責任は，直接利益供与を行った取締役については無過失責任とされている（同項ただし書の括弧書）ため，取締役において抗弁として，その職務を行うについて注意を怠らなかったこと，すなわち，自己に故意のなかったこと又は無過失であったことを主張してもその主張は失当である。
　しかし，それ以外の利益供与に関与した取締役の責任については過失責任とされたうえで，立証責任が転換されている（同項ただし書）。そこで，被告である取締役は抗弁として，その職務を行うについて注意を怠らなかったこと，すなわち，自己に故意のなかったこと又は無過失であることを主張立証することによって，その責任を免れることができる。なお，無過失については，規範的要件であるから，取締役は，過失のないことを具体的に基礎づける評価根拠事実を抗弁として主張立証し，原告である会社は，再抗弁として，無過失の評価を具体的に障害する評価障害事実を主張立証することになる。
　もっとも，法120条4項の責任を無過失責任・過失責任のいずれであると解したとしても，その責任が成立するためには，前記のとおり，株主の権利行使に影響を与える主観的な意図を要すると解することから，実際には，そのような意図は故意を構成するともいってよく，そうすると，違法な利益供与が過失で行われることはほとんど考えられないのであり，過失の有無を論ずる意味に乏しいとする指摘もある[54]。

7. 返還義務の範囲

　法120条4項の責任は，違法な利益供与によって会社に生じた損害を賠償させるものではなく，会社が供与した利益自体を弁済させるものであるから，会社に利益供与による損害が生じていないことは抗弁とならない[55]。

---

54) 新谷勝『役員の権限と責任・株主代表訴訟』（中央経済社，2005）141頁

また、法120条4項の責任と利益供与を受けた相手方の返還義務との関係については、取締役は「供与した利益の価額に相当する額」の弁済責任を負うと定められている関係もあって、法120条4項の責任は利益供与を受けた者の返還義務を補充する第2次的な責任であり、一種の不真正連帯債務の関係にあると解するのが適切である[56]。両者を無関係なものとし、重複請求を可能とみることは、会社法120条4項の責任について、特別な民事制裁を課したと同様の結果を認めることになってしまうからである。一種の不真正連帯債務の関係にあるものとみるならば、会社は、利益供与を受けた者と取締役のいずれに対しても供与した利益の価額を請求することができるが、利益供与を受けた者が最終的な負担者であるから、同人が会社に対しその利益を返還していれば、取締役に対する請求額からこの返還額を控除すべきである。仮に全額が返還されていれば、法120条4項の責任は消滅し、一部の返還があれば責任額が減少する。返還の事実及びその額は、取締役において主張立証の責任を負う。また、取締役が先に弁済すれば、取締役は、求償権を取得し、また、民法500条により会社の有する返還請求権への代位が可能である[57]。

Ⅴ　任務懈怠に関する責任（法423条1項）

　会社は、取締役がその任務を怠って会社に損害を生じさせた場合、会社に生じた損害の賠償を請求することができる（法423条1項）。会社は、取締役が故意又は過失により法令又は定款に違反する行為をし、会社に損害を被らせた場合、取締役に対し、その損害の賠償を請求することができるとした旧商法266条1項5号（旧有限30条ノ2第1項3号）に対応する規定である。そして、取締役が法令又は定款に違反する行為とは、取締役に法令及び定款並びに株主総会の決議を遵守する義務（法355条）が課されている以上、まさに会社に

---

55)　上柳ほか編・前掲注2) 268頁〔近藤〕
56)　上柳ほか編・前掲注2) 266～268頁〔近藤〕、上柳ほか編・前掲注26) 248頁・250頁〔関〕、関俊彦「利益供与の禁止―問題提起とその解明㈲」商事953号（1982）58頁以下
57)　上柳ほか編・前掲注2) 267頁〔近藤〕

対する任務懈怠行為にほかならないことや，旧商法266条1項5号に対応していた旧商法特例法21条の17第1項の規定ぶりから，その責任行為の内容は旧商法と会社法で変わっていないと解される[58]。

　この任務懈怠に関する責任に属する責任の追及訴訟には，極めて多様な形態があり，責任原因を幾つかのパターンに類型化して，その責任原因ごとに考察していく方法が有益である。以下では，後記1ないし4において一般的な説明を加えたうえで，実務上頻出する類型の中から①競業避止義務違反の類型，②経営責任（経営判断の原則）の類型，③監視・監督義務違反，そして，立証責任について特則が設けられている④利益相反取引に関する類型の4類型を採り上げて後記ⅥないしⅨにおいて概観する。

1．任務懈怠に関する責任の趣旨及び性質

　法423条1項は，取締役がその任務を怠たる行為をした場合に，会社に対し損害賠償責任を負うとする包括的規定である。すなわち，取締役が会社の受任者としてその任務を懈怠して会社に損害を被らせるすべての場合を包含する。その法的性質は委任（・準委任）の性質を有する取締役任用契約（法330条）上の債務不履行責任であり，取締役の故意又は過失を要件とする過失責任である[59]。

2．要件事実及びその主張立証責任

　任務懈怠に関する責任の本質は債務不履行責任であり，債務不履行に基づく損害賠償請求に関する一般的な要件は，①基礎となる債権の発生原因事実，②債務の履行が本旨に従ったものでないこと，③損害の発生及びその数額，④②の不完全履行行為及び③の損害の間の相当因果関係の存在であり，抗弁は，⑤債務者の帰責事由（故意・過失又は信義則上これと同視し得べき事情）

---

[58] 新谷・前掲注54)122頁，弥永真生『リーガルマインド会社法〔第3版〕』（有斐閣，2012）205頁
[59] 最判昭51・3・23集民117号231頁。上柳ほか編・前掲注2)275頁〔近藤〕

の不存在，⑥違法性の不存在である[60]。

　そして，原告の会社は，請求原因として，①について取締役選任とこれに基づく任用契約，②の不完全履行を基礎づける法令・定款違反行為又は善管注意義務違反行為の存在（義務違反を基礎づける事実），③及び④の各事実を主張立証することになる。被告の取締役は，積極否認の理由として②につき義務違反が存在しないことを基礎づける事実を，また，抗弁として⑤の故意・過失といった帰責事由の存在しないこと，⑥の違法性の存在しないことを主張立証することになる。さらに，抗弁として，⑦過失相殺ないしその類推適用，⑧損益相殺といった主張をすることも考えられる。

　この②及び②の反論並びに⑤の各主張は，請求原因及び抗弁等という違いがあり，これが具体的な個別法令又は定款規定の違反をめぐって争われる紛争類型であれば明確に分別され得るが，規範的要素が入ってくる善管注意義務の紛争類型になると，その主張立証の内容は，会社の義務違反行為の主張（Aの状況においてはBの措置をとるべき義務があったのに，Bの措置をとらなかった。）と取締役の過失の不存在の主張（Aの状況においてはBの措置をとるべき義務がなかったのであるから，Bの措置をとらなかったことに過失はなかった。）が事実上関連してくる。すなわち，会社において，請求原因として一応了解可能な②の主張がされるや，会社は不完全履行及び過失の存在を基礎づける事実を，取締役は不完全履行及び過失の不存在を基礎づける事実を相互に主張立証すべきことにならざるを得ないと思われる[61]。

3．責任行為

(1) 取締役の責任行為

　善管注意義務・忠実義務，あるいは個別的な禁止や遵守を定める法令又は定款に違反する行為をした取締役が任務懈怠に関する責任を負う（法423条1項）。そして，ここでの責任行為は，それが任務懈怠行為，換言すれば法令

---

[60] 倉田卓次監修『要件事実の証明責任（債権総論）』（西神田編集室，1986）89頁以下〔國井和郎〕，村上博巳『証明責任の研究〔新版〕』（有斐閣，1986）204～208頁

又は定款に違反する行為であることからしても，取締役の固有の権限に基づく行為に限られるものではなく，取締役の地位にある者が会社の業務に関してした行為であれば足りる[62]。すなわち，業務担当取締役又は従業員取締役がその業務担当者又は従業員として担当する職掌内にある業務の執行を行うについて法令又は定款に違反する行為を行った場合も任務懈怠に関する責任を問われることとなる。また，取締役の責任行為は，その在任中に行われれば足り，その損害発生が退任後に生じた場合でも任務懈怠に関する責任が成立する。

なお，会社の全株式を一人の株主が保有し，その株主が代表取締役に就任しているとしても，当該株主及び代表取締役は，会社と法人格を異にする以上，任務に違背して会社に損害を加えたときは，一人会社であるとの一事によって損害賠償義務が発生しないわけではなく，会社に対する損害賠償義務が発生し，会社はこれを行使することができる[63]。

(2) 委員会設置会社における特則

委員会設置会社（法2条12号）においては，取締役会の決議（法402条2項）

---

61) 倉田・前掲注60)100頁・104頁以下，菅原雄二＝松山昇平「株主代表訴訟における訴訟運営」門口正人編『新・裁判実務大系⑾会社訴訟・商事仮処分・商事非訟』（青林書院，2001）113〜114頁。

　　本文で述べたような具体的な個別法令等の類型と善管注意義務違反の類型との差異に加えて，経営判断が絡むなどして事務処理の内容の評価が問題となるような善管注意義務違反が争われるような紛争類型では，取締役が置かれた状況，すなわち履行に関する状況によっては，同一の行為〔特に不作為〕であっても本旨履行行為とされたり，義務違反行為＝不完全履行行為と評価されたりしてその意味が変わり得るという事態が生じてくる。そして，このような事態や，結果債務・手段債務の区別を踏まえて，②の要件に関しては，義務違反行為＝不完全履行行為であることの評価を根拠づける事実が要件事実であると解すべきではないかとの指摘があり得ることになる。このような見解を採れば，請求原因の②として不完全履行行為（義務違反行為）の評価根拠事実を主張し，抗弁として②につき義務違反が存在しないことを基礎づける事実を義務違反行為の評価障害事実として主張することになる（齋藤毅「関連会社の救済・整理と取締役の善管注意義務・忠実義務」判タ1176号（2005）76頁，潮見佳男「民法から見た取締役の義務と責任―取締役の対会社責任の構造」商事1740号（2005）32頁。なお，最判昭56・2・16民集35巻1号56頁に関する最判解説昭和56年度〔3事件〕57頁以下〔吉井直昭〕，髙橋譲「安全配慮義務違反」伊藤滋夫ほか『ケースブック要件事実・事実認定〔第2版〕』（有斐閣，2005）336頁は，付随的義務ではあるが，不完全履行・手段債務として任務懈怠と同様の構造にある安全配慮義務を基礎づける事実を評価根拠事実とする。）。

62) 東京地判平6・12・22判時1518号3頁

63) 東京地判平20・7・18判タ1290号200頁

により選任された執行役が会社の業務執行を担当し（法418条2号），取締役は，原則として，業務の執行をすることができない（法415条）。取締役は，取締役会を通じて経営の基本方針などの一定の範囲の業務執行を決定するとともに，執行役等の職務の執行の監督を行うことになる（法416条1項）のであるから，委員会設置会社の取締役の負う責任は，機関間の権限配分に徴して，執行役に対する監督責任ということになる。

4．法令・定款の違反（一般類型）

(1) 「法令」違反の意義

　法令違反行為として法423条1項の任務懈怠行為を構成する前提となる法令〔旧商266条1項5号にいう「法令」〕には，まず，①取締役の受任者としての一般的義務である善管注意義務（法330条，民644条）・忠実義務（法355条）に係る規定[64]及び②これを具体化する形で取締役がその職務執行に際して遵守すべき義務を個別に定める取締役を名宛人とする個別規定が含まれる。②の法令としては，例えば代表取締役が一定の事項を行うについて株主総会又は取締役会の承認決議を経るべきことを定める会社法上の諸規定が挙げられる。そして，取締役が株主総会又は取締役会の決議を経てすることを要する行為につき決議を経ることなくした場合，その取締役の行為は，当該行為が有効になると否とにかかわらず，法令違反行為として任務懈怠に関する責任を基礎づけることになる。

　さらに法令には，③会社法その他の法令中の，会社を名宛人とし，会社がその業務を行うに際して遵守すべきすべての規定も含まれる。会社が法令を遵守すべきことは当然であるところ，取締役が，会社の業務執行を決定し，その執行に当たる立場にあることからすれば，会社をして法令に違反させることのないようにするため，その職務遂行に際して会社を名宛人とする③の規定を遵守することも，取締役の会社に対する職務上の義務に属するというべきだからである。そして，取締役がこのような義務に違反し，会社をして

---

[64]　最判昭47・4・25判時670号45頁

③の規定に違反させることとなる行為をしたときは，取締役の当該行為が①の一般規定に定める義務に違反することになるか否かを問うまでもなく，任務懈怠に関する責任にいう法令違反行為をしたときに当たる[65]。なお，事業を海外に展開するに当たっては，その国の法令に遵うことも求められるのであり，法令には外国の法令を含む[66]。

ところで，この法令違反への該当性を考えるときに，取締役には，法令違反行為を行うか否かの裁量権は与えられていないから[67]，たとえ会社の業績の向上に役立ち，会社のための事業活動の一環であるとの意識の下に行われた法令違反行為であったとしても，定款の目的の範囲内の行為と認める余地はなく，取締役の正当な業務執行権限を逸脱するものとして，任務懈怠に関する責任を発生させる法令及び定款への違反行為となる。

(2) 定款違反行為

任務懈怠に関する責任にいう定款違反行為とは，取締役が会社の定款に定められた目的（法27条1号）の範囲を超える行為である。そして，会社の定款の目的の範囲内の行為とは，定款に記載された目的に限られず，その目的遂行に直接又は間接に必要と認められる行為をいう。ここで目的遂行に必要であるか否かは，当該行為が会社の定款記載の目的に現実に必要であるかどうかではなく，定款の記載自体から観察して，客観的，抽象的にその必要性が判断される[68]。そうすると，定款違反行為の問題としては，①定款上明文の定めのない事項に関する行為をした場合に，当該事項が定款記載の目的に包含されるかどうか，②明文化された定款上の目的に違反するかどうかという二つの場面が想定される。前者①の検討は，いわゆる定款の目的の範囲の問題であり，範囲内といえれば定款違反の問題は生ずることなく，次に当該行為の相当性といった善管注意義務違反の有無を検討することになる。例えば，寄附及び政治献金は，客観的，抽象的に観察して，会社の社会的役割を

---

65) 前掲注6）最判平12・7・7
66) 大阪地判平12・9・20判時1721号3頁
67) 前掲注66）大阪地判平12・9・20
68) 最判昭27・2・15民集6巻2号77頁，前掲注7）最大判昭45・6・24等

果たすためにされたものと認められる限り，会社の権利能力の範囲に属する行為であるとされることから，この領域の問題となる[69]。後者②の検討は，法令違反行為の有無の認定と同様に該当性の有無を考えることになる。

(3) **故意又は過失の要否**

取締役が法令・定款違反行為をしたとして任務懈怠に関する責任を負うについては，取締役の法令・定款違反行為の帰責性，すなわち，法令・定款違反行為であることについての故意又はその行為が法令・定款に違反するとの認識を欠いたことに過失があることを要する[70]。このように法令・定款違反行為についての故意又は過失を要件とし過失責任とする枠組みは，取締役の行為が法令・定款に違反する違法行為であっても，当該事案の具体的事情から違法行為についての故意又は過失が認められないという構成により，取締役の責任を限定する機能を有する[71]。

なお，過失については，これが規範的要件であるため，被告である取締役が過失の不存在を具体的に基礎づける評価根拠事実を抗弁として主張立証し，これに対し，原告である会社が過失の存在を具体的に基礎づける事実（厳密には過失の不存在についての評価障害事実）を主張立証することになる。

(4) **賠償すべき損害の範囲**

通常の債務不履行に基づく損害賠償債権と同様に，取締役の法令・定款違反行為と相当因果関係がある会社の損害について賠償する必要がある。

(5) **責任の限定**

(a) **過失相殺ないしその類推**　裁判例には，取締役に善管注意義務違反による損害賠償責任を認めたが，同時に，他の取締役や取締役を補佐すべき従業員の職務懈怠ないし責任があることから，これらの者の責任ないし会社

---

69) 前掲注7)最大判昭45・6・24，名古屋高金沢支判平18・1・11判時1937号143頁（上告棄却，上告不受理で確定）参照
70) 前掲注59)最判昭51・3・23，前掲注6)最判平12・7・7
71) 名古屋地判平13・10・25判時1784号145頁

の組織上の欠陥を不問に付したまま当該取締役の責任のみを追及するのは相当でないとし，過失相殺の法理の類推ないし同法理の趣旨により賠償額を減額するものがある[72]。これらの裁判例のように，会社の歴代の経営者がしてきたことを継続するものであるとか，会社の組織や管理体制に牢固たる欠陥があるなど，いわば会社の体質にも起因するところがある場合には，過失相殺の規定を類推適用すべきとする見解[73]や，過失相殺の枠組みはともかく，公平性や信義則の観点から合理性を認める見解[74]と，逆に，他の取締役の過失により過失相殺をすることは，取締役の責任について連帯責任を課している会社法の趣旨に反し，また，担当従業員の過失や会社の組織上の欠陥を責任追及を受ける代表取締役が過失相殺の根拠とすること自体が疑問である，内部統制システムに関する義務（法348条3項4号・362条4項6号・416条1項1号ホ・2項）と齟齬するなどとして，会社側に過失があるとして過失相殺をすることを消極に解する見解とが分かれている[75]。なお，過失相殺の根拠条文は，取締役任用契約上の債務不履行が任務懈怠責任の本質となるため，民法418条となる。

(b) **違法行為による利益との損益相殺**　任務懈怠に関する責任に係る損害額の算定に当たり損益相殺の対象となるべき利益は，違法行為と相当因果関係のある利益である[76]とともに，法423条1項の趣旨及び当事者間の衡平の観念に照らし，当該違法行為による会社の損害を直接に填補する目的ないし機能を有する利益であることを要する[77]。具体的には，①違法行為により免れた将来の支出，②違法行為による損害を直接に填補する目的ないし機能を有する利益に限られる[78]。そうすると，例えば，贈賄行為により工事を受

---

72) 東京地判平2・9・28判時1386号141頁，福岡地判平8・1・30判タ944号247頁
73) 前掲注6)最判平12・7・7の河合伸一裁判官補足意見
74) 田村詩子「判批」商事1383号（1995）40〜41頁
75) 近藤光男・判例リマークス1992年(下)118〜119頁，山下友信「判批」ジュリ1145号（1998）109頁
76) 加藤一郎『不法行為〔増補版〕』(有斐閣，1974) 245頁
77) 東京高判平元・7・3金判826号3頁
78) 会社訴訟実務研究会編『役員の責任と株主代表訴訟の実務全』(新日本法規出版) 1493〜1494頁，最判解説民昭和53年度［37事件］495〜496頁〔時岡泰〕

注することができた結果，会社が利益を得たとしても，その利益は工事の施工による利益であって，賄賂が返還された場合のように，贈賄による損害を直接に塡補する目的・機能を有するものではないから，損害の原因行為との間に法律上相当な因果関係があるとはいえず，損益相殺の対象とすることはできない[79]。

(c) **損益相殺の類推** 退職金の過払を受けた再雇用従業員の労働意欲が向上し，会社に利益をもたらした可能性も否定できないこと[80]や，会社が違法行為の発覚によって被告の取締役に対し違法行為がなければ支給された可能性のある1億円近い退職慰労金の支出を免れていること[81]を損益相殺的な要素として採用し，賠償額の減額をする裁判例がある。ここでも，一定の合理性を認める見解[82]と，過大な損害賠償額を課することの適否の問題はあろうが，会社の利益とされたものはいずれも相当因果関係を欠き損益相殺の対象となり得ないものであり賛成できないとする見解[83]とに分かれている。

(d) **寄与度による責任限定の可否** 裁判例には，取締役の個別的な違法行為への寄与度に応じて，因果関係の割合的な認定をすることを通じて責任の限定を図るものがある[84]。交通事故や医療過誤事案における寄与度の割合に応じて事実的因果関係を割合的に認定し，その割合分に応じて損害賠償額を減額し，あるいは相当因果関係の存在を認めるという処理にならうものであろうが，寄与度に応じた割合的因果関係の構成の可否・射程等について解決すべき問題点が少なくないとの指摘がされている[85]。

---

79) 前掲注62)東京地判平6・12・22
80) 前掲注72)東京地判平2・9・28
81) 前掲注72)福岡地判平8・1・30
82) 田村・前掲注74)41頁，島袋鉄男・判例リマークス1998年(下)111頁
83) 山下・前掲注75)107〜108頁参照
84) 東京地判平8・6・20判時1572号27頁，前掲注66)大阪地判平12・9・20，大阪地判平16・12・22判タ1172号271頁
85) 吉原和志・判例リマークス1997年(下)106頁

Ⅵ 競業避止義務違反

1．競業避止義務（法356条1項1号）違反による任務懈怠に関する責任の特徴

　競業避止義務（法356条1項1号）違反による任務懈怠に関する責任は，法令違反行為の1類型である。すなわち，取締役は，自己又は第三者のために，法356条1項1号所定の「株式会社の事業の部類に属する取引」（以下「競業取引」という。）を行う場合，取締役会非設置会社にあっては株主総会の承認（法356条1項1号），取締役会設置会社にあっては取締役会の承認（法365条1項）を得る必要がある。取締役会等の承認を得ないで競業取引を行えば，法令違反行為として法423条1項の任務懈怠に関する責任を負う。

　なお，通常の任務懈怠に関する責任とは異なり，損害の立証に関する推定規定が設けられている（法423条2項）。

2．競業取引の意味

　競業取引の対象となる「株式会社の事業の部類に属する」取引とは，通常は定款所定の事業目的に該当する事業に属するものをいうが（商509条参照），ここでは，会社が実際行っている事業と市場において競合し，会社又は第三者との間で利益の衝突を来す取引を指称する。したがって，会社の定款所定の目的事業ではあっても，開業準備に全く着手していなかったり，廃業して現に行っていない事業はこれに当たらない。しかし，既に開業準備に着手している事業，現に開業準備に着手していないが，会社の事業の種類・状態，事業方針からみて，その開始が合理的に予測される新規事業ないし事業の開始をすることが相当程度確実になった事業，又は一時的に休止中の事業は含まれる[86]。また，会社の現在の事業区域とは異なる地域で，会社の事業と同種の事業を営む場合，地域的に離れていてもその性質からして容易に競争関

86）　上柳ほか・前掲注2）207頁〔本間輝雄〕

係を生ずるおそれのある事業でなければ，会社が既に具体的に当該地域への進出を企図ないし準備していたり，当該地域への進出が確実か合理的に予測することができる場合でない限り，一般市場における競業関係は生じない[87]。なお，同一の商品を取り扱う場合であっても，例えば卸売商と小売商といった具合に，会社の事業とその仕方を異にしていれば，事業の部類を異にする[88]。また，主たる目的たる事業に関連する各種の付帯事業も，会社の目的たる事業を遂行するために不可欠の取引であれば事業の部類に属する取引に含まれるが，その維持・便益のために行われる補助的行為である会社の事業所や工場に必要な敷地・建物の購入・賃借，特許権，商標権，先買権等の取得行為は含まれない。

　しかし，取締役が会社と同種の事業を目的とする他の合名会社，合資会社，合同会社においてこれを代表する社員又は株式会社の代表取締役，あるいは他の会社の無限責任社員又は取締役への就任をしたとしても，これらの就任行為自体は会社の事業の部類に属する取引とはいえないから，競業取引にはならない[89]。会社と同一の事業の部類に属する取引を行うことを目的とする会社の設立自体も，取引行為ではなく競業取引とはならない。また，他の会社に現実の事業行為を開始させた場合であっても，競業避止義務の対象となって任務懈怠に関する責任を基礎づける責任原因は取締役の取引行為であるから，自らが別の会社の代表取締役として事業行為を担ったり，別会社における事実上の主宰者となるなどしない限り，競業避止義務違反とはならない。もっとも，取締役が会社の諸資源を利用して別会社を自ら取得又は設立し，その結果，会社が市場を強化する機会又は会社が新しい市場に進出する機会を奪うことは，競業避止義務違反の問題ではないが，忠実義務違反行為として任務懈怠に関する責任を生ずる[90]。なお，会社が全額出資する他の会社の代表取締役を兼任することや，就任後に会社の事業の部類に属する取引を行うことは，経済的には親子会社は一体と考えられ，その取引の実質

---

[87] 上柳ほか編・前掲注2) 209～210頁〔本間〕。東京地判昭56・3・26判時1015号27頁
[88] 上柳ほか編・前掲注2) 208頁〔本間〕
[89] 上柳ほか編・前掲注2) 212～213頁〔本間〕。東京地判昭45・7・23金判238号18頁
[90] 前掲注87) 東京地判昭56・3・26

上・経済上の効果は会社に帰属すると評価できるから，そこでは実質的な利害衝突のおそれも，その他忠実義務違反のおそれも考えられないため，法356条1項1号の適用はなく，競業取引に係る任務懈怠に関する責任も生じない[91]。

3．従業員の引抜行為

競業取引は，取締役が，その在任中に，会社の従業員を引き抜き，共に競業取引を行う競業会社を設立し，そのうえで自ら代表取締役に就任し，引抜きに係る従業員を指揮し競業会社をして競業取引を行わせるという形態で行われることが多く，この場合に，特に引抜きに関し，競業避止義務違反として法423条1項の任務懈怠に関する責任を問うことができるかが問題となる。しかし，取締役によるその在任中における従業員の引抜行為は，競業避止義務違反とならない。引抜行為自体は競業取引ではなく，引抜きに係る従業員を用いて競業取引を行った場合に初めて競業避止義務違反の問題となる。

もっとも，引抜行為は，その態様如何によっては忠実義務違反を構成し，法423条1項の任務懈怠に関する責任を発生させる。この任務懈怠に関する責任を認めるには，取締役による退社及び競業取引の開始の時期に近接して，会社の従業員が取締役による中途採用の勧誘に応じて退社し，取締役の競業取引に加わったというだけでは足りない。取締役が社会的相当性を逸脱した積極的な働きかけをしながら引抜行為をする必要があり，例えば，引抜行為の態様が会社の存立を危うくするような一斉かつ大量の従業員を対象としている場合や，取締役がその地位を利用し，会社の業務関係に藉口して又はこれに直接関連して勧誘し，又は会社の将来性といった本来不確実な事項についてこれを否定する断定的判断を示したりするなどしている場合が社会的相当性を逸脱したものとなる[92]。すなわち，単なる転職の勧誘にとどまるなど，その手段，方法，態様等が社会的に相当であると認められる限り，自

---

91) 上柳ほか編・前掲注2) 213頁・218頁〔本間〕
92) 東京高判平元・10・26金判835号23頁，東京地判平8・12・27判時1619号85頁参照

由で公平な活動の範囲内として違法性を欠く。従業員は，転職先の条件等を比較考慮してその自由な判断に基づいて転職を決定する職業選択の自由を有するからである。

4．「自己又は第三者のために」の意義

　法356条1項1号〔旧商264条1項〕にいう「自己又は第三者のために」とは，判例・通説上，自己の名又は第三者の名のいずれをもってするとを問わず，行為の経済上の効果が自己又は第三者に帰属することを意味する[93]。

5．退任取締役の競業取引

(1) 競業禁止・制限に関する合意がない場合
　退任取締役が従前取締役に就任していた会社の事業の部類に属する取引を別会社で行っても，取締役の権利義務を有する取締役権利義務者（法346条1項）になっていない限り，確かに，退任取締役には競業避止義務（法356条1項1号）や，善管注意義務（法330条，民644条）又は忠実義務（法355条）が課されない。これらの義務は，取締役又は取締役権利義務者に負わされたものだからである。しかし，確かに退任取締役による営業又は事業活動と従前取締役に就任していた会社の事業との間に生ずる利害衝突については，原則は自由競争の結果に委ねられるべきであるが，場合によっては退任取締役も信義則上の責任を負い，別会社における競業取引に制約を受けることがある。また，退任取締役が，退社前の会社の事業秘密を利用したり，会社の有する取引機会を利用したり，会社の事業上の利益を取引通念上逸脱した方法・態様で侵害するような特段の事情が認められるときは，会社と競合する業務を行うことが不法行為になる[94]。

---

[93]　前掲注87）東京地判昭56・3・26，大阪高判平2・7・18判タ734号218頁。上柳ほか編・前掲注2）210～211頁〔本間〕
[94]　升田純「現代型取引をめぐる裁判例(41)」判時1719号（2000）9頁

(2) 競業禁止・制限に関する合意がある場合

　退任取締役が従前取締役に就任していた会社との間で，退任後の競業禁止を合意していた場合の合意の効力については，不正競争防止法2条1項7号（不当な営業秘密の使用又は開示）等の実定法上，委任契約終了後の競業避止義務を肯定することのできる場合であれば，目的のために必要かつ相当な限度を超えていなければ，職業選択の自由を侵害するものではなく公序良俗に違反しないため有効である。実体法上の競業避止義務がない場合については，労働者に関する競業禁止契約と同様，合意の内容が合理性を有し，しかも，禁止される競業の内容，地域・期間等からみて目的達成のためにとられている競業取引の禁止措置の内容が必要最小限度にとどまっているか，又は競業取引の禁止から受ける不利益に対する十分な代償措置がとられている場合に限り，公序良俗に反しないとする裁判例もあるが[95]，委任契約により高度の信頼関係の下に，より重要かつ広範囲な秘密に接する機会のある取締役については，より緩やかに，合理性が認められる限り制限することができると解すべきであろう。そして，合意の効力が認められる場合には，退任取締役は契約に基づく競業避止義務を負う[96]。

6. 事実上の主宰者の競業避止義務

　会社の取締役が，会社と同種の事業を目的とし競争関係にある他の会社の全株式を保有し，自己に忠実な部下を他の会社の名目的な代表取締役に就任させ，他の会社を意のままに経営していた場合，競業避止義務違反に基づく任務懈怠に関する責任を認めることができるかという問題がある。いわゆる事実上の主宰者の問題である[97]。そして，事実上の主宰者の責任を導くについて，法356条1項1号〔旧商264条1項〕の競業取引においては，取締役が競

---

[95] 東京地決平 7・10・16判時1556号83頁
[96] 最判昭44・10・7判時575号35頁，東京地決平 5・10・4 金商929号11頁。升出純「現代型取引をめぐる裁判例(39)」判時1713号（2000）19頁，草尾光一「退任取締役の競業避止義務」家近正直編『現代裁判法大系(17)会社法』（新日本法規出版，1999）223頁以下
[97] 北村雅史「事実上の主宰者と事実上の取締役の責任」家近編・前掲注96) 227頁

業取引を実行する必要があるため，競業取引を行うことの意味が問題となる。端的に「第三者をして行わせていること」で足りるのか，第三者の代表者又は代理人として対外的行為を行うことをいうと限定的に解したうえ，会社の取締役が他の会社の株式の100％を保有するなどの事情から例外的にこのような状況と同視することができ，同項の類推適用が可能になると考えるのか見解が分かれる[98]。

　競業を行う別会社を設立し，その全株を自己及びその妻子，並びに自己が全株式を所有しかつ代表取締役を務める会社で保有する場合[99]，会社の代表取締役が，別会社の発行済株式の過半数は保有していないが，同人に対抗可能な株式を保有する株主は他に存在しない状況の下，自己に忠実な者達を別会社の代表取締役，取締役に就任させ，別会社に物的人的援助を与え続けていた場合[100]に事実上の主宰者として競業避止義務違反による任務懈怠に関する責任を負わせた裁判例がある。

7．開示すべき重要な事実

　競業取引を行おうとする取締役が承認を得るについて，取締役会等において開示しなければならない取引に関する「重要な事実」（法356条1項）とは，当該予定される競業取引における会社の利益と対立するような重要な部分，例えば，取引の相手方，対象物，数量，価格，取引期間，取引により得られる利益等に係る事実がこれに当たる。そして，重要な事実の開示がなかったり，不十分又は虚偽の開示がされた場合には，取締役会等の承認は無効とされ，取締役の競業避止義務違反として法423条1項の任務懈怠に関する責任の問題となる。

98）　北村・前掲注97) 234〜235頁
99）　前掲注87) 東京地判昭56・3・26
100）　前掲注93) 大阪高判平2・7・18

8. 取締役会等の承認決議による免責主張の可否

　取締役会等による競業取引の承認を得た会社の取締役は，当該競業取引を行うについて，会社に対する善管注意義務・忠実義務を免除されるとする見解もある。しかし，競業取引についての承認は善管注意義務・忠実義務の免除とは異なるから，競業取引についての取締役会等の承認決議を得ていたとしても，これらの義務に違反し，競業取引により会社に損害を与えれば，やはり取締役は法423条1項の任務懈怠に関する責任を負う。もっとも，承認決議を得た経緯によっては故意又は過失の存在が否定されることがあり得るとする見解がある[101]。なお，事後的な競業取引の承認は，法424条の規定に照らし，総株主の同意がない限り認められない[102]。

　また，取締役会で競業行為の承認決議に賛成した取締役についても，賛成したことに善管注意義務・忠実義務違反があれば，法423条1項の任務懈怠に関する責任を負う可能性が残る。

9. 故意又は過失

　会社が競業避止義務違反を理由に競業取引をした取締役の責任を追及するには，責任の本質が不完全履行による債務不履行責任（過失責任）であることから，故意又は過失の存在といった帰責事由を主張立証する必要はなく，被告である取締役において，故意又は過失といった帰責事由が存在しなかったこと，すなわち，競業取引をするについて，法356条1項1号又は365条1項の規定に違反すること（取締役会等の承認を得ることなく競業取引をすること）が法令に違反することの認識を有しなかったこと又は認識しなかったことについて過失が存在しないことを具体的に根拠づける評価根拠事実を主張立証する必要がある。この過失の存否については，原告である会社において，過失の

---

101)　上柳ほか編・前掲注2)214～215頁〔本間〕，286～287頁〔近藤〕
102)　江頭・前掲注20)401頁

不存在の評価を障害する具体的な評価障害事実を再抗弁として主張立証することができる。

なお,取締役会等の承認を得て行われた競業取引に関し任務懈怠責任が問題になる場合,職務執行について注意を怠らなかったという帰責事由の内容は,善管注意義務違反の観点から,会社に損害を生じないように注意を払ったことになる。

10. 損害額の主張立証

(1) 主張立証すべき損害の額

会社の損害の額については,原則として,会社が実損害額の主張立証責任を負う。この会社の損害の額は,競業取引が開始される以前の数年間の利益の額の平均額を基礎とし,これに景況等を加味するなどして得べかりし利益の額を算出し,この得べかりし利益の額から,競業取引開始後の現実に得られた利益の額及びこれから推測される将来の得べかりし利益の額を控除し,これに損害を回復するに必要な期間を乗じ,損害の額を算出することになる。

もっとも,競業取引に関する損害については,これが競業避止義務違反による場合,競業取引によって取締役又は第三者が得た利益の額が会社の被った損害の額であると推定される(法423条2項)。この推定規定は,競業避止義務違反による会社の損害は得べかりし利益であり,事柄の性質上その額の立証が極めて困難であると考えられたことから,その困難を緩和する趣旨にでるものである。取締役又は第三者の利益の額については,単にこれらの者が現実に得た利益の額を主張立証すれば足りる。もとより,損害額を推定するものでしかないから,会社において実損害額がより多額であるとして,あるいは取締役において実損害額がより低額であるとして,実損害額を主張立証することも可能である。

なお,損害額の主張立証が奏功しなかった場合に,民訴法248条を適用して一部の損害(社会的経済的信用の毀損)についての損害額を認定した裁判例[103]と,請求を棄却した裁判例[104]とがある。

(2) 利益の額の意味

　逸失利益の額については，純利益により算出する裁判例[105]と粗利益により算出する裁判例[106]とがある。この損害額の算定については，当該行為がなければ得ていたであろう利益の填補という観点から，原材料費や人件費といった経費を控除し，純利益をもって逸失利益の額を算定すべきである。仮にこれらの諸経費分を控除せずに損害額に含ませるとすれば，経費の支出を免れたうえに利益を獲得することになるからである。もっとも，この純利益の額がそのまま損害額になるわけではない。競業取引をした取締役の個人的寄与による業績に対応する部分について相当因果関係の存在を否定した裁判例がある[107]。

(3) 損害発生の期間

　競業取引と相当因果関係を有する損害が生じる期間についても実務上争われることが多い[108]。この競業取引と相当因果関係を有する損害が生じる期間は，原則として，従前の利益を回復するのに必要な期間であるが，加味して考慮すべき事柄に，損害抑止義務及び事業主体の継続可能性の問題がある。
　損害抑止義務とは，被害を受けた会社自身も，合理的かつ可能な手段を用いて損害の発生及び拡大を防止すべき責任をいう。そして，会社がこのような責任を尽くすべく努めなかった場合には，過失相殺類似の考え方又は相当因果関係の認定により損害額の減額を行うことになる。このような観点から，相当因果関係のある損害の発生期間を3か月とした裁判例がある[109]。
　また，事業主体の継続可能性とは，会社において，競業取引の有無に関係なく，これが行われた時点と同様の事業体制を将来的に維持することができ

---

103) 大阪高判平10・5・29判時1686号117頁
104) 大阪地判平8・12・25判時1686号132頁
105) 東京地判昭51・12・22判タ354号290頁
106) 東京地判平3・2・25判時1399号69頁
107) 前掲注106)東京地判平3・2・25
108) 升田純「現代型取引をめぐる裁判例(44)〜(46)」判時1724号(2000)13頁以下・1726号(2000)3頁以下・1727号(2000)14頁以下
109) 前掲注105)東京地判昭51・12・22

るか否かをいう。そして，これができなかったと考えられる場合に，その維持が可能と認められる期間内に限って競業取引開始時の利益額を損害として認め，それ以後は相当因果関係がないとして賠償を否定するものである[110]。

Ⅶ　経営責任型

1．経営判断の原則

(1)　経営判断の原則の内容

　経営判断の原則については，取締役の経営判断の当否が問題となった場合，取締役であればそのときどのような経営判断をすべきであったかをまず考えたうえ，これとの対比によって実際に行われた取締役の判断の当否を決定することは相当でなく，実際に行われた取締役の経営判断そのものを対象として，その前提となった事実の認識について不注意な誤りがなかったかどうか，また，その事実に基づく意思決定の過程が通常の企業人として著しく不合理なものではなかったかどうかという観点から審査を行うべきであり，その審査は，当該判断をするために当時の状況に照らして合理的な情報収集・分析，検討がなされたか否か，これらを前提とする判断の推論過程及び内容が明らかに不合理なものであったか否かを問うことになるのであって，その結果，前提となった事実認識に不注意な誤りがあり，又は意思決定の過程が著しく不合理であったと認められる場合には，取締役の経営判断は許容される裁量の範囲を逸脱したものとして善管注意義務又は忠実義務に違反するという判断基準が形成されている[111]。すなわち，経営判断の原則においては，経営判断の前提となる事実認識の過程（情報収集とその分析・検討）における不注意な誤りに基因する不合理さの有無，事実認識に基づく意思決定の

---

110)　前掲注106)東京地判平3・2・25
111)　東京地判平5・9・16判時1469号25頁，東京地判平14・4・25判時1793号140頁，東京地判平14・7・18判時1794号131頁，東京地判平16・3・25判時1851号21頁，東京地判平23・11・24判時2153号109頁等

推論過程及び内容の著しい不合理さの存否の2点が審査の対象とされている。

なお，取締役に経営判断に係る裁量が広く認められるとしても，公序に反する裁量は，もともと概念矛盾であるから，取締役の具体的な法令違反による責任を経営判断の原則により免責することはできない[112]。

(2) 業種による取締役の負う善管注意義務の差異

経営判断の原則にいう「不注意な誤り」「合理的な思考」とは，取締役が「当該企業及び取締役の属する業界における通常の企業人」として期待される注意の程度を基準に判断すべきものであるから，当該取締役によって当該行為がされた当時の会社の状況及び会社を取り巻く社会・経済・文化の情勢の下において，会社の属する業界における通常の経営者の有すべき知見及び経験が判断の基準となる[113]。例えば，銀行の取締役の融資決定について善管注意義務違反の有無を判断するには，企業経営者一般としてではなく，融資業務に従事する銀行の取締役一般に期待される知識・経験を基礎に必要とされる注意の程度が基準となる[114]。

(3) 経営判断の原則における信頼の原則

経営判断の原則上，取締役の経営判断に善管注意義務違反があるかどうかを判定するについて，判断当時の状況に照らして合理的と考えられる情報収集・分析，検討がされたか否かが検討される。この情報収集等については，実務上，取締役自ら情報の収集・分析，検討を行うべきとする主張もみられる。しかし，分業と権限の委任により広汎かつ専門的な業務の効率的な遂行を可能とする組織においては，下部組織が求める決裁について，意思決定権者が，自ら新たに情報を収集・分析し，その内容を始めから検討し直すことは現実的でない。そこで，取締役は，当該取締役の知識・経験・担当職務，案件との関わり等を前提に，当該状況に置かれた取締役がこれらに依拠して

---

112) 岩渕正紀＝棚村友博「株主代表訴訟において追及することができる取締役の責任の範囲」門口編・前掲注61）104頁
113) 前掲注3）東京地判平10・5・14
114) 大阪地判平14・3・27判タ1119号194頁，前掲注11）札幌地判平14・9・3

意思決定を行うことに当然に躊躇を覚えるような不備・不足があったというような特段の事情がない限り，下部組織において期待された水準の情報収集・分析，検討が誠実になされたとの前提に立って自らの意思決定をすることが許される[115]。

2．経営判断の原則の具体的な適用場面

(1) 貸付け（融資）

　取締役は，貸付けを行うに当たり，回収の見込みについて，貸付けの条件，内容，返済計画，担保の有無，内容，評価額，借主の財産及び経営の状況，並びに景気の動向等の諸事情に関する情報を合理的と考えられる手続ないし方法で収集・分析し，検討し，そこから得た事実の認識を不注意な誤りなく形成し，これを前提として合理的な思考上の連関を保ったといえる経営判断を行うことが求められる。このような基準から逸脱して経営判断を行った場合には，善管注意義務違反を問われることになる。

(2) 子会社等の支援

　会社は，経営不振に陥った子会社や関連会社を救済するため，債権放棄，無償又は非通例的な形での支援融資を行うことがある。このような救済には，再建を目的とし，既存債権の支払猶予，債権放棄，低利又は無利息・無担保の貸付け，劣後特約付貸付け，救済合併等の支援を行う場合と，清算を目的とし，再建の見込みのない会社の債務の肩代り，債権の減免，整理を前提とした子会社等の株式の他者からの買取り等の支援を行う場合とがある。

　そして，会社の取締役は，子会社や関連会社が経営不振に陥るのを予見し，又は陥ったことを発見した場合，㋐子会社等の倒産から受けるリスクの回避の必要性，㋑㋐への対処として有効適切な支援を行うことによるリスク，㋒㋐及び㋑の各リスクを比較衡量のうえいずれのリスクを引き受けるのかを判断しながら，㋐子会社等の救済を実施するかどうか，㋑救済するとし

---

115) 前掲注111)東京地判平14・4・25

て再建又は清算のいずれとするか，(ウ)選択された救済方法を実現するためにいかなる手段をどのような時期・規模で行うかを判断しなければならない[116]。

(3) 新規事業

　取締役による新規事業の開始は，取締役の経営判断に委ねられた事項であるから，新規事業の開始が善管注意義務違反となるかどうかは，それが経営判断として許容される裁量の範囲にあるかどうかによる。具体的には，会社の現状，従前の本業の業績予測，新規事業の現状及び将来の動向，市場調査，投資額，資金調達の方法，収支予測，海外進出時のカントリーリスク等に関する情報を収集・分析，検討し，不注意な誤りのない認識をもって経営判断をすべきこととなる[117]。そして，新規事業の性質，事業利益の額等に照らし，その新規事業によって回復が困難ないし不可能なほどの損失を出す危険性があり，かつ，その危険性が予見可能である場合には，その新規事業を避止すべきことになる[118]。

(4) 投機・投資行為

　投資・投機行為については，会社財産に対する危険性の大きさにかんがみ，投資・投機行為の内容についての正確な情報を収集したうえで，その必要性，危険性や収益性といった性質を把握し，これを会社自身の財務や事業収益の状態等に照らしながら，資金運用方法として考えられる選択肢の比較，リスクヘッジの方策等を取締役会で十分に検討するなどして，経営判断を慎重に行うべきものである[119]。そして，取締役は，その投資・投機行為によって回復が困難ないし不可能なほどの損失を出す危険性があり，かつ，その危険性が予見可能である場合には，その投資・投機行為の実施を避止すべきことになるし，また，投資・投機行為の開始を選択し開始した後は，取

---

116) 再建型の支援につき，最判昭53・12・12金法884号27頁，東京地判平7・10・26判タ902号189頁，大阪地判平13・5・28判タ1088号246頁等参照。清算型の支援につき，大阪地判平14・2・20判タ1109号226頁等参照
117) 会社訴訟実務研究会編・前掲注78) 259頁
118) 東京地判平5・9・21判時1480号154頁
119) 会社訴訟実務研究会編・前掲注79) 243～244頁

締役は，損失が生じないように投資顧問業者の投資内容，取引の経過，損益の状況等について十分に監督し，問題があれば損失が拡大しないうちに取引を中止すべきことになる。もっとも，現状を維持するだけでは会社に事業収益を上げる見込みがないなど倒産必至の経営状況下においては，成功すれば経営改善に有効であるが，失敗すれば経営が危機的状態に陥りかねない危険性のある事業に賭ける必要性がないとはいえず，このような事業を行っても取締役の善管注意義務に違反しないこともある[120]。

VIII 監視義務・監督義務の違反型

1. 監視義務の意義・内容

　取締役会設置会社においては，取締役会は，会社の業務執行を行う代表取締役・業務担当取締役（法363条1項1号・2号）の職務の執行を監督する地位にある（法362条2項2号）から，取締役会を構成する取締役は，会社に対し，取締役会に上程された事柄についてだけ監視するにとどまらず，代表取締役の業務執行一般につき，これを監視し，必要があれば，取締役会を自ら招集し，あるいは招集することを求め（法366条），取締役会を通じて業務執行が適正に行われるようにする職責を有する[121]。

　しかし，代表取締役の業務すべてについてその監督権限を行使することは事実上不可能であるから，代表取締役の任務違反行為のすべてにつき取締役が監視義務違反の責任を問われるわけではない。取締役会の非上程事項については代表取締役の業務活動の内容を知り又は知ることが可能であるなどの特段の事情があるのに，これを看過したときに限って監視義務違反が認められる[122]。

---

120) 前掲注118)東京地判平5・9・21
121) 最判昭48・5・22民集27巻5号655頁
122) 札幌地判昭51・7・30判タ348号303頁，東京地判昭55・4・22判時983号120頁，東京地判平7・10・26判タ902号189頁。なお，多くの裁判例が「容易に知ることが可能である」ことを特段の事情とするのは，重過失を要件とする旧商法266条ノ3の事案であることによる。

なお，代表取締役が任務違反行為に係る執行の議案を取締役会に上程し承認決議を経たうえで執行した場合に，取締役会を欠席した取締役については，直ちに監視義務違反を問うことの可否が問題となる。欠席が正当な理由又は不可抗力によるものでない限り積極に解する見解がある[123]。

　取締役会非設置会社においては，取締役会を通じての監視義務は観念することができないが，取締役の有する業務執行権限（法348条1項）に根拠を置く監視義務を負うものと解される[124]。

2．監視義務の負担者

　取締役には，業務執行権限の分担の有無により，①業務執行権限及び対外的代表権限を有する代表取締役（法363条1項1号・362条3項），取締役会決議により業務執行権限を付与された取締役（法363条1項2号），これらの権限を有しない取締役，また，会社に対する責任について他と異なる取扱いを受ける社外取締役（法2条15号・425条〜427条）の区別，②代表権限を有しないが定款により業務執行権限を付与された任意機関である業務担当取締役，業務執行権限を有しない平取締役の区別，③会社の業務執行の実行についての取締役相互の上下関係ないし業務分担方法を定めた内部職制上の役付取締役の区別などがある。

　以下では，取締役会設置会社の取締役を念頭に置いて，上記いくつかの類型の取締役の監視義務について触れる。

(1) 業務担当取締役

　会社の業務を執行するものとして選定された業務担当取締役（法363条1項2号）は，取締役会の構成員としての地位に基づいて，代表取締役及び業務担当取締役の業務執行に対する監視義務を負うほか，自己が担当する業務執行については，直接，善管注意義務・忠実義務を負う。なお，業務担当取締

---

[123] 塩田親文＝吉川義春「取締役の第三者責任」『総合判例研究叢書(3)商法(11)』（有斐閣，1968）72頁
[124] 弥永・前掲注58）207頁

役としての職務分掌は，業務執行に関する分担の定めでしかなく，自己が担当していない業務執行に関する監視義務の減免を定めるものではない。かえって，業務執行者としての地位に基づいて会社の情報を入手しやすい地位にあることが多く，それゆえに代表取締役等の違法な業務執行を容易に知り得たと判断され，事実上，監視義務違反を問われる可能性が高まることになると思われる。

(2) 代表取締役

会社の代表取締役は，自己のほかに他の代表取締役が置かれている場合，定款に別段の定めがない限り，自己と他の代表取締役との間に直接指揮監督の関係はない。しかし，代表取締役は，取締役会の構成員としての地位に基づいて負う他の取締役に対する監視義務に加え，対内的にも他の取締役を統括ないしは指揮監督する義務（法363条1項1号）に基づいた責任も併せて負う[125]。すなわち，代表取締役は，対外的に会社を代表し，対内的に業務全般の執行を担当する職務権限を有するから，善良な管理者の注意をもって会社のため忠実にその職務を執行し，ひろく会社業務の全般にわたって意を用いるべき義務を負うのであって，代表取締役が，他の代表取締役その他の者に会社業務の一切を任せきりとし，業務執行に何ら意を用いることなく，それらの者の不正行為ないし任務懈怠を看過するに至るような場合には，自らもまた悪意又は重大な過失により任務を怠ったことになる[126]。

(3) 名目的取締役

名目的取締役とは，当該取締役及び会社の間において取締役としての職務を果たさなくてもよい旨の合意の下で，有効に取締役に選任されている者をいう。そして，名目的取締役であっても，会社法上の地位・権限は通常の取締役と何ら変わるところがないというべきである。そうすると，名目的取締役も，例えば取締役会設置会社にあっては，その有する取締役会の招集権限

---

125) 会社訴訟実務研究会編・前掲注78) 133～134ノ1頁
126) 最大判昭44・11・26民集23巻11号2150頁。なお，法423条1項の責任は軽過失の存在で足りる。

や代表取締役の選定・解任及び支配人の選任・解任の権限を用いながら，取締役会の審議ないし決議を通じて代表取締役，支配人らの業務の執行を監視すべき権利義務を有し，その監視義務は，取締役会に上程された事柄に限られず，代表取締役の業務執行一般に及ぶのであり，必要があれば，取締役会を自ら招集し，あるいは招集することを求めて，取締役会を通じて尽くさなければならない[127]。

また，名目的代表取締役についても，他の代表取締役その他の者に会社の業務を任せきりにし，その業務執行に何ら意を用いないで，それらの者の不正行為ないし任務違反を看過するに至るような場合には，監視義務違反となる[128]。

なお，名目的取締役に就任する際，会社との間で取締役として負うことのあるべき責任について免責の合意をしていたとしても，会社からの責任追及に対して合意の効力を主張し免責を得ることはできないと解される[129]。これを許すことは，会社法が予定していない取締役の類型を当事者間の合意により作出することを許容することを意味するからである。このことは，株主総会で総株主の同意を得ていたときでも変わることがないと解されている。とはいえ，免責について総株主ないし一人株主の同意を得ており，かつ，責任追及時にも株主の構成に変化がないとすれば，会社ないし株主代表訴訟を提起している株主に対する限りでは，法424条の趣旨から免責を認める余地があるとも考えられる[130]。

もっとも，名目的取締役が取締役会の監視義務を適正に行うことは現実には困難であり，これを阻止する術もないのが実態とされ，名目的取締役の責任の限定が実務上図られていた（第8章のⅢ3(2)(b)参照）が，会社法は当該会社の規模に応じて取締役会設置会社でない限り1人の取締役を設置すること

---

127) 最判昭37・8・28集民62号273頁，前掲注121) 最判昭48・5・22, 最判昭55・3・18判時971号101頁等
128) 前掲注126) 最大判昭44・11・26, 最判昭45・3・26判時590号75頁，最判昭45・7・16民集24巻7号1061頁
129) もっとも，法427条の定款の定めた範囲内であらかじめ締結された契約に基づく責任額の制限は可能である。
130) 東京高判平15・9・30判時1843号150頁参照

でも足りるとしたため，従来ほどに名目的取締役を設ける必要性は解消されているといえ，それにもかかわらず，責任の減免を必要とすると解するのは相当でないであろう。

(4) 登記簿上の取締役

登記名義上の取締役（表見取締役）とは，有効に株主総会の選任決議を経ていないか，有効に辞任しており取締役権利義務者でもない者であって，法律上は会社の取締役の地位にないにもかかわらず，登記簿上，取締役として登記されている者をいう。この登記簿上の取締役は，第三者との関係では法908条1項又は2項に基づき責任を負うことになるが，会社については，取締役の地位にないことを知っている以上，法908条1項又は2項の適用はなく，取締役としての責任を負うことはないから，監視義務を負うこともない。

3. 監督義務

取締役は，従業員の不正行為を阻止すべき監督義務を負う。すなわち，取締役は，取締役会設置会社においては，取締役会を通じて支配人らの業務執行を監督すべき権利義務を有し[131]，その立場において，従業員の違法・不当な行為を発見し，又はこれを未然に防止するなど従業員に対する指導監督についての注意義務を負う[132]。具体的には，個々の従業員に対する監督責任を負うものではないが，何らかの事情で従業員の不正行為を知り又は知り得べきであった場合には，取締役会の招集権限や支配人の選任・解任権限を用いて，不正行為を阻止するために必要な措置をとる義務がある。

また，業務執行権限を有する代表取締役は，取締役会設置会社であると取締役会非設置会社であるとを問わず，自ら業務執行を行うとともに，使用人その他下位職員の補助を得て業務の執行に当たっている場合には，一般の取締役より一層高度の注意義務を尽くし，忠実にこれら補助者の行為に職務違

---

131) 前掲注127)最判昭37・8・28
132) 東京地判平11・3・4 判タ1017号215頁

反がないかどうかを監督し，不当な職務執行を制止し又は未然に防止する策を講ずるなど会社の利益を図るべき職責を有する[133]。また，業務担当取締役も，担当する部門・部署における業務執行を行う職責を有しており，その担当する部門・部署における従業員の監督を代表取締役と同様に行うべき義務を負う。しかし，業務担当取締役であっても自己が職掌上統括する部署に属しない従業員の監督については，平取締役と同様の責任を負うにとどまる。

4. 内部統制システムの構築責任

　会社の業務は，取締役会非設置会社にあっては，取締役が2人以上ある場合，取締役の過半数をもって決定される（法348条2項）。その際，取締役の職務の執行が法令及び定款に適合することを確保するための体制その他会社の業務の適正を確保するために必要なものとして法務省令（会社則98条〔法348条3項4号〕・100条〔法362条4項6号〕・112条〔法416条1項1号ホ〕）で定める体制（以下「内部統制システム」という。）の整備についての決定は，各取締役に委任することができない（法348条3項4号）。取締役会設置会社にあっても，内部統制システムに関する事項はこれを決定する場合，重要な業務執行の決定として必要的に取締役会の決議事項となる（法362条4項6号）。委員会設置会社においても同様である（法416条1項1号ホ・3項）。内部統制システム（監督体制）の構築に関する決定は，あらゆる会社において必要的に決定することを求められていないが，決定の重要さにかんがみて，決定するとすれば取締役全体又は取締役会の決定事項とされたものである。もっとも，大会社（法2条6号[134]）及び委員会設置会社については，取締役や従業員の不正行為を防止すべく，内部統制システムの構築の基本方針の決定をすることが義務付けられている（法348条4項・362条5項・416条1項1号ホ・2項）。

　このような法令のあり方に照らすと，大会社や委員会設置会社にあっては内部統制システムの構築が具体的な法令上の義務であることは明らかである

---

133)　東京高判昭41・11・15判タ205号152頁
134)　最終事業年度に係る貸借対照表に資本金として計上した額が5億円以上であるか，同貸借対照表の負債の部に計上した額の合計額が200億円以上である株式会社をいう。

が，他の会社は内部統制システムを構築する責任を全く負わないといえるのかが問題となる。この点については他の会社の取締役についても，既に旧商法下において，善管注意義務の一つの内容として従業員の不正行為を防止すべく内部統制システムを構築すべきことの重要性が指摘されていたこと[135]，ある程度の規模を有する会社の取締役が，自ら直接に他の取締役の業務執行や従業員の行動について監視・監督を尽くすことが困難であるとして何らの責任を負わないとすることは適切でないこと，前記の大会社に関する必要的な決定の規定は，このような場合において直接の監視・監督から内部統制システムへの切替えを大会社・委員会設置会社における義務規定に反対解釈を施すことで取締役の責任とすることを排除するものであるとは窺えないことから，内部統制システムの構築は，少なくとも会社の実情が規模的に直接の監視・監督を困難とするものになっていれば，会社の種類を問わず取締役に課された義務であると解すべきである。

内部統制システムの具体的内容は，法務省令に委ねられているところ，会社法施行規則98条（法348条3項4号）・100条（法362条4項6号）・112条（法416条1項1号ロ・ホ）によれば，内部統制システムの内容には，①取締役（委員会設置会社では，執行役）の職務に係る情報の保存及び管理に関する体制，②使用人の職務の執行が法令及び定款に適合することを確保するための体制[136]，③株式会社並びにその親会社及び子会社から成る企業集団における業務の適正を確保するための体制，④監査役設置会社では監査役の職務を補助する使用人等に関する事項等が基本的事項として挙げられている。そして，これらの事項を決定するに際しては，取締役その他の株式会社の業務を執行する者が法令及び定款を遵守し，かつ，取締役が負うべき善管注意義務及び忠実義務を全うすることができるようなものであることに留意するよう努めるべきものである。もっとも，リスク管理体制の整備内容は経営判断の問題であり，取締役には広い裁量が与えられる[137]。

---

135) 前掲注66)大阪地判平12・9・20
136) 代表取締役が負うべき従業員らの不正行為を防止するためのリスク管理体制構築義務違反がないとの事例判断をしたものとして，最判平21・7・9集民231号241頁
137) 前掲注66)大阪地判平12・9・20

IX 利益相反取引に関する責任

1. 利益相反取引に関する責任の趣旨及び性質

　会社は，取締役が法356条1項2号・3号に定める取引（以下「利益相反取引」という。），すなわち，取締役が自己又は第三者のために会社と取引をし，あるいは，会社が取締役の債務を保証することその他取締役以外の者との間において会社と当該取締役との利益が相反する取引をしたことによって損害を被った場合，この利益相反取引に関して任務懈怠があった取締役に対し，その損害の賠償を請求することができる（法423条1項）。

　旧商法の下では，このような利益相反取引に関する取締役の責任について，取締役は，会社との間で利益相反取引を行う場合，取締役会の承認を得ることを要するとしたことを前提として[138]，取締役会の承認決議を得ないでされた利益相反取引に関する責任については，法令違反行為による任務懈怠の責任として旧商法266条1項5号を適用し[139]，承認決議を得てされた利益相反取引に関する責任については，これを無過失責任と位置づけ[140]，同項4号の規定を手当てし，そのうえで，仮に取締役が株主総会の承認決議を得ていたとしても，善管注意義務・忠実義務に違反し利益相反取引により会社に損害を被らせた場合には，同項4号の責任と同項5号の責任が競合して認められるとされていた[141]。また，会社の取締役に対する金銭貸付行為については，弁済期に弁済がなければ，取締役会の承認の有無や弁済のされない事由の如何を問わず，会社を代表した取締役に責任を負わせる手当てがされていた（旧商266条1項3号）。

　これに対して，会社法は，利益相反取引から金銭貸付けを取り出して特則を設けることはしていない。また，当該利益相反取引について，取締役会非

---

138) 上柳ほか編・前掲注2) 225～226頁〔本間〕
139) 上柳ほか編・前掲注2) 271頁〔近藤〕。前掲注16)奈良地判昭55・12・5
140) 最判平12・10・20民集54巻8号2619頁
141) 前掲注140)最判平12・10・20

設置会社では株主総会の承認決議（法356条1項），取締役会設置会社では取締役会の承認決議（法365条1項）（以下「取締役会等の承認」という。）を得て行われたものであるか否かの区別を設けず，一括して規定することとし，基本的に任務懈怠に係る責任として位置づけて法423条1項に含ませている。

　もっとも，会社法は，利益相反取引に内在する危険性にかんがみて，同時に任務懈怠の立証責任に関する特則（法423条3項・428条1項）を手当てしている。すなわち，利益相反取引を行った取締役（法423条3項1号），利益相反取引をすることを決定した取締役（同項2号），取締役会で承認決議に賛成した取締役（同項3号）については，その任務を怠ったものと推定することを規定している。このような故意又は過失といった帰責事由の存在を推定する規定は，取締役の過酷な責任を緩和するため過失責任を採用するが，同時に立証責任を転換することで行為の危険性とのバランスをとろうとするものであると考えられる。もっとも，規定の性質については，利益相反取引に関する責任も不完全履行による債務不履行責任との本質を有する法423条1項に規定された任務懈怠責任の一種である以上，そもそも帰責事由の不存在は被告である取締役に主張立証責任が負わされていると解すべきであるから，確認的な注意規定となる。

　さらに，自己のために会社と直接に利益相反取引をした取締役については，無過失責任として構成され（法428条1項），法425条ないし427条による責任の一部免除もできない（法428条2項）。

2．要件事実及びその主張立証責任

　ここでは，法423条3項が挙げる取締役のうち，利益相反取引を行った取締役の責任に関する要件事実を検討する。その請求原因は，旧商法266条1項4号が対象としていた承認を得た利益相反取引については，善管注意義務違反として構成されることになり，その場合は，①会社と取締役との間の利益相反取引，②①について，取締役会設置会社にあっては取締役会，取締役会非設置会社にあっては株主総会において承認を受けたこと，③利益相反取引を行うについて尽くすべき注意義務の具体的内容とその不履行，④損害発

生及びその額，⑤③及び④の間の因果関係である。また，抗弁は，⑥取締役において，その職務執行について注意を怠らなかったこと，すなわち帰責事由の存在しないことである。ただし，自己のために会社と直接に利益相反取引をした取締役については，無過失責任を負うことから，帰責事由の存在しないことは抗弁とならない。

また，旧商法266条1項5号・265条1項が法令違反行為として対象としていた承認を得ない利益相反取引については，法356条1項2号・3号又は365条1項違反と構成されることになり，その場合は，①会社と被告取締役との間の利益相反取引，②①について，取締役会設置会社にあっては取締役会，取締役会非設置会社にあっては株主総会において承認を受けていないこと，③損害発生及びその額，④①及び③の間の因果関係である。

3．責任行為

(1) 法423条3項所定の行為

　法423条3項の利益相反取引に関する特則の適用を受ける取締役は，利益相反取引を行った取締役（同項1号），利益相反取引をすることを決定した取締役（同項2号），取締役会で承認決議に賛成した取締役（同項3号）である。ここで，利益相反取引を行った取締役とは，会社を代表して法356条1項2号（直接取引）又は3号（間接取引）に定める利益相反取引を行った代表取締役，直接取引において会社と取引をした取締役を意味する。しかし，間接取引において，会社と利益相反の関係に立つ取締役は，法356条1項2号にいう「取引」行為をしていないため含まれない[142]。

　そして，責任行為である任務懈怠行為は，利益相反取引をすることそれ自体ではなく，承認を得たとしても利益相反行為を行うことについて善管注意義務違反行為のあること，又は法356条1項2号・3号又は365条1項違反行為として利益相反行為が行われることである。前者の善管注意義務違反行為は，利益相反取引を行うについて尽くすべき注意義務を尽くしていなかった

142）　上柳ほか編・前掲注2）273頁〔近藤〕

ことを意味する。後者は，取締役会等の承認を得ないで利益相反取引を行ったことである。

また，会社の代表取締役が，自己が代表取締役を務める関連会社に直接融資すると当該融資が法356条1項2号が規定する取引に該当する場合であっても，第三者を介して関連会社に融資したときは，法423条1項に定める責任の対象となる取引に当たらないと解する。法356条1項1号は文言上取締役と会社の間の取引を要件としているにもかかわらず，第三者が介在する場合にひろく同条項前段の適用を認めるとすれば，適用の範囲が不明確になり，著しく取引の安全を害するおそれがあるためである[143]。

(2) 利益相反取引の意義

法356条1項2号・3号にいう取締役の利益相反取引とは，裁量により会社に不利益を及ぼすおそれのあるすべての財産上の取引行為を指す。「取引」には，贈与契約等の無償契約や単独行為である債務免除等も含まれる。そして，取締役が自己又は第三者のために会社と取引をする直接取引と，会社が取締役以外の者との間で会社と取締役の利益が相反する取引を行う間接取引の双方を含む。そして，法423条1項・3項の責任の原因となる任務懈怠行為にも，直接取引・間接取引の双方に関するものが含まれる。したがって，会社が取締役の債務を保証する行為等も責任の対象となる。

もっとも，利益相反取引とは会社との間に利害衝突を生ずるおそれがある行為をいうから，そのおそれがない行為は含まれない。例えば，取引条件が明確に確定されている運送，保険及び預金契約等の普通取引約款に基づく定型的取引，取締役から会社に対する負担のない贈与，取締役からの無利息無担保の借入れ[144]，会社が手形金額と同額の金員の交付を受けて行う当該約束手形の取締役に対する裏書譲渡[145]，会社による既存債務の履行，相殺適状にある債権債務の相殺，取締役による株式引受け及び現物出資が挙げられる。

さらに，旧商法下の裁判例には，形式的には利益相反取引に該当する行為

---

143) 大阪地判平14・1・30判タ1108号248頁
144) 最判昭38・12・6民集17巻12号1664頁
145) 最判昭39・1・28民集18巻1号180頁

であっても，実質的にみて，当該取引が会社の利益を図る目的でされたものであり，かつ，当該取引の内容，効果等その客観的な性質に照らし会社と取締役又は第三者との間に利益相反をもたらさないと評価される場合には，旧商法266条1項4号の責任を負担させることは予定されていないと判示するものがある[146]。

(3) 兼務取締役等の特殊な場合における利益相反取引の成否

　一人会社で取締役が全株式を所有している場合であって，会社の営業が実質上当該取締役の個人経営にすぎないときには，形式上，利益相反取引となる行為があったとしても，実質的には利益相反の関係を生じないから，取締役会の承認決議は不要であり，利益相反取引に関する責任にいう利益相反行為にならない[147]。これに対し，会社の代表取締役が全株式を所有しているが自らは代表取締役となっていない他の会社との間において取引を行う場合には，他の会社の事業上の損益からくる経済上の結果はそのまま株主である会社の代表者に直結することから，実質的な利益相反関係を認めることができるのであって，このような場合の会社の代表者は取締役会等の承認決議を得る必要があり，利益相反取引に関する責任にいう利益相反行為に当たることとなる[148]。

　また，親会社の取締役と子会社の代表取締役を兼務する者が，親会社の取締役会等の承認を得て，子会社に対する貸付けを受ける場合であっても，親会社の子会社に対する貸付金が返済されなければ，親会社には貸付金相当額の損害が発生するのであり，それによって子会社が救済されたとしても，100％子会社でない限り，親会社の株主にとってはその損害を甘受することが当然とはいえないから，法356条1項にいう取引に当たる。もっとも，100％子会社である場合については，取締役会等の承認の要否，利益相反行為に関する責任の成否について見解は分かれる[149]。

---

146) 前掲注143)大阪地判平14・1・30
147) 最判昭45・8・20民集24巻9号1305頁
148) 名古屋地判昭58・2・18判時1079号99頁
149) 会社訴訟実務研究会編・前掲注78)204ノ2頁・204ノ3頁，野田博「取締役の利益相反取引に関する義務」加美和照編『取締役の権限と責任―法的地位の総合分析』（中央経済社，1994）176頁

4．利益相反取引についての承認

　利益相反取引をしようとする取締役は，原則として利益相反取引をすることについて，取締役会非設置会社においては株主総会の承認決議（法356条1項2号・3号），取締役会設置会社においては取締役会の承認決議（法365条1項）を得なければならない。この承認は，個々の取引について受ける必要がある。ただし，継続的に行われる取引については，合理的な範囲を限定して，包括的に承認を与えることも可能であり，継続的取引の中に含まれる個々の取引ごとに受ける必要はない。また，承認は，事後であっても差し支えない[150]。
　なお，取締役会設置会社においても，取締役と会社との取引が株主全員の合意によってされた場合には，当該取引について別途取締役会の承認決議を要しない[151]。この場合，株主全員の合意は，取締役会決議に代わるものとして位置づけられ，取締役の利益相反取引は取締役会の承認決議があった場合と同様に取り扱われることになる。

5．兼務取締役が承認を受けるべき取引の範囲

　取引の当事者である双方の会社の代表取締役の地位にあって，当該兼務取締役が取引を行う場合は，当事者となっている双方の会社において取締役会等の承認を得る必要がある[152]。しかし，取引の当事者である双方の会社の代表取締役の地位にはあるが，各々の会社で他の代表取締役が取引を行い当該取締役が取引に関与しない場合は，原則としていずれの会社においても取締役会等の承認の問題は生じない[153]。
　また，取引の当事者の一方会社の代表取締役であり，他方の会社では取締

---

150)　上柳ほか編・前掲注2）247～248頁〔本間〕。東京高判昭34・3・30東高民時報10巻3号68頁
151)　最判昭49・9・26民集28巻6号1306頁
152)　上柳ほか編・前掲注2）233頁〔本間〕
153)　上柳ほか編・前掲注2）233～234頁〔本間〕。例外として，事実上の主宰者の問題がある（北村・前掲注97）227頁）。

役である場合，代表取締役の地位にある会社の取締役会等の承認は必要なく，単なる取締役の地位にある会社の取締役会等の承認が必要である[154]。代表取締役を務める会社からみれば，相手方会社の取引に当該兼務取締役が関与していないために承認は不要となり，単なる取締役の地位にある会社からみれば，当該兼務取締役が相手方会社の代表者として取引を担うことになるために承認が必要となるからである。

6．故意又は過失

利益相反取引に関する法423条1項の責任は，取締役が自己のために会社と直接に法356条1項2号の利益相反取引をした場合には無過失責任となる（法428条1項）が，そうでない限り，利益相反取引をした取締役，利益相反取引を決定した取締役，取締役会で利益相反取引に賛成した取締役のいずれの責任についても，過失責任として構成されている（法428条1項。反対解釈，423条1項）。しかし，任務を怠っていないことについての主張立証責任は被告である取締役の側が負うから，取締役は，職務執行について注意を怠らなかったこと，換言すれば自己に故意又は過失のないこと，つまり，会社に損害が生じないように注意を払ったことを主張立証して，その責任を免れることができる（法423条3項）。しかし，前記のとおり，取締役が自己のために会社と直接に利益相反取引をした場合には，無過失責任と構成されているため，自己に故意又は過失のないことを主張立証しても，その責任を免れることができない。

---

154) 上柳ほか編・前掲注2）233頁〔本間〕

第7章

株主代表訴訟

I 総　　論

1. 株主代表訴訟の意義

　株主代表訴訟（責任追及等の訴え）は，株主が会社のために取締役の会社に対する責任を追及する訴訟である（法847条)[1]。取締役の会社に対する責任は，本来は会社が追及すべきものであるが，実際は，当該取締役と他の取締役等との間の特殊な関係から，会社が積極的に取締役の責任を追及することを期待できず，会社ひいては株主の利益が害される場合がある。そこで，株主が会社の有する権利を会社のために行使して取締役の責任を追及する方法を認めることにより，会社ひいては株主の利益の確保を図る趣旨に出たものである。この責任追及の場面では株主が実質的に会社の代表機関的な地位に立っていることから，この訴訟は株主代表訴訟と呼ばれる。

　株主は，実質的には会社の代表機関的な地位に立って株主代表訴訟を追行するが，法律上は，会社の代表者として訴訟を追行するのではなく，第三者である会社の利益のために原告となり，取締役を被告として訴訟を追行して判決を受けるものである。このような株主の地位は，いわゆる第三者の訴訟

---

[1] 監査役等に対する株主代表訴訟もある（法847条1項）が，本章では，取締役に対する責任追及訴訟としての株主代表訴訟について説明する。

担当（法定訴訟担当）と解される。

2．株主代表訴訟の手続及び判決の効力

株主代表訴訟の手続は，後述するように，訴訟参加等について特則があるほかは通常の民事訴訟（給付訴訟）と同様であり，株主代表訴訟により原告たる株主が受ける判決は，勝訴敗訴の如何にかかわらず，本来の適格者である会社に同一の効力を及ぼし（民訴115条1項2号），その結果として，他の株主にもその効力が及ぶものと解される。

II　実務上の問題点

1．管　　轄

株主代表訴訟に関しては，会社の本店所在地を管轄する地方裁判所に専属管轄がある（法848条）。

2．原告適格

(1)　株式継続所有の要件

(a)　「6箇月前から引き続き株式を有する」こと　　株主代表訴訟は，「6箇月前から引き続き株式を有する株主」がこれを提起し得る（法847条1項）。この要件を満たすためには，株式を実質的に所有するだけではなく，会社に対する関係でも株式を所有し，株主名簿上，6か月間引き続いて株主であることを必要とする（法130条）[2]。これは，会社荒しを防止する観点から，株主代表訴訟の原告適格として株式継続所有の要件を規定したものと解され[3]，

---

2)　北澤正啓『会社法〔第6版〕』（青林書院，2001）450頁
3)　上柳克郎ほか編『新版注釈会社法(6)』（有斐閣，1987）366頁〔北澤正啓〕

定款でその期間を短縮することができる（法847条1項本文括弧書）。また，非公開会社についてはこのような株式継続所有の要件はない（法847条2項）。

　原告たる株主は，原告適格を満たすため，株主代表訴訟の着手時，すなわち，会社に対し訴えの提起を請求（提訴請求）した時から，又は提訴請求をしないで直ちに訴えを提起し得る場合（法847条5項）には訴え提起の時の6か月前から，訴訟終了の時まで，引き続いて株主であることを要する[4]。そして，株主代表訴訟は，株主の資格に基づく法定訴訟担当であるから，原告たる株主が株式を喪失した場合には，原告適格を失い，訴えは却下される[5]。ただし，原告たる株主は，同一の株式を所有し続ける必要はない[6]。

　(b)　**取締役の責任原因事実の発生時期との関係**　　株主代表訴訟が総株主の利益のための訴訟であり，原告たる株主自身の利益のために提起されるものではないこと[7]，株主代表訴訟における原告適格について前記株式継続所有の要件以外に特に制限はないことから，被告たる取締役に係る責任原因事実の発生（違法行為）の当時から株主である必要はなく，原告になろうとする者が，被告たる取締役の責任を追及するため，事後に株式を取得し，株主代表訴訟を提起することも可能である[8]。

(2)　**株主であること**

　(a)　**一　株　主**　　株主代表訴訟の提訴権限は単独株主権であり，1株以上の株式を所有する株主は株主代表訴訟を提起し得る。

　(b)　**議決権のない株主**　　株主代表訴訟は，株主総会決議とは直接関連せず，会社の構成員であることを根拠に認められているものであるから，議決権のない株主も訴訟を提起し得る[9]。

4）　北澤・前掲注2）450頁
5）　北澤・前掲注2）451頁
6）　北澤・前掲注2）450頁，大隅健一郎＝今井宏『会社法論(中)〔第3版〕』（有斐閣，1992）273頁・248頁
7）　市原義孝「株主代表訴訟における訴えの要件」門口正人編『新・裁判実務大系(11)会社訴訟・商事仮処分・商事非訟』（青林書院，2001）87頁
8）　北澤・前掲注2）450頁，大隅＝今井・前掲注6）273頁
9）　上柳ほか編・前掲注3）367頁〔北澤〕

(c) **単元未満株式の株主**　平成13年の商法改正前の単位未満株式の株主には株主代表訴訟の提訴権限が認められなかった（昭和56年改正附則18条）のに対し，上記改正後の旧商法及び会社法における単元株制度の単元未満株式は議決権が排除されているにすぎず（法189条・308条1項ただし書参照），議決権に関わりのない共益権は認められるので，定款により権利行使が制限されていない限り，単元未満株式の株主も株主代表訴訟を提起し得る（法847条1項本文）[10]。

(3) **原告適格の承継**
　(a) **株主の死亡・合併**　原告たる株主が死亡し又は合併により消滅した場合，訴訟手続は中断し，包括承継人は株主代表訴訟を承継し得る[11]。この場合，株式継続所有の要件については，被承継人の所有期間と包括承継人の所有期間を通算して6か月あれば足りる[12]。
　(b) **株式の譲渡**　原告たる株主が株式全部を譲渡した場合，当該株主は原告適格を失い，訴えは不適法なものとして却下される（前記(1)(a)）。
　この場合に株式の譲受人が株主代表訴訟を承継し得るかどうかについて，株主総会決議取消訴訟等において民事訴訟法49条により株式譲受人の訴訟承継を認める考え方[13]を推し及ぼし，訴訟承継を認める余地もあり得るが，相続の場合と異なり，株式の譲受人が譲渡人の地位を包括的に承継するわけではないこと，6か月の継続所有の要件を実質的に潜脱するおそれがあること[14]から，このような訴訟承継は認められないと考えられている[15]。

(4) **株式交換，株式移転等と株主代表訴訟**
　旧商法下では，株主代表訴訟の原告たる株主は，株式交換や株式移転等により，完全親会社の株主の地位を取得する代わりに，完全子会社の株主の地

---

10) 旧商法下の議論につき，江頭憲治郎『株式会社法〔第4版〕』（有斐閣，2011）283頁
11) 大隅＝今井・前掲注6）273頁
12) 北澤・前掲注2）450頁
13) 最判解説民昭和45年度(上)［29事件］259頁〔宇野栄一郎〕
14) 上柳ほか編・前掲注3）367～368頁〔北澤〕
15) 大隅＝今井・前掲注6）273頁，最大判昭45・7・15民集24巻7号804頁・判タ251号152頁参照

位を喪失した場合，株式継続所有の要件との関係で原告適格を喪失し，完全子会社の取締役を被告とする株主代表訴訟は却下されるとするのが裁判例の傾向であった[16]。このような傾向に対しては，一方的に株主の地位を奪われたことを重視し，また，完全親会社の株主となった場合にはなお子会社の経営内容に重大な利害関係を有するという実質的理由から，訴訟追行を認めるべきであるとの批判があり[17]，会社法は，そのような場合には株主が原告適格を失わない旨規定した（法851条）。これに対し，組織再編に際して株式以外の財産の交付を受け親会社の株主にならなかった者については上記の実質的理由が妥当せず，原告適格を喪失することになる[18]。

(5) 会社に関する倒産手続と株主代表訴訟

(a) **破産手続，会社更生手続**　会社に対して破産手続開始決定がされ，破産管財人が選任された場合，破産財団の管理・処分権限は破産管財人に専属し（破78条1項），取締役の責任を追及する訴えも破産財団に関する訴えとして破産管財人が当事者適格を有すること（破80条），破産管財人は裁判所の監督の下に公平誠実に職務を遂行する責任を負い（破85条1項），取締役の責任追及を怠り会社の利益を害するおそれがないことから，原告たる株主は株主代表訴訟を提起し得なくなる[19]。株主代表訴訟係属中に会社に対する破産手続開始決定がされた場合には，破産法45条1項の準用により訴訟手続は中断し，破産管財人がこれを受継し得る（破45条2項）[20]。会社更生手続の場合も同様に解される（前段につき，会更72条1項・74条1項[21]，後段につき，会更52条1項準用・52条2項[22]）。

---

16) 東京地判平13・3・29判時1748号171頁，名古屋地判平14・8・8判時1800号150頁，東京地判平15・2・6判時1812号143頁，東京高判平15・7・24金判1181号29頁
17) 株主代表訴訟制度研究会「株式交換・株式移転と株主代表訴訟(1)―原告適格の継続」商事1680号（2003）4頁
18) 相澤哲編著『一問一答新・会社法〔改訂版〕』（商事法務，2009）249頁，黒沼悦郎「株式会社の業務執行機関」ジュリ1295号（2005）73頁
19) 東京地判平7・11・30判タ914号249頁
20) 東京地決平12・1・27金判1120号58頁
21) 東京地判昭41・12・23判時469号57頁，東京高判昭43・6・19判タ227号221頁，大阪高判平元・10・26判タ711号253頁
22) 最判解説民平成15年度(上)[14事件] 351頁〔杉原則彦〕

(b) **特別清算手続，民事再生手続** 原則として，これらの手続では会社の財産に対する管理・処分権限が剥奪されるわけではないから，原告たる株主は株主代表訴訟を提起し得るし，これらの手続が開始された場合であっても，係属中の株主代表訴訟には影響しない。

これに対し，民事再生手続において管理命令（民再64条1項）が発せられた場合には，会社財産の管理・処分権限は管財人に専属し（民再66条），管財人が会社の財産関係の訴えについて当事者適格を有し（民再67条1項），裁判所の監督の下に公平誠実に職務を遂行する責任を負う（民再78条・57条1項・60条1項）ので，原告たる株主と管財人の関係は，上記(a)の場合と同様に解される（係属中の株主代表訴訟につき，民再67条2項準用・67条3項）。

(c) **預金保険法上の金融整理管財人による管理手続** 預金保険法2条1項各号に定める金融機関について金融整理管財人による業務及び財産の管理を命ずる処分がされた場合（預保74条1項），金融機関の財産の管理・処分権限は金融整理管財人に専属する（預保77条1項）が，預金保険法77条5項は会社更生法74条を準用しておらず，当事者適格まで移転するものではない[23]（金融整理管財人は会社の代表機関として位置づけられる。）ので，金融整理管財人による業務及び管理を命ずる処分がされても，原告たる株主は株主代表訴訟を提起することができ[24]，また，既に係属中の株主代表訴訟は上記処分の影響を受けないと解される[25]。

3．提訴請求

(1) **制 度 趣 旨**

株主代表訴訟を提起するには，原則として，まず会社に対し書面等により取締役の責任を追及する訴えの提起を請求すること（提訴請求）を要する（法847条1項）。これは，損害賠償請求権等の主体である会社に対し，訴訟を提

---

23) 佐々木宗啓＝預金保険法研究会『逐条解説預金保険法の運用』（金融財政事情研究会，2003）334頁
24) なお，係属中の訴訟についての追行権は喪失しないが，訴訟提起権限は喪失すると解するものとして，佐々木＝預金保険法研究会・前掲注23）336頁
25) 以上につき，信用協同組合の事例に関する最判平15・6・12民集57巻6号640頁

起するかどうかを検討する機会を与えるためである[26]。

(2) 提訴請求書の記載

　提訴請求は，会社に対し具体的な訴訟の提起を求めるものであるから，その書面（又は電磁的方法）には，①被告となるべき取締役又は監査役の氏名，②その責任原因となるべき具体的事実，③提訴の権限を有する名宛人（後記(3)参照）についての記載が必要とされ（会社則217条参照），これらの事項が記載されていない書面（又は電磁的方法）では有効な提訴請求があったとはいえない[27]。

　責任原因事実の記載は，会社が，いかなる事実・事項について取締役の責任追及を求められているのか分かるようなものでなければならない。もっとも，一般の株主は，取締役の違法行為の具体的な内容や損害の範囲を正確に知り得ない場合も多く，請求原因事実を漏らさず記載することまでは要求されていないと解される。裁判例にも，当該事案の内容，会社が認識している事実を考慮し，会社が，いかなる事実・事項について責任の追及を求められているのか判断し得る程度に特定されていれば足りるとするものがある[28]。

(3) 有効な提訴請求の存否

　(a) **監査役（又は代表取締役）に対する提訴請求**　　監査役設置会社では監査役が提訴請求の名宛人（提訴請求の受領権者）である（法386条2項1号）が，監査範囲が定款により限定されている非公開会社（監査役会設置会社及び会計監査人設置会社を除く。）については会社法386条の適用が排除されるため（法389条7項），提訴請求の名宛人は代表取締役である。

　提訴請求の名宛人を誤り，監査役を名宛人として提訴請求をすべきであったのに，誤って代表取締役宛に提訴請求をした場合，又は代表取締役を名宛人として提訴請求をすべきであったのに，誤って監査役宛に提訴請求をした場合には，有効な提訴請求があったとは認められないとするのが裁判例の傾

---

26) 江頭・前掲注10) 460頁
27) 市原・前掲注7) 88頁
28) 東京地判平8・6・20判時1572号27頁

向である[29]。もっとも，最判平21・3・31民集63巻3号472頁・判タ1314号136頁は，農業協同組合の理事に対する組合員代表訴訟を提起しようとする組合員が，同組合の代表者としての監事ではなく，代表理事を記載した提訴請求書を同組合に送付したという事案[30]につき，監事において，当該理事に対する訴訟を提起すべきか否かを自ら判断する機会があったときには，組合員が提起した代表訴訟を不適法として却下することはできない旨判示しており，提訴請求書の送付を求めた法の趣旨を踏まえると，株主代表訴訟を提起しようとする株主が名宛人を誤った提訴請求をした場合でも，本来の提訴請求を受けるべき者において提訴請求書の記載内容を正確に認識したうえで役員等に対する訴訟を提起すべきか否かを自ら判断する機会があったときは，適法な提訴請求と同視できるものと解する余地があろう。

  (b) 取締役を退任して就任した監査役に対する，その者の責任追及を求める提訴請求　　取締役退任後に監査役に就任した者について取締役在任中の責任を追及するために株主代表訴訟を提起しようとする場合，提訴請求の名宛人をその監査役とすることは，実質的には会社に提訴の要否を検討する機会を与えたとはいえないから，有効な提訴請求があったとはいえないとする裁判例がある[31]。このような場合には，原則に戻り，取締役，代表取締役又は代表執行役が提訴請求の名宛人となると考えられるであろう（法349条・420条3項）。

  (c) 監査役や代表取締役ではなく会社を名宛人とした提訴請求　　名宛人を単に「会社」とした提訴請求については，名宛人自体には誤りがあるが，通常の会社内部における文書回付の仕組みにより，担当者である代表取締役又は監査役に回付されると考えられるので，このような形式的不備があったとしても提訴請求が無効とまではいえないとする裁判例[32]がある一方で，旧商法267条1項・3項〔法847条1項・3項〕の解釈に当たっては法の形式を重視すべきであること，上記裁判例は到達の有無を問題とするもので，訴訟当

---

29) 大阪地中間判昭57・5・25判タ487号173頁，東京地判平4・2・13判時1427号137頁
30) 平成17年法律87号による改正前の農業協同組合法39条2項は，旧商法275条ノ4（法386条2項に対応）を準用している。
31) 大阪地判平12・9・20判タ1047号86頁
32) 大阪地判平12・5・31判時1742号141頁①事件

事者に無用の負担を強いかねない（到達の有無が争点となる可能性がある。）ことから，このような提訴請求は有効とはいえないとの指摘もある[33]。

(4) 提訴請求に関する瑕疵の治癒

(a) **原告たる株主が提訴請求をしないまま株主代表訴訟を提起し，60日が経過しても会社が訴えを提起しなかった場合**　　提訴請求がされないまま株主代表訴訟が提起された場合であっても，会社がその提起を知ってから60日が経過した後には株主代表訴訟の提訴前の手続に関する瑕疵は治癒され，裁判所はこれを却下し得ないとする見解がある[34]。

これに対し，有効な提訴請求がない場合，提訴請求の趣旨に照らし，原告たる株主には株主代表訴訟の提訴権限が認められず，その訴えは却下されるとする裁判例もある[35]。その根拠は，①提訴請求を不要とする場合に関する旧商法267条4項〔法847条5項〕は限定列挙と解されること，②有効な提訴請求をしなかった株主に厳格な手続を踏んだうえで再訴を提起する負担を課しても酷ではなく，訴訟の悪用防止にもつながることである。

(b) **上記(a)の場合に，会社が原告に訴訟参加したとき**　　原告たる株主が提訴請求をしないまま株主代表訴訟を提起した場合に，会社が原告たる株主に訴訟参加したとき（その方法について後記6参照）は，訴訟要件の欠缺による瑕疵は治癒される[36]。その根拠としては，①会社が当事者として参加したときは会社・取締役間に訴訟が係属するので，原告たる株主の株主代表訴訟のみを却下する実益に乏しいこと，②会社が原告たる株主に補助参加（共同訴訟的補助参加）したときに，原告たる株主による株主代表訴訟が却下され会社の訴訟参加も消滅するとすれば，消滅時効の中断等の利益を享受し得なくなる[37]ので，瑕疵が治癒されるとみる方が会社にとっても有利であること[38]が挙げられるほか，③会社が，株主代表訴訟に参加することにより，原告たる株主の訴訟行為を

---

33) 出口正義「商事判例研究」ジュリ1241号（2003）102頁
34) 北澤・前掲注2) 453頁
35) 大阪地判昭41・12・16下民集17巻11＝12号1237頁
36) 東京地判昭39・10・12判タ172号226頁
37) 赤堀光子「商事判例研究」ジュリ378号（1967）144頁
38) 小林秀之＝原強『株主代表訴訟』（日本評論社，1996）102頁

追認したとする見解もある[39]。被告たる取締役の利益保護の観点からしても，提訴請求の趣旨が被告たる取締役に防御の機会を与えるものでないことから，被告たる取締役のために訴えを却下する必要はない[40]。

(c) **上記(a)の場合に，会社が被告に訴訟参加したとき**　会社が，被告である取締役に補助参加をした場合（後記6(2)参照）には，事前の提訴請求を受けるべき利益を有する会社が，手続上の瑕疵について問題とすることなく進んで被告に補助参加しており，いわば被告に対してその責任を追及する意思のないことを表明しているものと認められることから，手続上の瑕疵を理由に株主代表訴訟が不適法であるとまではいえないとする裁判例がある[41]。会社が事前に提訴請求を受ける利益を放棄し，その瑕疵を争う者がいないとみる余地もあろう[42]。

(d) **株主代表訴訟提起後に提訴請求をした場合**　原告たる株主が，提訴請求をしないまま株主代表訴訟を提起し，その後に提訴請求をした場合に，提訴請求の欠缺による瑕疵が治癒されるかどうかについて，裁判例は分かれている。肯定した例としては，提訴請求の趣旨が，会社に対して自ら取締役の責任を追及するべき義務の懈怠を是正する機会を与え，また株主に慎重な手続を踏ませて濫訴を防止しようしたところにあるとしたうえで，訴訟経済上の観点や，原告たる株主は再度の訴訟を提起し得るので，元の株主代表訴訟を却下する実益に乏しいことなどを理由に，その後の提訴請求により最初に提訴請求を欠いていた瑕疵は治癒されるとするものがある[43]。これに対し，原告たる株主が有効な提訴請求をしないまま株主代表訴訟を提起して，その後に提訴請求を行い，会社が同一の訴訟を提起した場合，二重起訴（民訴142条）に該当し，会社の訴えが却下されるおそれがあること，提訴請求に関する要件は法律上明確に定められており，特にその遵守を原告たる株主に求めても酷ではないことを理由として，当初提訴請求を欠いていた瑕疵は治

---

39) 小林＝原・前掲注38)102頁
40) 小林＝原・前掲注38)111～112頁
41) 大阪地判平12・6・21判時1742号141頁②事件
42) 出口・前掲注33)102頁
43) 前掲注29)大阪地中間判昭57・5・25

癒されないとするものもある[44]。提訴請求の制度趣旨（前記(1)）を重視すれば，第一次的に提訴権限を有する会社にまず提訴の要否を検討させなければならないことから，会社が自ら訴訟参加してこの利益を放棄したと認められる場合を除き，瑕疵の治癒を認めるべきではないと考えられよう。

(5) 提訴請求後60日を経過する前の株主代表訴訟提起の取扱い

会社法847条3項は，提訴請求があった後60日を経過しない限り原告たる株主は訴えを提起できない旨規定しており，提訴請求の制度趣旨（前記(1)）に照らし，上記期間は会社のために与えられたものであって，同期間を経過する以前に株主代表訴訟を提起した場合には，不適法な訴えとして却下すべきとも考えられる。

しかし，このような場合，会社に有効な提訴請求がされており，提訴請求の趣旨は一応満たされていること，会社が上記期間内に訴訟を提起しない場合に限り，同期間の経過により，その瑕疵が治癒されるとしても，前記(4)(a)のような弊害は生じないと考えられるから，会社が提訴請求に基づき訴訟を提起しない場合には，期間の経過により瑕疵は治癒されると解されよう[45]。

(6) 提訴請求が例外的に不要とされる場合

「第1項及び第3項の規定にかかわらず，同項の期間の経過により株式会社に回復することができない損害が生ずるおそれがある場合」には，原告たる株主は提訴請求を行わないで株主代表訴訟を提起し得る（法847条5項）。この場合には，提訴請求を行ったときも，60日の経過を待たずに株主代表訴訟を提起し得る[46]。ここで想定されているのは，具体的には，60日の経過を待っていると会社の取締役に対する損害賠償請求権が消滅時効にかかる場合，あるいは提訴請求によりこれを知った取締役が財産を隠匿する場合や取締役が無資力になる場合である[47]。

---

[44] 前掲注29）東京地判平4・2・13
[45] 市原・前掲注7）91頁
[46] 上柳ほか編・前掲注3）370頁〔北澤〕
[47] 上柳ほか編・前掲注3）370頁〔北澤〕

(7) 提訴請求に対する応答――不提訴理由の開示

　提訴請求を受けた会社が訴訟を提起しなかったときは，提訴請求をした株主からの請求に応じて，訴訟を提起しなかった理由を通知しなければならない（法847条4項，会社則218条）。調査結果や判断の過程を開示させる制度を設けることで，会社内部でのなれ合いを防止して調査の充実を図るとともに，株主が訴訟を提起するのに必要な資料の収集を可能にするものである[48]。

4．被告の範囲

　株主代表訴訟において被告となる取締役は，現在会社の取締役である者に限られない。被告が会社の元取締役であっても提訴懈怠の可能性はあり，また，退任により株主代表訴訟の提起を免れ得るとした場合，敗訴が確実となった時点で取締役を辞任することにより株主代表訴訟による責任追及を逃れることが可能となり，これは妥当でないため，元取締役に対する株主代表訴訟による責任追及は当然に認められる[49]。また，会社の取締役が死亡した場合，株主代表訴訟における責任は損害賠償責任（金銭債務）であって相続の対象となること，株主代表訴訟の係属中に被告が死亡した場合に相続人が訴訟を受継すること[50]との均衡から，相続人を被告として株主代表訴訟を提起し得るものと解される。

5．責任追及の範囲

(1) 取締役に対する所有権移転登記手続請求権

　会社法847条の「取締役の責任」に，会社法423条・462条所定の責任以外に，取締役の会社に対する取引上の債務等も含むかどうかについては，提訴懈怠の可能性は取締役の会社に対する一切の責任に関して考えられるとして，これを積極に解するのが多数説とされ[51]，会社の取締役に対する所有権移転登記

---

48) 相澤編著・前掲注18) 250頁，黒沼・前掲注18) 73頁
49) 東京地判平6・12・22判時1518号3頁等
50) 東京地判平3・4・18判時1395号144頁等
51) 大隅＝今井・前掲注6) 272頁等

手続請求権について，株主代表訴訟による代位を認めた裁判例[52]もある。

これに対し，株主代表訴訟が認められるかどうかは，提訴懈怠の可能性だけでなく，会社に対する債務の発生原因がどのようなものであるかにより，旧商法はその発生原因において，特に重要であり，免除困難な責任（旧商法266条1項各号所定の責任）又は免除不可能な責任（旧商法時の資本充実責任）について株主代表訴訟を認めてその確実な実現を期したとする見解もあり[53]，このように解しても，取締役の会社に対する債務の履行を不当に請求しないことが取締役の会社に対する責任原因になり得ると解すれば，大きな弊害は生じないとの指摘もある[54]。また，上記責任の範囲は旧商法266条の損害賠償責任と同法280条ノ13による資本充実責任に限定されるとした裁判例もある[55]。このような立場を前提とすると，原告たる株主が，株主代表訴訟により所有権移転登記手続を請求しても，会社法が予定しない訴えとして却下されることになろう。

この点に関して，最判平21・3・10民集63巻3号361頁・判タ1295号179頁は，旧商法267条1項の「取締役の責任」には，取締役の地位に基づく責任のほか，取締役の会社に対する取引債務についての責任も含まれると解するのが相当であると判示しており，積極説中の取引債務包含説を採用したものと推測される。そして，同判決は，土地所有権に基づく所有権移転登記手続請求は，取締役の会社に対する取引債務についての責任を追及するものではないから，代表訴訟を提起し得ないが，会社と取締役との間で締結された取締役の所有名義の借用契約の終了に基づく所有権移転登記手続請求は，取締役の会社に対する取引債務についての責任を追及するものであるから，代表訴訟を提起し得る旨判示しており，代表訴訟制度の趣旨及び条文の文言からすると，この解釈は法847条1項の解釈についても同様に妥当し得るものと解される[56]。

---

52) 大阪高判昭54・10・30判時954号89頁
53) 北澤・前掲注2）448頁
54) 江頭・前掲注10）458頁
55) 東京地判昭31・10・19下民集7巻10号2931頁
56) 最判解説・曹時64巻4号155頁〔髙橋譲〕

(2) 取締役の従業員当時の雇用契約に基づく債務不履行責任

裁判例には，被告たる取締役が従業員であった当時の雇用契約に基づく債務不履行責任は，旧商法267条1項〔法847条1項〕の「取締役ノ責任」とはいえず，株主代表訴訟を提起し得ないとするものがある[57]。

6. 訴訟参加

(1) 会社又は株主の共同訴訟参加

会社又は株主は，株主代表訴訟を含む取締役の責任を追及する訴えに参加し得る（法849条1項本文）。これは，原告（会社又は株主）と被告たる取締役とのなれ合い訴訟を防止しようとする趣旨に出たものである[58]。

なお，この訴訟参加の性質について，民事訴訟法52条1項の共同訴訟参加であるとする見解が多数説であり[59]，裁判実務上も共同訴訟参加の形態による参加が認められていたところ[60)61)62]，会社法はこの点を明記している（法849条1項本文）。

(2) 会社の被告たる取締役への補助参加

会社が株主代表訴訟の被告たる取締役に補助参加し得るかどうかについて，旧商法下では議論があり，補助参加の利益の有無について，裁判例が分

---

57) 東京地判平10・12・7判時1701号161頁
58) 北澤・前掲注2)456頁
59) 上柳ほか編・前掲注3)374頁〔北澤〕
60) 傍論で，旧商法268条2項本文〔法849条1項本文〕に基づく参加が民事訴訟法52条1項〔旧民訴75条〕に規定する共同訴訟人としての参加であるとするものとして，東京高判平6・8・29金判954号14頁
61) 当事者としての参加は認められず共同訴訟的補助参加しかできないとする見解のほか，独立当事者参加であるとする見解として，中島弘雅「株主代表訴訟における訴訟参加」小林秀之＝近藤光男編『新版株主代表訴訟大系』（弘文堂，2002）258頁
62) 法定訴訟担当の一般原則に従い，株主代表訴訟が提起されることによって，会社や他の株主の当事者適格は失われるが，旧商法268条2項〔法849条1項〕は，原告たる株主と共同訴訟人となる場合に限り，会社及び他の株主に当事者としての訴訟追行権を付与した特則であるとする見解として，伊藤眞「法定訴訟担当の構造―株主代表訴訟を材料として」司研論集97号（1997）402頁

かれていた時期もあった[63]ものの、取締役会の意思決定が違法であるとして被告たる取締役に対し提起された株主代表訴訟について、会社は、特段の事情がない限り、被告たる取締役を補助するため訴訟に参加することが許されると解されていた[64]。取締役会の意思決定の違法を原因とする会社の被告たる取締役に対する損害賠償請求が認められれば、その取締役会の意思決定を前提として形成された会社の私法上又は公法上の法的地位又は法的利益に影響を及ぼすおそれがあるというべきであり、会社は被告たる取締役の敗訴を防ぐことに法律上の利害関係（民訴42条）を有するといえるからである[65]。

そこで、会社法は、会社が株主代表訴訟で被告たる取締役に補助参加し得る旨明文で定めている（法849条1項本文）[66]ほか、会社が被告たる取締役を補助するため株主代表訴訟に参加するとの申出をする場合、監査役設置会社では監査役の同意を得ることを必要とし、監査役が数名いる場合、各監査役の同意を得なければならないと規定している（法849条2項1号）。これは、参加に当たって会社としての判断の適正を期するため、取締役会から独立した機関として業務監査権を有する監査役の同意を求める趣旨に出たものである[67]。

7．担保提供命令

(1)　担保提供命令制度

裁判所は、株主代表訴訟が提起された場合において、被告たる取締役の申立てがあったときは、相当の担保を提供すべきことを命じ得る（法847条7項）。

---

63) 肯定するものとして、東京地決平7・11・30判時1556号137頁等、否定するものとして名古屋高決平8・7・11判時1588号145頁等
64) 最決平13・1・30民集55巻1号30頁
65) 会社がどのような法令遵守体制をとっていたかどうかが主要な争点とされた株主代表訴訟の事案で、このような問題は、組織全体としての体制整備に関わる問題であるから、当然に組織としての意思決定ないし方針たる会社の違法体制の是非に関わるとして、会社の被告たる取締役に対する補助参加を認めた裁判例として、東京地決平14・6・21判時1790号156頁
66) 会社は訴訟の結果につき法律上の利害関係を有するといえるので、補助参加の利益（民訴42条）は要件とされず、その不当性等が補助参加を認められない事由として規定されている（法849条1項ただし書）。
67) 太田誠一ほか「企業統治関係商法改正法Q&A」商事1623号（2002）13頁

これは，株主代表訴訟の提起が被告たる取締役に対する不法行為に当たる場合に備えて，被告たる取締役の原告たる株主に対する損害賠償請求権を担保し，株主代表訴訟の濫用を防止しようとする趣旨である[68]。

(2) 請求棄却の蓋然性を過失により認識しない場合と「悪意」

担保提供命令の申立てに当たっては，原告たる株主が「悪意」により訴えを提起したことが疎明されなければならない（法847条8項）。

この「悪意」については，被告たる取締役に損害が生じることの認識で足りるか[69]，被告たる取締役を害する意図を要するか[70]，会社荒し等の不当な目的[71]や原告たる株主の主張内容との関係如何といった様々な観点から検討されているが，実務的には，平成6年の東京地裁の決定[72]が，「悪意」とは，請求原因の重要な部分に主張自体失当の点があり，主張を大幅に補充あるいは変更しない限り請求が認容される可能性がない場合，請求原因事実の立証の見込みが低いと予測すべき顕著な事由がある場合，あるいは被告の抗弁が成立して請求が棄却される蓋然性が高い場合等に，そうした事情を認識しつつあえて訴えを提起したものと認められる場合をいう（いわゆる「蛇の目基準」）として以降，この「蛇の目基準」を採用したと思われる裁判例が複数存在する[73]。

しかし，この「悪意」に原告たる株主が自己の請求に理由がないことを過失により知らなかった場合を含めるかどうかについては裁判例が分かれ，これを含めるもの[74]と含めないもの[75]がある（2件の大阪高裁の決定[76]が，この「悪意」の意義について，過失による不当訴訟を含まず，原告たる株主が株主代表訴訟で

---

68) 菊池洋一「株主代表訴訟における悪意」門口編・前掲注7）146頁
69) 認識説として，大隅＝今井・前掲注6）275頁
70) 原告たる株主において，被告たる取締役が会社に対して負うべき責任のないことを知りながら，もっぱら被告たる取締役を害する企図をもって提起した訴えであることが必要であるとした裁判例として，名古屋地決平6・1・26判時1492号139頁
71) 会社荒し等訴えの提起が不当な目的に出ていることを「悪意」と理解するものとして，鈴木竹雄＝竹内昭夫『会社法〔第3版〕』（有斐閣，1994）301頁・255頁
72) 東京地決平6・7・22判タ867号126頁
73) 東京高決平7・2・20判タ895号252頁（前掲注72）東京地決平6・7・22の抗告審），高松高決平7・8・24金判997号25頁，東京地決平8・6・26金法1457号40頁等

主張する権利等が事実的・法律的根拠を欠いていることを知りながら，あえて訴えを提起し，又はこれを継続する場合であるとしている。）。

　もっとも，この「悪意」に過失による不当提訴が含まれないとしても，「蛇の目基準」において示された事情が疎明された場合には，取締役の責任に事実的・法律的根拠がないことを知りながら，あえて訴えを提起したと推認し得るとも考えられ，上記大阪高裁の決定と「蛇の目基準」は，一般論としては大きく相違するものではないという指摘もある[77]。また，「蛇の目基準」を採用したうえで，訴訟提起後相当期間が経過しているにもかかわらず，請求原因の内容が変遷し，立証もほとんどされていないこと等を認定して，原告たる株主が，請求原因事実の立証の見込みが低いと予測すべき顕著な事由があるにもかかわらず，そのような事情を認識しながらあえて代表訴訟を提起したものとして，「悪意」を認めた裁判例もある[78]。

　結局，「悪意」については，一般論として過失を含むかどうかを論じるのではなく，当該事案において，原告たる株主が，請求が棄却される蓋然性が高いこと等の事情を認識しつつあえて訴えを提起したといえるかどうかを問題として，訴訟提起から担保提供命令の判断時までの期間における原告たる株主の主張立証活動の状況等を考慮し，上記事情を判断すべきことになろう。

(3)　自己の利益を図る目的と「悪意」

　「悪意」の要件に関して，担保提供命令の制度が，本来，株主権を濫用し，不当な利益を得る目的で株主代表訴訟を利用する総会屋に対処するために設けられたものであることから，原告たる株主が株主代表訴訟を手段として不法不当な利益を得る目的を有する場合には，担保の提供を命じ得ると解される。

　このような例としては，原告たる株主が会社の元従業員であってもっぱら

---

74)　東京高決平6・12・26商事（資料版）131号81頁
75)　前掲注73)東京高決平7・2・20
76)　大阪高決平9・8・26判タ979号219頁，大阪高決平9・11・18判タ971号216頁
77)　菊池・前掲注68)149頁
78)　東京地決平14・11・29判時1865号131頁

自己の復職に有利な影響を与える目的で株主代表訴訟を提起したと認められる場合[79]，原告たる株主が会社の取引先であり，その契約の更新拒絶を契機に，被告たる取締役らを困惑させる目的で株主代表訴訟を提起したと認められる場合[80]，原告たる株主が，会社に対する意趣返しと会社の申し立てた破産手続を妨害する目的の下に会社及び被告たる取締役を誹謗中傷することを意図して，会社及び被告たる取締役を困惑させることのみを目的として株主代表訴訟を提起したと認められる場合[81]等が挙げられる。

(4) 担保金額の算定基準

担保提供命令における担保は，被告たる取締役が原告たる株主に対して有することのあるべき不法行為による損害賠償請求権の履行を確保するためのものであるから，担保の額は，将来，被告たる取締役が原告たる株主に対して損害賠償請求訴訟を提起した場合に認容される可能性のある損害額を基準として定められる[82]。具体的には，株主代表訴訟の提起により被告が被ると通常考えられる損害としては，応訴費用すなわち弁護士費用やその他調査費用，社会的経済的信用の低下等に伴う慰謝料等がある[83]。なお，裁判例には，担保額について，被告たる取締役が被る損害のほか，不当提訴となる蓋然性の程度，悪意の態様・程度，請求が複数の場合には悪意が認定された請求が当該訴え全体の中で占める位置，責任を問われる被告の数等を総合的に考慮して決定すべきとするものもある[84]。

(5) 担保提供命令の効果

担保提供命令が発令され，これが確定した場合，原告たる株主が命ぜられた期間内にその担保を提供しないときには，株主代表訴訟は判決により却下される（民訴78条・81条）。

---

79) 大阪地決平8・8・28判タ924号258頁
80) 大阪地決平8・11・14判タ929号253頁
81) 東京地決平12・4・3判時1738号111頁
82) 名古屋高決平7・3・8判時1531号134頁
83) 江頭・前掲注10) 421頁
84) 前掲注72) 東京地決平6・7・22

第1審において担保提供命令が発令され，これが即時抗告されて抗告審において抗告が棄却された場合には，その時点で担保提供命令は確定する。この場合，仮に特別抗告又は許可抗告の申立てがされたとしても，いずれの申立てにも執行停止の効力がない（民訴334条1項参照）から，命ぜられた期間内に担保を提供しない場合，判決により訴えを却下し得る[85]。

8．訴権の濫用

　旧商法下において，株主権の濫用として訴えが却下された裁判例として，会社や取締役から金銭的利益を得る目的である場合や，会社との個人的紛争を解決するためなどの個人的利益追求の手段として株主代表訴訟を提起した場合[86]等があった[87]ところ，会社法は，このような訴権の濫用に当たる場合に株主による提訴請求を制限する規定を設け，当該株主若しくは第三者の不正な利益を図り又は当該株式会社に損害を加えることを目的とする場合には株主代表訴訟を提起できないものとしている（法847条1項ただし書・5項ただし書）。これは，訴権の濫用の適用場面の一部につき規定が設けられたもので，これ以外の場面について訴権の濫用の法理が適用されることを否定するものではないと解される[88]。

---

85) このような例として，東京地判平12・7・6判時1757号142頁
86) 長崎地判平3・2・19判時1393号138頁
87) このほかに，会社が原告たる株主と通謀して，申立手数料（印紙）の節約を図るため，原告たる株主が株主代表訴訟を提起した場合に，訴えが訴権の濫用に当たり，却下されるとした裁判例として，東京地判平8・6・20判タ927号233頁。なお，株主代表訴訟ではないが，株主が株主総会決議無効確認の訴えを提起した場合に，無効原因の前提となる不動産売却をめぐる当該株主と会社側との紛争の経緯，問題とされる会計処理から訴え提起までの長期間（約18年）の経過の下における上記不動産売却及び会計処理に対する当該株主の姿勢に照らし，紛争の蒸し返しであって信義則上許されず，訴権の濫用に当たるとした裁判例として，東京地判平23・5・26判タ1368号238頁
88) 相澤編著・前掲注18)243頁

9. 訴訟告知

　株主代表訴訟を提起した原告たる株主は，遅滞なく会社に対して訴訟告知をしなければならない（法849条3項）。これは会社に訴訟参加の機会を与えるためであり，これを怠った場合，原告たる株主は損害賠償責任を負う場合がある。訴訟告知は，民事訴訟法53条，民事訴訟規則22条所定の方法により行う。
　さらに，会社は，自らが取締役に対する責任追及訴訟を提起した場合にはその旨を遅滞なく公告するか，他の株主に通知しなければならず，このことは原告たる株主が会社に訴訟告知をした場合も同様である（法849条4項）。これは，会社だけではなく，原告たる株主以外の株主にも，その訴訟係属を知り得る制度を設け，訴訟参加の機会を与える趣旨に出たものである[89]。

10. 裁判上の和解

　株主代表訴訟において和解ができるかどうかについて，従来，原告たる株主に会社の権利に対する実体法的な管理・処分権限が認められるかどうか，取締役の責任に対する免除の規定（旧商266条5項〔法424条〕）との関係をどのように理解すべきかといった議論があった[90]が，会社法は，平成13年の改正後の旧商法を引き継ぎ，株主代表訴訟において和解ができることを前提として，次のような規定を置いている。
　会社の取締役に対する責任追及訴訟（株主代表訴訟を含む。）について，裁判上の和解（民訴267条）を行う場合には，上記責任免除規定の適用はない（法850条4項）。会社が和解当事者（和解の利害関係人を含む。）ではない場合において，原告たる株主が被告との間で和解をしたときは，会社の承認がなければ民事訴訟法267条の適用はなく（法850条1項），裁判所は，会社に対し，和解内容を通知し，かつ，会社が和解に異議があれば2週間以内に異議を述べるべき旨

---

89) 太田ほか・前掲注67) 12頁
90) 市原義孝「株主代表訴訟における和解」門口編・前掲注7) 132頁

を催告することが必要である（法850条2項）。この通知及び催告を受ける場合に会社を代表する者は，提訴請求の名宛人と同様に解される（法386条等）。会社が，上記期間内に異議を述べない場合，裁判所が通知した内容による和解を承認したとみなされ（法850条3項），この場合も，会社法424条の適用はない（法850条4項）。これに対し，会社が異議を述べた場合には，仮に原告たる株主と被告たる取締役が和解をしても，会社又は他の株主との関係においては，裁判上の和解の効力は及ばない（法850条4項参照）と解される[91]。

11. 弁護士費用等の請求

(1) 裁判上の和解が成立した場合

　原告たる株主が株主代表訴訟において勝訴した場合には，弁護士に支払うべき報酬額の範囲内において相当額を株主は会社に請求し得る（法852条1項）。これは，株主代表訴訟の結果，会社に生じていた損害が回復されたときは，その訴訟の提起・追行は会社のための事務管理としての面があることから，それに要した訴訟費用以外の費用すなわち弁護士報酬等のうち客観的に有益費と認められる範囲のものを原告たる株主に償還すべき義務（民702条参照）を会社に負わせ，もって株主代表訴訟の提起を容易ならしめ，その制度の実効性を保障しようとしたものである[92]。

　このような趣旨から，ここでいう「勝訴」には，原告たる株主と被告たる取締役との間に裁判上の和解が成立し，被告たる取締役が会社に対して損害賠償金等を支払う場合も含まれる[93]（裁判上の和解を認める現在の実務を前提とすれば，あえてそれだけを除く必然性は乏しいとの指摘がある[94]。）。

---

91) 池田辰夫「株主代表訴訟における和解」小林＝近藤編・前掲注61) 302頁。なお，江頭・前掲注10) 423頁
92) 東京高判平12・4・27金判1095号21頁
93) 前掲注92) 東京高判平12・4・27
94) 釜田薫子「株主代表訴訟で和解が成立した場合の原告株主による会社に対する弁護士報酬請求権の法律的性格」商事1688号（2004) 58頁

(2) 「相当と認められる額」の範囲

　「相当と認められる額」（法852条1項）は，当該弁護士の報酬を基準に，会社が得た利益，事件の難易度，軽重，手数の繁簡等の種々の要素を考慮して決定される（総合考慮説）[95]。弁護士報酬算出の基礎となる経済的利益については，株主代表訴訟における判決の賠償額又は和解で示された金額とみるべきであるが，賠償額と現実の回収額の間に相当の開きがある場合には，回収可能額の範囲で弁護士報酬額を算出するよりほかないという指摘がある[96]。

12. 敗訴した原告たる株主に対する会社の損害賠償請求

　株主代表訴訟を提起した原告たる株主が敗訴した場合には，その株主が「悪意」で訴訟を提起したと認められない限り，会社は，原告たる株主に対し，損害賠償請求をすることはできない（法852条2項）。ここでいう「悪意」には，原告たる株主が会社を害することを知って不適当な訴訟を追行をした場合[97]のほか，原告たる株主が会社荒しの目的で株主代表訴訟を提起し，その結果，会社の資産状態に対する信用が害され，会社の資金調達に支障を来すなどして損害を被る場合も含まれる[98]。

---

95) 神戸地判平10・10・1判時1674号156頁，東京地判平16・3・22判タ1158号244頁。なお，株主代表訴訟と性質において類似する住民訴訟に係る弁護士費用請求についても参考になろう。最判平21・4・23民集63巻4号703頁は，旧地方自治法（平成14年法律第4号による改正前のもの）242条の2第7項（現行法では第12項）において，「同項にいう『相当と認められる額』とは，旧4号住民訴訟において住民から訴訟委任を受けた弁護士が当該訴訟のために行った活動の対価として必要かつ十分な程度として社会通念上適正妥当と認められる額をいい，その具体的な額は，当該訴訟における事案の難易，弁護士が要した労力の程度及び時間，認容された額，判決の結果普通地方公共団体が回収した額，住民訴訟の性格その他諸般の事情を総合的に勘案して定められるべきものと解するのが相当である」としている。その後の大阪地判平22・7・14判時2093号138頁は，旧商法268条の2第1項について，上記最判の一般論とほぼ同様の判断基準を採用している。
96) 堀口勝「株主代表訴訟に勝訴した場合の株主が会社に対して支払請求できる弁護士報酬額」金判1113号（2001）65〜66頁
97) 北澤・前掲注2）461頁，大隅＝今井・前掲注6）279頁
98) 北澤・前掲注2）461頁

13. 再審の訴え

　株主代表訴訟において，原告（会社又は株主）と被告たる取締役が共謀により訴訟の目的たる会社の権利を詐害する目的で判決をさせた場合には，原告以外の会社又は株主は，確定の終局判決に対し，再審の訴えを提起し得る（法853条）。これは，原告たる会社又は株主と被告たる取締役との馴れ合い訴訟を防止する趣旨に出たものであり，確定の終局判決には詐害的な和解又は請求の放棄があった場合を含む[99]。他の株主が株主代表訴訟の提起を知らずに訴訟参加（法849条1項）できない可能性や，知っていても原告の訴訟追行を信頼して訴訟参加等をしない可能性を考慮したものである[100]。

　この再審の訴えは，その事由及び提訴権者（民訴338条以下）については一般の再審の訴えと異なるが，その他の点では民事訴訟法の一般規定に服する[101]。

---

99)　上柳ほか編・前掲注3）384頁〔北澤〕
100)　北澤・前掲注2）459頁，江頭・前掲注10）466頁
101)　上柳ほか編・前掲注3）385頁〔北澤〕

第8章

第三者の取締役に対する責任追及訴訟

I 制度の概要

　本章では，株式会社（以下「会社」という。）における第三者の取締役に対する責任追及訴訟（法429条1項。以下「本条項」という。）を取り上げて解説する。第三者は，原則として，取締役が会社に対し任務懈怠行為を行ったことに起因する損害を受けたとしても，取締役の任務懈怠は会社に対するものであるから，任務懈怠行為が同時に第三者に対する不法行為を構成しない限り，取締役の責任を追及することはできない[1]。しかし，本条項により，取締役において悪意又は重過失により違法な職務執行をし，これによって第三者に損害を被らせたときは，取締役の任務懈怠行為と第三者の損害との間に相当因果関係がある限り，その損害が会社が損害を被ったことを介して第三者に損害を生じた場合（以下「間接侵害」といい，この場合の損害を「間接損害」という。）であると，直接に第三者が損害を被った場合（以下「直接侵害」といい，この場合の損害を「直接損害」という。）であるとを問わず，取締役に対し，直接その損害の賠償を請求することができることになる。この本条項は，旧商266条ノ3第1項（以下「旧条項」という。）を引き継ぐものであり，旧条項におけると同様に，第三者が会社に対して有する契約上又は不法行為に基づく損害賠償請求権では，会社が無資力のため満足を受けられない場合，本条項を利用して

---

[1] 弥永真生『リーガルマインド会社法〔第13版〕』（有斐閣，2012）224頁

取締役個人の責任を追及するとか，会社が実質上，取締役の一人会社であるような場合に法人格否認の法理に代わるものとして，取締役個人の責任を追及する手段として利用されると思われる[2]。

Ⅱ　訴訟手続上の問題点

　基本的には，通常の民事訴訟（給付訴訟）と同じであり，判決の効力も通常の民事訴訟における給付判決と同じである。

　なお，本条項の責任を追及する訴えには，取締役の責任を追及する訴えの管轄について本店所在地の地方裁判所の専属管轄に属する旨を定める法848条の適用がないと解する。本条項の訴えの管轄については，民事訴訟法4条1項によるべきであり，一つの訴えをもって数個の請求をする場合は同法7条の併合請求の管轄によることもできる[3]。

Ⅲ　実体要件に関する問題点

1．責任の趣旨及び性質

　本条項は，旧条項を引き継ぎ，取締役の違法な職務行為により第三者が損害を受けた場合に，取締役個人が，その第三者に対して損害賠償責任を負うことを定めている。最大判昭44・11・26民集23巻11号2150頁・判時578号3頁は，その趣旨について，取締役は，受任者として会社に対して負う善管注意義務・忠実義務に違反して第三者に損害を被らせても，当然には損害賠償責任を負うものではないが，法は，会社の経済社会に占める地位及び取締役

2）　山口和男編『会社訴訟非訟の実務〔改訂版〕』（新日本法規出版，2004）532頁
3）　大阪高決昭54・1・16判タ381号154頁。なお，本条項の責任は不法行為責任の性質を有しない法定の責任であるという前提からすれば，同決定が挙げる旧民事訴訟法15条（＝現行民訴5条9号）は適切でないであろう。

の職務の重要性を考慮し，第三者保護の立場から，取締役において悪意又は重過失により前記義務に違反し，これによって第三者に損害を被らせたときは，取締役の任務懈怠行為と第三者の損害との間に相当因果関係がある限り，間接損害又は直接損害のいずれの損害を生じた場合であるとを問わず，取締役が直接に第三者に対し責任を負うことを規定しているものと判示する。

そして，本条項の責任の性質については，旧条項に関すると同様に，大別し，法定責任説，不法行為特則説，特殊不法行為責任説が考え得るが[4]，不法行為の性質を否定し，法定責任説を採用する判例[5]及び通説が維持されるべきであろう。

2．要件事実及びその主張立証責任

本条項の責任を追及するについての請求原因は，①被告について，取締役としての会社に対する任務懈怠があったこと，②被告が①につき悪意又は重過失があったこと，③原告の損害発生とその数額，④①及び③の間の相当因果関係の存在である。②の重過失については，具体的に重過失があったことを基礎づける評価根拠事実を主張立証することになり，責任を追及される取締役は，これに対し，重過失があったとの評価を妨げる具体的な評価障害事実の存在を抗弁として主張立証することになる[6]。この重過失の評価を基礎づける評価根拠事実と評価を障害する評価障害事実は総合して判断されることになるため，取締役側も積極的に重過失の不存在を抗弁として主張する必要があろう。

3．責任の主体

(1) 取締役

本条項の責任を負う取締役は，任務懈怠があった取締役である。ここで取

---

[4] 吉川義春『取締役の第三者に対する責任』（日本評論社，1986）2頁以下・53頁以下
[5] 最大判昭44・11・26民集23巻11号2150頁・判時578号3頁，最判昭49・12・17民集28巻10号2059頁，最判平元・9・21判時1334号223頁・判タ714号83頁
[6] 司法研修所編『増補民事訴訟における要件事実第1巻』（法曹会，1986）34頁

締役とは，適法な選任手続を経て取締役に就任した者をいう。株主総会の選任決議の手続に瑕疵があり事後的に取り消され，遡及的に取締役の地位を喪失しても，本条項の責任を負うとされる[7]。また，取締役には，代表取締役や取締役の権利義務を有する者（法346条1項・351条1項）も含まれる[8]。

(2) 名目的取締役

(a) **前　　提**　名目的取締役とは，当該取締役及び会社の間において取締役としての職務を果たさなくてもよいとの合意の下で，有効に取締役に選任されている者をいう。このような名目的取締役であっても，代表取締役，支配人らの業務執行に対する監視・監督義務を負い，これを怠った場合には会社に対する任務懈怠となり，本条項の責任を負う[9]。また，名目的代表取締役においても，名目的取締役と同様に本条項の責任を負う[10]。

このような取締役は，株式会社にあっては3人の取締役選任を不可欠としていた旧商法255条が改正され，取締役会設置会社でない限り，員数1人で足りることとなった（法331条4項）ため，株式会社としての体裁を整えるために取締役としての活動を前提としない員数合わせの取締役を揃えるという事実上の必要性が解消されるのではないかと思われる[11]。

(b) **名目的取締役の責任否定の可否及び方法**　名目的取締役による他の取締役の業務執行の監督は，取締役として一般に要求されている知識及び識見を基準に善良な管理者の注意を尽くして行われるべきであって，個々の取締役の多忙，病気あるいは老齢といった個人的事情によってその注意義務が

---

7) 弥永・前掲注1) 229頁
8) 最判昭37・8・28集民62号273頁
9) 前掲注8) 最判昭37・8・28, 最判昭48・5・22民集27巻5号655頁・判時707号92頁, 最判昭55・3・18判時971号101頁・判タ420号87頁。なお, **第6章Ⅷ2(3)**でも名目的取締役を扱っているが, 会社ではなく第三者が責任追及主体になる点において異なる面もあることから, 重複をいとわず記載することとする。
10) 前掲注5) 最大判昭44・11・26, 最判昭45・3・26判時590号75頁, 最判昭45・7・16民集24巻7号1061頁・判時602号86頁
11) そうすると, 従前は, 責任の減免の可否及び方法について議論があったが, 果たして取締役として機能しない取締役の存在を許容することを前提とした責任減免の議論を維持するのか価値判断を問い直す必要があるのではなかろうか。

軽減されるべきではないとする見解[12]が有力ではあるが，実際上，様々な事情から名目的取締役の責任を否定する裁判例が少なくないのであり，責任の成否については，後述する重過失の存否等の認定を通じて，どのような取締役であったかという事実に即して具体的に考察すべきであるとされる[13]。

そして，名目的取締役の責任を否定する構成としては，㋐監視義務違反（行為）がないとするもの[14]，㋑重過失がないとするもの[15]，㋒相当因果関係がないとするもの[16]，㋓名目的取締役であるがゆえに一般の取締役に比して責任が軽減されるとするもの[17]がある。また，責任の否定を認める裁判例上で考慮されている要素には，①職務免除の特約，②無報酬又は過少な報酬，出資の欠如，③就任してからの期間の長短，④取締役会の不開催，⑤他の仕事の兼業，⑥遠隔地居住，⑦病気・老齢，⑧専門的知識の欠如，⑨事実上の影響力の欠如といった事情が挙げられる[18]。

もっとも，これらの責任否定の構成及事情の理論的な位置づけについては検討を要する。そして，①の職務免除の特約は，会社機関の権限・組織に関する強行規定に反し無効であると解すべきであるから[19]，㋓の構成をもっては責任を免除すべきでない[20]。そこで，②以下の諸事情を上記㋐ないし㋒の各構成のなかで，監視が有効かつ可能であるという作為義務の存在又は不存在を基礎づける事由，著しい作為義務違反としての重過失の存在又は不存在を基礎づける事由，相当因果関係中の条件公式の存在又は不存在を基礎づける事由となり得るかという観点から整理すべきことになる[21]。②の無報酬

---

12) 神崎克郎「取締役の注意義務」民商82巻6号（1980）729頁
13) 田尾桃二「代表取締役の業務執行についての取締役の監視義務」曹時25巻8号（1973）139頁
14) 札幌地判昭51・7・30判タ348号303頁〔了知可能性〕，大阪高判昭58・10・28判タ513号174頁〔阻止可能性〕等
15) 東京高判昭56・9・28判時1021号131頁〔職責履行困難〕等
16) 前掲注10)最判昭45・7・16，東京地判昭51・8・23判時849号114頁等
17) 後藤勇「商法266条の3第1項前段の取締役の任務懈怠と悪意又は重過失に関する二，三の問題」判タ357号（1978）60頁
18) 吉川・前掲注4)12頁，野村修也「取締役の第三者に対する責任」加美和照編著『取締役の権限と責任―法的地位の総合分析』（中央経済社，1994）254頁以下
19) 吉川・前掲注4)146～147頁，前掲注9)最判昭55・3・18
20) 前掲注5)最大判昭44・11・26，前掲注10)最判昭45・3・26，前掲注10)最判昭45・7・16，前掲注9)最判昭55・3・18。吉川・前掲注4)155頁以下，神崎・前掲注12)730～731頁・733頁

は，名目性を基礎づける事情ではあっても，上記の⑦ないし⑨のいずれの不存在を基礎づける事由にもならないと考えるが，出資の欠如は，後記⑨の事実上の影響力を判断する要素となると思われる。③の就任してからの期間の長短は，監視の前提となる予見可能性を判断する要素に位置づけられる。④の取締役会の不開催は，監視を尽くすべきことを基礎づける事情であるが，同時に，⑨の事実上の影響力の欠如を判断する要素になる場合がある。⑤の他の仕事の兼業及び⑥の遠隔地居住は，確かに義務の履行を困難にしている事情であるが，それは取締役の主観的な事情であって⑦ないし⑨の不存在を基礎づけるものではなく，かえって任務の懈怠を基礎づけるものと考える。⑦の病気・老齢も基本的に同様であるが，就任後の一時的な病気のために一時的に監視義務を尽くせなかったような場合には，⑦の不存在を基礎づける事由と考えることができる。⑧の専門的知識の欠如は，その専門的知識が会社の属する業界の取締役として当然に備えるべき知識であれば責任否定の理由とはならない。⑨の事実上の影響力の欠如は，⑦ないし⑨の不存在を基礎づける事由であるとする裁判例があるが[22]，基本的には⑨の不存在を基礎づける事由の問題であると考える。

(3) 登記簿上の取締役（表見取締役）

取締役に適法に就任していないが登記簿上は取締役として登記されている登記簿上の取締役（表見取締役）も，取締役でないのに取締役として就任の登記をされたことについて故意又は過失により承諾を与えていたときは，同人は法908条2項の類推適用により，自己が取締役でないことを善意の第三者

---

21) 前記Ⅲ2で述べたように，⑦任務懈怠行為の前提となる作為義務を基礎づける事実，④重過失を基礎づける事実，⑨相当因果関係の条件関係を基礎づける事実は，いずれも本条項の責任を根拠づける請求原因を構成する事実であり，ここでこれらの不存在を基礎づける事実というのは，重過失については抗弁，その他は積極否認の理由と位置づけられることになるとするのが一般的な考え方である。しかし，重過失のみを規範的要件と捉えるのではなく，監視義務違反かこれに伴う不作為の条件公式の存否についても規範的な価値判断が介在することを踏まえて規範的要件の一種ないし類似するものと捉えて，これらの存否の評価に関する事実を主要事実とする考え方もあり得よう。第6章Ⅴ2及びその注61)参照。
22) ⑦につき前掲注14)大阪高判昭58・10・28等，④⑨につき東京高判昭57・3・31判時1048号145頁，東京高判平22・6・29等，⑨につき東京地判昭58・2・24判時1071号131頁等

に対抗することができず，ひいては，第三者に対する本条項の責任を負うこととになる[23]。

また，取締役を辞任した者は，辞任行為により取締役の地位を失うから，辞任登記が未了であるということだけで法908条1項により本条項の責任を負うことはない[24]。しかし，積極的に取締役として対外的又は内部的な行為を敢えてしたとか，会社の代表者に対して辞任登記を申請しないで不実の登記を残存させることについて明示的に承諾を与えていた等の特段の事情があれば，辞任登記未了のためその者を取締役と信じて会社と取引をした第三者に対して本条項の責任を負う[25]。

(4) 事実上の取締役

取締役には就任していないが，対内的には重要事項の決定権を掌握し，対外的にも代表者として振る舞うことが多かった実質的経営者（事実上の代表取締役）については，本条項の類推適用により責任を認めることの可否について争いがある。旧条項の下でも肯定する裁判例[26]と否定する裁判例[27]がある。仮に責任を認めるとしても，本条項の責任を負うべき事実上の取締役というには，単に取締役又はこれに相応する呼称で呼ばれていただけでは足りず，現に会社の業務の運営，執行について取締役に匹敵する権限を有し，これに準ずる活動をしていたことを要する[28]。

4．責任行為（任務懈怠の行為）

(1) 任務懈怠行為

本条項の責任の対象となる取締役の行為は，単に「職務を行うについて」の行為と定められているだけであるから，責任の対象となる行為を解釈上確

---

23) 最判昭47・6・15民集26巻5号984頁・判時673号7頁
24) 前掲注8）最判昭37・8・28
25) 最判昭62・4・16判時1248号127頁・判タ646号104頁，最判昭63・1・26金法1196号26頁
26) 東京地判平2・9・3判時1376号110頁，大阪地判平4・1・27労判611号82頁
27) 東京地判平5・3・29判タ870号252頁
28) 東京地判昭55・11・26判時1011号113頁。なお，前掲注27）東京地判平5・3・29参照

定する必要がある。そして，会社の目的の範囲外の行為[29]ないし取締役の職務と無関係な行為が対象とならないことは明らかであり，また，損害賠償責任を基礎づける行為であるから，第三者に損害をもたらす違法な行為でなければならない。このような本条項の責任を基礎づける取締役の違法な行為を任務懈怠行為と称する。この任務懈怠は会社に対するものであれば足り，具体的には，取締役が会社に対し法令違反を含む善管注意義務違反の行為をした場合をいう[30]。

この任務懈怠行為には，第三者に生ずる損害の発生形態により，取締役の行為によって第一次的には会社に損害が生じ，その結果として第三者にも損害を及ぼすことになる間接侵害の場合と，直接的に第三者に損害を与える直接侵害の場合の2類型があり，その双方が本条項にいう任務懈怠に含まれる[31]。もっとも，直接侵害又は間接侵害のいずれの事案であるのか必ずしも明確でない場合には，会社が加害者であるのか，被害者の立場に立たされているのかが一応の区分の目安になるが[32]，一つの任務懈怠行為が，同時に双方の侵害行為に該当する同時侵害型の行為であることもあり得る[33]。また，直接に直接侵害又は間接侵害となる侵害行為を担う場合であると監視義務に違反し他の取締役による侵害行為を抑止しなかった場合であるとを問わず任務懈怠となる。

以下，任務懈怠行為の各類型を概観する[34]。

(2) 直接侵害の類型

直接侵害による直接損害の類型には，会社の損害の有無を問わず，第三者に損害を与える行為が含まれる。

---

29) 山口編・前掲注2)534頁・536〜537頁
30) 上柳克郎ほか編『新版注釈会社法(6)』(有斐閣，1987) 303頁〔龍田節〕
31) 前掲注5)最大判昭44・11・26
32) 河和哲雄＝河野玄逸『取締役・監査役の第三者責任』(商事法務研究会，1988) 97〜98頁・117頁
33) 上柳ほか編・前掲注30)314頁〔龍田〕，上柳克郎『会社法・手形法論集』(有斐閣，1980) 100頁
34) 以下で掲記する裁判例は，その事案に即して分類したものであり，必ずしも判示自体が侵害類型を明示していないことに注意されたい。

例えば，取締役において，買掛けないし借入れの取引を行うに際し，会社財産により当該取引に係る手形決済等の債務の弁済が不可能であることを容易に予見することができたにもかかわらず当該取引を行ったため，当該取引による会社債権者において弁済を受けることができず取引額相当の損害を与えたような場合がこれに当たり，当該手形に係る所持人や取引相手に対して，本条項の責任を負う[35]。決済ないし返済の見込みのない借入れ等がなにゆえに会社に対する任務懈怠を構成するのかについては，会社の信用を傷つける点に任務懈怠を見出す見解[36]，取締役には会社債権者の損害拡大を阻止すべく再建可能性・倒産処理等を検討すべき義務が善管注意義務として課されており，その任務懈怠となるとする見解[37]，実害の発生に限らず広く損害金支払前でも損害賠償義務の発生という抽象的損害を発生させる危険を含む行為をすることが任務懈怠となるという見解[38]等がある。なお，手形振出後に経営が悪化し決済ができなくなった場合であっても，経営悪化を予見できないときは，直接損害に係る本条項の責任を負わないが，その後の経営悪化について任務懈怠が認められるときは，後記の間接損害に係る本条項の責任が問題となる。もっとも，手形振出時に経営が逼迫していたとしても，当該手形の振出が既存債務の支払のためにされたものであるときは，手形振出により損害を与えたものとはいえないから，手形所持人に対しては特段の事情がない限り責任を負わない[39]。

また，第三者からの寄託物を損壊しその返還債務を履行不能としたり，特定の債務の履行を意図的に遅滞するなどした場合も直接侵害の例となる。すなわち，代表取締役は，その業務執行に関し，会社において第三者から寄託された物について適切に保管する責任を怠り，自ら当該寄託物を横領し又は

---

[35] 前掲注5）最大判昭44・11・26，最判昭41・4・15民集20巻4号660頁・判時449号63頁，最判昭47・9・21判時684号88頁，最判昭51・10・26金法813号40頁，前掲注9）最判昭55・3・18
[36] 上柳・前掲注33）120頁
[37] 江頭憲治郎『株式会社法〔第4版〕』（有斐閣，2011）471頁
[38] 塩田親文＝吉川義春「取締役の第三者に対する責任」『総合判例研究叢書(3)商法(11)』（有斐閣，1968）153頁，吉川義春「取締役の第三者に対する責任—損害論と株主の『第三者』性」家近正直編『現代裁判法大系(17)会社法』（新日本法規出版，1999）266〜267頁
[39] 最判昭45・10・22判時613号85頁・判タ255号152頁，最判昭47・10・31判時702号102頁，最判昭54・7・10判時943号107頁

損壊し，あるいは第三者に損壊毀滅された場合には，会社に債務不履行責任を負わせることになるから，会社に対する任務懈怠が認められ，寄託者である第三者に対して，直接損害に係る本条項の責任を負う[40]。また，会社の経営上の必要から寄託物を処分し，委託金を流用した場合にも，会社に対する任務懈怠が認められ，本条項による責任が肯定されている[41]。

(3) 間接侵害の類型

　間接侵害による間接損害の類型は，会社財産の減少を介して，間接的に第三者に損害を与える行為が対象となる。間接侵害の事案は，会社債権者を第三者とする場合には会社財産から債務の弁済を受けられなくなったことに伴う損害であるため，会社が債務超過状態に陥るなど倒産状態となることが前提となる。取締役において，貸付先の返済不能により自社の資産状態を極度に悪化させるに至るべきことを予見し又は予見し得たにもかかわらず，貸付けを漫然と継続させた結果自社を倒産させ，債権者に対する弁済を不可能にした場合（杜撰な与信）等の放漫経営による一般担保の減少行為[42]，見せ金等による資本充実の侵害・阻害，会社財産の適切なる保管を怠り，あるいは横領するなどした場合や会社資産の不当な廉価処分[43]といった行為がその例である。

　なお，間接侵害における損害額については，会社財産の減少を介しての債権価値の減少額であるため，直接損害のように，例えば新規の与信額全額とすることはできず，与信額から現実の回収可能性のある額を控除した差額を計数的に明らかにする必要がある。もっとも，直接損害においては，現実の回収額は，損害補塡の問題として取り扱われる[44]。

---

40) 山口編・前掲注2）534頁
41) 最判昭38・10・4民集17巻9号1170頁
42) 前掲注23）最判昭47・6・15〔厳密には監督義務事案〕，最判昭53・12・12金法884号27頁
43) 東京地判昭37・10・31判時318号27頁
44) 河和＝河野・前掲注32）116～117頁

(4) 監視義務の類型

　取締役会設置会社の取締役は，取締役会の招集権限（法366条）や取締役会を通じての代表取締役の選定・解職権限（法362条2項3号）及び支配人の選任・解任権限（法362条2項1号・4項3号）を有していることにかんがみて，取締役会の審議ないし決議を通じて代表取締役，支配人らの業務の執行を監視すべき権利義務を有すると解され[45]，その監視義務は，取締役会に上程された事柄に限られず，代表取締役の業務執行一般に及び，必要があれば，取締役会を自ら招集し，あるいは招集することを求めて，取締役会を通じて業務の執行が適正に行われるように尽くさなければならないのであって，これを怠ることは本条項の任務懈怠に当たる[46]。また，代表取締役も，対外的に業務全般の執行を担当する職務権限を有するから，他の代表取締役や業務担当取締役の業務執行に注意を払い，その業務の執行の適正を確保する義務を負っている[47]。

　また，取締役会非設置会社における取締役の監視義務についても，取締役の有する業務執行権限（法348条1項）を根拠に認められる。ただし，監視義務の程度については，取締役会を通じた監視という監督手段が制度的に存在していないことや会社を代表すべき取締役が定款又は株主総会の決議により選任される場合には，その解職の権限を個々の取締役が有することはなく，監督権限の実効性に限界があることから，会社の機関構成・権限配分によっては，取締役会設置会社に比して監視義務の軽減を認めるべきか，取締役の有する業務執行権限や複数の取締役を設置する場合には取締役の過半数をもって業務執行の意思決定がされることから，なお取締役会設置会社におけると同様に，代表取締役その他の取締役の業務執行が適正に行われるように監督是正すべき責任を負うのかが問題となる。この点，取締役会制度が法定されていなかった有限会社における裁判例も分かれていた[48]。

---

45) 前掲注8）最判昭37・8・28
46) 前掲注9）最判昭48・5・22，前掲注9）最判昭55・3・18
47) 前掲注5）最大判昭44・11・26
48) 軽減されるとする裁判例に東京高判昭57・4・13下民集32巻5＝8号813頁，東京高判昭59・10・31判タ548号271頁，責任の軽減を否定すると考えられる裁判例に前掲注22）東京高判昭57・3・31がある。

5．悪意又は重過失

　本条項の責任は過失責任であり，その要件である悪意又は重過失の対象となる認識ないし予見としては，第三者に対する加害行為の予見についての悪意又は重過失が存在しなければならないのではなく，会社に対する任務懈怠についての悪意又は重過失が存在しなければならない[49]。
　そして，取締役の任務懈怠についての重過失の有無を判断する前提となる取締役の注意義務は，会社に対する善管注意義務（法330条，民644条）に基づくものであるから，取締役として一般に要求される能力及び識見が基準となる[50]。そして，このような取締役として一般的に要求される能力及び識見に照らして，著しい不注意により会社に対する任務懈怠を行った場合に，重過失が認められる。

6．第三者の範囲

(1) 会社の債権者及び新規取引の相手方
　本条項にいう第三者とは，本条項の責任を負う取締役及びその共謀者ないし共同不法行為者といった任務懈怠の当事者以外のすべての者をいい[51]，会社債権者も第三者に含まれる。そして，債権者のうち，取締役の任務懈怠行為により新規の取引を行って債権者になった者は，直接損害に係る本条項の責任を，既存の債権者が取締役の任務懈怠によって会社の責任財産が減少し支払不能となった結果，会社財産から満足を受けることができなくなった者は，間接損害に係る本条項の責任をそれぞれ追及することになる。

---

49) 前掲注5) 最大判昭44・11・26，最判昭51・6・3 金法801号29頁
50) 吉川・前掲注4) 185頁参照
51) 吉川・前掲注4) 26頁

(2) 株　　　主

　株主が第三者に当たるかについては，①第三者とは会社以外のすべての者を指し，株主も一般的に含まれるとする肯定説[52]，②株主が第三者としての地位において被った損害と株主としての地位において被った損害とを分けて前者についてのみ本条項による賠償請求を認める否定説，③株主の受けた直接損害については本条項による請求を認め，間接損害については否定する折衷説[53]とに分かれている。間接損害に係る本条項の責任を否定する見解は，㋐会社の損害が回復されれば株主の持分価値に係る損害が回復され，そのための制度として株主代表訴訟制度があり，㋑取締役が本条項の責任を果たすことにより会社に対する責任が軽減されるのであれば資本充実の原則に反し，軽減されないとすれば取締役は二重の責任を負うことを根拠とする[54]。肯定説には，代表訴訟における株式保有期間，担保提供命令，定款による単元未満株主の代表訴訟提起権の剥奪，和解による実質的な責任の減免機能といった制度的問題から完全な救済が図られないおそれがあることや[55]，取締役と支配株主とが一体である閉鎖会社の場合に限定するかは別として，少数株主の救済を代表訴訟に限定すると，加害が繰り返され実効的な救済にならないことを指摘し，間接損害に係る本条項の責任を認めるべきとするものがある[56]。裁判例は，間接損害について，資本充実の原則の観点から，株主代表訴訟により損害を回復すべきであるとし，本条項による請求を否定するもの[57]と，特に有利な発行価額による新株発行が違法になされた場合に既存株主に生ずる損害は，その発行価額と本来会社に払い込まれるべき適正な発行価額との差額（本来増加すべき会社資産が増加しないことにより，既存株式の客観的価値が低下すること）であるとしたうえ，間接損害に係る本条項による損害賠償を認めるもの[58]に分かれる。

---

52) 田中誠二『会社法詳論(上)〔3全訂版〕』（勁草書房，1993）647頁
53) 東京高判平17・1・18金判1209号10頁，吉川・前掲注38)276頁，大隅健一郎＝今井宏『会社法論(中)〔第3版〕』（有斐閣，1992）270頁
54) 吉川・前掲注38)277頁，大隅＝今井・前掲注53)269～270頁
55) 弥永・前掲注1)226頁
56) 江頭・前掲注37)471頁
57) 東京地判平8・6・20判時1578号131頁

なお，株主は，株主の不平等待遇，株式の不当消却，特定株主の新株引受権無視等による株主権侵害について，直接損害に係る本条項の責任を追及することができる[59]。

(3) 本条項の責任を負担する取締役や監査役

本条項の責任を負担する取締役をはじめとする会計参与，監査役，執行役，会計監査人（法423条1項の役員等）は，本条項にいう第三者に当たらないとして，原告適格を否定する考え方がある[60]。

(4) 本条項にいう「第三者」に含まれないその他の関係者

本条項の責任を負う取締役及びその共謀者ないし共同不法行為者は，本条項の賠償請求をすることのできる第三者に当たらない[61]。倒産会社の実質上取締役の地位にあった経理部長について，実質上の経営担当者かつ取締役として，責任の一端を担うべきものであるとし本条項の第三者への該当性を否定した裁判例[62]や，融通手形を相互に振り出していた当事者間の一方が他方の取締役に対して本条項の責任を追及した事案について，特段の事情のない限り，その請求は権利の濫用ないし信義則違反に当たるとした裁判例がある[63]。

7．賠償されるべき損害

本条項による損害賠償の対象となる損害は，取締役の任務懈怠により会社が損害を被り，その結果第三者が損害を被った場合の間接損害に限定されない。直接に第三者が損害を被った場合の直接損害も含まれる[64]。

---

58) 大阪高判平11・6・17金判1088号38頁〔最判平9・9・9判時1618号138頁の差戻審〕。加藤貴仁「判批」ジュリ1225（2002）97頁
59) 山口編・前掲注2）549頁
60) 山口編・前掲注2）550〜551頁
61) 吉川・前掲注4）26頁
62) 横浜地判昭58・3・17判時1095号150頁
63) 前橋地判昭57・8・16判時1069号134頁
64) 前掲注5）最大判昭44・11・26

8. 相当因果関係

　取締役に本条項の責任を問うには，取締役の任務懈怠の行為と第三者の損害との間には相当因果関係がなければならない[65]。直接損害の場合は，任務懈怠の行為と第三者の損害との間の相当因果関係が問題となり，間接損害の場合には，任務懈怠の行為と会社の損害発生との間の相当因果関係及び会社の損害発生と第三者の損害との間の相当因果関係が問題となる。相当因果関係の存否は，民法416条の場合と同様に判断される。

　例えば，名目的代表取締役は，会社の取引先が取引に関して損害を被ったとしても，その損害が経営を一任された取締役の悪意又は重過失による任務懈怠によって生じたものでなければ，代表取締役の任務懈怠と取引先の損害との間の相当因果関係を欠き，本条項に基づく責任を負わない[66]。

9. 複数の責任者間の法律関係

　本条項の責任を負う取締役が複数いる場合，これらの取締役は第三者に対する損害賠償責任について連帯責任を負う（法430条）。この連帯責任は，正確には，内部的に負担部分のある不真正連帯債務であり，第三者の損害賠償債務を満足させる事由のみが絶対効を有する。また，負担部分があると解されるため，責任の軽重に応じた求償が可能である[67]。

10. 本条項の責任が不法行為責任でないことから導かれる派生論点の帰結

(1) 消滅時効期間

　本条項の責任に係る債務の時効期間については，本条項の責任の性質が不法行為責任の性質を有しない法定責任であることを前提として，民法724条

---

65) 前掲注5）最大判昭44・11・26，前掲注10)最判昭45・7・16
66) 前掲注10)最判昭45・7・16
67) 上柳ほか編・前掲注30) 340頁〔龍田〕

は当然に適用されるものではないし、同条の類推適用もないとして、民法167条1項の適用により10年になると解されている[68]。

(2) 遅延損害金

本条項の責任に係る債務は、不法行為の性質を有するものではないから、履行の請求を受けたときから遅滞に陥り、その遅延損害金は、商行為によって生じた債務ではないから、年5分の民法所定の利率(民404条)による[69]。

(3) 取締役からの相殺の可否

本条項の責任の性質を不法行為とみる見解に立つときは、不法行為債権を受働債権とする相殺を禁止する民法509条の適用があり相殺が禁止されることとなろうが、不法行為の性質を有しない法定責任とみる判例の立場に立てば、同条の適用はなく、相殺は可能と解されている。

(4) 過失相殺の可否

第三者の側にも損害を被るについて過失があった場合、本条項の責任に基づく損害賠償を民法722条2項の過失相殺の規定の類推適用により減額することが可能である[70]。

(5) 一般不法行為との競合(請求権競合)の有無

本条項の責任が不法行為とは別個の法定責任であるとの理解の下では、間接侵害及び直接侵害の区別なく一般不法行為との競合が肯定され[71]、本条項の責任が軽過失のために成立しなくとも、別途不法行為が成立する限り、取締役は不法行為責任を負うことになる。

---

68) 前掲注5)最判昭49・12・17、上柳ほか編・前掲注30)341頁〔龍田〕
69) 前掲注5)最判平元・9・21
70) 最判昭59・10・4 判時1143号143頁
71) 前掲注5)最大判昭44・11・26、前掲注35)最判昭47・9・21

第9章

新株発行差止め，新株発行無効・不存在確認の訴え

I 総　論

　株式会社が，その成立後に株式を発行する場合がある。これを新株発行というが，広義では，株式会社の成立後に発行株式総数の枠内において新たに株式を発行することをいい，狭義では，新たな出資に基づいて新たに株式を発行することをいう。広義の新株発行には，吸収合併による新株発行（法749条・750条）などがある。講学上，新株発行というと，通常は狭義の新株発行を指す。会社法は，新株発行における株式と，自己株式の処分の場合の株式を併せて，新たに「募集株式」という概念を設け，会社法199条以下で規定している。本章では，この募集株式の発行のうち，狭義の新株発行について扱う（したがって，募集株式発行差止めの訴えでなく，新株発行差止めの訴えと表記する。）。

　会社法は，既存の株主に対しその有する株式数に応じて株式の割当を受ける権利を与える形での新株の発行（法202条）と，それ以外の新株の発行（法199条等）を定めている。後者の新株発行は，従前の株主にとっては，新株の引受人が誰になるかによって，自己の株式会社に対する持分割合が変化することになり，それは株式会社に対する支配権に影響を与えることになるし，利益配当や残余財産分配請求権にも影響を与えることになる。そのため，その瑕疵を争うことができる必要がある。また，前者の株主割当による新株の発行も，既存株主だけでなく，株式会社やその他の利害関係人に対する影響

も大きいため，新株の発行が適式になされていないときには，その瑕疵を争うことができる必要がある。そこで，会社法は，新株発行について，新株発行差止めの訴え（法210条）を定めるとともに，新株発行無効の訴え（法828条1項2号），新株発行不存在確認の訴え（法829条）を定め，新株発行前にその差止めを求めることと，新株発行後にその効力を否定する方法を定めている。なお，旧商法下では，判例上，新株発行後に瑕疵を争う方法として新株発行不存在確認の訴えが認められていたが[1]，会社法は，これを明文で規定した。

Ⅱ 新株発行差止めの訴え

1．概　説

　新株発行差止めの訴えは，新株発行の手続が法令・定款に違反する場合や新株発行が著しく不公正な方法による場合に，その発行により不利益を受けるおそれがある株主が，当該新株の発行を差し止めることを求める訴えである（法210条）。

　なお，新株の発行の手続は短期間で行われるため，実務上は，新株発行差止めの仮処分が申し立てられることが多い。

2．原告適格

(1) 総　論

　新株発行差止めの訴えを提起できるのは，新株発行により不利益を受けるおそれのある株主である。取締役の違法行為差止めの訴え（法360条）と異なり，株式会社に対する損害ではなく，当該株主に損害が生じることが要件である[2]。

---

　1) 最判平9・1・28民集51巻1号40頁・判時1592号129頁
　2) 大隅健一郎＝今井宏『会社法論(中)〔第3版〕』（有斐閣，1992）656頁

(2) 株主について

(a) **株主である時期**　新株発行差止めの訴えの原告となるためには，訴え提起時から訴訟中を通じて株主であることが必要である[3]。訴訟中に株式を譲渡し，被告会社の株主でなくなった以上，原告適格を失うと解するべきである[4]。

(b) **株主名簿に記載されていること**　新株発行差止めの訴えを提起するためには，株式会社に対して株主であることを対抗できることが必要であり，株式の移転は取得者の氏名又は名称及び住所が株主名簿に記載されなければ株式会社に対して対抗できないため（法130条），新株発行差止めの原告適格が認められるためには株主名簿に記載された株主であることが必要であるとされている[5]。しかし，株式会社が株式の譲渡を認めて譲受人を株主として認める場合など，一定の場合には株主は名義書換の記載がなくても株式会社に対して株主であることを主張できるとされており（第2章Ⅲ4(1)を参照されたい。)，その場合には名義書換が未了の株主であっても，新株発行差止めの訴えの原告適格を有すると考えられる。

(c) **議決権なき株式について**　株主総会決議取消しの訴えについては，株主の共益権に基づく訴えであるため，議決権なき株主は株主総会決議取消しの訴えの原告にはなれないとする見解が通説であるが，新株発行差止めの訴えについて論じた文献はほとんどない。新株の発行は，議決権行使等による会社運営に影響を与えるだけでなく，利益配当や残余財産分配等の自益権にも影響を与えるものであるため，議決権なき株主も新株発行差止めの訴えの原告となれるとする見解がある[6]。

(d) **株式が共有されている場合**　株式が共有されている場合には，当該株式についての権利を行使する者1名を定め，株式会社に対してその者の氏名又は名称を通知すること（法106条）が必要であり，これがなされていない場合には，株式会社が権利行使を認めた場合を除き，原則として原告適格が

---

3) 上柳克郎ほか編『新版注釈会社法(7)』（有斐閣，1987) 358頁〔近藤弘二〕
4) 設立無効の訴えに関する大判昭8・10・26民集12巻2626頁参照
5) 東京地判平2・2・27金判855号22頁
6) 上柳ほか・前掲注3) 292頁〔近藤〕参照

認められず,訴えが却下されることになる[7]。

3. 新株発行差止めの訴えの対象

新株発行差止事由がその回の新株発行の全部に共通する場合には,新株発行差止めの訴えは,その回全体の新株発行を対象とすべきであるが,一部の引受人との関係で新株発行差止事由がある場合には,その一部の新株発行の差止めを求めて訴えることも可能であるとされている[8]。

4. 被告適格及び株式会社を代表する者

(1) 被告適格

新株発行差止めの訴えの被告は当該株式会社に限られるとされている(法210条)。

(2) 株式会社を代表する者

被告である株式会社を代表する者は,代表権のある取締役となるのが原則であるが(法349条1項・4項),原告が取締役である場合には,監査役(監査役設置会社の場合:法386条1項),取締役会が定めた者又は監査委員会が選定する監査委員(委員会設置会社の場合:法408条1項),取締役会又は株主総会が定めた場合にはその者(取締役会設置会社の場合:法364条),株主総会において定めた場合にはその者(前記以外の株式会社の場合:法353条)が株式会社を代表することになる。

---

7) 最判平2・12・4民集44巻9号1165頁,最判平3・2・19判時1389号140頁参照。権利行使者の指定がなされていない場合でも訴訟が適法になると解されるときについて,第3章Ⅱ2(1)(e)を参照されたい。

8) 名古屋地半田支決平12・1・19判時1715号90頁。山口和男編『会社訴訟非訟の実務〔改訂版〕』(新日本法規出版,2004)671頁,鈴木竹雄『商法研究Ⅲ』(有斐閣,1971)234頁

5．訴えの利益

　新株発行差止めの訴えは違法又は不公正な新株発行の事前の防止措置であるから，差止請求は新株発行の効力発生日前になされることを要する[9]。
　新株発行差止めの訴え（又は仮処分事件）の係属中に新株が発行された場合に訴えの利益が認められるかどうかについては見解が分かれており，新株の発行が無効な場合には新株の発行後も株券の発行を差し止める必要があるため，訴えの利益は失われないという見解[10]と，新株発行後は新株発行差止めの訴えの利益を欠くとする見解[11]があった。会社法は株券不発行を原則としているため（法214条），新株発行後には新株発行差止めの訴えの利益を欠くとされる場合が多くなると思われる。

6．新株発行差止事由

(1)　新株発行差止事由についての考え方
　新株発行差止めの訴えは，新株発行前になされるものであり，それゆえ，新たな株主や会社債権者等に対する取引関係に入ったことにおける影響は少ないものである。そうであれば，後記の新株発行無効・不存在確認の訴えと比べ，取引安全を考慮する必要が少ないことになろう。

(2)　法令又は定款違反
　(a)　**法令違反・定款違反**　公開会社が新株を発行する際に，取締役会決議がないこと（法201条1項・199条2項・202条3項3号違反），公開会社が有利な

---

9)　新潟地判昭45・9・7商事537号73頁。大隅＝今井・前掲注2) 656頁，新谷勝「新株発行差止の仮処分」竹下守夫＝藤田耕三編『裁判実務大系(3)会社訴訟・会社更生法〔改訂版〕』（青林書院，1994) 156頁
10)　北澤正啓『会社法〔第6版〕』（青林書院，2001) 533頁，實金敏明「新株発行差止の仮処分申請」山口和男編『裁判実務大系(21)会社訴訟・会社非訟・会社整理・特別清算』（青林書院，1992) 135頁
11)　前掲注9)新潟地判昭45・9・7，福岡高判昭47・5・22判時674号99頁，京都地判昭61・2・27判時1199号155頁。新谷・前掲注9) 156頁・158頁・160頁

金額で行う新株の発行に際し，株主総会決議がないこと（法201条1項・199条3項違反），非公開会社において新株発行の株主総会の特別決議がないこと（法199条2項違反，法202条3項4号違反），不均等な条件で新株を発行すること（法199条5項違反），公開会社が取締役会決議によって新株を発行する際に，その募集事項を株主に対し通知又は公告していないこと（法201条3項・4項違反），定款に定めのない種類の株式を発行したこと（法108条2項違反）などがすべて新株発行差止事由になると解される。

他方，取締役の一般的な注意義務・忠実義務を定める規定（法330条，民644条，法355条）に違反することは新株発行差止事由にならないと解されている[12]。

(b) **株主以外の第三者に対する有利発行**　旧商法では，新株発行は取締役会の決議事項であったが，株主以外の第三者に対する有利発行であるとされる場合には，株主総会の特別決議が必要であるとされていた（旧商280条ノ2第1項・第2項）。会社法においても，公開会社が行う募集株式の発行においては，募集事項の決定は取締役会が行うことができるが，払込金額が株主以外の者に特に有利な金額である場合には，株主総会決議が必要であるとされている（法201条1項）ため，何が「特に有利な金額」であるかが問題となる。

「特に有利な金額」（旧商法においては，「特ニ有利ナル発行価額」）とは，公正な価額，すなわち，公開会社が取締役会で新株の発行価額を定めるときにおける株式の時価に比して特に低い価額をいうものと解される。公開会社においてはその時価とは市場価格が参考とされるが[13]，取締役会の新株発行決議の直前に，優良企業との業務提携を見越して株価が高騰したり，買い占め等により株価が急騰したような場合にどのように市場価格を把握するのかが問題となることもある[14]。

---

12) 大隅＝今井・前掲注2）652頁，北澤・前掲注10）533頁，上柳ほか編・前掲注3）289頁〔近藤〕
13) 東京高判昭46・1・28判時622号103頁，最判昭50・4・8民集29巻4号350頁，大阪地決昭62・11・18判時1290号144頁〔タクマ事件〕，東京地決平元・7・25判タ704号84頁〔忠実屋・いなげや事件〕，東京地決平元・9・5判時1323号48頁〔宮入バルブ第二次事件〕，東京地決平16・6・1金判1201号15頁〔宮入バルブ第三次事件〕。阪埜光男「第三者割当と新株発行」法学研究51巻11号（1978）45頁

なお，旧商法下の議論においては，株式譲渡制限会社では，いわゆる純資産価額方式[15]，類似業種比準方式[16]，収益還元方式[17]，配当還元方式[18]，取引先例価格方式[19]等の中から当該会社に適した方法により導かれる時価になるとされていた[20]。近時は，DCF方式[21]に比重を置く傾向があるとされる[22]。

また，「特に」有利というのは，前記の時価よりもわずかに低い価格である場合を除く趣旨であると解されているが，具体的にどの程度の低い価格である場合に「特に」有利といえるのかは明確ではない。かつては，発行価額決定時における市場価格，あるいはそれ以前の一定期間における市場価格の

---

14) 東京地判昭47・4・27判時679号70頁，大阪地判昭48・1・31金判355号10頁，前掲注13）大阪地決昭62・11・18〔タクマ事件〕，前掲注13）東京地決平元・7・25〔忠実屋・いなげや事件〕，前掲注13）東京地決平元・9・5〔宮入バルブ第二次事件〕，大阪地決平2・6・22判時1364号100頁〔ゼネラル第一次事件〕，大阪地決平2・7・12判時1364号100頁〔ゼネラル第二次事件〕

15) 純資産価額方式とは，当該株式会社の純資産を発行済み株式総数で除したものを1株の価格とする方式である。基準とする純資産を簿価とする場合と，時価とする場合があり，時価とする場合であっても，企業の継続価値とする場合と清算価値とする場合がある。

16) 類似業種比準方式とは，当該株式に取引相場があればどれほどの程度の価格になるかという観点から，当該株式に類似する業種の株式会社の株式の市場価格を基準とし，これに1株当たりの配当，利益，純資産の比準割合で修正を加えて株式の価格を算出する方式である。

17) 収益還元方式とは，将来各期に期待される法人税課税後の1株当たりの予測純利益を，一定の資本還元率で資本還元することにより，元本としての株式の価格を算出する方式である。

18) 配当還元方式とは，将来各期に期待される1株当たりの予測配当金額を，一定の資本還元率で除して，元本としての株式の価格を算出する方法である。

19) 取引先例価格方式とは，当該株式が過去に売買された際の取引価格を先例として株式の価格を決定する方法である。

20) 純資産価額方式を採用したものとして，佐賀地決昭51・4・30判時827号107頁，配当還元方式を採用したものとして，大阪地岸和田支判昭47・4・19判時691号74頁，類似業種比準方式を採用したものとして，東京地決昭52・8・30金判533号22頁，東京地決平6・3・28判時1874号1433頁・判タ872号276頁〔ニッポン放送事件〕，複数の評価方法を総合して判断したものとして神戸地判昭51・6・18判時843号107頁などがある（ただし，これらの裁判例の中には，いったん採用した評価方法に基づいて算出された株価が特に有利な発行価額といえるかどうかの判断に当たり，さらに他の株価減額事由を考慮に入れるなどしているものもあるため，当該会社の公正な価額をいったん採用した方法に基づいて算出された株価であると確定しているかに疑問があるものもある。）。

21) DCF（Discounted Cash Flow Method）方式とは，将来期待される営業フリー・キャッシュフローを加重平均資本コストで割り引くことにより株式の現在の価格を算定する方法である。

22) 東京地方裁判所商事研究会編『類型別会社訴訟Ⅱ〔第3版〕』（判例タイムズ社，2011）576頁。なお，旧商法245条ノ2の「公正ナル価額」の算定に当たって，DCF法による評価が相当であるとしたものとして，東京高決平22・5・24金判1345号12頁，原審東京地決平20・3・24金判1289号8頁がある。

平均から通常1割から1.5割程度低いことは「公正価額」であるとする見解があったが[23]，日本証券業協会が制定している「第三者割当増資の取扱いに関する指針」平成22年4月1日付け（最終改正）（平成15年3月11日付けで一部改訂）では，「払込金額は，株式の発行に係る取締役会決議の直前日の価額（直前日における売買がない場合には，当該直前日からさかのぼった直近日の価額）に0.9を乗じた額以上の価額であること。ただし，直近日又は直前日までの価額又は売買高の状況等を勘案し，当該決議の日から発行価額を決定するために適当な期間（最長6か月）をさかのぼった日から当該決議の直前日までの間の平均の価額に0.9を乗じた額以上の価額とすることができる。」と規定されており，この自主ルールを基準として有利発行かどうかを判断した裁判例[24]も多い。

(3) 著しく不公正な方法による発行

「著しく不公正な方法による発行」とは，新株の発行が法令又は定款の具体的規定には違反しないが，その発行が著しく公正を欠くと認められる場合であるとされている。経営陣が自己の支配権を確保するために特定の者に対して新株を割り当てるようなときに，反対派から著しく不公正な方法による発行であるとして新株発行の差止めが求められることが多い。発行価額が有利である場合には，株主総会の特別決議を経れば，発行価額が著しく不公正なことを理由として新株発行を差し止めることはできないと解されている[25]。

著しく不公正な方法による発行を理由として新株発行差止めが求められるとき，当該株式会社は資金調達の必要性があることや，企業提携や企業結合等の必要性があるとして反論することが多い。これについては，①会社支配権をめぐる争いがあるような場合には，取締役がこの争いに介入する目的で特定の第三者に新株を発行するときは，他方でそれが企業経営上合理的であるとしても，この争いに影響を与える限り，著しく不公正な方法によるという

---

23) 前掲注20)大阪地岸和田支判昭47・4・19
24) 前掲注13)東京地決平元・9・5〔宮入バルブ第二次事件〕，前掲注13)東京地決平16・6・1〔宮入バルブ第三次事件〕，仙台地決平19・6・1金判1270号63頁〔TDF事件〕，横浜地決平19・6・14金判1270号67頁
25) 大隅＝今井・前掲注2)653頁

見解[26]，②会社支配権をめぐる争いがある場合でも，資金調達目的による新株の発行は妨げられないが，第三者割当発行の場合には，安易に資金調達目的のみを認定すべきでなく，その真の目的ないし主たる目的が支配目的である場合には不公正発行になるという見解[27]，③会社支配権をめぐる争いがある場合でも，会社に資金調達の必要性があれば，取締役会は新株の第三者割当発行を行うことができ，その結果として会社支配権の帰趨に決着がつくとしても不公正発行とはならないという見解[28]，④取締役会は会社支配権維持を目的とする新株発行を行う権限を有するというべきであるという見解[29]がある[30]。

裁判例としては，取締役会が第三者割当増資を行うに至った種々の目的ないし動機のうち，会社の支配関係上の争いに介入するという目的が資金調達目的よりも優越し，それが新株発行の主要な目的と認められる場合に，著しく不公正な方法による新株発行であるとするいわゆる主要目的ルールを採用しているものが多いといわれている[31][32]。

なお，買収防衛策としての新株発行の許容性については，近時の判例等[33]をみると，買収防衛策としての必要性，相当性を考慮しつつ，最終的に会社の利益の帰属主体である株主自身がどのように判断しているかといった要素を考慮し，「著しく不公正な方法による発行」に当たるかどうかを判断していると考えられる。

(4) 違法な新株予約権の発行と新株発行の差止め

違法な新株予約権の発行がされる場合，新株予約権の行使について公告又は通知に係る規定が設けられていないため，その行使に差止事由があったとしても，これを事前に差し止めることは不可能に等しい。

---

[26] 森本滋「新株の発行と株主の地位」法学論叢104巻2号（1978）17頁
[27] 寳金・前掲注10)132頁，洲崎博史「不公正な新株発行とその規制（2・完）」民商94巻6号（1986）19頁，吉本健一「新株の発行と株主の支配的利益」判タ658号（1988）32頁
[28] 鈴木・前掲注8)227頁，河本一郎『現代会社法〔新訂第9版〕』（商事法務，2009）295頁・296頁
[29] 松井秀征「取締役の新株発行権限」法協114巻6号（1997）113頁
[30] これら学説の分類について，吉本健一「会社支配権争奪と新株発行」家近正直編『現代裁判法大系(17)会社法』（新日本法規出版，1999）397頁

そこで，新株予約権の発行後その行使前に新株発行を差し止めることができる場合，新株予約権の発行手続に差止事由があれば，これを理由に新株発行の差止めを求めることができる[34]。つまり，違法な新株予約権の発行が新株発行差止事由となることがある。

7．その他の訴訟手続について

(1) 管　　　轄

被告たる株式会社の主たる事務所又は営業所の所在地の地方裁判所である

---

31) 会社に資金調達の合理的な必要性が認められるとして新株発行が著しく不公正な方法とはいえないとしたものとして，新潟地判昭42・2・23判時493号53頁，大阪地決昭48・1・31金判355号10頁，東京地決昭52・8・30金判533号22頁，東京地決昭63・12・2金判822号15頁〔宮入バルブ第一次事件〕，前掲注13）大阪地決昭62・11・18〔タクマ事件〕，前掲注14）大阪地決平2・7・12〔ゼネラル第二次事件〕，前掲注13）東京地決平元・9・5〔宮入バルブ第二次事件〕，前掲注20）東京地決平6・3・28，東京高決平16・8・4金判1201号4頁（原決定・東京地決平16・7・30判時1874号1433頁〔ベルシステム24事件〕），千葉地松戸支決平20・6・26金判1298号64頁〔昭和ゴム事件〕，東京高決平21・3・30金判1338号50頁などがある。他方，著しく不公正な方法によるものと判断した裁判例として，新株発行が一部株主の持株比率を低下させて現経営者の支配権を維持することを主要な目的とするものであり，又は少なくとも持株比率を著しく低下させることを認識しつつなされたものであるのに，新株発行を正当化させる合理的理由があったと認められないとして新株発行が著しく不公正な方法に当たるとしたものに前掲注13）東京地決平元・7・25〔忠実屋・いなげや事件〕，さいたま地決平19・6・22判タ1253号107頁などのほか，会社支配権をめぐる争いの状況，新株発行による既存株主の持分比率に対する影響の程度，新株発行の時期，割当先との関係等を考慮し，他にこれを合理化できる特段の事情がない限り，当該新株発行が既存の株主の持株比率を低下させ現経営者の支配権を維持することを主要な目的としてされたものであると推認できるとした東京地決平20・6・23金判1296号10頁〔クオンツ事件〕などがある。
32) ただし，これらの裁判例を分析すると，第三者に対する発行価額が有利なものでないと判断された場合には，株式会社に資金調達等の必要性が一応認められれば，その発行は著しく不公正な発行によるものとはいえないとされ，第三者に対する発行価額が有利なものであると判断された場合に，その他の事情も加味してその発行は著しく不公正な発行によるものであるとされているようにも思われる。また，前掲注31）東京地決平20・6・23〔クオンツ事件〕は，主要目的ルールを厳格に運用した事例と理解されているが，他方，会社支配権の紛争をめぐる状況など，事案を異にするものの，前掲注31）東京高決平21・3・30をみても，資金調達の必要性や当該第三者に対する割当ての経緯（具体的必要性，方法，従前の引受けがうまくいかなかったこと等）を詳細に認定したうえで，「著しく不公正な方法」といえない旨判断されたのであって，結局，主要目的があったといえるかどうかは，当事者の「主張疎明」（仮処分によることが通常であるため，「疎明」となるが，本案の訴えならば，当然「証明」となる。）の内容等もふまえた事案ごとの判断ということができる。

（民訴4条1項・4項）。

(2) 主張方法

　新株発行差止めの訴えは，いわゆる給付訴訟であるため，訴えの方法以外でもそれを主張できると解されている[35]。

(3) 主張立証責任

　新株発行差止めの訴えはいわゆる給付訴訟であり，原告が，原告適格，差止事由について主張・立証すべきである。ただし，例えば，株主以外の者に対する新株発行の際に通知・公告（法201条3項・4項）がなされていないような場合には，通知・公告の事実がないことの立証をするのは困難であるため，被告である株式会社が通知・公告の存在を立証すべきであろう。

(4) 自白の拘束力及び和解・認諾の可否

　新株発行差止めの訴えはいわゆる給付訴訟であるため，その認容判決には対世効がないと解される。したがって，通常の給付訴訟と同様に，自白の拘束力は認められると解される。また，認諾及び認容判決と同様の和解も可能

---

33) 東京高決平17・3・23判タ1173号125頁〔ニッポン放送事件2〕は，株主全体の利益の保護という観点から新株予約権の発行を正当化する特段の事情がある場合には，例外的に，経営支配権の維持・確保を主要な目的とする発行も不公正発行に該当しないと解すべきであるとして，具体的には，敵対的買収者が，①いわゆるグリーンメイラーである場合，②当該会社の事業経営上必要な知的財産権，ノウハウ，企業秘密情報，主要取引先や顧客等の移譲など，いわゆる焦土化経営を行う目的を有する場合，③LBOなど，会社の資産を流用する目的を有する場合，④一時的な高配当をさせるかあるいは一時的高配当による株価の急上昇の機会を狙って株式の高価売り抜けをする目的を有する場合などが疎明，立証されることが必要であるとした。東京高決平17・6・15判タ1186号254頁〔ニレコ事件〕は，新株予約権の発行について，その方法が，会社の株価の低迷を招き，買収と無関係の既存の株主に不測の損害を与えるおそれがあるとして，著しく不公正な方法によるものであるとした。
　最決平19・8・7民集61巻5号2215頁〔ブルドックソース事件〕は，新株予約権の無償割当の事案について，特定の株主による経営支配権の取得に伴い，会社の企業価値がき損され，会社の利益ひいては株主の共同の利益が害されることになるか否かについては，最終的には，会社の利益の帰属主体である株主自身により判断されるべきものであるとして，著しく不公正な方法によるものであるといえないとした。

34) 東京高決平20・5・12金判1298号46頁

35) 大隅＝今井・前掲注2) 656頁，北澤・前掲注10) 534頁

であろう。

(5) 判決の効力
　新株発行差止めの訴えは，給付訴訟であることから，判決には対世効がないと解される。

III　新株発行無効の訴え

1. 概　　説

　新株発行無効の訴えは，新株の発行手続に法令・定款に違反する重大な違反がある場合などに，その発行を一体として無効にすることを求める訴えである。この訴えは，法律関係の画一的処理，法律関係の安定の要請から設けられた制度であり，一定期間内に一定の者によってのみ，訴えによって主張できるとされている。

2. 原告適格

(1) 総　　論
　新株発行無効の訴えは，株主，取締役又は清算人のほか監査役設置会社にあっては監査役，委員会設置会社にあっては執行役が提起し得る（法828条2項2号）。

(2) 株主について[36]
　新株発行無効の訴えの原告となるためには，訴え提起時から訴訟中を通じて株主であることが必要である[37]。

---

36) 訴訟の承継や株式が共有されている場合等については，新株発行差止めの訴えと同様に考えられるため，これらの点については，前記II 2(2)を参照されたい。
37) 上柳ほか編・前掲注3）358頁〔近藤〕

新株発行の際には株主でなかったが，発行後になって被告となる株式会社の株式を譲り受けた者であっても，それを原告から外すという規定がない以上，原告として新株発行無効の訴えを提起できると解するのが相当である[38]。したがって新株発行により新たに株主となった者にも原告適格は認められることになる。

　また，新株発行無効の訴えを提起できるためには株式会社に対して株主であることを対抗できることが必要であり，株主名簿に記載されていることを要する[39]が，株式会社が株主であることを認めたときなど，株主名簿に記載されていなくても原告適格が認められる場合もあろう。

(3) 取締役等

　(a) **一般論**　　新株発行無効の訴えは，取締役又は清算人のほか，監査役設置会社にあっては監査役，委員会設置会社にあっては執行役が提起し得る。代表取締役を定める株式会社であっても，前記の取締役は，代表取締役に限られないと解するのが相当である。

　(b) **清算人について**　　旧商法下においては，株式会社が清算手続に入って残余財産を分配する段階になって，新株発行無効による払込金の払戻し（旧商280条ノ18）を認めることは，残余財産の分配手続を煩雑にさせること，株式会社の清算自体が会社関係の結末をつける手続であることなどから，清算人は新株発行無効の訴えの原告適格を有しないとされていたが[40]，会社法は，前記のとおり，清算人にも原告適格を認めている。

(4) その他の者について

　株式会社が申込者の中から新株の割当てを受ける者を定めた（法204条1項）にもかかわらず，当該申込者に対し割り当てられた新株の数を通知するなどせず，それが無視された場合，その申込者は新株発行無効の訴えを提起できるかが問題となる。

---

38) 大隅＝今井・前掲注2) 666頁，北澤・前掲注10) 547頁
39) 前掲注5) 東京地判平2・2・27
40) 上柳ほか編・前掲注3) 359頁〔近藤〕，大隅＝今井・前掲注2) 666頁

この点については，旧商法下において，取締役会決議や株主総会決議によって株主以外の第三者に新株を引き受けさせると決議したのに，それが無視されて新株が発行された場合でも，第三者の新株引受権は，代表取締役と第三者との契約によって生じるものであり，契約締結以前は，株式会社内部の意思決定の問題にすぎないこと，第三者の新株引受権を無視した場合も契約違反による損害賠償責任の問題を生じるにすぎず，新株発行無効事由とすべきでないこと，旧商法280条ノ15第2項が第三者を原告となる者としていないことから，原告となれないと解するのが相当であるとされていた[41]。会社法においても，同様に考えることになると思われる。

3．新株発行無効の訴えの対象

　新株発行差止めの訴え（前記Ⅱ3参照）と同様に考えられる。

4．被告適格及び株式会社を代表する者

(1)　被告適格
　新株発行無効の訴えの被告は株式会社に限られるとされている（法834条2号）。株式会社が合併した場合であれば，その訴えは存続会社に承継されると解される[42]。

(2)　株式会社を代表する者
　新株発行差止めの訴え（前記Ⅱ4(2)参照）と同様に考えられる。

---

　41)　鈴木忠一「新株発行をめぐる訴訟とその法律問題」商事232号60頁，鈴木竹雄＝竹内昭夫『会社法〔第3版〕』（有斐閣，1994）411頁
　42)　福岡高判昭41・7・18判時457号59頁

5. 提訴期間

(1) 会社法の規定

　新株発行無効の訴えは，公開会社であれば株式発行の効力が生じた日から6か月以内，非公開会社は1年以内に提起すべきとされている（法828条1項2号）。

　旧商法においては，「新株発行の日」を提訴期間の起算日とし（旧商280条ノ15第1項），この「発行の日」とは新株発行による変更登記の日ではなく，新株発行の効力発生の日である新株の払込期日（旧商280条ノ9第1項）をいい[43]，訴えを提起する株主が新株発行の事実を知り得なかったとしても，「発行の日」を別に解したり，6か月という提訴期間を延長するような解釈をすることはできないとされていた[44]。会社法においても，株主となる時期（効力の発生した日）は実際に払込みや出資の履行をした日とされており（法209条），登記を経由した日とはされていないが，訴えを提起する株主が新株発行の事実を知り得なかったとしても，提訴期間に関しては，旧商法下と同様の解釈をすることになろう。

(2) 無効事由の追加について

　会社法828条1項2号が新株発行無効の訴えの提訴期間を6か月以内又は1年以内と制限したのは，新株発行に伴う複雑な法律関係を早期に確定することにあるところ，新たな無効事由を前記期間後も主張することができるものとすると，法律関係が不安定になり，提訴期間を定めた趣旨が没却されることになるから，無効事由の追加は，提訴期間経過後は許されないと解するのが相当である[45]。

---

43) 最判昭53・3・28判時886号89頁
44) 東京高判昭61・8・21判タ627号204頁
45) 最判平6・7・18集民172号967頁

(3) 提訴期間の徒過

　新株発行の無効の訴えは，法的安定性の観点から6か月以内又は1年以内の提訴期間が定められているが，新株発行差止請求の訴えから新株発行無効の訴えに変更された場合には，新株発行の提訴期間が経過したとしても，提訴期間の遵守に欠けるところはないとされており[46]，この場合には，提訴期間をすぎていても，新株発行無効の訴えは適法とされる。

6．他の訴訟との関係

　新株発行に関する株主総会決議や取締役会決議の不存在確認請求訴訟等の係属中に新株が発行されたような場合，当該株主総会決議や当該取締役会決議の不存在確認請求訴訟等は確認の利益を失うとされている[47]。

7．新株発行無効事由

(1) 新株発行無効事由についての考え方

　新株発行無効事由は，旧商法においても，会社法においても，条文上，明確ではないが，一般に，定款・法律違反であること，著しく不公正な発行であること，新株発行差止めの仮処分命令に違反した新株発行であることが無効事由として議論されている。

　新株発行の無効事由を検討する際に，通説は，株式譲受人の取引安全の要請を図る必要があること，新株発行は会社の資金調達の手段であり，拡大された規模で事業を開始した後に資金調達が無効とされる場合に取引先や債権者等にも影響を与えることなどから，無効事由は極めて限定的に解するべきとしている。これに対し，新株発行無効は，発行の日から6か月以内又は1年以内に訴えのみをもって主張し得ることが認められており，その限度で新株の流通保護を図っていることから，取引の安全もこの限度で図ればよいと

---

46) 最判平5・12・16民集47巻10号5423頁・判時1490号134頁
47) 最判昭40・6・29民集19巻4号1045頁・判時415号39頁，最判昭37・1・19民集16巻1号76頁

する見解や[48]，株式譲受人の取引の安全に配慮する必要がないような場合には新株発行無効事由を狭く解釈する必要はないという見解もある[49]。

　最判平6・7・14判時1512号178頁・判タ859号118頁は，小規模閉鎖会社であり，引受人も代表取締役1人であって新株発行を無効としても取引安全を害しない事情があるとしてもこれを考慮すべきでないとしており，新株発行の有効無効の判断には，具体的な事案において取引安全を害するかどうかを検討すべきでないとするのが判例の考え方であると思われる。しかし，前記最判は，取引安全を考慮する必要がないような場合にまで取引安全を理由として新株発行を有効としているとして，批判する学説もある[50]。また，この判例は，会社法制定前の株式会社に関するものであって，有限会社に関するものではなく，原則として有限会社の手続が適用されることになった会社法下における全株式譲渡制限会社の新株発行の無効事由は，従前の株式会社ほど制限的に解する必要はないとする見解も唱えられていた[51]。

　このような状況の下，最判平24・4・24民集66巻6号2908頁は，非公開会社について「募集事項の決定は取締役会の権限とはされず，株主割当て以外の方法により募集株式を発行するためには，取締役（取締役会設置会社にあっては，取締役会）に委任した場合を除き，株主総会の特別決議によって募集事項を決定することを要し（同法〔引用者注：会社法〕199条），また，株式発行無効の訴えの提訴期間も，公開会社の場合は6箇月であるのに対し，非公開会社の場合には1年とされている（同法828条1項2号）。これらの点に鑑みれば，非公開会社については，その性質上，会社の支配権に関わる持株比率の維持に係る既存株主の利益の保護を重視し，その意思に反する株式の発行は株式発行無効の訴えにより救済するというのが会社法の趣旨と解されるのであり，非公開会社において，株主総会の特別決議を経ないまま株主割当て以外の方法による募集株式の発行がされた場合，その発行手続には重大

48）　田中誠二『会社法詳論下〔3全訂〕』（勁草書房，1994）1008頁
49）　鈴木・前掲注8）233頁等
50）　龍田節『会社法大要』（有斐閣，2007）304頁，柴田和史・判評438号〔判時1531号〕（1995）216頁，居林次雄「著しく不公正な方法によってされた新株発行の効力」金判964号（1995）45頁，升田純「現代型取引をめぐる裁判例（144）」判時1896号（2005）17頁
51）　江頭憲治郎『株式会社法〔第4版〕』（有斐閣，2011）713頁

な法令違反があり、この瑕疵は上記株式発行の無効原因になると解するのが相当である。」と判示し、少なくとも、会社法下での非公開会社について、旧商法下の解釈がそのまま妥当しないことを明らかにした（同判決の補足意見において、この点がさらに具体的に述べられている。）。

(2) 新株発行無効事由として問題となる事由
　(a) 定款違反　　新株発行は、株主総会又は取締役会により新株の種類等を決することになる（法199条1項1号）が、株式会社の定款に定めのない種類の株式（法108条2項参照）を発行することは、新株発行無効事由となるとされている[52]。
　(b) 枠外発行　　株式会社は発行する株式総数を定款により定めているため（法37条）、これを超えた数の発行をすることは、新株発行無効事由となるとされている[53]。この場合、新株の一部が発行株式総数を超過する場合であっても、どの部分が超過したかを特定することはできないため、発行された新株全部が無効となると解されている[54]。
　(c) 代表取締役によらない新株発行　　旧商法は授権資本制度をとり、定款に別段の定めがないときで、株主以外の者に対して特に有利な発行価額で新株を発行する場合を除き、新株発行は業務執行に準じるものとして、取締役会決議によって決することとされていた（旧商280条ノ2第1項）。会社法も、公開会社の場合には、取締役会決議によって新株の発行を定めることができるとされている（法202条3項3号）。
　このように新株の発行が株式会社の業務執行に準じるものとして扱われているとすれば、新株の発行は対外的にも株式会社を代表する権限のある取締役又は代表取締役によってなされるべきであり、株式会社を代表する者によらない新株の発行は、発行権限のない者によるものとなり、無効事由になると解するのが相当であろう。

---

52)　大隅＝今井・前掲注2）667頁、江頭・前掲注51）713頁、前田庸『会社法入門〔第12版〕』（有斐閣、2009）299頁
53)　上柳ほか編・前掲注3）343頁〔近藤〕、江頭・前掲注51）713頁
54)　北澤・前掲注10）539頁、前田・前掲注52）299頁、金田充広「新株発行の無効原因」家近編・前掲注30）381頁

(d) **取締役会決議又は株主総会決議がないこと**　旧商法では，新株発行の際に取締役会決議（旧商280条ノ2第1項）がない場合の新株発行の効力について，授権資本制度をとり，会社成立後の株式の発行権限を取締役会にゆだねていることからすると，新株発行は株式会社の業務執行に準じるものとして取り扱われており，対外的に株式会社を代表する権限のある取締役が発行した以上，取引安全の見地から，その新株発行は有効であるとされていた[55]。

これに対し，学説には，新株発行を取締役会の専属的決議事項とした法の趣旨からして取締役会の決議なくなされた新株発行は無効であるとする見解[56]や，当初の引受人又はその者からの悪意の譲受人のもとにとどまっている新株については，これを無効としても差し支えないという見解[57]も有力であった。

会社法では，公開会社の新株の発行（株主以外の第三者に対する有利発行の場合を除く。）には取締役会決議が必要であるとしているが（法202条3項3号・201条1項・199条1項），この取締役会決議がない場合の新株発行の効力については，旧商法下での議論が当てはまると考えられる。

他方，会社法は，非公開会社が新株を発行する場合には株主総会の特別決議を必要とし，旧商法よりも新株発行の手続を重くしている（法199条2項）。旧商法下においては，取締役会決議を欠いた新株発行については，取引安全，法的安全性の見地からこれを有効とする考え方が通説であったが，前掲最判平24・4・24のとおり，既存株主の持分比率を保護するために，新株の発行に株主総会の特別決議が必要であるとした非公開会社については，株主総会決議がない新株の発行は無効となると考えられる[58]。

(e) **株主以外の第三者への有利発行と株主総会決議（法199条3項）違反**
株主以外の第三者に対し，「特に有利な金額」（法199条3項）により株式が発行される場合には，公開会社においても，株主総会の特別決議が必要である。「特に有利な金額」については，前記Ⅱ6(2)(b)を参照されたい。

---

55) 最判昭36・3・31民集15巻3号645頁，最判平6・7・14判時1512号178頁
56) 田中・前掲注48)1008頁，大隅＝今井・前掲注2)665頁
57) 鈴木＝竹内・前掲注41)428頁
58) 前掲最判平24・4・24よりも前の裁判例としては，横浜地判平21・10・16判時2092号148頁，その控訴審東京高判平22・6・29金判1360号16頁等参照

株主総会の特別決議を経ないで株主以外の第三者に有利な価額で新株が発行された場合であっても，取引安全，法的安定性の見地から，新株の発行は無効とはならず，取締役の損害賠償責任のほか，株式引受人の引受填補責任（法212条1項1号）や取締役に対する損害賠償請求で解決すべきであるというのが通説的な考え方である[59]。

もっとも，第三者に対する特に有利な金額による新株発行は，既存の株主に与える影響も大きいことから，取引安全を考慮しないでよいような事例では，新株発行無効事由としてよいとする見解もある[60]。

(f) **新株発行事項の公示**（法201条3項・4項）**違反**　公開会社が取締役会決議によって募集事項を定めた場合には，株式会社は払込期日の2週間前までに，株主に対し，募集事項を通知し，又は通知に代えて公告しなければならない（法201条3項・4項）。

旧商法下においては，株式会社が通知・公告を欠いた場合の新株発行の効力について，①無効説（新株発行が既存の株主や会社関係者に対する影響が大きいことから，通知・公告を欠くことは重大な手続違反であるから新株発行が無効となるとする説）[61]，②折衷説（新株発行無効原因であるが，株式会社が他に新株発行の差止原因がないことを立証した場合には無効原因にならないとする説[62]と，これだけでは新株発行無効原因とはならず，他に実質的な無効原因がある場合に無効になるとする説[63]などがある。），③有効説（新株発行の差止めがなされないまま新株発行が効力を生じた場合には，法的安定性，取引安全を重視して，その新株発行を有効とし，あとは取締役に対する損害賠償請求で解決するという説）[64]があり，判例は，株主による新株発行差止請求が許容されないと認められない限り，通知・公告を欠いたことは新株発行無効事由となるとし[65]，前記②の折衷説に立っているといわれていた。

---

59) 最判昭40・10・8民集19巻7号1745頁，最判昭46・7・16判時641号97頁・判タ266号177頁，最判昭48・4・6金法683号32頁，最判昭52・10・11金法843号24頁。大隅＝今井・前掲注2）614頁
60) 鈴木・前掲注8）428頁，なお，江頭・前掲注51）713頁注(2)
61) 田中・前掲注48）970頁，加美和照『新訂会社法〔第10版〕』（勁草書房，2011）409頁
62) 大隅＝今井・前掲注2）640頁
63) 北澤・前掲注10）544頁
64) 河本・前掲注28）301頁・302頁
65) 最判平9・1・28民集51巻1号71頁・判時1592号134頁

会社法の下においても同様の解釈がとられるのではないかと思われる。

(g) **発行条件の均等**（法199条5項）**違反**　株式の発行価額その他発行の条件は，募集ごとに均等でなければならないとされている（法199条5項）。発行条件が均等でない新株発行は，会社法199条5項に違反する発行となり無効であるとする説もあるが，取締役の損害賠償責任や株式引受人の塡補責任（法212条1項1号）で解決できる場合もあること，新株発行に関しては取引安全等も考慮すべきことから，このような場合の新株発行は有効と解するべきであろう[66]。

(h) **株主の新株引受権との関係**　株主は，定款により新株引受権を与えられている場合がある。また，新株の募集の際に株主に株式の割当てを受ける権利が与えられる場合がある（法202条1項）（旧商法では，①新株発行の取締役会決議において株主に対し新株を発行することが決められた場合（旧商280条ノ2第1項5号），②株式の譲渡制限がされている場合（旧商280条ノ5ノ2第1項）に，株主は新株引受権を有するとされていた。）。

このように株主が新株引受権を有する場合に，株主の新株引受権を無視してなされた新株発行の効力について，通説は，新株引受権が重大な経済的意味及び議決権付与の意味を有することからそれを無視することは既存の株主に与える影響は大きいが，他方で取引安全等の見地も重要であるため，株主の新株引受権の全部又は大部分が無視された場合には新株発行が無効となるが，そのわずかな部分が無視されたにすぎない場合には無効にならないと解している[67]。ただし，株主にとって新株引受権は重要な権利であること，通説のいう一部分なのか大部分なのかの基準が明確ではないこと等を理由に，新株引受権を無視した新株発行は無効であるとする見解[68]もある。

(i) **発行価額未満の新株発行**（法208条）　募集株式の引受人は，払込期日に各株についてその発行価額の全額を払い込むことを要するとされており

---

66) 上柳克郎ほか編『新版注釈会社法(7)』（有斐閣，1987）134頁〔森本滋〕
67) 大隅＝今井・前掲注2)664頁，北澤・前掲注10)539頁，鈴木＝竹内・前掲注41)428頁，上柳ほか編・前掲注66)173頁〔倉沢康一郎〕，なお，江頭・前掲注51)715頁は，「軽微」かつ「偶発的」に生じたものでない限り，無効事由となるとする。
68) 田中・前掲注48)1007頁，弥永真生『リーガルマインド会社法〔第13版〕』（有斐閣，2012）300頁

（法208条1項），発行価額未満の金額しか払い込まれていないのに株式会社が新株を発行した際，その新株発行の効力がどうなるかが問題となる。これについては，新株発行は株主，株式会社以外の第三者にも影響を与えるため，できる限り無効とすべきでないこと，株式引受人の塡補責任（法212条1項1号）で解決できる場合もあるため，このような場合の新株発行は有効と解されている[69]。

もっとも，一部の株式についてのみ取締役会が定めた発行価額未満の価額をもって発行されても新株発行は無効とはならないが，全般的に発行価額未満の発行となったときは，無効とする説もある[70]。

(j) **新株発行差止仮処分命令との関係** 会社法210条に基づく新株発行差止請求権を本案とする新株発行差止めの仮処分命令があるにもかかわらず，あえて仮処分命令に違反して新株が発行された場合の新株発行の効力が問題となる。これについては，仮処分命令に違反したことが新株発行の効力に影響がないとすれば，差止請求権を株主の権利として特に認め，しかも仮処分命令を得る機会を株主に与えることによって差止請求権の実効性を担保しようとした法の趣旨が没却されてしまうことになるため，新株発行無効事由となると解するのが相当であろう[71]。

ただし，学説には，新株発行差止めの仮処分や判決に違反してなされたことのみを理由として新株発行は無効にはならず，実質的な無効原因がある場合に限り，無効とすべきとする見解や[72]，取引安全の見地から無効事由にならないとする見解もある[73]。

(k) **意思表示の瑕疵**（法211条） 新株発行は，①新株の引受人が株式引受けの申込みの意思表示をし，②株式会社が割当てを行い（ただし，株主割当ての場合には，株式会社による割当ては不要である。），③引受人が払込期日に各株について発行価額の全額を払い込むことにより効力が生じることになる（法

---

69) 最判昭30・4・19民集9巻5号511頁・判時53号20頁参照
70) 大隅＝今井・前掲注2）665頁，北澤・前掲注10）540頁
71) 前掲注46）最判平5・12・16。田中・前掲注48）1002頁，大隅＝今井・前掲注2）665頁
72) 北澤・前掲注10）544頁，上柳ほか編・前掲注66）146頁〔森本〕
73) 前田・前掲注52）300頁・450頁

208条・209条)。

この引受け及び払込みは，株式会社に対する意思表示であることから，民法上の意思表示の規定が適用されると解される。他方，新株発行は株式会社その他の第三者にも影響を与えるものであるため，意思表示の瑕疵をいつまでも主張できるとするのでは取引の安全を害する場合もある。そこで，会社法は，民法93条ただし書及び民法94条1項の規定は新株の引受けの申込み及び割当て等に適用しないとし（法211条1項），また，新株の引受人は，払込みをするなどして株主となったとき（法209条）から1年を経過した後又はその株式について権利を行使した後は，錯誤又は詐欺若しくは強迫を主張して，引受けの無効又は取消しを請求することができないとしている（法211条2項）。

(1) **著しく不公正な方法による発行**　「著しく不公正な方法」による新株発行は，新株発行差止事由であるが（法210条），これが新株発行無効事由にもなるのかが問題となる。なお，「著しく不公正な方法」が何を意味するかについては，前記Ⅱ6(3)を参照されたい。

著しく不公正な方法により新株が発行された場合，取引安全の要請から新株発行無効事由を極力狭く解するべきであるとして，新株発行は無効にならないとするのが通説的見解である[74]。

しかし，通説に対しては，著しく不公正な方法により新株が発行された際にそれが新株発行無効事由とならないとすると，それによって損害を受けた株主としては，新株発行差止めの訴えを提起するか，取締役に対し損害賠償を請求するしかないが，株式会社が新株発行の通知・公告を欠いたような場合には新株発行差止めの訴えを提起する機会を失ってしまうこと，取締役に対する損害賠償請求についても，損害額を算定するのが困難であり，実際には救済にならないことから，株式会社が新株を発行してしまえば株主としてはもはや実質的に救済を受けることができなくなり不当であるため，取引安全を考慮する必要がないような場合には，著しく不公正な方法による新株発行は無効とする余地があるとする見解もある[75]。

---

74) 上柳ほか編・前掲注3) 347頁〔近藤〕
75) 洲崎・前掲注27) 136頁，吉本健一「新株発行による既存株主の法益侵害とその救済」阪大法学149＝150号（1989）193頁

8．その他の訴訟手続について

(1) 管轄，弁論及び裁判の併合について

新株発行無効の訴えは，当該株式会社の本店所在地のある地方裁判所の専属管轄とされている（法835条1項）。

この本店所在地は，第1章Ⅱ4のとおり，形式的意味の本店を指すと解するのが相当である。また，新株発行無効の訴えが複数同時に係属するときは，弁論及び裁判は併合されることになる（法837条）。

(2) 主張方法

新株発行無効の訴えはいわゆる形成訴訟であるため，判決によってしかその効力を発生させることはできない。したがって，訴えの方法でしか新株発行無効を主張することはできない（法828条1項2号）。

(3) 主張立証責任

新株発行無効の訴えはいわゆる形成訴訟であり，法律の要件が認められる場合に提起できる訴訟である。したがって，原告が，原告適格，無効原因について主張・立証すべきである。

(4) 担保提供命令について

株主が新株発行無効の訴えを提起した場合（ただし，株主が取締役，監査役，執行役又は清算人であるときは除く。）には，裁判所は当該株式会社の請求により相当の担保を提供することを命じることができる（法836条）。

(5) 自白の拘束力，和解又は認諾の可否について

新株発行無効の訴えの認容判決には対世効があるため（法838条），自白の拘束力を認めないとする見解がある。また，認諾はできないと解されているし，認容判決と同様の内容となる和解もできないと解されている。

(6) 判決の効力

　新株発行無効判決には対世効がある（法838条）。また，新株発行無効判決が確定したときは，新株発行は将来に向かってその効力を失うとされているため（法839条），新たに発行された新株による株主総会における議決権行使，新たに発行された新株に対する利益配当等，確定判決までの間に新株発行が効力を生じたことを前提としてなされた行為の効力には影響を及ぼさないことになる。

(7) 判決後の手続について

　新株発行無効判決が確定したときは，当該株式会社は，将来に向かって新株の効力を失わせる手続をとらなくてはならない（法840条）。新株発行無効判決が確定したときは，それに関する登記は裁判所書記官の嘱託によってなされることになる（法937条1項1号ロ）。

Ⅳ　新株発行不存在確認の訴え

1. 総　論

　新株発行不存在確認の訴えは，旧商法下において，判例[76]によって，新株発行の実体がないのに，新株発行の登記がされているなどその外観が存する場合に，新株発行無効の訴えに準じるものとして認められたものである。会社法では829条でこれを規定している。

2. 原告適格

　旧商法下では，新株発行不存在確認の訴えは，その性質に反しない限り，新株発行無効の訴えに関する規定を類推適用するのが相当であるとされてい

---

76) 前掲注1) 最判平9・1・28

た[77]。会社法においては，特に原告適格について定めがないため，通常の確認の訴えと同様に，確認の利益がある者に原告適格が認められることになろう。

3．被告適格

旧商法下では，新株発行不存在確認の訴えの被告となるのは会社に限られ，新株を引き受けた株主を被告とした場合，その訴えは却下されることになるとされていた[78]。会社法においても，被告となるのは当該株式会社とされている（法834条13号）。

4．提訴期間がないことについて

旧商法下においては，新株発行の外観があるのにその実体が存しない場合に，新株発行の不存在を前提とする訴訟においていつでも主張できる新株発行不存在確認の訴えには，新株発行無効の訴えに関する提訴期間の定めは類推適用されないとされていた[79]。会社法においても，同様に解するのが相当である[80]。

5．新株発行不存在事由

(1)　新株発行不存在事由についての考え方

　新株発行は，払込みをして新たに株主となった者だけでなく，会社債権者等その他の利害関係人に多大な影響を与えるものであるため，会社法は，取引安全の見地から，新株発行無効の訴えには6か月又は1年の提訴期間を定め，かつ，新株発行無効の訴えは訴えをもってのみ主張できるとしている。

---

77) 前掲注1)最判平 9・1・28
78) 前掲注1)最判平 9・1・28
79) 最判平15・3・27民集57巻3号312頁・判時1820号145頁
80) 相澤哲編著『一問一答新・会社法〔改訂版〕』（商事法務，2009）239頁

前記のとおり，旧商法下では判例により新株発行不存在確認の訴えも認められるに至ったが，その不存在事由としては，新株発行の外観があるのにその実体がない場合であるとされ，かなり限定されていた。会社法においても，新株発行不存在確認の訴えには提訴期間も定められておらず，新株発行が不存在とされた場合に関係人に与える影響が大きいことから，新株発行不存在事由については旧商法下における議論と同様に，限定的に解するべきではないかと思われる。

(2) 実際に払込みのない場合

このことが新株発行不存在事由になることに特に異論がない[81]。

(3) 見せ金による払込みがあった場合

旧商法では，株式会社設立時の発行株式について「見せ金」[82]による払込みがされたときは，払込みの効力が否定され[83]，設立自体が無効とされることがあった。しかし，株式会社設立後の新株発行については，一部に引受けがなかったとしても，払込期日までに引受けと払込みのあった部分のみで有効に新株が発行され[84]，新株発行の登記がなされたのに引受けがなかった場合には，引受けのなかった株式については，取締役が共同して引受担保責任（旧商280条ノ13第1項）を負うことになるから[85]，「見せ金」による払込みだとしても新株発行が無効となるわけでもなく，不存在にもならないと解されていた[86]。

会社法は，旧商法が定めていた取締役の引受担保責任を定めていないため，見せ金による新株の発行が新株発行不存在事由になると解される余地も

---

81) 前掲注44)東京高判昭61・8・21，東京高判平15・1・30判時1824号127頁参照
82) 「見せ金」とは，一般に，当初から真実の株式払込みとして会社資金を確保する意図なく，一時的借入金をもって単に払込みの外形を整え，株式会社成立ないし新株発行の手続後，直ちに払込金を払い戻してこれを借入先に返済するような行為をいうとされている。
83) 最判昭38・12・6民集17巻12号1633頁・判時355号36頁
84) 鈴木＝竹内・前掲注41)419頁，加美和照『新訂会社法〔第8版補訂版〕』（勁草書房，2005）353頁
85) 上柳ほか編・前掲注3)322頁〔近藤〕
86) 前掲注65)最判平9・1・28

あり，そうなるかどうかについては，今後の議論を待つことになろう。

(4) 取締役会決議や株主総会決議がない場合

新株発行不存在確認が認められるのは，新株発行に関する瑕疵として無効事由以上のものがある場合であるから[87]，手続的瑕疵の場合には，新株発行は不存在とはいえないことになると思われる[88]。

(5) 代表取締役でない者によりなされた新株発行

代表取締役としての登記のない者が行った新株の発行は，原則として当該株式会社の機関による行為とは認められず，その者の行為によって発行された新株は偽造されたものともいえるから，新株発行としては不存在というべきであろう[89]。

実際には代表取締役ではないが，株式会社の代表者としての登記がなされた者（いわゆる表見代表取締役や，後になって取締役選任決議に瑕疵があったとして代表取締役でなかったとされた者）による新株発行は，株式会社の機関による新株発行であるという外観を備えていることになる。また，既存の株主等にとっては，本来代表者ではない者が株式会社を代表する者として登記されていることからすれば，その者の行為について注意を払うことができ，新株が発行されたような場合には新株発行無効の訴えを提起して，その瑕疵を治癒することもできる。そうだとすれば，株式会社の代表者として登記されている者による新株発行は，不存在にはならないと解するのが相当だと思われる。

(6) 株主に対する通知・公告を欠いた場合

株主に対する通知・公告（法201条3項・4項）を欠いた場合，他に新株発行差止事由がある場合には新株発行無効事由になるとするのが多数説であるが，新株発行が不存在とされるのは，新株発行に関する瑕疵として無効事由以上のものがある場合であり，新株発行の実体がないのに新株発行の外観が

---

87) 前掲注1) 最判平9・1・28
88) 前掲注81) 東京高判平15・1・30
89) 前掲注81) 東京高判平15・1・30参照

存在する場合であるため，通知・公告を欠いた場合であっても，株式会社を代表する者により新株発行の手続がなされ，株主による払込みがなされ，その旨の登記が経由されているような場合には，新株発行が不存在とされることはないと思われる。

(7) 株式会社の定款上の発行株式総数を超える新株発行をした場合

　株式会社の定款変更をしないまま，株式会社の定款上の発行株式総数を超える新株発行をすることは違法であり，新株発行に関する登記は経由できないと思われる。しかし，株式会社が発行株式総数を定款変更により増やし，その後新株を発行をしたが，後になって定款変更の株主総会決議の取消し等がされた場合，株式会社の発行株式総数を超える新株発行がなされたことになる。

　新株発行不存在は，新株発行の実体がないのに新株発行の外観が存在する場合に認められるものであるという見解[90]に従うと，発行株式総数を超える新株発行がなされたような場合であっても，新株発行は不存在とはいえないことになろう[91]。原告としては，定款変更の株主総会決議の瑕疵を争う訴訟において，新株発行無効の訴えも併せて提起することになろう。

6．その他の訴訟手続について

(1) 管轄，弁論及び裁判の併合について

　新株発行不存在確認の訴えは，当該株式会社の本店所在地のある地方裁判所の専属管轄とされている（法835条）。また，新株発行不存在確認の訴えが複数同時に係属するときは，弁論及び裁判は併合されることになる（法837条）。

(2) 主　張　方　法

　新株発行不存在確認の訴えは，株主総会決議不存在確認・無効確認と同様

---

90) 前掲注79)最判平15・3・27参照
91) もっとも，この見解に立つと，株式会社は発行可能株式総数を超えた株式を発行していることになり，会社法113条に違反した状態が残ってしまうことになる。

に確認訴訟であるため，訴えの方法によることなく，主張でこれをなすことができると解されている[92]。

(3) 主張立証責任

新株発行が不存在とされるのは，新株発行の実体がない場合であり，法律的に新株発行がないと評価することによって新株発行を不存在とすべきでないと解されている[93]。

新株発行の実体がない場合には，被告である株式会社が新株発行の事実を主張・立証する必要があろう。ただし，一般の債務不存在確認請求訴訟と同様に，争点を明確にするために，原告としても不存在事由を裏づける事情は主張すべきであろう。

仮に，法律的に新株発行がないと評価される場合も新株発行不存在事由に当たるとした場合，その評価根拠事実は新株発行不存在確認の請求をする原告側において主張・立証する必要があると解するのが相当であろう。

(4) 担保提供命令

新株発行無効の訴えと同様に認められている（法836条）。

(5) 自白の拘束力，和解及び認諾の可否

新株発行不存在確認の訴えの認容判決には対世効があるため（法838条），自白の拘束力を認めないという見解がある[94]。また，認諾もできず，認容判決と同様の内容となる和解もできないと解されている。

(6) 判決の効力

新株発行不存在確認の訴えには対世効がある（法838条）。もっとも，新株発行無効判決が確定したときは，新株発行は将来に向かってその効力を失う

---

92) 江頭・前掲注51)712頁，北澤・前掲注10)551頁
93) 前掲注1)最判平9・1・28，前掲注79)最判平15・3・27
94) ただし，新株発行不存在が訴えの方法によらないで主張された場合に自白の拘束力を認めるかどうかは別に考える余地はあろう。

（遡及効の否定〔法839条〕）とされているが，新株発行不存在確認の訴えは確認の訴えであるため，その認容判決が出ると，新株発行は発行時から不存在であったことになる[95]。

(7) 判決後の手続について

新株発行不存在確認の訴えが確定した場合には，それに関する登記は裁判所書記官の嘱託によってなされることになる（法937条1項1号ホ）。

---

95) 相澤編著・前掲注80）251頁

第10章

計算書類・会計帳簿等・株主名簿の閲覧等請求訴訟

I　計算書類の閲覧・謄本等交付請求

1．株主の経理検査権

　株主は，株主総会の決議を通じて重要事項の決定に参加するほか，取締役の解任請求（法854条1項），株主代表訴訟（法847条），取締役の違法行為差止請求（法360条）により会社経営を監督是正する権利を有するが，こうした権利を有効適切に行使するためには，株主が企業経営に関する情報を入手する必要がある。会社法は，株主の監督是正権を実効あらしめるための経理検査権として，第1に計算書類等の閲覧及び謄本等交付請求権を認めているが（法442条3項・378条2項），計算書類等はオリジナルの帳簿等ではなく，また概括的な記載内容にとどまるので，会社の経理に関して必ずしも十分な情報を提供するものとはいえない。そこで，会社法は第2に，総株主の議決権の100分の3以上の議決権を有する株主又は発行済株式の100分の3以上の数の株式を有する株主に，会計帳簿又はこれに関する資料の閲覧謄写請求権を認めている（法433条1項）。もっとも，これによって閲覧謄写できるのは会計帳簿等に限定され，さらに広く会社の業務及び財産の調査を行うことはできない。このため，会社法は第3に，株式会社の業務執行に関して不正の行為又は法令若しくは定款に違反する重大な事実があることを疑うに足りる事由があるときに，総株主の議決権の100分の3以上の議決権を有する株主又は発

行済株式の100分の3以上の数の株式を有する株主に，当該株式会社の業務及び財産の状況を調査させるための検査役選任請求を認めている（法358条）。すなわち，調査の対象が間接資料から直接資料に，また範囲が次第に広くなるのに伴い，権利を行使するための要件（持株要件の加重や不正行為等の疑いの立証要求）や方法（株主による直接調査から検査役による間接調査へ）が段階的に厳重になるように，会社法は諸措置を認めているものである[1]。

2．計算書類等の閲覧・謄本等交付請求の制度概要

(1) 計算書類とは

　旧商法では，「計算書類」なる用語は条文上存在せず，貸借対照表・損益計算書・営業報告書・利益の処分又は損失の処理に関する議案をもって，計算書類と称するのが通例であった（旧商281条1項参照）。これに対し，会社法では「計算書類」なる用語を定義し，「貸借対照表，損益計算書，その他株式会社の財産及び損益の状況を示すために必要かつ適当なものとして法務省令で定めるものをいう」としている（法435条2項）。「その他……法務省令で定めるもの」とは，株主資本等変動計算書及び個別注記表である（計算規59条1項）。

　また，株式会社は，最終事業年度の直後の事業年度に属する一定の日（臨時決算日）における当該株式会社の財産の状況を把握するため，法務省令で定めるところにより，臨時決算日における貸借対照表，同日の属する事業年度の初日から臨時決算日までの期間に係る損益計算書を作成することができる（法441条1項，計算規60条）。これらを臨時計算書類という。

(2) 計算書類等の備置き

(a) **株式会社による備置き**　　株式会社は，定時株主総会の日の1週間（取締役会設置会社の場合は2週間前）前の日[2]から，各事業年度に係る計算書

---

1) 鈴木竹雄＝竹内昭夫『会社法〔第3版〕』（有斐閣，1994）385頁
2) 会社法319条1項により，株主総会決議が省略された場合には，同項の提案があった日が起算点となる。

類及び事業報告並びにこれらの附属明細書（監査役設置会社にあっては監査報告を，会計監査人設置会社にあっては会計監査報告を含む。）を5年間本店に，その写しを3年間支店に備え置かなければならない（法442条1項1号・2項1号）。また，臨時計算書類が作成された場合には，同書類（監査役設置会社にあっては監査報告を，会計監査人設置会社にあっては会計監査報告を含む。）を作成日から5年間本店に，その写しを3年間支店に備え置かなければならない（法442条1項2号・2項2号）。なお，計算書類・臨時計算書類が，電磁的記録で作成されている場合であって，支店においてすぐに表示でき，あるいは提供・交付できるような措置（具体的措置は会社法施行規則227条で定められている。）が採られている場合には，支店における写しの備置きは必要ない（法442条2項ただし書）。

(b) **会計参与による備置き**　会社法では，株式会社には，定款の定めによって，会計参与を設置することができるようになった（法326条2項）。会計参与は，公認会計士，監査法人，税理士又は税理士法人でなければならず（法333条1項），会計参与が設置された場合には，会計参与は取締役と共同して，計算書類及びその附属明細書，臨時計算書類並びに連結計算書類を作成する（法374条1項）。そして，会計参与は，法務省令で定めるところにより，当該会計参与が定めた場所に，①各事業年度に係る計算書類及びその附属明細書並びに会計参与報告を，定時株主総会の日の1週間（取締役会設置会社の場合は2週間）前の日[3]から5年間，②臨時計算書類及び会計参与報告書を，臨時計算書類を作成した日から5年間，備え置かなければならない（法378条1項，会社則103条）。会計参与の計算書類等の備置きの場所は登記事項である（法911条3項16号）。

(3) **計算書類等の閲覧・謄本等交付請求**

　株主及び債権者は，株式会社の営業時間内はいつでも，株式会社に備え置かれている上記書類の閲覧・謄本等交付請求をすることができる（法442条3項）。具体的には，①計算書類等が書面をもって作成されているときは当該

---

[3] 会社法319条1項により，株主総会決議が省略された場合には，同項の提案があった日が起算点となる。

書面又は当該書面の写しの閲覧の請求，②当該書面の謄本又は抄本の交付の請求，③計算書類等が電磁的記録をもって作成されているときは，当該電磁的記録に記録された事項を法務省令で定める方法（会社則226条21号）により表示したものの閲覧の請求，④当該電磁的記録に記録された事項を電磁的方法であって株式会社の定めたものにより提供することの請求又はその事項を記載した書面の交付の請求をすることができる（法442条3項。以下，まとめて「閲覧等請求」という。）。上記②又は④の請求をするには，当該株式会社が定めた費用を支払わなければならない。

また，会計参与設置会社の場合には，当該会社の営業時間内（ただし，会計参与が請求に応ずることが困難な場合として法務省令で定める場合（会社則104条）を除く。）に，いつでも，会計参与に対し，会計参与が備え置いている上記書類の閲覧・謄本等交付請求をすることができる（法378条2項）。ただし，交付請求の場合には，当該会計参与の定めた費用を支払わなければならない。

任意の履行を期待できない場合には，株主及び債権者は，株式会社を被告として，計算書類等の閲覧等請求訴訟を提起することができ，本案判決確定を待っていたのでは株主等に著しい損害が発生する場合には，計算書類等の閲覧等仮処分を申し立てることもできる。会計参与設置会社の場合には，会計参与を被告（債務者）として，訴訟を提起し，又は，仮処分を申し立てることも可能である。

なお，株式会社の親会社社員は，その権利を行使するため必要があるときは，裁判所の許可を得たうえで，当該株式会社の計算書類等について，会社又は会計参与（会計参与設置会社の場合）に閲覧等請求をすることができるが（法442条4項・378条3項），この許可申請事件は非訟事件である（法868条2項）。

3．請求権者

(1) 株　　主

計算書類等の閲覧等請求権は単独株主権であり，持株比率や株式保有期間にかかわらず，1株でも有していれば請求権が認められる。ただし，閲覧等請求の時だけでなく，実際に閲覧等を行う時においても，株主である必要が

ある[4]。

なお,遺言で株式の遺産分配と遺言執行者の指定がされた場合には,相続人自らが請求者として,計算書類等の閲覧等を求めれば足り,遺言執行者が計算書類等の閲覧等を請求することは,遺言内容の執行として必要なものとはいえないから,遺言執行者が自らの名前で同請求をすることはできない[5]。

(2) 債 権 者

株式会社では,会社財産のみが会社債権者の担保となることから,担保となる会社の一般財産の状況を会社債権者が把握できるようにするため,会社債権者にも計算書類等の閲覧等請求権が認められている。実務では,金銭請求権ではなく,作為ないし不作為請求権を有するにすぎない債権者が,計算書類等の閲覧等請求権を有するかが問題となる場合があるが,会社法442条3項は「債権者」と規定しているのみであり,文理上,債権の種類の限定はしていないし,作為ないし不作為請求権も会社の不履行によって金銭請求権(損害賠償請求権)に転化する可能性を有するのであるから,会社財産の状況把握の必要性がないとはいえず,同条の「債権者」に含まれると解される[6]。

4.閲覧等請求の対象となる計算書類等の範囲

株式会社は,計算書類を作成した時から10年間,当該計算書類及びその附属明細書を保存しなければならないが(法435条4項),備置期間である5年間(法442条1項)を経過した計算書類等については,株式会社に保存されていても,株主及び債権者は,閲覧等を請求することができない[7]。なぜなら

---

4) 会計帳簿閲覧請求権について,上柳克郎ほか編『新版注釈会社法(9)』(有斐閣,1988)208頁〔和座一清〕参照
5) 東京地判昭57・1・26判時1042号137頁
6) 実務で請求の可否が問題となる場合としては,ゴルフ会員権者による請求があるが,株主会員制ゴルフクラブでは株主として,預託会員制ゴルフクラブでは債権者として,各々株式又は債権取得につき対抗要件を備えている限り閲覧等請求が可能と解されている(永沢徹「会計帳簿・計算書類の閲覧請求」門口正人編『新・裁判実務大系(11)会社訴訟・商事仮処分・商事非訟』(青林書院,2001)188頁)。

ば，会社法が計算書類等の備置きを義務づけているのは，株主及び債権者への閲覧等に供するためであり，備置期間が5年間と法定されているということは，閲覧等請求をなし得る期間も5年とする趣旨であると解されるからである。

5．閲覧等請求の方法

(1) 閲覧等を必要とする正当目的の要否

会社法442条3項及び会社法378条2項は，計算書類等の閲覧等請求権の行使要件について，請求者が株主又は債権者であること以外に特に要件を課していないから，請求者が，請求に当たって，計算書類等の閲覧等請求を必要とする正当目的を有することを明らかにする必要はない。もっとも，同条の閲覧等請求権は，株主の会社経営に対する監督是正権を実効あらしめ，又は，株主の間接有限責任制度の代償として債権者の利益を保護するためのものであるから，こうした正当目的に基づかない閲覧等請求は，権利の濫用として棄却される可能性がある。閲覧等請求が権利濫用であることの主張立証責任は被告が負う（後記Ⅲ3，4の旧商法263条3項に関する解釈参照）。

(2) 訴訟外における閲覧等請求の要否

計算書類等の閲覧等を求める株主及び債権者は，会社（会計参与）に対して計算書類等閲覧等請求訴訟を提起することができる。訴訟を提起するに当たって，訴訟外で一度閲覧等を請求し，拒否されたことは必要ない[8]。

---

7) 上柳克郎ほか編『新版注釈会社法(8)』（有斐閣，1987）74頁〔倉沢康一郎〕。なお，取締役会議事録に関する事案であるが，会社が10年間の備置期間経過後に保存している議事録については，閲覧謄写の許可の対象とならないとした東京地決平18・2・10判時1923号130頁がある。

8) 株主総会議事録及び株主名簿の事案に関する大判昭11・2・6法学5巻7号124頁，大阪地判昭15・11・7新聞4723号30頁

6．閲覧等請求の内容及び行使方法

(1) 計算書類等の作成請求の可否

　会社が計算書類等を作成していない場合に，株主及び債権者は，会社に対して，計算書類等を作成して閲覧等させることを請求できるか。裁判例では，これを肯定したものもあるが[9]，会社法442条3項は，計算書類等が書面又は電磁的記録をもって実際に作成されていることを前提として（同項1号・3号），その作成されたものの閲覧等請求を認めているにすぎないから，同項の閲覧請求権の中に，計算書類等の作成請求権まで含まれると解することは困難である。また，その他に，株主及び債権者が，会社に対し，計算書類等の作成を請求する権利があることを根拠づける条文も見当たらない。したがって，会社の取締役が計算書類等を作成しない場合に，作成懈怠について取締役の責任が別途追及されたり（法423条1項・429条），過料の制裁を受けたり（法976条7号）することがあるのは別論として，株主及び債権者が当該計算書類等の作成を求めることはできないと解される[10]。

　同様に，会社が，会社計算規則の予定する記載事項を充足しない附属明細書しか作成していない場合にも，要件を充足する附属明細書を作成してその閲覧等をさせることを，株主及び債権者が請求することはできない[11]。

(2) 謄写請求の可否

　会社法442条3項は，計算書類等に関する開示請求権として，閲覧及び謄本等の交付請求権を認めているのみであるから，謄写を請求することはできない。このことは，会社法が，「謄写」（法125条2項・252条2項・684条2項）と「謄本又は抄本の交付の請求」（法31条2項2号・442条3項2号）を明確に使い分けていることからも明らかである。したがって，株主及び債権者が，計算

---

9) 東京地判昭55・9・30判時992号103頁
10) 東京高判昭58・3・14判時1075号156頁
11) 大阪地判昭43・3・14判タ219号193頁，野上鉄夫「判批」商事541号（1970）13頁

書類等の謄写を請求しても，会社は謄写請求を拒否することができ，謄写の設備を用意する必要もない[12]。もっとも，株主及び債権者が，謄写を請求してきた場合に，会社がサービスとしてこれに応じることは差し支えない（ただし，特定の株主にのみこのようなサービスを行うと株主平等原則（法109条1項）との関係において問題が生じる可能性がある。）。

(3) 代理人による閲覧等請求の可否

計算書類等の閲覧等請求は，株主及び債権者本人に限らず，代理人によってもこれをなすことができる[13]。補助者を利用してもよい。

7．訴訟係属中の任意の履行

計算書類等の閲覧等請求訴訟の係属中に，被告が任意に書証として当該計算書類等を提出した場合には，被告は，閲覧等請求に対する義務の履行を終えていると認められるから，原告の請求は棄却される[14]。

もっとも，被告が計算書類等閲覧等仮処分決定の強制力に従って，原告に計算書類等の閲覧等をさせた場合には，これを理由として，原告の本訴請求を棄却することはできない[15]。仮処分における被保全権利は，債務者において訴訟に関係なく任意にその義務を履行し，又はその存在が本案訴訟において終局的に確定され，これに基づく履行が完了して初めて法律上実現されたものというべきであり，いわゆる満足的仮処分の執行自体によって被保全権利が実現されたと同様の状態が事実上達成されているとしても，それはあくまで仮のものにすぎないのであるから，この仮の履行状態の実現は，本案訴訟において斟酌されるべき筋合いのものではないからである[16]。

---

12) 上柳ほか編・前掲注7) 72頁〔倉沢〕
13) 議事録や株主名簿の閲覧謄写請求について，上柳克郎ほか編『新版注釈会社法(6)』（有斐閣，1987）201頁〔山口幸五郎〕
14) 前掲注9) 東京地判昭55・9・30，前掲注10) 東京高判昭58・3・14
15) 株主名簿の事案に関する山形地判昭62・2・3判時1233号141頁参照
16) 最判昭35・2・4民集14巻1号56頁，最判昭54・4・17民集33巻3号366頁

Ⅱ 会計帳簿等の閲覧謄写請求

1．制度の概要

　総株主の議決権の100分の3以上の議決権を有する株主又は発行済株式の100分の3以上の数の株式を有する株主は，株式会社の営業時間内はいつでも，株式会社に対し，①会計帳簿又はこれに関する資料（以下「会計帳簿等」という。）が書面をもって作成されているときは，当該書面の閲覧又は謄写を，②会計帳簿等が電磁的記録をもって作成されているときは，当該電磁的記録に記録された事項を法務省令に定める方法（会社則226条20号）により表示したものの閲覧又は謄写を，請求することができる（法433条1項）。これを帳簿閲覧請求権という。会社法433条の前身である旧商法293条ノ6は，昭和25年の商法改正に際して，株主総会の権限を縮小し，取締役会による経営強化を図る一方，株主の地位の強化を図るため，アメリカの制度を取り入れて新しく設けられた。もっとも，アメリカでは帳簿閲覧請求権は単独株主権であるのに対し，わが国では濫用防止の観点から少数株主権とされているなど，帳簿閲覧請求権の位置づけは両国において同一ではない[17]。

　会社において任意の履行を期待できない場合には，株主は会社を被告として，会計帳簿等の閲覧謄写請求訴訟を提起することができる。また，本案判決確定を待っていたのでは，株主に著しい損害が生じる場合には，会計帳簿等の閲覧謄写請求仮処分を利用することも考えられる。

　株式会社の親会社社員は，その権利を行使するため必要があるときは，裁判所の許可を得て，当該株式会社の会計帳簿等の閲覧又は謄写を請求することができるが（法433条3項），この許可申請事件は非訟事件である（法868条2項）。なお，この場合において，親会社社員は，会社法433条1項の株主に相当するものとして，同項各号の請求をすることになるので，議決権の100分の3以上を有していること，又は100分の3以上の出資をしていることとい

17）　山口和男＝垣内正「帳簿閲覧請求権をめぐる諸問題」判タ745号（1991）4～5頁

う要件は，親会社社員による請求の場合にも同様に課されることになる[18]。

2．請求権者

帳簿閲覧請求権を行使し得るのは，①総株主の議決権の100分の3以上の議決権を有する株主，又は②発行済株式の100分の3以上の数の株式を有する株主である。①の「総株主」からは，株主総会において決議をすることができる事項の全部につき議決権を行使することができない株主が除かれ，②の「発行済株式」からは自己株式が除かれる。また，①②とも，必要とされる持株比率を定款によって引き下げることが可能である。①②とも，株式保有期間についての要件はない。

1人で必要な持株比率を満たさない場合であっても，複数の者が集まって持株比率を満たすのであれば，共同して請求することが可能である[19]。持株比率は，閲覧謄写の請求時だけでなく，実際に閲覧謄写する時点でも満たされている必要があるが，閲覧謄写の請求後に新株発行があって持株比率が法定要件より低下した場合には，原告適格を失わないというのが通説の立場であり，同様の判示をした下級審裁判例もある[20]。このように解しないと，会社が新株発行手続を利用して，帳簿閲覧請求権の行使を妨害することが可能になるためであると説明されている。もっとも，経営上の必要から適法に新株発行が行われ，その結果，原告の持株比率が低下した場合にまで，少数株主権としての帳簿閲覧請求権を認めることには疑問がある。そこで，原因が新株発行によるものである場合であっても，持株比率の要件を満たさなくなったのであれば，帳簿閲覧謄写請求の原告適格は原則として失われると解すべきであり，例外的に会社が帳簿閲覧請求権を失わせる目的で新株発行を行った等の事情が認められる場合には，原告適格喪失の抗弁を信義則違反ないし権利濫用により制限すれば足りるとも考えられる[21]。

---

18) 相澤哲編著『一問一答新・会社法〔改訂版〕』（商事法務，2009）145頁
19) 上柳ほか編・前掲注4）208頁〔和座〕
20) 高松地判昭60・5・31金判863号28頁

3. 閲覧謄写の対象となる会計帳簿等の範囲

(1) 「会計帳簿又はこれに関する資料」の意義

閲覧謄写の対象は，「会計帳簿又はこれに関する資料」である。

旧商法293条ノ6第1項は，閲覧謄写の対象を「会計ノ帳簿及資料」と規定していたところ，その意義については争いがあり，①「会計ノ帳簿」とは旧商法32条1項〔商19条2項〕が規定する会計帳簿を意味し，「会計ノ……資料」とは会計帳簿を作成する材料となった資料その他会計帳簿を実質的に補充する資料を意味すると解する限定説[22]と，②「会計ノ帳簿及資料」の範囲を限定せず，会社の経理の状況を示す一切の帳簿等を意味するものと解する非限定説[23]との対立があった。そして，非限定説は，広きに失して営業秘密を侵害する危険性が大きいこと，間接的に会社の経理に関するものの一切を含むとすると旧商法294条〔法358条〕の検査役による調査との区別が困難になること等から，旧商法下では，限定説が多数説であり，裁判例も限定説を採っていた[24]。

会社法433条1項では，旧商法293条ノ6第1項の文言をほぼそのまま引き継いでいるが，その意味内容については，①会社法は「会計帳簿又はこれに関する資料」を対象と規定することにより，非限定説を否定する論拠を与え，

---

21) 最決平18・9・28民集60巻7号2634頁は，株式会社の株主が，旧商法294条1項に基づき検査役選任の申請をした時点で総株主の議決権の100分の3以上を有していたが，新株発行により総株主の議決権の100分の3未満しか有しないものとなった場合には，当該申請は，申請人の適格を欠くものとして不適法である旨判示した。非訟事件についての判断ではあるが，帳簿閲覧謄写請求権と同じ少数株主権の行使に関わる最高裁の判断であって，本論点の解釈にもその趣旨が及ぶものと解する余地がある。

22) 上柳ほか編・前掲注4) 210頁〔和座〕，大隅健一郎＝今井宏『会社法論(中)〔第3版〕』（有斐閣，1992) 504頁，前田庸『会社法入門〔第10版〕』（有斐閣，2005) 624頁，鈴木＝竹内・前掲注1) 387頁

23) 田中誠二『会社法詳論(下)〔3全訂版〕』（勁草書房，1994) 915頁，小橋一郎「帳簿閲覧権」田中耕太郎編『株式会社法講座(4)』（有斐閣，1957) 1643頁，江頭憲治郎『株式会社・有限会社法〔第4版〕』（有斐閣，2005) 568頁

24) 東京地決平元・6・22判時1315号3頁，横浜地判平3・4・19判時1397号114頁，大阪地判平11・3・24判時1741号150頁

限定説に肯定的な改正を行ったとする見解[25]と、②会社法では、株主の帳簿閲覧請求権の対象も会計監査人等の調査権の対象もすべて「会計帳簿」と規定されたのであるから（法389条4項・396条2項・433条1項）、株主の帳簿閲覧請求権の対象も会計監査人等の調査権の対象と同じ範囲まで拡大したと解さざるを得ず、会社法は非限定説を採用する趣旨であるとする見解[26]の対立が生じている。この点について、立法担当者は、会社法の各規定においていずれも「会計帳簿」という用語が用いられたのは、いずれも明確な定義づけが行われていない用語をあえて使い分けることは単に規定の適用関係を混乱させる要因となりかねないからであり、各規定における「会計帳簿」の意味はそれぞれの規定の趣旨に照らした解釈により定めるべきであるという点は、旧商法も会社法も同様であるとしており[27]、これによれば、同じ用語が用いられたことは解釈の変更を意味するものではないようである。ただ、この点は、今後の裁判例の集積を待つ必要があるであろう。

なお、限定説も非限定説も、結論的には閲覧謄写の対象はそれほど異ならない。結論が変わるのは、法人税確定申告書のように、経理に関するものではあるが、会計帳簿を実質的に補充する資料には当たらないものについてである。旧商法下での上記各裁判例はいずれも、限定説を前提として、法人税確定申告書は帳簿資料に該当しないと判示している。

(2) 会社法432条2項の保存期間を経過した後の会計帳簿等

会社法432条2項の保存期間（10年間）を経過した後の会計帳簿等について、閲覧謄写請求をすることができるかについては、否定説[28]と肯定説[29]が対立している。会社法433条1項は、閲覧謄写の対象を「会計帳簿又はこれに関する資料」と規定しているのみであり、期間的な制限は課していないし、条文の構造上も、保存期間と帳簿閲覧請求期間が連動しているとは直ち

---

25) 鳥飼重和ほか『非公開会社のための新会社法〔新版〕』（商事法務、2006）352頁
26) 江頭憲治郎「新会社法制定の意義」ジュリ1295号（2005）4頁
27) 相澤哲ほか「新会社法の解説(10)株式会社の計算等」商事1746号（2005）28頁
28) 山口＝垣内・前掲注17）8頁
29) 東京地裁商事研究会『商事非訟・保全事件の実務』（判例時報社、1991）539頁

には解し得ないから、肯定説が相当であると考える。もっとも、閲覧謄写の対象となる会計帳簿等が現存することの主張立証責任は株主が負うと解されるから[30]、株主が保存期間を経過した会計帳簿等が現存していることを主張立証しなければ、その部分の閲覧謄写請求は棄却される。

4．請求理由と会計帳簿等の特定

(1) 請求理由の具体性

　会計帳簿等の閲覧謄写請求は、当該請求の理由を明らかにしてしなければならない（法433条1項柱書）。旧商法では、理由を付した書面又はこれに代わる所定の電磁的方法で請求しなければならなかったが（旧商293条ノ6第2項・3項・204条ノ2第2項・3項）、会社法ではこのような限定はなくなった。

　閲覧謄写請求の理由は、具体的に明示することが必要であるが[31]、請求理由を基礎づける事実（例えば、取締役が違法な経理を行っているとの具体的事実）が客観的に存在することを株主が立証する必要はない[32]。会社法433条1項はこのような立証を要件としていないし、そもそも帳簿閲覧請求権は株主が会社経営に対する監督是正権を行使するための手段的な権利であり、取締役の違法行為等を立証しなければ帳簿閲覧請求権を行使できないというのでは本末転倒だからである。

　なお、実務では、請求理由を抽象的にしか明らかにしない閲覧謄写請求が多く、会社法433条1項柱書が求める理由の具体性の程度が争点となることが少なくない。そこで、どの程度の具体性が必要であるかが問題となるが、請求理由の明示が求められている趣旨の一つは、会社において理由と関連性のある会計帳簿等の範囲を知るとともに、会社法433条2項に規定する拒絶事由の存否を判断する資料とする点にあるから、会社がその理由を見て関連性のある会計帳簿等を特定でき、拒絶事由の存否を判断できる程度に具体的な理由を明示する必要があると解される。理由の具体性が争われた裁判例と

---

30) 山口＝垣内・前掲注17) 10頁
31) 最判平2・11・8集民161号175頁・判タ748号121頁
32) 最判平16・7・1民集58巻5号1214頁

しては、①「此度貴社が予定されている新株の発行その他会社財産が適正妥当に運用されているかどうかにつき、商法293条の6の規定に基づき、貴社の会計帳簿及び書類の閲覧謄写をいたしたい」旨を記載した請求書面について具体性を欠くとしたもの[33]、②会社が関連会社に多額の無担保融資をしたことが違法・不当であり、適正な監視監督を行うため会計帳簿等を閲覧謄写する必要があることや、会社が多額の美術品を取得したことが違法・不当であり、当該美術品の内容・数量、購入時期・金額、購入相手等を調査するため、会計帳簿等を閲覧謄写する必要があること等を閲覧理由として記載した請求書面について、具体性に欠けるところはないとしたもの[34]、③会社において安定株主工作としてどのような行為が行われ、どの程度の会社財産が流出したかという事実を知ることが株主総会において議決権を行使するうえで、また、取締役の損害賠償責任の有無を検討し、責任が存在する場合における株主の権利行使の準備をするうえで必要であることを理由として閲覧謄写請求をした事案について、具体性に欠けるところはないとしたもの[35]がある。

(2) 対象となる会計帳簿等の特定

閲覧謄写請求をするに当たって、株主が対象となる会計帳簿等を特定して請求する必要があるか否かについては争いがあり、①株主は理由と関係のある会計帳簿等を特定して請求する必要があるという立場[36]と、②株主は一切の会計帳簿等の閲覧謄写請求をすることができるが、株主がことさらに不必要な会計帳簿等の閲覧謄写を求めたときは、会社はこれを立証して拒み得るとする立場[37]との対立がある。

会社法433条1項後段が、閲覧謄写請求をするに当たって理由を明示する

---

33) 前掲注31)最判平2・11・8
34) 前掲注32)最判平16・7・1
35) 東京地決平19・6・15金判1270号40頁（抗告審である東京高決平19・6・27金判1270号52頁も原審の判断を維持）
36) 仙台高判昭49・2・18判時740号97頁、高松高判昭61・9・29判時1221号126頁、田中・前掲注23)915頁、山口＝垣内・前掲注17) 9頁
37) 小橋・前掲注23)1463～1464頁

ことを要件としていることからすれば，同条は，株主にあらゆる会計帳簿等の閲覧謄写請求権を付与しているわけではなく，請求理由と関連性のある範囲の会計帳簿等に限って閲覧謄写請求権を付与しているにすぎないと解される。したがって，株主は，閲覧謄写請求権の発生原因事実として関連性の主張立証責任を負うというべきであり，この意味において，株主は，必然的に，請求理由と関連性のある会計帳簿等を特定して請求することになる[38]。
もっとも，会計帳簿等は企業会計上一般に作成されているものもあれば，当該会社が独自に作成しているものもあり，会社内部の事情を知り得ない株主が会計帳簿等の名称を詳細に特定することは困難であるから，その特定の方法は，訴状段階では，「〇〇関係についての元帳を補充するため作成している帳簿」，「〇〇帳簿の〇〇欄の記入材料となった資料」といった程度で足り[39]，さらに特定する必要があれば，訴訟における双方の主張・立証や裁判所による釈明権行使を通じて正確な特定がされることになろう[40]。

5．閲覧謄写請求の拒絶事由

(1) 会社法433条2項の性質

株主から会計帳簿等の閲覧謄写請求があった場合，株式会社は，会社法433条2項各号のいずれかに該当すると認められる場合を除き，これを拒むことができない。会社法433条2項は拒絶事由を5つ挙げているが，1号及

---

[38] 請求理由を具体的に明示し，かつ，請求する会計帳簿等が請求理由と関連性があることを説明しようとすれば，例えば，「〇〇の取引に違法な点がないかどうかを調査するためには，〇〇の取引が行われた平成△年度の総勘定元帳のうち〇〇の取引に関する部分を確認する必要がある。よって，平成△年度の総勘定元帳の〇〇取引に関する部分を閲覧謄写せよ。」といった請求になるはずであり，請求対象も自ずと特定されることになる。仮に，株主が，請求理由は具体的に明示したものの，請求する会計帳簿等を全く特定しなかった場合には，裁判所は，請求理由との関連性が認められる範囲でのみ請求を認容し，その余の請求を棄却することになると考えられる。

[39] 山口＝垣内・前掲注17) 9頁

[40] 判決主文において，閲覧謄写の範囲が客観的に明確となっていなければならないことは当然である（そうでなければ強制執行の観点からも問題が生じる。）。原判決の主文における閲覧謄写の範囲限定が一義性を欠くとして原判決を変更した裁判例として，東京高判平18・3・29判タ1209号266頁がある。

び2号は株主の権利行使に関する一般的原理を宣言したものであり，3号以下は1号及び2号の原理の具体的・細目的適用である[41]。会社法433条2項各号の拒絶事由は制限列挙であり，会社の定款でこれ以外の拒絶事由を追加することはできない[42]。拒絶事由の存在は会社において主張立証することが必要である。

なお，会社法433条2項は，ほぼ旧商法293条ノ7をそのまま引き継いでいるが，会社法433条2項各号には，旧商法293条ノ7第4号に相当する事由（株主が不適当な時に閲覧謄写請求をなしたとき）が挙げられていない。しかしながら，会社法433条1項は，閲覧謄写請求は「株式会社の営業時間内」においてのみなし得ることを規定しているから，実質的には旧商法293条ノ7第4号の内容は維持されているといえよう[43]。ただし，旧商法293条ノ7第4号の解釈としては，営業時間内であっても，決算のため会社が会計帳簿等を継続して使用中でこれを手放せないときも同号に当たると解されていたが[44]，会社法下では，旧商法293条ノ7第4号に該当する規定がないため，この部分の解釈には影響が生じる可能性がある[45]。もっとも，当該閲覧謄写請求が会社の業務執行の妨げになると認められるのであれば，会社法433条2項2号の適用により対処し得るであろう。

以下，実務で問題となることの多い拒絶事由について整理する。

(2) 会社法433条2項1号〔旧商293条ノ7第1号前段〕

会社法433条2項1号の拒絶事由は，「当該請求を行う株主がその権利の確保又は行使に関する調査以外の目的で請求を行ったとき」である。ここにいう株主の権利とは，株主が株主たる資格において有する権利をいい，株主が会社に対して有する権利であっても，株主たる資格と離れて有する権利（例えば，売買契約上の権利や労働契約上の権利等）はこれに含まれない。株式買取請

---

41) 上柳ほか編・前掲注4)219頁〔和座〕
42) 上柳ほか編・前掲注4)218頁〔和座〕
43) 相澤編著・前掲注18)146頁
44) 上柳ほか編・前掲注4)225頁〔和座〕
45) 鳥飼ほか・前掲注25)354頁

求権などの自益権行使のための閲覧謄写請求が認められるかについては争いがあり，否定説[46]と肯定説[47]が対立していたが，最判平16・7・1民集58巻5号1214頁は，株式の譲渡制限のある株式会社において，株式を他に譲渡しようとする株主が，株式の適正な価格を算定する目的でした会計帳簿等の閲覧謄写請求は，特段の事情がない限り，旧商法293条ノ7第1号所定の拒絶事由には該当しないと判示し，肯定説を採っている。

その他，会社法433条2項1号の該当性が争われた裁判例としては，議決権（質問権，意見陳述権）の行使，株主提案権の行使，取締役の違法行為差止請求権及び責任追及の訴えの提起請求等はいずれも株主である地位において有する権利であるということができ，相手方の主張する事由はいずれも会社法433条2項1号の拒絶事由には当たらないとしたものがある[48]。また，旧商法293条ノ7第1号前段の該当性が争われた裁判例としては，原告からの帳簿閲覧請求は，利益配当以外の方法による利益供与をさせようとして，その交渉を有利に運ぶための手段としてされたものと推認されるとして，同号前段の拒絶事由を認めたもの[49]がある。

(3)　会社法433条2項2号〔旧商293条ノ7第1号後段〕

会社法433条2項2号の拒絶事由は，「請求者が当該株式会社の業務の遂行を妨げ，株主の共同の利益を害する目的で請求を行ったとき」である。客観的に会社の業務遂行や株主の共同利益を害することが認められれば，請求株主に加害の意図がなくとも，同号に該当する[50]。旧商法293条ノ7第1号後段の該当性が争われた裁判例としては，原告が被告代表者の経営姿勢に疑問を抱き，同人に対する批判を繰り返していたというだけでは，同号後段の拒否事由を推認することはできないとしたもの[51]がある。

---

46)　山口和男編『会社訴訟非訟の実務〔改訂版〕』（新日本法規出版，2004）794頁
47)　小橋・前掲注23)1467頁，田中・前掲注23)917頁
48)　前掲注35)東京地決平19・6・15（抗告審である東京高決平19・6・27も原審の判断を維持）
49)　大阪地判平11・3・24判時1741号150頁
50)　上柳ほか編・前掲注4)222頁〔和座〕，大隅＝今井・前掲注22)509頁
51)　横浜地判平3・4・19判時1397号114頁

(4) 会社法433条2項3号〔旧商293条ノ7第2号〕

　会社法433条2項3号の拒絶事由は,「請求者が当該株式会社の業務と実質的に競争関係にある事業を営み,又はこれに従事するものであるとき」である。

　(a) **主観的要件の要否**　会社法433条2項3号の前身である旧商法293条ノ7第2号は,拒絶事由として,「株主ガ会社ト競業ヲ為ス者ナルトキ,会社ト競業ヲ為ス会社ノ社員,株主,取締役若ハ執行役ナルトキ又ハ会社ト競業ヲ為ス者ノ為其ノ会社ノ株式ヲ有スル者ナルトキ」と定めていたところ,同号に該当するというために主観的要件まで必要かについては学説が分かれており,①閲覧謄写請求の主観的要件を必要とせず,株主が旧商法293条ノ7第2号に定める株主であるという客観的事実のみをもって足りるという主観的要件不要説[52],②競業関係に利用する意図があることを要するという主観的要件必要説[53],③会社側は客観的事実の存在を立証すれば足りるが,株主の側で競業関係に利用するのではないことを立証すれば閲覧謄写請求権を行使できるとする主観的意図推定説[54]があった。

　この点,最決平21・1・15民集63巻1号1頁は,旧商法293条ノ7第2号について,同号は文言上,主観的意図の存在を要件としていないこと,一般に,主観的意図の立証は困難であること,株主が閲覧謄写請求をした時点で主観的意図を有していなかったとしても,競業関係が存する以上,閲覧謄写によって得られた情報が将来において競業に利用される危険性は否定できないことなどを理由に,①説に立つことを明らかにした。会社法433条2項3号は,旧商法293条ノ7第2号を承継した規定であるから,会社法433条2項3号についても同様に解するのが相当であろう。

　(b) **競業関係の意義**　会社法433条2項3号の「競争関係にある事業」の意義については,取締役の競業避止義務(法356条1項1号)における競業概念と概ね同一に理解されている[55]。取締役の競業避止義務における競業概念

---

52) 田中・前掲注23)918頁,大隅＝今井・前掲注22)510頁
53) 生田治郎「帳簿閲覧請求仮処分」竹下守夫＝藤田耕三編『裁判実務大系(3)会社訴訟・会社更生法〔改訂版〕』(青林書院,1994)148頁
54) 上柳ほか編・前掲注4)223頁〔和座〕,山口編・前掲注46)795頁
55) 岸田雅雄「株主の会計帳簿閲覧請求に関する諸問題」代行リポート108号(1994)18頁,神作裕之・平成6年度重判解〔ジュリ1068号〕105頁

については，開業準備に着手している事業はもちろん[56]，新規に進出することが合理的に予測される事業における取引も競業取引に含まれると解されており，会社法433条2項3号の「競争関係にある事業」をこれと同様に解すると，現に競業が行われている場合に限られないことになろう。競業関係の有無が争われた裁判例としては，旧商法293条ノ7第2号にいう「会社ト競業ヲ為ス会社」には，現に競業を行う会社のみならず，近い将来競業を行う蓋然性が高い会社も含まれると判示したものがある[57]。また，会社法下においても，会社法433条2項3号所定の「競争関係」の意義について，現に競争関係にある場合のほか，近い将来において競争関係に立つ蓋然性が高い場合も含むとしたものがある[58]。

なお，会社法433条2項3号の趣旨は，競業者が会計帳簿等の閲覧等により会社の秘密を探り，これを自己の競業に利用し，又は他の競業者に知らせることを許すと，会社に甚大な被害を生じさせるおそれがあるので，このような危険を未然に防止することにあると解されるところ，このようなおそれは，単に請求者の事業と相手方会社の業務とが競争関係にある場合にとどまらず，請求者の親会社の事業が相手方会社の業務と競争関係にある場合にも生じ得る。以上のような観点に照らすと，会社法433条2項3号の「請求者が当該株式会社の業務と実質的に競争関係にある事業」を営む場合には，単に請求者の事業と相手方会社の業務とが競争関係にある場合だけでなく，請求者（完全子会社）がその親会社と一体的に事業を営んでいると評価することができるような場合において，当該事業が相手方会社の業務と競争関係にあるときも含まれると解するのが相当である[59]。

---

56) 東京地判昭56・3・26判時1015号27頁
57) 東京地決平6・3・4判時1495号139頁
58) 前掲注35)東京高決平19・6・27，東京地判平19・9・20判時1985号140頁・判タ1253号99頁
59) 前掲注35)東京地決平19・6・15(抗告審である東京高決平19・6・27も原審の判断を維持)，前掲注58)東京地判平19・9・20

6．閲覧謄写請求権の内容及び行使方法

(1) 説明請求の可否

　会計帳簿等に著しい脱落や虚偽の疑いがある場合に，株主が取締役に対し，その点の説明をさらに求めることができるかについては，肯定説もあるが[60]，このような説明請求権を認める明文の根拠がなく，否定するのが通説である[61]。

(2) 訴訟外における閲覧謄写請求の要否

　株主は会社が任意に履行しない場合には，会社を被告として，会計帳簿等の閲覧謄写請求訴訟を提起することができる。前記Ⅰ5(2)と同様，訴訟を提起する前に，訴訟外において閲覧謄写を請求し，拒否されたことは必要ではない[62]。ただし，訴訟外における請求なしに訴訟を提起する場合には，訴状において，閲覧謄写を請求する理由を具体的に明示しなければならない（法433条1項後段）。

(3) 謄本等交付請求の可否

　学説においては，閲覧謄写請求権の中にはコピーの送付を請求する権利まで含まれるという見解もあるが[63]，閲覧謄写とは，自分の目で記載内容を見てその写しを自分でとるという意味であるし，前記Ⅰ6(2)のとおり，会社法は謄写請求権と謄本等交付請求権を明確に使い分けているから，株主が会社に謄本等の交付を請求することはできない[64]。なお，会社の側において，事

---

60) 居林次雄「判批」金判894号（1992）50頁
61) 本間輝雄「株主の帳簿閲覧権」鴻常夫ほか編『演習商法［会社］下』（青林書院，1986）643頁，東京地裁商事研究会・前掲注29)537頁，山口編・前掲注46)791頁
62) 生田・前掲注53)146頁
63) 株主名簿等に関して謄本等交付請求権を認める見解として，服部榮三「株主の書類または資料請求とその取扱」代行リポート71号2頁
64) 株主名簿等に関して謄本等交付請求権を認めない見解として，福岡地決昭51・2・4商事745号42頁，河本一郎「株主の権利，特に議事録閲覧請求権をめぐる問題」代行リポート47号4頁

務処理の停滞等への懸念から，自らサービスとして，謄本又は抄本を作成して，株主に交付すること自体は差し支えないが，特定の株主にのみこのようなサービスを行うことは，前記Ⅰ6(2)のとおり，株主平等原則（法109条1項）との関係において注意が必要である。

(4) 謄写の費用負担

計算書類等の謄本等交付請求に係る会社法442条3項は，謄本等交付に要する費用は，請求者の負担であることを明記している（定款の謄本等交付請求権に係る法31条2項も同様である。）。これに対し，会計帳簿等の謄写請求に係る会社法433条1項は，謄写に要する費用の負担について何ら規定していないが，閲覧謄写とは，上記(3)のとおり，自分の目で記載内容を見てその写しを自分でとるという意味であるから，その費用は株主が負担すべきである[65]。

(5) 訴訟係属中の任意の履行

会計帳簿等の閲覧謄写請求訴訟の係属中に，会社が書証として当該会計帳簿等を提出した場合の帰結については，前記Ⅰ7と同じである。

(6) 代理人による閲覧謄写請求の可否

前記Ⅰ6(3)と同様に，閲覧謄写請求は，株主本人に限らず，代理人によってもこれをなすことができるし，補助者を利用してもよい。ただし，受任者又は補助者について，会社法433条2項3号ないし5号の拒絶事由が認められる場合には，法が防止しようとした危険は株主自身にこれらの拒絶事由が存在する場合と異ならないから，会社は閲覧謄写を拒絶することができる[66]。

---

65) 山口編・前掲注46)797頁，株主名簿の謄写請求に関する費用負担について触れたものとして，前田重行「株主名簿のコンピュータ化と商法改正」商事1072号 (1986) 31頁，前田庸「コンピュータと商法―商法改正の必要性」ジュリ484号 (1971) 23頁

66) 上柳ほか編・前掲注4)223〜224頁〔和座〕

Ⅲ 株主名簿の閲覧謄写請求

1．制度の概要

　株式会社は，株主名簿を作り，これに，①株主の氏名又は名称及び住所，②①の株主の有する株式の数（種類株式発行会社の場合には，株式の種類及び種類ごとの数），③①の株主が株式を取得した日，④株式会社が株券発行会社である場合には，②の株式（株券が発行されているものに限る。）に係る株券の番号を記載し，又は記録しなければならない（法121条）。

　株式会社は，株主名簿をその本店（株主名簿管理人がある場合にはその営業所）に備え置かなければならず（法125条1項），株主及び債権者は，株式会社の営業時間内はいつでも，会社に対し，①株主名簿が書面をもって作成されているときは，当該書面の閲覧又は謄写の請求を，②株主名簿が電磁的記録をもって作成されているときは，当該電磁的記録に記録された事項を法務省令で定める方法（会社則226条6号）により表示したものの閲覧又は謄写の請求をすることができる（法125条2項）。この場合においては，株主名簿の閲覧謄写請求をする理由を明らかにしてしなければならない（法125条2項柱書）。

　また，株式会社の親会社社員は，その権利を行使するため必要があるときは，裁判所の許可を得て，当該株式会社の株主名簿について，会社法125条2項各号に掲げる請求をすることができるが（法125条4項），この許可申請事件は非訟事件である（法868条2項）。

2．請求権者

　株主名簿の閲覧謄写請求権を有するのは，株主及び債権者である。株主の請求権は，単独株主権であり，持株比率や保有期間の制限はない。

3. 閲覧謄写請求の理由の明示

　旧商法263条3項は，請求者が株主及び債権者であること以外に，株主名簿の閲覧謄写請求権の行使要件を定めていなかったため，請求者が，株主名簿の閲覧謄写を請求する理由を明示する必要はなく，当該閲覧謄写請求が，会社の営業妨害・嫌がらせのような不純な目的や動機に基づくものであることや，株主資格とは関係のない純然たる個人的な利益を図ることを目的とするものであることを，会社が主張立証した場合に限り[67]，権利濫用（民1条3項）として拒絶することができると解されていた[68]。

　これに対し，会社法125条2項は，株主名簿の閲覧謄写請求は，当該閲覧謄写請求の理由を明らかにしてしなければならないと規定している。これは，会計帳簿等の閲覧謄写請求にかかる会社法433条1項と同様の規定であり，同項の場合と同じように，株主名簿の閲覧謄写請求の理由も具体的に明示する必要があると解される（前記Ⅱ4(1)参照）。一般的に，株主が株主名簿の閲覧謄写を求める場合としては，①自己又は他の株主に関する株主名簿の記載が正確であるか否かを確認する場合，②他から株式を譲り受けるため，株主が誰であるかを確認する場合，③株主総会において発言権を増すように歩調を同じくする同志を募るため，株主が誰であるかを確認する場合，④少数株主権行使の要件を充足するように同志を募るため，株主が誰であるかを確認する場合などがあるといわれており[69]，旧商法下とは異なり，株主はこうした請求理由を明示して，株主名簿の閲覧謄写請求をなすことになろう（なお，①の請求理由については，株主名簿に記載されている株主は，会社法122条1項により，自分についての株主名簿記載事項を記載した書面の交付等を請求することもできる。）。

　67）　大判昭10・5・31法学5巻1号111頁参照
　68）　最判平2・4・17集民159号449頁・判タ754号139頁
　69）　佐藤修市・平成元年度主判解〔判タ735号〕256頁

4. 閲覧謄写請求の拒絶事由

(1) 拒絶事由の新設

　旧商法263条3項は，株主名簿の閲覧謄写請求について，株主及び会社債権者が営業時間内に請求できるという以外に特段の制限を設けていなかったが，株主名簿の閲覧謄写請求については，いわゆる名簿屋が名簿の入手により経済的な利益を得るために利用しているという弊害が指摘されるほか，プライバシー保護の観点からの問題も指摘されていたため，会社法は，125条3項で拒絶事由を新設し，会計帳簿等についての拒絶事由を定める433条2項（旧商法293条ノ7とほぼ同じ。）と同一の文言で規定した[70]。

(2) 拒絶事由の解釈

　(a) **旧商法下での状況**　旧商法下においては，拒絶事由を定めた条文がなかったため，当該閲覧謄写請求が権利濫用に当たるか否かという形で請求の可否が争われていた。こうした裁判例としては，①原告が，従前から被告らに対して多数の訴訟を提起し，そのほとんどが請求棄却又は訴え取下げで終わっているからといって，株主名簿の閲覧請求が，これにより紛争の種を探し出して被告らに痛打を与えようとする目的に出たものとは推認できないとしたもの[71]，②原告が株主名簿の閲覧謄写請求をした目的は，被告会社の経営陣を批判する立場から，その発言権強化のために株式を買い受け，また，被告会社の株主に対し，原告らの主張するところを宣伝するため，全株主の住所氏名を知ることが主目的であったと認定したうえで，このような行動も直ちに会社の利益に反するものとはいえず，その手段・方法が相当である限り，何ら非難されることではないとして，原告の請求は不当な目的に基づくものとはいえないとしたもの[72]，③原告の請求目的は，個人株主に関す

---

70) 相澤編著・前掲注18) 63頁
71) 前掲注9) 東京地判昭55・9・30
72) 前掲注15) 山形地判昭62・2・3

る情報を名簿図書館その他の者に有償で提供し，又は自己の営業のために用いることにあると推認されるとして，請求を棄却したもの[73]，④原告は元総会屋であり，原告からの株主名簿の閲覧謄写請求は，同人が発行する新聞・雑誌の購読料名下の金員の支払を再開・継続せしめる目的をもってなされた嫌がらせであるか，あるいは，同金員の支払を打ち切ったことに対する報復目的でなされたものと推認されるとして，請求を棄却したもの[74]，⑤原告が株主名簿等の閲覧謄写をした場合，これを利用して不適当な宣伝活動に出るおそれがあるとして，同請求は権利濫用に当たり拒絶できるとしたもの[75]，⑥抗告人の株主名簿の閲覧謄写請求は，政党活動に利用するために，非公開株の譲渡を受けた政治家の氏名を知得・公表する目的でなされたものであるとして請求を否定したもの[76]などがある。

(b) **会社法下での状況** 会社法125条3項の拒絶事由は，会計帳簿等についての拒絶事由を定める会社法433条2項と同一の文言で規定されており，両規定の解釈が同じであるか否かが問題となる。

特に会社法125条3項3号（法433条2項3号と同一の文言）は，請求者が会社と競業関係にあることを拒絶事由としているが，法制定過程の問題点[77]やこれを株主名簿の閲覧拒絶事由とする必要がないことを理由に，同号の存在意義については疑問が呈されており[78]，その解釈についても争いがある。まず，同号の要件として，請求者に株主名簿の閲覧謄写によって得た情報を競業関係に利用する具体的意図を有していること（主観的要件）が必要か否かについて見解が分かれており，①会社法125条3項3号の文言上，主観的要件は要

---

73) 東京地判昭62・7・14判時1242号118頁（控訴審である東京高判昭62・11・30判時1262号127頁も原審の判断を維持）
74) 名古屋地判昭63・2・25判時1279号149頁（上告審である前掲注68)最判平2・4・17も原々審の判断を維持）
75) 長崎地判昭63・6・28判時1298号145頁
76) 東京高決平元・7・19判時1321号156頁（原審東京地決昭63・10・19判時1321号157頁）
77) 会社法125条3項3号が定める拒絶事由は，要綱試案においても要綱案においても列挙されておらず，国会提出された法案段階になって追加されたものであり，なぜ追加されたかについて立法担当者による説明はなされていない。
78) 法制審議会総会（平成24年9月7日開催）において承認された「会社法制の見直しに関する要綱案」の第3部第2では，会社法125条3項3号の削除が挙げられている。

求されておらず，同一の文言で規定されている会社法433条2項3号についても主観的要件を不要とする解釈が有力であることなどを踏まえ（前掲Ⅱ5参照），主観的要件は不要であるとする説（主観的要件不要説[79]），②株主が専らその権利の確保又は行使に関する調査を行った場合にまで，会社と株主との間に競業関係があることのみをもって株主名簿閲覧謄写請求を拒絶できるとする合理的理由はないなどとして，会社法125条3項3号は，請求者が競業関係にある場合，本来会社が負うべき主観的要件の立証責任を請求者側に転換することを定めた規定であると解する説（主観的意図推定説[80]），③株主名簿は，会計帳簿等と異なり，閲覧者が競業上不当な利益を得るような情報が含まれていないのが通常であり，競業関係があるという理由だけで閲覧謄写を拒絶できるとすべき理由はないこと等から，主観的要件を必要とする説（主観的要件必要説[81]）等がある。また、主観的要件を不要としつつ，「請求者が当該株式会社の業務と実質的に競争関係にある事業を営み，又はこれに従事するものであるとき」という要件について，株主名簿に記載されている情報が競業者に知られることによって不利益を被るような性質，態様で営まれている事業について，請求者が当該株式会社と競業関係にある場合に限られるとして，競業関係の存否を実質的に解釈することで妥当な結論を導こうとする裁判例[82]もある。

なお，競業関係の判断について，請求者がその子会社と一体的に事業を営んでいると評価できるような場合において，その子会社の事業が株式会社の業務と競争関係にあるときも含むものと解するのが相当であるとした裁判例[83]がある。

---

79) 東京地決平19・6・15商事（資料版）280号220頁，東京地決平20・5・15金判1295号36頁
80) 東京高決平20・6・12金判1295号12頁，江頭憲治郎『株式会社法〔第4版〕』（有斐閣，2011）196頁，新谷勝「判批」金判1297号（2008）10頁，潘阿憲「判批」ジュリ1378号（2009）189頁
81) 荒谷裕子「判批」金判1322号（2009）24頁，正井章筰「判批」金判1294号（2008）6頁
82) 東京地決平22・7・20金判1348号14頁
83) 前掲注79）東京地決平19・6・15，前掲注79）東京地決平20・5・15

5．閲覧謄写請求権の内容及び行使方法

(1) 訴訟外における閲覧謄写請求の要否

前記Ⅰ5⑵と同様，会社が任意に株主名簿の閲覧謄写に応じない場合，株主及び債権者は，会社を被告として株主名簿の閲覧謄写請求訴訟を提起することができる。この場合に，訴訟外において閲覧謄写を請求し，拒絶されたことは必要ではない。

(2) 謄本等交付請求の可否

前記Ⅱ6⑶のとおり，株主及び債権者は，会社に対して，株主名簿の閲覧謄写を請求することができるだけであって，株主名簿の謄本等の交付を請求することはできない。ただし，会社がサービスとして謄本を交付することは，株主平等原則（法109条1項）に違反しない限り可能である。

(3) 謄写の費用負担

株主名簿の謄写の費用は，前記Ⅱ6⑷のとおり，請求者たる株主及び債権者の負担となる。

(4) 訴訟係属中の任意の履行

株主名簿の閲覧謄写請求訴訟の係属中に，会社が書証として当該株主名簿を提出した場合の帰結については，前記Ⅰ7と同じである。

(5) 代理人による閲覧謄写請求の可否

前記Ⅱ6⑹と同様に，閲覧謄写請求は，株主本人に限らず，代理人によってもこれをなすことができるし，補助者を利用してもよい。受任者又は補助者に，会社法125条3項3号ないし5号の拒絶事由が認められる場合に，閲覧謄写請求を拒絶できることも同様である。

第11章

会社の解散の訴え

I 制度の概要

1．概　　要

　会社の解散の訴え（以下「解散の訴え」という。）とは，会社が自治的能力を喪失し，解散させることに「やむを得ない事由」がある場合に，株式会社の株主や持分会社の社員からの請求による会社の解散を認めるものであり，株主ないし社員の利益保護の見地から認められた制度である（法833条）。解散の訴えの制度は，株式会社，合名会社，合資会社及び合同会社の各会社類型（法2条1号）を通じて設けられている。

2．解散判決請求権の株主権ないし社員権上の位置づけ

　解散の訴えを行う解散判決請求権は，株式会社・持分会社のいずれの会社類型にあっても，株主や社員に付与された共益権たる監督是正権に位置づけられる。ただし，株式会社にあっては少数株主権として構成されている。なお，解散判決と同様に会社を解散させる効果を有する制度に解散命令がある（法824条）。同制度は，私的利益の保護を図る解散判決とは異なり，公益維持の観点から設けられ，非訟手続として構成されている。

3．会社類型間における要件の差異

　解散判決の認められる要件は，人的会社である持分会社（合名会社・合資会社・合同会社〔会社法第3編〕）と物的会社である株式会社（会社法第2編）とでは異なっており，後者の要件が加重されている。物的会社において，解散判決の要件を加重するのは，多数決原理を根幹とする団体という物的会社の基本的性格を犠牲にして，少数株主の私法的利益を保護することは慎重であるべきという理由に基づくものである[1]。

　そして，要件加重の概要は以下のとおりである。すなわち，人的会社である持分会社（合名会社・合資会社・合同会社）については，各会社の各社員において，やむを得ない事由があるときに，会社の解散を訴えをもって裁判所に請求することができる。しかし，物的会社である株式会社については，訴訟要件として，総株主の議決権の10分の1以上の議決権を有する株主又は発行済株式の10分の1以上の数の株式を有する株主[2]にのみ原告適格を認めたうえで，実体要件についても，やむを得ない事由があるときに加えて，①株式会社の業務の執行において著しく困難な状況に至り，当該株式会社に回復することができない損害が生じ，又は生ずるおそれがあるとき，又は②株式会社の財産の管理又は処分が著しく失当で，当該株式会社の存立を危うくするときという要件が加重されている。

　以下では，株式会社に関する解散の訴えを基本に述べる。

Ⅱ　訴訟手続及び判決の効力

　解散の訴えに係る判決は，原告勝訴判決に限って，会社解散の創設的効力

---

[1]　福田正「閉鎖会社における解散請求」家近正直編『現代裁判法大系(17)会社法』（新日本法規出版，1999）426頁
[2]　残存する「有限会社」という株式会社では，社員の出資1口を1株とみなすことになる（整備法2条2項）。

を有する(後記Ⅴ1参照)。このような判決の効力に照らし,解散の訴えに係る訴訟の性質は形成訴訟に分類される。

ところで,解散の訴えに係る訴訟手続については,処分権主義及び弁論主義の適用が制限されると解されている。すなわち,裁判例上,会社解散請求訴訟には,処分権主義及び弁論主義の適用がないとされており[3],この帰結については,会社側の認諾という局面を念頭に,学説上も是認されている[4]。その理由については,①一部の株主や社員が代表者と通謀し他の株主や社員の利害に反して解散することを防止する必要がある[5],②解散判決の制度は,会社の多数決団体性と少数社員の救済という,そもそも相容れない接点において解決を求める制度であり,しかも,訴えをもってのみ解散を主張することができるとしているのは,判決によってのみこのような困難な問題の解決を図る趣旨であると考えられる[6],③認諾という以上,当該訴えの訴訟物である権利が当事者間で自主的解決に委ねることのできる性質を有する必要があるが,解散の訴えの訴訟物である権利はそのような性質を有するものではない[7]等々と説明されている。

この問題については,確かに,解散の訴えも処分権主義及び弁論主義に服する通常の民事訴訟手続の中に位置づけられていることは否定できないが,しかし同時に,上記諸説が指摘する解散判決の制度趣旨や処分権主義及び弁論主義の適用を制限すべき政策的必要性を併せ考えると,会社解散請求の訴訟において,被告である会社にはその解散を認諾し,又は解散を内容とする和解をする権限はないと解するのが相当であるし,自白の拘束力も否定すべきである[8]。もっとも,提訴株主による請求の放棄や取下げは,対世的効果

---

3) 大阪地判昭35・1・22下民集11巻1号85頁・判タ101号91頁,鳥取地判昭42・4・25判タ218号219頁
4) 上柳克郎ほか編『新版注釈会社法(1)』(有斐閣,1985)453頁〔島十四郎〕等参照
5) 塚原朋一「解散判決を求める訴え」山口和男編『裁判実務大系(21)会社訴訟・会社非訟・会社整理・特別清算』(青林書院,1992)187頁
6) 上柳克郎ほか編『新版注釈会社法(13)』(有斐閣,1990)27頁〔谷川久〕
7) 上柳克郎ほか編『新版注釈会社法(14)』(有斐閣,1990)550頁〔島十四郎〕
8) 塚原・前掲注5)187頁
ただし,自白をしたという事実が弁論の全趣旨を構成することを通じて認定に供されることは可能である。

をもって権利関係を確定するものでなく，また，解散の訴えに係る権利が社員ないし株主の私的利益保護の観点から認められた権利であることにかんがみると可能であると解される。

Ⅲ　訴訟要件

1．原告適格

　解散の訴えを提起するについては，原告適格として，社員の地位ないし株主の地位にあることが必要である。また，株式会社においては，単に株主であるだけでなく，総株主の議決権の10分の1以上の議決権を有する株主又は発行済株式の10分の1以上の数の株式を有する株主である必要がある。そして，この10分の1という要件に関しては，少数株主権として累積することが可能であり，その場合の提訴株主同士の間の関係は，固有必要的共同訴訟となる。

　このような株主の地位は，訴え提起時から弁論終結時までの間，継続することが必要である。もっとも，一定数の株式を保有する株主であれば足りるから，保有株式の入れ替わりが生じても差し支えない。そして，解散の訴えを提起していた株主が死亡した場合，その訴訟は相続人において承継することが可能である[9]が，単なる株式の譲受人が訴訟を承継することはできないと解される。

2．専属管轄

　解散の訴えについても，被告となる当該会社の本店所在地を管轄する地方裁判所が専属管轄を有する（法835条）。本店所在地の意味については，定款で定めて登記した本店の所在地をいうと解すべきことは，第1章Ⅱ4で述べたとおりである。

---

9) 最大判昭45・7・15民集24巻7号804頁・判タ251号152頁

Ⅳ 実体要件

1．要件事実及びその主張立証責任

　会社の解散を求めるについての請求原因は，①解散するについてやむを得ない事由のあることであるが，②物的会社である株式会社については，「株式会社が業務の執行において著しく困難な状況に至り，当該株式会社に回復することができない損害が生じ，又は生ずるおそれがあるとき」又は「株式会社の財産の管理又は処分が著しく失当で，当該株式会社の存立を危うくするとき」という加重要件が加わる。なお，後述するとおり，①については，自治的な事業継続の不可能による会社存続の無意味化や，多数派社員による不公正かつ利己的な業務執行に起因する少数派社員の恒常的な不利益といった事態が生じており，解散以外の代替となる公正かつ相当な是正手段が存在しないことが必要となる。これらの要件は，いずれも規範的評価を含むものと解されるから，これらの評価を基礎づける具体的な事実を主張立証すべきことになり，解散を免れようとする会社は，これらの評価を障害する具体的な事実を抗弁として主張立証することになると解する。

　以下，各要件について概観する。

2．各会社類型に共通する「やむを得ない事由」

　各種解散判決の類型に共通する解散判決の解散要件である「やむを得ない事由」の具体的な意味ないし判定基準については，条文の文言上は明らかでないが，旧商法及び旧有限会社法の下における解釈により，二つの類型が確立している。第1の類型は，自治的な事業継続の不可能による会社存続の無意味化を来していることであり（後記(1)参照），第2の類型は，多数派社員による不公正かつ利己的な業務執行に起因する少数派社員の恒常的な不利益を惹起していることである（後記(2)参照）。そして，いずれの類型であっても，「やむを得ない事由」があるというには，さらに，他に社員ないし株主の正

当な利益保護のためにとることのできる公正かつ相当な手段がなく，解散が唯一の最後の手段として残されていることが必要である（後記3参照）。以下，それぞれの要件を概観する。

(1) 自治的な事業継続の不可能による会社存続の無意味化

　第1の類型は，単に社員の不和対立があってもそれ自体が解散事由を構成するものではないが，その不和等を原因として会社の正常な運営に必要な意思決定ができないために，事業の継続が不可能となり，会社の存続自体が無意味な状況に陥っていることが基本的な要件となるものである[10]。

(2) 多数派社員による不公正かつ利己的な業務執行に起因する少数派社員の恒常的な不利益

　第2の類型は，最判昭61・3・13民集40巻2号229頁・判時1190号115頁が定立したものであり，これは，合名会社の事案において，会社が総社員の利益のために存立する目的的存在であることを前提として，会社の業務が一応困難なく行われているとしても，その執行が多数派社員によって不公正かつ利己的に行われ，少数派社員が恒常的な不利益を被っていることを基本的な解散のための要件とするものである。同判決は，事業継続の不可能・会社存続の無意味化以外に，多数派社員による不公正かつ利己的な業務執行により，少数派社員がいわれのない不利益，換言すれば持分割合に相当する経済的利益を下回る経済的利益しか享受していない不利益を恒常的に被っている場合にも解散事由を拡大したものである。

(3) 代替となる公正かつ相当な是正手段の不存在

　上記又はのいずれかの類型における基本的な要件が認められる場合であっても，さらに，可及的な企業維持の観点から設けられた共通する要件が存在する。すなわち，社員の意思統一による打開の方法もなく，社員ないし株主の正当な利益保護のために解散が唯一の最後の手段として残されているよう

---

10) 上柳ほか編・前掲注4）449頁・451頁〔島〕参照，最判昭33・5・20民集12巻7号1077頁

な場合にあることという要件である[11]。すなわち，解散をしないでも，別の方法により会社の窮状を打開することができる場合には「やむを得ない事由」は認められないことになる[12]。前掲（注10）最判昭33・5・20民集12巻7号1077頁も，合資会社の社員の間に不和対立があって，そのままの状態では会社を存続させることが困難であっても，現に社員の1名が除名される情勢にあり，この除名によって十分打開の途があると認められるときは，解散についてやむを得ない事由があるときに当たらないと判示する。もっとも，かかる状態を打開する手段は，公正かつ相当なものであることが必要であって，このような手段のない限り，会社の解散についてやむを得ない事由があるものと解すべきことになる[13]。前掲最判昭61・3・13は，甲以外の少数派社員が全員退社しているため，甲が退社しさえすれば社員間の対立が解消されるとしても，会社の資産状況等からみて退社により取得すべき持分払戻請求権の実現に多大の困難を伴い長年月を要すると認められ，しかも，甲にはこのような状態に至ったことにつき帰責事由がないなどの判示事案の下では，甲の退社は，このような状態を打開する公正かつ相当な手段であるとはいえないと判示している。

　この代替となる是正手段の不存在という要件に関しては，次のような問題がある。すなわち，合意による解散・破産手続開始申立て（自己破産又は準自己破産）等の他の解散方法をとることができる場合には，会社の解散を前提とする解散判決以外の他の解散手段が同時に利用できる状態にあるといえ，当該他の解散手段を前置する必要があるのかが問題となる。肯否見解が分かれているが，解散判決が自治的能力を喪失した会社における社員の利益保護を図るための制度であるというその趣旨にかんがみて，これらの他の方法を採ることができる限り解散請求ができないというべきであるが，現実にこれらの方法を履践しなければならないとまで限定的に解する必要はなく，解散決議や破産手続開始申立て等について，事実上の見込みがないか，又は極め

---

[11] 上柳ほか編・前掲注4）449頁・451頁〔島〕参照
[12] 山口和男編『会社訴訟非訟の実務〔改訂版〕』（新日本法規出版，2004）837頁
[13] 塚原・前掲注5）179頁，近藤昌昭「会社の解散請求」門口正人編『新・裁判実務大系(11)会社訴訟・商事仮処分・商事非訟』（青林書院，2001）197頁参照

て困難と判断される場合には,「やむを得ない事由」が認められると解する[14]。また,解散命令請求が可能であるとしても,公益維持を目的とする解散命令と社員の私益保護の観点に立つ解散判決との間の制度趣旨の違いから,解散判決請求が可能と解されている[15]。

3. 物的会社における加重要件

株式会社においては,解散判決の要件が加重されている。多数決原理を根幹とする団体という物的会社の基本的性格を犠牲にして,少数株主の私法的利益を保護することは慎重であるべきだからである[16]。そして,この加重要件の一つが,「株式会社が業務の執行において著しく困難な状況に至り,当該株式会社に回復することができない損害が生じ,又は生ずるおそれがあるとき」(法833条1項1号。以下「1号事由」という。)及び「株式会社の財産の管理又は処分が著しく失当で,当該株式会社の存立を危うくするとき」(法833条1項2号。以下「2号事由」という。)である。

(1) いわゆる1号事由

いわゆる1号事由に該当する具体的な場合を旧商法及び旧有限会社法の下における学説・裁判例により概観すると,①株主も取締役も等分に対立していて,取締役の改選等を行ってみても停滞を打破することができないような状態にある場合[17],②対立する株主グループの保有株式数が5割ずつで,しかも相互の対立・相互不信が極めて強く,株主総会を開催して役員改選決議をすることすら困難な場合[18],③5割の株式を有し会社経営の中心にあった取締役が退任し,ほとんど見るべき積極財産もなく負債を抱えたまま営業が

---

14) 山口編・前掲注12)838頁,近藤・前掲注13)200頁参照,福田・前掲注1)427頁,上柳ほか編・前掲注6)25頁〔谷川〕,上柳ほか編・前掲注7)547頁〔島〕以下
15) 上柳ほか編・前掲注4)448頁・544頁〔島〕,上柳ほか編・前掲注6)24頁〔谷川〕,上柳ほか編・前掲注7)544頁〔島〕
16) 福田・前掲注1)426頁
17) 上柳ほか編・前掲注6)26頁〔谷川〕
18) 東京地判平元・7・18判時1349号148頁

全く停頓した状態に陥っているが，その余の5割の株式を有する株主により招集された後任取締役選任の株主総会は定足数の関係で成立しなかったし，株主両名は対立関係にあり今後も後任取締役選任の可能性がないうえ，退任取締役からその全株式を譲り受けたと称する第三者が出現している場合[19]，④有限会社において設立の目的が事実上不可能となり，資産の売却代金の処理等のために存続している状態であるところ，社員でもある代表取締役が前記売却代金の保管状況等について，社員に客観的資料をもって明らかにしようとしないうえ，代表取締役側の社員らと他の社員らとが反目し，会社の業務執行や財産管理についての決定ができない状態にあるなどといった場合[20]，⑤同一の出資口数を有する2名の社員が各々取締役となっている有限会社において，両名の間に根深い対立があり，意見の一致をみる余地はなく，一方が他方を取締役から解任することも，社員総会で重要事項について決定することもできない状況にある場合[21]等であって，しかも，営利法人として存続することがほとんど不可能であるようなときがその例として挙げられる。しかし，単に莫大な債務を負担するおそれがあるというのみでは当たらない[22]。

(2) いわゆる2号事由

次に，前記と同様にいわゆる2号事由に該当する具体的な場合を旧商法及び旧有限会社法の下における学説・裁判例により概観すると，取締役が多数の株主を背景として，会社を破綻せしめるほどの会社財産の流用・処分をしているといった誤った経営ないし非行を行っているが，解散判決以外の他の方法ではその誤った経営ないし非行を是正することが期待できない場合[23]や，有限会社において設立の目的が事実上不可能となり，資産の売却代金の処理等のために存続している状態であるところ，社員でもある代表取締役が前記売却代金の保管状況等について，社員に客観的資料をもって明らかにし

---

[19] 大阪地判昭35・1・22下民集11巻1号85頁
[20] 高松高判平8・1・29判タ922号281頁（2号事由も含む。）
[21] 東京高判平3・10・31金判899号8頁
[22] 東京地判昭63・5・19金判823号33頁
[23] 上柳ほか編・前掲注6）26頁〔谷川〕

ようとしないうえ，代表取締役側の社員らと他の社員らとが反目し，会社の業務執行や財産管理についての決定ができない状態にあるなどの状況にある場合[24]が挙げられる。

また，営業を停止した休眠会社又はこれに準じるような会社においては，近い将来会社が営業活動を再開する予定であり，しかもそれが実現可能なものであるなどの特段の事情のない限り，株主の多数意思の下に休眠状態に置かれ，資産超過の状態にあるとしても，少なくとも休眠状態の継続を是とせず，解散判決請求に必要な株式数を有する株主が清算を求める場合には，会社を休眠状態のままに放置していること自体が会社の業務体制の欠缺を意味し，会社名義の悪用による不測の損害を被るおそれがないとはいえないのであり，したがって，会社財産の管理方法として著しく失当であるといえるとした裁判例がある[25]。

しかし，会社が経営のために選択した行為によって莫大な債務を負担するおそれがあるというだけでは足りない[26]。

V 判決後の法律関係

1．解散判決（原告勝訴判決）が確定した場合

解散判決（原告勝訴判決）が確定すると創設的効力が生じ，会社は当然解散したとして清算手続に入る。清算人は，法641条7号による解散として，利害関係人若しくは法務大臣の請求又は職権により裁判所が選任することとなる（法647条3項）。

また，判決確定後，裁判所書記官は，職権で，遅滞なく，解散した会社の本店の所在地を管轄する登記所にその登記の嘱託をしなければならない（法937条1項1号リ）。

---

24) 前掲注20)高松高判平8・1・29（1号事由も含む。）
25) 大阪地判昭57・5・12判時1058号122頁
26) 前掲注22)東京地判昭63・5・19

2．請求棄却判決（原告敗訴判決）が確定した場合

　請求棄却判決（原告敗訴判決）が確定すると，原告に悪意又は重大な過失があったときは，原告は，会社に対し，連帯して損害賠償の責任を負わなければならない（法846条）。
　なお，解散請求を棄却する判決には創設的効力がないから，別の理由に基づいて再度の解散の訴えを提起することは可能である。

第 12 章

合併, 会社分割, 株式交換及び株式移転の無効の訴え

I　組織再編と規制の意義

　会社法は, 第5編において, 組織変更, 合併, 会社分割, 株式交換及び株式移転について規定する。このうち, 合併, 会社分割, 株式交換及び株式移転 (以下「合併等」という。) といった組織再編行為は, 既存の2社以上の会社が契約を締結する形で行うか, 又は手続中で新会社を設立する形で2社以上が関係することとなる行為[1]であって, これらの会社の株主, 債権者などの利害関係人に重大な影響を及ぼす。

　そこで, 合併等の手続は, 株式会社や持分会社が合併等に係る契約を締結し, 又は合併等に係る計画を作成し, これらの契約又は計画について株主総会の特別決議又は総社員の同意を経なければならないとされる。また, その手続において, 合併等に反対する株主に対しては株式買取請求権を付与し, 合併等に反対する債権者に対しては異議を述べる機会とともに弁済を確保することとし, もって, 株主, 債権者などの利害関係人の保護を図っている。

　このような手続に加えて, 違法な合併等により, 株主や債権者などの利害関係人が不利益を受けることを防止するため, 合併等無効の訴えにおいて, 合併等が行われた後に, その有効性及び適法性を争うことが認められている。

　もっとも, 第1章Ⅱ1にもあるとおり, 合併等の有効, 無効は, 会社や株

---

[1]　江頭憲治郎『株式会社法〔第4版〕』(有斐閣, 2011) 765頁

主，債権者といった多数の利害関係人の法律関係又は権利関係に影響することから，法的安定性を確保すべく，画一的な法律関係又は権利関係を形成させる必要性があることに基づいた一連の手当てが設けられている。以下，各訴えごとに詳説する。

II 合併無効の訴え

1．概　説

(1) 合併制度の概要

　合併には，会社が他の会社とする合併であって，合併により消滅する会社（消滅会社）の権利義務の全部を合併後存続する会社（存続会社）に承継させる吸収合併（法2条27号）及び2以上の会社がする合併であって，合併により消滅する会社（消滅会社）の権利義務の全部を合併により設立する会社（新設会社）に承継させる新設合併（同条28号）がある。

　合併は，合併をする会社の一部又は全部が解散し，消滅会社の権利義務の全部が清算手続を経ることなく，存続会社又は新設会社に包括承継される（法750条1項・754条1項）。その手続として，合併契約を締結し，株主総会による承認決議や総社員の同意，債権者の異議手続を履践し，必要があれば株券・新株予約証券等の提出に係る公告・通知を行い，消滅会社の財産等の存続会社又は新設会社への引渡しを行い，合併に係る登記手続を行うこととなる。

(2) 合併無効の訴えの性質

　合併無効は，訴え以外の方法により主張することはできず（法828条1項柱書），合併無効の訴えは形成の訴えと解されている。すなわち，合併の効力は，これを無効とする形成判決が確定するまでは有効なものと取り扱われるが，上記形成判決の確定に伴い，その無効が宣言され，吸収合併無効については消滅会社の復活と存続会社の権利関係の変更がもたらされ，新設合併無効については消滅会社の復活と新設会社の解散がもたらされる。

2．訴訟要件

(1) 原告適格

(a) 総　　論　　合併無効の訴えの提訴権者（原告適格を有する者）は，吸収合併について，その効力が生じた日において吸収合併をする株式会社の株主等（株主，取締役，清算人，監査役設置会社における監査役，委員会設置会社における執行役を指す〔法828条2項1号参照〕。）若しくは持分会社の社員等（社員，清算人を指す〔同号参照〕。）であった者又は吸収合併後に存続する存続会社の株主等，社員等，破産管財人若しくは吸収合併について承認をしなかった債権者であり（法828条2項7号），新設合併について，その効力が生じた日において新設合併をする会社の株主等若しくは社員等であった者又は新設合併により設立する新設会社の株主等，社員等，破産管財人若しくは新設合併について承認をしなかった債権者である（同項8号）。

(b) 株　　主　　本来，株主の地位は，訴え提起時から判決確定時まで継続して存在する必要があるが[2]，会社法828条2項7号・8号の「合併をする会社」について，合併をする会社のみならず，存続会社又は新設会社を含むと考えられ[3]，合併無効の訴えの係属中に存続会社又は新設会社の株主の地位を失ったとしても，「合併をする会社」の株主であった者という地位は残るから，原告適格が消滅することはないと解される。これは，合併時に株主であった者は，株主総会における合併承認決議等の合併手続に関与し，かつ，自らが有する株式について，合併による権利関係の変動の影響を直接受けた者であるから，その後，株主の地位を失ったどうかにかかわらず，自己固有の利益として，合併の瑕疵を主張する利益を有すると考えられる[4]からである。

もっとも，「合併をする会社」の株主であったとしても，合併無効の訴えの係属中に存続会社又は新設会社の株主が，自らの意思でその株式全部を処

---

2) 上柳克郎ほか編『新版注釈会社法(13)』（有斐閣，1990）247頁〔小橋一郎〕
3) 上柳ほか・前掲注2）246頁〔小橋〕
4) 相澤哲編著『一問一答新・会社法〔改訂版〕』（商事法務，2009）237頁

分し，株主の地位を喪失した場合にも原告適格を認めるべきかどうかは疑問であり[5]，この場合，合併無効の訴えにより保護されるべき法的利益を放棄したものとみて，原告適格を喪失すると解する余地もあろう。

　他方，合併をする会社の株主でなかったが，その後，存続会社又は新設会社の株主となった者について，会社法828条2項7号・8号の「存続する会社」（存続会社）又は「設立する会社」（新設会社）の株主として，原告適格が認められる。これは，株主としての経営監督機能を期待する趣旨に出たものであるから，その後株主でなくなった場合には原告適格を失うと考えられている[6]。

　株主である限り，持株数に制限はなく，1株であってもよい。提訴後，持株数に増減があってもかまわないし，議決権の有無も問わない。合併承認決議に反対しなかった株主も提訴できるし，株式買取請求に係る買取りの効力は合併の効力が生ずる日又はその後の株式の代金支払日に生ずるから（法786条5項・798条5項・807条5項），合併の効力が生じた日においては，株式買取請求権を行使した株主も，原告適格を有する。また，株主総会決議により株主の地位を奪われた者が，当該総会決議の取消しの訴えを提起し，その取消判決により株主の地位を回復する可能性を有する場合，会社法828条2項7号・8号の「株主」に当たると解される[7]。

　合併の効力が生じた日において名義書換えが未了である株主は，原告適格を有しないが（法130条），会社が，従前より，名義書換未了の者について，株主として権利行使を容認してきたなどの特段の事情があると認められる場合，合併無効の訴えにおいて原告適格を争うことは信義則に反し，許されないと解される[8]。

　提訴株主が死亡し，共同相続が開始した場合，株式は共同相続人の準共有財産となるため[9]，あらかじめ遺産分割を経ない状態では，共同相続人が，持分価格に従いその過半数をもって，権利行使者を指定しこれを当該株式会

5）　東京地方裁判所商事研究会編『類型別会社訴訟Ⅱ〔第3版〕』（判例タイムズ社，2011）702頁
6）　相澤編著・前掲注4）237頁
7）　東京高判平22・7・7金判1347号18頁
8）　名古屋地一宮支判平20・3・26金判1297号75頁

社に通知しない限り，株主としての権利を行使することはできない（法106条本文）[10]。したがって，合併無効の訴えにおいても，あらかじめ権利行使者としての指定を受けてこれを株式会社に通知しない限り，原告適格は認められない。ただ，共同相続人の準共有に係る株式が合併をする会社の双方又は一方の会社の発行済株式の過半数を占めているのに合併承認の決議がされたことを前提に合併登記の手続がされているような特段の事情がある場合には，共同相続人は，上記決議の不存在を理由とする合併無効の訴えについて，原告適格を有する[11]。

(c) **取締役**　原告適格を有する取締役は，前記(a)のとおり，合併の効力が生じた日において合併をする株式会社の取締役であった者又は存続会社若しくは新設会社の取締役を指す。監査役設置会社における監査役，委員会設置会社における執行役も同様である。

(d) **債権者**　原告適格を有する債権者は，合併をする会社及び存続会社又は新設会社の債権者であって，異議申立期間内（法789条2項4号・799条2項4号・810条2項4号）に異議を述べた債権者である。上記期間内に異議を述べなかった債権者は，合併を承認したものとみなされる（法789条4項・799条4項・810条4項）。ただ，会社に知れていながら，異議申立ての催告を受けなかった債権者は，異議申立ての機会を奪われた以上，合併を承認したとはみなされず，異議を述べた債権者に当たると解される[12]。また，株式会社と債権者に当たるかどうかをめぐって係争中の債権者であっても，原則として知れている債権者に当たると解される[13]。

(2) 被告適格

(a) **被告適格を有する会社**　被告適格を有する会社は，吸収合併後の存続会社又は新設合併後の新設会社である（法834条7号・8号）。

---

9) 最判昭45・1・22民集24巻1号1頁，最判昭52・11・8民集31巻6号847頁
10) 最判平9・1・28集民181号83頁・判タ936号212頁
11) 最判平3・2・19民集162号105頁
12) 山口和男編『会社訴訟・非訟の実務〔改訂版〕』（新日本法規出版，2004）600頁
13) 大判昭7・4・30民集11巻706頁，江頭・前掲注1）646頁

(b) **取締役が原告となる場合の会社の代表者** 第1章Ⅱ3のとおり，存続会社又は新設会社の取締役（元取締役を含む。）が原告となる場合，被告となる株式会社の機関の構成に応じて，代表者となるべき者が異なることとなる。すなわち，取締役会非設置会社における取締役（法349条1項本文・2項）若しくは代表取締役（法349条1項ただし書・3項）又は取締役会設置会社における代表取締役（法363条1項1号）は，当然に被告となるべき株式会社を代表する権限を有するが（法349条4項），被告となるべき株式会社の株主総会又は取締役会において，別に代表者を定めることもできる（法353条・364条）。

また，監査役設置会社においては，監査役が被告となるべき株式会社を代表し，代表取締役は代表することはできない（法386条1項）。委員会設置会社においては，監査委員たる取締役が原告となる場合には，取締役会又は株主総会が定める者が代表者となり（法408条1項1号），監査委員以外の取締役が原告となる場合には，監査委員会が選定する監査委員（同項2号）が代表者となる（同項柱書）。

仮に，取締役が，株主や債権者であることにより原告適格を主張しても，存続会社又は新設会社の取締役（元取締役を含む。）である限り，馴れ合いのおそれがあるので，上記各規定に従い，代表者が定まる。他方，合併をする会社の取締役であったとしても，存続会社又は新設会社の取締役でなければ，被告となるべき株式会社の取締役に当たらないから，上記各規定の適用はないと解される。

なお，持分会社においては，原則として，業務を執行する社員が，被告となる会社の代表者として訴訟を追行することとなるが（法599条1項本文・4項），持分会社を代表する者がいない場合，原告となる社員を除く社員の過半数をもって持分会社を代表する者を定めることができる（法601条1項）。

(3) **出訴期間**

合併無効の訴えは，合併の効力が生じた日から6か月以内に提訴しなければならない（法828条1項柱書・同項7号・8号）。これは，会社及び利害関係人をめぐる法律関係又は権利関係の安定を確保する趣旨であって，訴えのみならず，その無効原因（事由）の主張にも及ぶと考えられる。すなわち，株主

総会決議の取消しの訴えと同様に，合併無効の訴えの中で，出訴期間の経過後に新たな無効原因を追加主張することはできないと解すべきである[14]。

この出訴期間の起算日である「効力が生じた日」とは，吸収合併については合併契約において定める「効力発生日」である（法749条1項6号・750条1項・751条1項7・752条1項）。他方，新設合併については新設会社の成立日すなわち設立登記の日に消滅会社の権利義務を承継するから（法49・754条1項・579・756条1項），設立登記の日が「効力が生じた日」となる。

出訴期間経過後に提起された合併無効の訴えは，原則として，不適法な訴えであるから，却下される。ただし，公正取引委員会による合併無効の訴え（独禁18条1項）は，同法による排除措置として，会社法上の合併無効の訴えとまったく異なる観点から認められている訴えであるから，出訴期間の制限を受けないと解される[15]。

(4) 専属管轄

合併無効の訴えは，被告となるべき会社の「本店の所在地」を管轄する地方裁判所の専属管轄とされている（法835条1項）。この「本店の所在地」は，第1章Ⅱ4，第3章Ⅰ3のとおり，定款で定めて登記をした形式的意味における本店の所在地と解すべきである。2つ以上の地方裁判所が管轄権を有するときは，先に訴えがあった地方裁判所が管轄することとなる（同条2項）。その場合でも，著しい損害又は遅滞を避けるため必要があると認めるときは，申立て又は職権により，当該訴えを他の管轄裁判所に移送することができる（同条3項）。

3．実体要件（無効原因）

(1) 総　　論

会社法は，合併無効の原因となるべき事由について，具体的な規定を置い

---

14) 株主総会の決議の取消しの訴えについて，最判昭51・12・24民集30巻11号1076頁，新株発行無効の訴えについて，最判平6・7・18集民172号967頁参照
15) 上柳ほか・前掲注2) 254頁〔小橋〕

ていない。そのため，合併無効の原因に当たるかどうかは解釈に委ねられており，以下の(2)ないし(7)に掲げた事由が考えられる。

(2) 合併契約の瑕疵
　(a) **合併契約上の必要的決定事項を欠く瑕疵**　　合併契約上の必要的決定事項（法749条1項・751条1項・753条1項・755条1項）を欠く場合，合併の無効原因となる[16]。合併契約は要式行為ではないから，もとより合併契約書に記載がないことのみをもって直ちに上記事項を欠くと判断されるものではないが，通常，合併契約書の記載事項を手がかりに上記事項の有無を判断することとなる。

　(b) **合併契約上の意思表示に係る瑕疵**　　合併契約を締結する際の錯誤，詐欺・強迫といった意思の欠缺や瑕疵ある意思表示により，合併契約が無効となり，又は取り消された場合（民95条・96条），合併契約を欠くこととなるから，当該合併は無効となる[17]。しかしながら，このような主張をいつまでも許すことは，合併に係る法的安定性を害するため，会社法51条2項の類推適用により，合併の効力を生じた後は，合併契約の無効ひいては合併の無効を主張することはできないと解すべきである。

　他方，合併の効力を生ずる前であっても，合併をする会社以外の第三者は，原則として，合併契約に係る錯誤無効の主張や詐欺・強迫を理由とする取消しの意思表示をすることができない[18]から，合併の効力が生ずる前に，合併をする会社が錯誤無効や詐欺・強迫による取消しを主張している場合でない限り，合併をする会社ではない原告が，原則として，これらの主張をして合併無効の訴えを提起することはできない。

　合併契約の締結に係る心裡留保，通謀虚偽表示といった意思の欠缺（民93条・94条）についても，会社法51条2項の類推適用により主張を制限されると解すべきである。もっとも，心裡留保や通謀虚偽表示の主張を許さない旨

---

16) 江頭・前掲注1）820～821頁
17) 名古屋地判平19・11・21金判1294号60頁
18) 錯誤無効の主張について，最判昭45・3・26民集24巻3号151頁参照，取消しの意思表示について，民法120条2項参照

規定する同法51条1項に照らし，同項の類推適用により，心裡留保や通謀虚偽表示は，合併契約の無効原因とならず，当然，合併無効の原因にならないと考える余地もある。

(3) 機関決議の瑕疵

(a) **株主総会による合併承認決議の不存在，無効，取消し**　会社が合併をする際には，合併をする会社の株主総会における合併承認決議又は総社員の同意が必要となる（法783条1項・793条1項1号・795条1項・802条1項1号）。

合併承認決議は，原則として，議決権を行使することのできる株主の議決権の過半数を有する株主が出席し，出席株主の議決権の3分の2以上に当たる多数で行われる特別決議によらなければならない（法783条1項・795条1項・309条2項12号）。この承認決議が，不存在である場合又は無効事由若しくは取消事由がある場合，合併無効の原因となる。例えば，取締役の説明義務の不履行（法795条2項・3項）といった存続会社における招集の手続や決議方法の法令違反による取消事由（法831条1項1号）が挙げられるほか，定款上機関の法定権限を委譲する等特殊な定めをした会社が存続会社である場合に，消滅会社でそれが開示されないまま合併承認決議がされたときも，決議方法の著しい不公正として取消事由ひいては合併無効の原因となると考えられる[19]。

なお，合併無効の訴えと合併承認決議不存在確認，無効確認又は取消しの各訴えとの関係は，後記4(2)(b)のとおりである。

(b) **取締役会承認決議の欠如**　合併契約は，合併をする会社の代表取締役等が，当該会社を代表して締結することとなるが，取締役会設置会社においては，合併は「重要な財産の処分及び譲受け」又は「その他の重要な業務の執行」に当たると考えられるから，取締役会の承認決議を経て締結される必要がある（法362条4項柱書・1号）。

仮に，取締役会の承認決議を経ないまま（承認決議が無効となる場合も含む。）締結された合併契約は，民法93条に準拠し，会社の営業に関して包括的な代表権を有する代表取締役の対外的行為に内部的意思を欠くものであるから，

---

19) 江頭・前掲注1) 821頁

原則として有効であるが，合併の相手方会社が，取締役会決議を経ていないことを知り，又はこれを知ることができたときは，合併契約の無効を主張でき，取締役会の承認決議を欠くことが合併の無効原因となると解される[20]。

　もっとも，その後，合併承認決議をするための株主総会の招集に係る取締役会決議により提出議案である合併契約書の基本的内容が承認された場合，合併契約締結に係る取締役会の承認決議を欠くという瑕疵は治癒され，合併無効の原因とならない。また，例えば，全員出席により株主総会が開催され，合併契約の内容が承認された場合も，同様と解される[21]。したがって，合併承認決議が株主総会で適法に成立する限り，取締役会の承認決議に係る瑕疵は治癒されて合併無効原因とならず，他方，合併承認決議に瑕疵があれば，その瑕疵が独立した合併無効の原因となるから，実際上，取締役会の承認決議の瑕疵が独立した合併無効の原因となることは少ない。

(4)　合併比率の不公正

　合併をする会社の企業価値（株価）に照らし，合併比率（法749条1項2号・753条1項6号）が不公正でも，原則として，合併の無効原因とならない。不公正な合併比率を内容とする合併契約が締結されても，それが適切な情報開示の下に株主総会において承認されている以上，株主の利益保護を問題とする余地はなく，反対株主等の利益保護は株式等買取請求権により確保されていること（法785条・787条・797条・806条・808条），合併承認決議は株主総会の特別決議事項であるが，同様の決議要件の下，新株を特に有利な発行価額で第三者割当ての方法により発行可能であることが理由として挙げられる[22]。

　もっとも，著しく不公正な合併比率を内容とする合併承認決議について，存続会社が消滅会社の株主である場合にはその利害関係人となるから，存続会社が議決権を行使したことにより合併承認決議が成立した場合，著しく不

---

20)　東京地裁商事研究会編・前掲注5）720～721頁
21)　上柳ほか編・前掲注2）42～44頁〔今井宏〕
22)　家近正直編『現代裁判法大系(17)会社法』（新日本法規出版，1999）412頁〔山田純子〕，なお，最判平5・10・5商事（資料版）116号197頁（原審：東京高判平2・1・31商事（資料版）77号193頁）参照

当な決議として，合併承認決議の取消事由（法831条1項3号）となる[23]。また，合併条件の相当性を記載した書面に，合併をする会社の株主が割当比率の公正性を判断するために最低限必要であると考えられる事項を欠いたり，虚偽の記載があったりした場合，決議方法の著しい不公正として，合併承認決議の取消事由となることがある（法831条1項1号）[24]。

(5) 合併契約等の備置きの懈怠

吸収合併について，吸収合併契約等備置開始日（法782条2項・794条2項）から効力発生日後6か月を経過する日まで，吸収合併をする会社（消滅会社，存続会社）は，合併契約等の内容その他法務省令で定める事項を記載し，又は記録した書面等（電磁的記録を含む。）をその本店に備え置かなければならない（法782条1項1号，会社則182条，法794条1項，会社則191条）。株主及び債権者は，その閲覧・謄写等の請求をすることができる（法782条3項・794条3項）。また，存続会社は，効力発生日から6か月間，吸収合併により存続会社が承継した消滅会社の権利義務その他の吸収合併に関する事項として法務省令で定める事項を記載し，又は記録した書面等をその本店に備え置かなければならない（法801条1項・3項1号，会社則200条）。株主及び債権者は，その閲覧・謄写等の請求をすることができる（法801条4項）。

新設合併について，新設合併契約等備置開始日（法803条2項）から新設会社の成立の日まで，新設合併をする会社（消滅会社）は，合併契約等の内容その他法務省令で定める事項を記載し，又は記録した書面等をその本店に備え置かなければならない（法803条1項1号，会社則204条）。株主及び債権者は，その閲覧・謄写等の請求をすることができる（法803条3項）。また，新設会社は，その成立の日から6か月間，上記書面等のほか，新設合併により新設会社が承継した消滅会社の権利義務その他の新設合併に関する事項として法務省令で定める事項を記載し，又は記録した書面等をその本店に備え置かなければならない（法815条1項・3項1号，会社則211条・213条）。株主及び債権者

---

[23] 家近・前掲注22）413頁〔山田〕
[24] 家近・前掲注22）411〜412頁〔山田〕

は，その閲覧・謄写等の請求をすることができる（法815条4項）。

　これらの規定の趣旨は，株主が合併条件の公正等を判断し，また債権者が合併に対して異議を述べるべきかどうか，更には合併無効の訴えを提起すべきかどうかを判断するための資料を提供するものであって[25]，その備置きを怠ることは，利害関係人の合併に関する判断権を不当に奪うことになりかねず，その重大性ゆえに合併無効の原因となると解すべきである。

(6)　**株主・債権者保護手続違反**

　株式・新株予約権買取請求手続（法785条・787条・797条・806条・808条）が履践されていないこと，債権者に対する異議申述の公告及び催告（法799条2項・802条2項）がされず，又は異議申出をした債権者に対する弁済その他必要な措置（法810条5項・813条2項）が行われないなど，株主保護手続や債権者保護手続が履践されていないことは，いずれも合併無効の原因となり得る。

(7)　**その他の合併無効の原因**

　その他，①略式組織再編（法784条1項），簡易組織再編（法796条3項）の要件を満たさなかった場合，②合併後の企業担保権の順位に関して合併会社の企業担保権者に協定がない場合（企業担保8条2項・3項），③独占禁止法の定める合併制限に抵触する場合（独禁15条・18条），④合併について主務大臣の認可・許可を欠く場合（銀行30条，保険業153条1項3号）などが，合併無効の原因となる。

　また，合併承認決議の取消しの訴えや不存在確認の訴えを本案として，合併差止めの仮処分命令が発令されている場合，当該仮処分に反して合併手続が進められたとしても，仮処分命令の実効性を確保する観点から，当該合併手続は無効となると解すべきである[26]。

---

25)　江頭・前掲注1）803頁・815頁
26)　東京地裁商事研究会編・前掲注5）718頁

4. 訴訟手続

(1) 弁論及び裁判の併合

　合併無効の訴えが複数同時に係属するに至った場合，対世効を有し，画一的な法律関係又は権利関係の確定が要請されるので，弁論及び裁判を併合しなければならない（法837条）。すなわち，合併等無効の訴えは，類似必要的共同訴訟と解される。

(2) 他の訴えとの関係

　(a) **設立無効の訴えとの関係**　　新設合併の無効を主張する場合，その無効の主張は合併無効の訴えによるべきであり，新設会社に係る設立無効の訴えによることはできない[27]。合併という法律関係の画一的な確定を図るため，合併無効の原因となるような，合併手続において履践すべき手続又は遵守すべき内容に係る瑕疵を独立の訴えとして提起することを排斥するために，特に新設合併無効の訴えを設けた会社法の趣旨に照らし，設立無効の訴えによることはできないと解される[28]。

　(b) **合併承認決議の不存在，無効，取消しの訴えとの関係**　　合併承認決議の瑕疵が合併無効の原因となる場合であっても，合併の効力が生ずる日より前においては，合併無効の訴えを提起する余地はないから，合併無効の訴えと合併承認決議の不存在・無効確認の訴え，合併承認決議の取消しの訴えとの競合が生ずることはなく，合併承認決議の不存在・無効確認の訴えや合併承認決議の取消しの訴えを提起できる。ただ，これらの決議の瑕疵を争う訴えの係属中に合併の効力が発生した場合，上記各訴えに係る訴えの利益が消滅するから，合併無効の訴えに変更しなければならない[29]。

　また，合併の効力が生じた後において，合併承認決議も合併手続において履践すべき手続の一つにすぎないから，合併承認決議の瑕疵に係る独立の訴

---

27) 山口編・前掲注12) 596頁
28) 江頭憲治郎ほか編『会社法大系(4)』（青林書院, 2008) 392頁〔佐々木宗啓〕
29) 上柳ほか編・前掲注2) 244～245頁〔小橋〕

えを提起することはできないと解される[30]。前記(a)のとおり、会社法は、合併という法律関係の画一的な確定を図るため、合併無効の原因となるような、合併手続において履践すべき手続又は遵守すべき内容に係る瑕疵を独立の訴えとして提起することを排斥する趣旨で、合併無効の訴えという訴訟類型を置いたと考えられるからである。

なお、合併承認決議の取消しの訴えは3か月間の出訴期間が設けられている（法831条1項）から、その出訴期間の制限を重視し、決議の取消事由を合併無効の訴えにおいて主張する場合、出訴期間を3か月間とみる余地もある[31]。しかしながら、合併無効の原因となるような、合併手続において履践すべき手続又は遵守すべき内容に係る瑕疵を独立の訴えとして提起することを排斥する趣旨で合併無効の訴えを定めた会社法の趣旨に照らせば、あえて、決議取消しの訴えの出訴期間による制限を及ぼす必要はなく、6か月と解すべきである。もっとも、3か月を経過した後に合併無効の原因として、合併承認決議の取消事由のみを主張する場合、会社法831条2項を類推適用して、当該訴えを裁量棄却する余地がある[32]。

(3) 処分権主義・弁論主義の制限

第1章Ⅱ6のとおり、対世効を有する合併無効の訴えについては、処分権主義や弁論主義は制限される。例えば、被告となるべき会社は、請求の認諾をしたり、合併を無効とする訴訟上の和解をしたりすることはできないし、裁判上の自白による拘束力も認められないと解される。他方、訴えの取下げや請求の放棄はできると解される。

(4) 主張立証責任

通常、形成の訴えは、形成要件が法定されているため、その要件に該当すべき事実ごとに訴訟物と請求原因が異なる。他方、合併無効の訴えは、形成要件が法定されていないため、その違法が一個の請求（訴訟物）となり、個

---

30) 東京地判昭30・2・28下民集6巻2号361頁
31) 江頭・前掲注1）350頁
32) 相澤哲ほか編著『論点解説新・会社法―千問の道標』（商事法務、2006）721頁

別的な違法事由は,攻撃防御方法にとどまる。

そこで,主張立証責任についても,個々の違法事由すなわち合併無効の原因ごとに,原告が主張・立証すべき請求原因・再抗弁と被告が主張・立証すべき抗弁・再々抗弁に分類される[33]。例えば,合併承認決議の取消事由があることを合併無効の原因として主張する場合,請求原因として当該取消事由を主張することとなる。また,原告が,会社法所定の合併契約上の必要的決定事項を欠くと主張する場合,請求原因として当該事由を特定できる程度に主張することを要するが,もとより,その不存在を主張・立証する必要はなく,被告が,当該決定事項の存在を抗弁として主張・立証すべきである。なお,原告が主張する事由以外の手続上の瑕疵については,黙示的に適法である旨主張され,これを争わない趣旨(自白は成立しないが,弁論の全趣旨により,適法と認定される。)と解するのが合理的であろう[34]。

(5) 提訴権者と合併無効の原因の主張の可否

(a) **取締役,監査役等**　取締役,監査役設置会社における監査役,委員会設置会社における執行役等は,法令を遵守した会社運営を確保するために提訴権が認められているから,原則として,あらゆる合併無効の原因を主張して合併無効の訴えを提起できる[35]。

ただ,例えば,新設合併において,合併をする会社の一方の取締役から新設会社の取締役となった者が原告となる場合,自らが取締役でなかった消滅会社に係る合併無効の原因を主張することについては,否定的に解する余地もあるし,他方,自らが取締役であった消滅会社に係る合併無効の原因を主張することについて,信義則上制限されると解する余地もある。

(b) **株　　　主**　新設会社又は存続会社の株主が合併無効の訴えを提起した場合,自らが株主ではなかった消滅会社に係る合併承認決議の瑕疵を主張できるかどうかについて,株主による経営監督機能を期待して,合併の効力が生じた日に株主でなかった者であっても,その後に存続会社又は新設会

---

33) 大江忠『要件事実商法(中)』(第一法規出版,1997)389頁
34) 東京地裁商事研究会編・前掲注5)725頁
35) 江頭・前掲注1)822頁

社の株主となった者に原告適格を認めた会社法の趣旨[36]を考慮し，原則として，あらゆる無効原因を主張できると解する余地もある[37]。しかしながら，前記2(1)(b)のとおり，合併をする会社の株主ではなく，存続会社又は新設会社の株主となった者について，株主でなくなった場合には原告適格を失うと考えられていることも考慮すると，自らが株主でなかった消滅会社の経営にまでその監督機能を及ぼす必要には乏しく，自己の利益について適正な手続を経て保護されている以上，合併無効の原因として，自らが株主であった会社又は現に株主である会社の手続上の瑕疵を主張できるにとどまり，自らと無関係な消滅会社等の瑕疵を主張することはできないと解すべきである[38]。

また，議決権を有しない株主は，合併承認決議に関与できる資格を有していなかったのであるから，合併無効の原因として，合併承認決議の取消事由を主張することはできないと解すべきである[39]。

(c) **合併について承認をしない債権者** 合併について承認をしない債権者は，合併無効の原因として，債権者保護手続上の瑕疵を主張し提訴できるが，他の原因を主張して提訴することはできない[40]。

(6) 担保提供命令

株主（取締役，監査役，執行役，清算人等を兼ねる場合を除く〔法836条1項ただし書〕。）又は債権者（同条2項）による合併無効の訴えについて，被告である株式会社の申立てにより，当該訴えが原告の悪意によるものであることが疎明された場合（同条2項・3項）には，裁判所は，相当の担保の提供することを命じることができる（同条1項本文）。「悪意」とは，第**7**章Ⅱ7のとおり，株主代表訴訟の場合と同様，請求を認容される可能性がない場合にそのような事情を認識しつつ，あえて提訴するとき，又は原告が不法不当な利益を得る目的を有するときと解すべきである。

---

36) 相澤編著・前掲注4）248頁
37) 江頭・前掲注1）822頁
38) 上柳ほか編・前掲注2）247頁〔小橋〕
39) 江頭・前掲注1）822頁・316頁
40) 江頭・前掲注1）823頁

(7) 裁量棄却の可否

会社法は，合併無効の訴えについて，裁判所による裁量棄却の規定を置いていないから，株主総会決議の取消しの訴えと異なり，裁量棄却をすることはできない（ただし，合併承認決議の瑕疵のみが無効原因として主張されている場合には，前記Ⅱ4(2)(b)のとおり，別異に解する余地もある。）。もっとも，軽微な瑕疵は合併等無効の原因にならないから，裁量棄却の可否により結論が大きく異なることはないと考えられる[41]。

5．判決の効力

(1) 合併無効の認容判決

合併無効の認容判決は対世効を有するが（法838条），遡及効は認められない（法839条）ので，合併無効の判決により解散した消滅会社は，将来に向かって復活する。したがって，新設会社又は存続会社，その株主及び第三者間で生じた権利義務に影響を及ぼさないし，存続会社又は新設会社と第三者との間の法律関係は，その効力を保持する。例えば，会社の株主に対する利益配当の効力は，そのまま保持される。また，消滅会社が合併の効力が生じた時点で有していた財産であり，かつ，現在，存続会社又は新設会社が有するものは，復活した消滅会社に属する。存続会社又は新設会社が合併後に負担した債務は合併をする会社の連帯債務となり，存続会社又は新設会社が合併後に取得した財産は合併をした会社の共有となる（法843条1項1号・2号・2項）。この場合，合併をする会社の債務の負担部分及び財産の共有部分については協議によりこれを定め，協議が調わないときは，裁判所が各会社の申立てにより，合併が効力を生じたときにおける各会社の財産の額その他一切の事情を考慮して定めることとなる（法843条3項・4項）。

また，消滅会社の株主はその会社の株主として復活するが，合併に当たって端数株主として処分された株式に係る株主は復活しない。合併後に発行された新株は，新株引受け又は株式配当のときには，元の株主の地位の帰趨に

---

41) 東京地裁商事研究会編・前掲注5）729～730頁

よるが，その他の株式の場合，合併をする会社の協議によることとなる[42]。

復活した消滅会社の取締役や監査役といった役員には，合併当時の役員が当然に復職するものではなく，消滅会社の復活後，その役員が選任されるまでの間，合併無効判決の確定時における存続会社又は新設会社の役員が，消滅会社の役員の権利義務者（法346条1項・351条1項）となると解される[43]。

なお，合併無効の認容判決が確定した場合，裁判所書記官は，職権で遅滞なく，会社の本店の所在する登記所において，必要な登記を嘱託しなければならない（法937条3項2号・3号）。

(2) 合併無効の棄却判決

棄却判決には，対世効はないが，出訴期間の制限によりその有効性を争う期間が限定され，かつ，裁判の併合により画一的な法律関係又は権利関係の確定が図られるので，これにより法的安定性が確保される。また，敗訴原告に，悪意又は重大な過失があったときは，その原告は会社に対して損害賠償責任を負担する（法846条）。

Ⅲ　会社分割無効の訴え

1. 概　　説

(1) 会社分割制度の概要

会社分割とは，株式会社又は合同会社が，その事業に関して有する権利義務の全部又は一部を，分割後に他の会社又は分割により設立する会社に承継させることを目的とする会社の行為であるが，会社（分割会社）の権利義務を既存の他の会社（承継会社）に承継させる吸収分割（法2条29号）及び分割会社の権利義務を分割により設立する会社（新設会社）に承継させる新設分割（法

---

[42]　上柳ほか編・前掲注2）256頁〔小橋〕
[43]　上柳ほか編・前掲注2）256頁〔小橋〕

2条30号）があり，吸収分割は，分割会社と承継会社との間の吸収分割契約に基づき行われ，新設分割は，分割会社における新設分割計画に基づき行われる。

なお，承継会社又は新設会社は，権利義務の承継の対価を分割会社に交付するが，交付を受けた承継会社・新設会社の株式の全部又は一部を，会社分割が効力を生ずる日に，全部取得条項付種類株式の取得の対価又は剰余金の配当として，分割会社の株主に交付することがある（法758条8号・760条7号・763条12号・765条1項8号，会社則178条・179条）[44]。

会社分割は，経営効率化のため，事業の一部を子会社化したり，事業の一部をグループ外に切り離す形で移転したりすることを容易にするためのものであるが，合併類似の組織法上の行為と構成し，手続上の煩雑さを回避している[45]。

(2) 会社分割無効の訴えの意義

会社分割の無効は，訴え以外の方法により主張することはできず（法828条1項柱書），会社分割無効の訴えは形成の訴えと解されている。すなわち，会社分割の効力は，これを無効とする形成判決が確定するまでは有効なものと取り扱われ，上記形成判決の確定により，その無効が宣言され，吸収分割無効については事業の全部又は一部の吸収会社への承継の効果が失われ，新設分割無効については新設会社の解散と事業の全部又は一部の新設会社への承継の効果が失われる。

2．訴訟要件

(1) 原告適格

会社分割無効の訴えの提訴権者（原告適格を有する者）は，吸収分割について，その効力が生じた日において吸収分割契約をした会社（分割会社，承継会

---

44) 江頭・前掲注1)824頁
45) 江頭・前掲注1)827頁

社) の株主等若しくは社員等であった者又は分割会社・承継会社の株主等，破産管財人若しくは吸収分割について承認をしなかった債権者であり（法828条2項9号），新設分割について，その効力が生じた日において新設分割をする会社の株主等若しくは社員等であった者又は分割会社若しくは新設会社の株主等，破産管財人若しくは吸収分割について承認をしなかった債権者である（同項10号）。

株主等又は社員等であった者の意義，問題点については，合併無効の訴えとほぼ同様であり，前記Ⅱ2(1)のとおりである。

会社分割について承認をしなかった債権者の意義についても，合併無効の訴えと同様と考えられる。もっとも，会社分割について，催告を受けなかった債権者は，吸収分割契約又は新設分割計画の定めにより債務を負担しないとされる会社に対しても債務の履行を請求できる（法759条2項・3項・764条2項・3項）から，提訴権を認める必要はないと考える余地もある。しかしながら，分割会社が分割の対価である株式等（持分等を含む〔法760条7号・765条1項8号，会社則178条・179条〕。）を分割会社の株主に分配する場合において，分割会社等（分割会社及び承継会社又は新設会社）が連帯債務を負うときにも債権者の異議手続を要することとの権衡から，提訴権が認められると解すべきである[46]。

これに対し，吸収分割によりその債務が承継会社に承継されない債権者（法789条1項2号）及び新設分割によりその債務が新設会社に承継されない債権者（法810条1項2号）は，分割会社が承継会社又は新設会社から移転した純資産額に等しい対価を取得するはずであって，会社分割に異議を述べることができないから，提訴権も有しないと解される[47]。このような債権者の救済について，詐害行為取消権（民424条）を認めるほか[48]，会社法22条1項の類推適用により承継会社又は新設会社の責任を認める余地もある[49]。

---

[46] 江頭・前掲注1) 858頁
[47] 江頭・前掲注1) 845頁，東京高判平23・1・26金判1363号30頁
[48] 最判平24・10・12金判1402号16頁
[49] 最判平20・6・10集民228号195頁。なお，濫用的会社分割に関しては，難波孝一「会社分割の濫用を巡る諸問題」判タ1337号（2011）20頁参照

(2) 被告適格

　被告適格を有する会社は，吸収分割について，吸収分割契約をした分割会社及び承継会社であり，新設分割について，新設分割をする分割会社及び新設分割により設立する新設会社である（法834条9号・10号）。これらの会社をすべて被告としなければならず，固有必要的共同訴訟と解される。

　なお，取締役が原告となる場合の被告の代表者は，前記Ⅱ2⑵(b)のとおりであり，株式会社の機関設計ごとに異なる。

(3) 出訴期間

　出訴期間の制限の趣旨は，合併の場合と同様に，会社及び利害関係人をめぐる法律関係又は権利関係の安定を確保するものである。

　6か月の出訴期間（法828条1項9号・10号）の起算日である「効力が生じた日」とは，吸収分割について，吸収分割契約において定める「効力発生日」である（法758条1項7号・759条1項・760条6号・761条1項）。他方，新設分割について，新設会社の成立の日すなわち設立登記の日である（法49条・754条1項・579条・756条1項）。ただし，公正取引委員会による会社分割無効の訴え（独禁18条1項・2項）は，合併無効の訴えの場合と同様に出訴期間の制限を受けない。

　出訴期間経過後の会社分割無効の訴えは，不適法な訴えとして却下される。また，出訴期間経過後に分割無効の原因を追加して主張することもできない。

(4) 専属管轄

　会社分割無効の訴えも，被告となるべき会社の「本店の所在地」（定款で定めて登記をした形式的意味における本店の所在地）を管轄する地方裁判所の専属管轄とされている（法835条1項）。2つ以上の地方裁判所が管轄権を有するときは，先に訴えがあった地方裁判所が管轄することとなる（同条2項）。その場合でも，著しい損害又は遅滞を避けるため必要があると認めるときは，申立て又は職権により，当該訴えを他の管轄裁判所に移送することができる（同条3項）。

3．実体要件（無効原因）

(1) 総　　論

会社分割無効の原因となるべき事由については，具体的な規定がなく，会社分割無効の原因に当たるかどうかは，解釈に委ねられており，以下の(2)ないし(7)の各事由が考えられる。

(2) 分割の対象となる会社の適否

会社分割における分割会社は，株式会社又は合同会社に限定され，合名会社や合資会社が会社分割をしても無効となる（法757条・762条1項）。他方，承継会社又は新設会社には，制限はないので，合名会社や合資会社の形態もあり得る。

(3) 吸収分割契約又は新設分割計画の瑕疵

(a) 吸収分割契約上の必要的決定事項を欠く瑕疵，新設分割計画の作成懈怠や必要的記載事項の記載漏れ　　吸収分割においては吸収分割契約の締結（法757条）が，新設分割においては新設分割計画の作成（法762条）が，それぞれ必要となる。吸収分割契約においては会社法758条，760条所定の事項を，新設分割計画においては同法763条，765条所定の事項を，それぞれ必要的に定めなければならない。これらの必要な事項を欠く会社分割は無効となる。

(b) 事業譲渡の欠如　　事業譲渡（営業譲渡）の欠如は，旧商法（旧商373条・374条ノ16）[50]と異なり，無効事由とならない。会社法は，「事業に関して有する権利義務の全部又は一部を……承継させる」と規定し（法2条29号・30号），事業譲渡を会社分割の要件としていない[51]からである。

(c) 吸収分割契約上の意思表示に係る瑕疵　　会社分割の効力が生じた後は，会社法51条2項の類推適用により，吸収分割契約の錯誤，詐欺，強迫と

---

50) なお，最大判昭40・9・22民集19巻6号1600頁参照
51) 江頭・前掲注1）825頁

いった意思の欠缺や瑕疵ある意思表示により，同契約の無効又は取消しひいては会社分割の無効を主張することはできないと解すべきである。吸収分割の手続，効果は合併に類似する組織法的な手続，効果を有し，合併と同様に解される。

吸収分割契約の締結に係る心裡留保，通謀虚偽表示といった意思の欠缺（民93条・94条）についても，合併と同様に，会社法51条2項の類推適用により主張を制限されるか，又は同条1項に照らし，会社分割無効の原因とならないと解すべきである。

(4) 機関決議の瑕疵

会社が会社分割をする際，吸収分割契約の締結又は新設分割計画の作成について，株主総会の分割承認決議（特別決議〔法309条2項12号〕）又は総社員の同意を経なければならない（法783条1項・793条1項2号・795条1項・802条1項2号・804条）。分割承認決議が不存在，無効となる場合や同決議に取り消されるべき瑕疵がある場合，会社分割の無効原因が認められる。

なお，取締役会決議の瑕疵が独立した会社分割無効の原因となることが少ないことは，合併の場合と同様である。

(5) 旧債務の履行の見込みの欠如

旧債務の履行の見込みについて，会社法施行規則（183条6号・192条7号・205条7号）が，債務の「履行の見込みに関する事項」を開示事項と定めているため，見込みのあること自体は，会社分割の要件とならず，債権者保護手続の対象とならない債権者の保護は詐害行為取消権によるべきものと考えられる[52]。他方，旧商法の下では，会社分割について，債務の履行の見込みがあること及びその理由を記載した書面を開示しなければならない（旧商374条ノ2第1項3号・374条ノ18第1項3号）として，債務の履行の見込みがあることが会社分割の要件と解されていたから，これがそのまま引き継がれるとすると，旧債務の履行の見込みがないことは会社分割の無効事由となる[53]が，こ

---

52) 相澤哲ほか「組織再編行為」商事1769号（2006）19頁

の見解でも，債務の履行の見込みの判断時点について，会社分割時に存在すれば足りると考えられる[54]。

(6) 吸収分割契約又は新設分割計画等の備置きの懈怠

　吸収分割について，吸収分割契約等備置開始日（法782条2項・794条2項）から効力発生日後6か月を経過する日まで，吸収分割をする会社（分割会社，承継会社）は，吸収分割契約等の内容その他法務省令で定める事項を記載し，又は記録した書面等（電磁的記録を含む。）をその本店に備え置かなければならない（法782条1項2号，会社則183条，法794条1項，会社則192条）。株主及び債権者は，その閲覧・謄写等の請求をすることができる（法782条3項・794条3項）。また，分割会社及び承継会社は，効力発生日から6か月間，吸収分割により承継会社が承継した権利義務その他の吸収分割に関する事項として法務省令で定める事項を記載し，又は記録した書面等をその本店に備え置かなければならない（法791条1項1号・2項，会社則189条，法801条2項・3項2号，会社則201条）。株主，債権者その他の利害関係人は，その閲覧・謄写等の請求をすることができる（法791条3項・801条4項・5項）。

　新設分割について，新設分割計画等備置開始日（法803条2項）から分割会社の成立の日までの間，新設分割をする会社（分割会社）は，新設分割計画等の内容その他法務省令で定める事項を記載し，又は記録した書面等をその本店に備え置かなければならない（法803条1項2号，会社則205条）。株主及び債権者は，その閲覧・謄写等の請求をすることができる（法803条3項）。また，分割会社及び新設会社は，その成立の日から6か月間，新設分割により新設会社が承継した分割会社の権利義務その他の新設分割に関する事項として法務省令で定める事項を記載し，又は記録した書面等をその本店に備え置かなければならない（法811条1項1号・2項，会社則209条，法815条2項・3項2号，会社則212条）。株主，債権者その他の利害関係人は，その閲覧・謄写等の請求をすることができる（法811条3項・815条4項・5項）。

---

53) 江頭・前掲注1) 840～841頁
54) 田中亘「判批」ジュリ1327号（2007) 142頁

これらの規定の趣旨は，株主が分割条件の公正等を判断し，また債権者が会社分割に対して異議を述べるべきかどうか，更には会社分割無効の訴えを提起すべきかどうかを判断するための資料を提供するものであって[55]，その備置きを怠ることは，利害関係人の合併に関する判断権を不当に奪うことになりかねず，その重大性ゆえに合併無効の原因となると解すべきである。

(7) その他の会社分割無効の原因

その他，①法令の定める資本金又は準備金として計上すべき額が異なること（法445条5項），②株式，新株予約権買取請求手続（法785条・787条・797条・806条・808条）を履践していないこと，③債権者保護手続（法799条・802条2項・810条・813条2項）を履践しないこと，④要件を欠く略式組織再編（法796条1項）や簡易組織再編（法784条3項・796条3項・805条），⑤独占禁止法違反（独禁18条2項），⑥主務大臣の認可や許可を欠くこと（銀行30条2項，保険業173条の6等）なども，会社分割無効の原因となる。

4．訴訟手続

(1) 弁論及び裁判の併合

会社分割無効の訴えが複数同時に係属するに至った場合，対世効を有し，画一的な法律関係又は権利関係の確定が要請されるので，弁論及び裁判を併合しなければならない（法837条）。

(2) 他の訴えとの関係

(a) **設立無効の訴えとの関係**　新設分割の無効を主張する場合，合併の場合と同様に，その無効の主張は会社分割無効の訴えによるべきであり，新設会社に係る設立無効の訴えによることはできない。

(b) **分割承認決議の不存在，無効，取消しの訴えとの関係**　分割承認決議の瑕疵についても，会社分割の効力発生日より前においては，分割承認決

---

55) 江頭・前掲注1) 839頁・853〜854頁

議の不存在・無効確認の訴えや合併決議の取消しの訴えを提起できる。他方、会社分割の効力発生後においては、合併の場合と同様に、分割承認決議の瑕疵に係る独立の訴えを提起することはできないと解される。

なお、分割承認決議の取消しに係る瑕疵について、合併無効の場合と同様に、3か月の期間制限ではなく、6か月と解すべきである。

(3) 処分権主義・弁論主義の制限

第1章Ⅱ6のとおり、対世効を有する会社分割無効の訴えについては、処分権主義や弁論主義は制限される。例えば、被告となるべき会社は、請求の認諾や会社分割の無効を確認する訴訟上の和解をすることはできないし、裁判上の自白による拘束力も認められないと解される。他方、訴えの取下げや請求の放棄はできると解される。

(4) 主張立証責任

主張立証責任についても、合併無効の訴えと同様に、個々の違法事由すなわち会社分割無効の原因ごとに原告が主張・立証すべき請求原因・再抗弁と被告が主張・立証すべき抗弁・再々抗弁に分類される。なお、原告が主張する事由以外の手続上の瑕疵について、黙示的に適法である旨主張され、これを争わない趣旨（自白は成立しないが、弁論の全趣旨により、適法と認定される。）と解するのが合理的である。

(5) 提訴権者と会社分割無効の原因の主張の可否

合併無効の場合と同様に、提訴権者により主張できる会社分割無効の原因は異なると考えられる。

(6) 担保提供命令

合併無効の場合と同様に、被告である会社の申立てにより、当該訴えが原告（株主、債権者）の悪意によるものであることが疎明された場合（法836条2項・3項）には、裁判所は、相当の担保の提供することを命じることができる（同条1項本文）。

(7) 裁量棄却の可否

会社法は，会社分割無効の訴えについて，裁判所による裁量棄却の規定を置いていないから，裁量棄却をすることはできない（ただし，分割承認決議の瑕疵のみが無効原因として主張されている場合には，前記Ⅱ4(2)(b)のとおり，別異に解する余地もある。）。

5．判決の効力

(1) 会社分割無効認容の判決

合併無効の判決と同様に，原告勝訴の会社分割無効の判決は対世効を有するが（法838条），遡及効は認められない（法839条）。例えば，無効判決の確定後に，分割会社において，承継会社又は新設会社が分割後負担した債務について，連帯して弁済の責任を負い，承継会社又は新設会社が分割後に取得した財産は会社分割をした会社の共有となる（法843条1項3号・4号・2項）。その負担部分及び財産の共有部分については協議によりこれを定め，協議が調わないときは，裁判所が各会社の申立てにより，会社分割が効力を生じたときにおける各会社の財産の額その他一切の事情を考慮して定めることとなる（法843条3項・4項）。

登記手続も合併無効の場合と同様に，裁判所書記官は，職権で遅滞なく，会社の本店の所在する登記所において，必要な登記を嘱託しなければならない（法937条3項4号・5号）。

(2) 会社分割無効の棄却判決

棄却判決には，対世効はないが，出訴期間の制限によりその有効性を争う期間が限定され，かつ，裁判の併合により画一的な法律関係又は権利関係の確定が図られるので，これにより法的安定性が確保される。また，敗訴原告に，悪意又は重大な過失があったときは，その原告は会社に対して損害賠償責任を負担する（法846条）。

Ⅳ 株式交換無効の訴え及び株式移転無効の訴え

1. 概　説

(1) 株式交換・移転制度の概要

　株式交換は，株式会社（完全子会社）がその発行済株式の全部を他の株式会社又は合同会社（完全親会社）に取得させる会社の行為である（法2条31号）。企業買収や既存の子会社の完全子会社化といった目的のために利用される[56]。

　株式移転は，1又は2以上の株式会社（完全子会社）がその発行済株式の全部を新たに設立する株式会社（完全親会社）に取得させる会社の行為である（法2条32号）。既存の1社がその持株会社を創設する場合や既存の2社以上の会社がその持株会社の下に経営を統合する場合等に利用される[57]。

(2) 株式交換無効・株式移転無効の訴えの意義

　株式交換無効・株式移転無効は，訴え以外の方法により主張することはできず（法828条1項柱書），株式交換無効・株式移転無効の訴え（法828条1項11号・12号）は形成の訴えと解されている。すなわち，株式交換・株式移転の効力は，これを無効とする形成判決が確定するまでは有効なものと取り扱われ，上記形成判決の確定により，その無効が宣言され，株式交換無効については完全親子会社の関係を解消する効果がもたらされ，株式移転無効については完全親子会社を解散させ，完全子会社の株主の地位を旧に回復させる効果がもたらされる。

---

56) 江頭・前掲注1）860頁
57) 江頭・前掲注1）860頁

2．訴訟要件

(1) 原告適格

　株式交換無効・株式移転無効の訴えの提訴権者（原告適格を有する者）は，株式交換について，その効力が生じた日において株式交換契約をした会社の株主等若しくは社員等であった者又は株式交換契約をした会社の株主等，社員等，破産管財人若しくは株式交換について承認をしなかった債権者であり（法828条2項11号），株式移転について，その効力が生じた日において株式移転をする株式会社の株主等であった者又は設立をする完全親会社の株主等である（同項12号）。

　なお，会社分割の場合と同様，株式交換無効・株式移転無効の訴えの提訴権を有する債権者は，異議を述べることができる債権者（法789条1項3号・799条1項3号・810条1項3号）となる[58]。

(2) 被告適格

　被告適格を有する会社は，株式交換について，株式交換契約をした会社であり（法834条11号），株式移転について，株式移転をする株式会社及び設立する完全親会社（同条12号）である。したがって，株式交換無効・株式移転無効の訴えは，固有必要的共同訴訟となる。

　なお，取締役が原告となる場合の被告の代表者は，前記Ⅱ2(2)(b)のとおりであり，会社の機関設計ごとに異なる。

(3) 出訴期間

　出訴期間の制限の趣旨は，合併などの場合と同様に，会社及び利害関係人をめぐる法律関係又は権利関係の安定を確保するものである。

---

[58] 本来，株式移転無効の訴えは，債権者に原告適格を認めていない（法828条2項12号）。しかしながら，新株予約権付社債に付された株式移転計画新株予約権に係る社債権者（法810条1項3号）は，異議を述べることができるから，会社法828条2項11号を類推適用して，提訴権を認めるべきであろう（江頭・前掲注1）881～882頁）。

6か月の出訴期間（法828条1項11号・12号）の起算日である「効力が生じた日」とは，株式交換について，株式交換契約において定める「効力発生日」（法768条1項6号・769条1項・770条1項5号・771条1項）であり，株式移転について，完全親会社の成立の日すなわち設立登記の日（法49条・774条1項）である。

なお，出訴期間経過後の株式交換無効・株式移転無効の訴えは，不適法な訴えとして却下される。また，出訴期間経過後に株式交換無効・株式移転無効の原因を追加して主張することもできない。

ただし，公正取引委員会による共同株式移転無効の訴え（独禁18条1項・3項）は出訴期間の制限を受けない。

(4) 専属管轄

株式交換無効・株式移転無効の訴えは，被告となるべき会社の「本店の所在地」（定款で定めて登記をした形式的意味における本店の所在地）を管轄する地方裁判所の専属管轄とされている（法835条1項）。2つ以上の地方裁判所が管轄権を有するときは，先に訴えがあった地方裁判所が管轄することとなる（同条2項）。その場合でも，著しい損害又は遅滞を避けるため必要があると認めるときは，申立て又は職権により，当該訴えを他の管轄裁判所に移送することができる（同条3項）。

3．実体要件（無効原因）

(1) 総　　論

株式交換無効・株式移転無効の原因となるべき事由については，具体的な規定がなく，当該事由に当たるかどうかは，解釈に委ねられており，以下の(2)ないし(7)の各事由が考えられる。

(2) 株式交換の対象となる会社の適否

株式交換の完全親会社は，株式会社又は合同会社に限定され，合名会社や合資会社が完全親会社となる株式交換は無効となる（法767条）。

(3) 株式交換契約又は株式移転計画の瑕疵

(a) **株式交換契約の必要的決定事項を欠く瑕疵，株式移転計画の作成懈怠等**　株式交換契約においては株式交換契約の締結（法767条）が，株式移転においては株式移転計画の作成（法772条）が，それぞれ必要となる。株式交換契約においては会社法768条1項，770条1項所定の事項を，株式移転計画においては同法773条所定の事項を，それぞれ必要的に定めなければならない。これらの必要的な事項を欠く株式交換・株式移転は無効となる。

(b) **株式交換契約上の意思表示に係る瑕疵**　株式交換は，完全子会社となる株式会社の株主が，その有する株式を完全親会社となる会社に対して現物出資をして新株発行を受けるのとまったく同じ効果を有し，かつ，その手続は合併類似の組織法的な行為として構成される[59]から，合併などと同様に，株式交換の効力が生じた後は，会社法51条2項の類推適用により，株式交換契約の錯誤，詐欺，強迫（民95条・96条）といった意思の欠缺又は瑕疵ある意思表示による無効又は取消しひいては株式交換の無効の主張は制限される。

株式交換契約の締結に係る心裡留保，通謀虚偽表示といった意思の欠缺（民93条・94条）についても，会社法51条2項の類推適用により主張を制限されるか，又は同条1項に照らし，株式交換契約の無効原因とならないと解すべきである。

(4) 機関決議の瑕疵

株式交換契約は，完全親会社となるべき会社及び完全子会社となるべき会社の各株主総会の特別決議（法309条2項12号）による承認又は総社員の同意を経なければならない（法783条1項・795条1項・802条1項3号）。交換承認決議が不存在，無効とされる場合や取り消されるべき瑕疵がある場合，株式交換の無効原因が認められる。

株式移転計画は，株式移転をする株式会社の各株主総会の特別決議（法309条2項12号）による承認を経なければならない（法804条1項）。そこで，移転承認決議が不存在，無効とされる場合や取り消されるべき瑕疵がある場合，株

---

59) 江頭・前掲注1) 865頁

式移転の無効原因が認められる。

なお，取締役会決議の瑕疵が独立した株式交換無効・株式移転無効の原因となることが少ないことは，合併の場合と同様である。

(5) 株式交換契約又は株式移転計画等の備置きの懈怠

株式交換について，株式交換契約等備置開始日（法782条2項・794条2項）から株式交換の効力発生日後6か月を経過する日までの間，株式交換をする会社（完全親会社，完全子会社）は，株式交換契約等の内容その他法務省令で定める事項を記載し，又は記録した書面等（電磁的記録を含む。）をその本店に備え置かなければならない（法782条1項3号，会社則184条，法794条1項，会社則193条）。株主（完全子会社の新株予約権者を含む。）及び債権者は，その閲覧・謄写等の請求をすることができる（法782条3項・794条3項）。また，株式交換をする会社は，効力発生日から6か月間，完全親会社が取得した完全子会社の株式数その他の株式交換に関する事項として法務省令で定める事項を記載し，又は記録した書面等をその本店に備え置かなければならない（法791条1項2号・2項，会社則190条，法801条3項3号）。株主及び債権者は，その閲覧・謄写等の請求をすることができる（法791条4項・801条4項・6項）。

株式移転について，株式移転計画等備置開始日（法803条2項）から完全親会社の成立の日後6か月を経過する日まで，株式移転をする会社は，株式移転計画等の内容その他法務省令で定める事項を記載し，又は記録した書面等をその本店に備え置かなければならない（法803条1項3号，会社則206条）。株主及び新株予約権者は，その閲覧・謄写等の請求をすることができる（法803条3項）。また，株式移転をする会社及び完全親会社は，完全親会社の成立の日から6か月間，株式移転により完全親会社が取得した完全子会社の株式数その他の株式移転に関する事項として法務省令で定める事項を記載し，又は記録した書面等をその本店に備え置かなければならない（法811条1項2号・2項，会社則210条，法815条3項3号）。株主及び新株予約権者は，その閲覧・謄写等の請求をすることができる（法811条3項・4項・815条4項・6項）。

これらの規定の趣旨は，株主が株式交換・株式移転に係る条件の公正等を判断し，また債権者が株式交換に対して異議を述べるべきかどうか，更には

株式交換無効・株式移転無効の訴えを提起すべきかどうかを判断するための資料を提供するものであって[60]，その備置きを怠ることは，利害関係人の株式交換・株式移転に関する判断権を不当に奪うことになりかねず，その重大性ゆえに株式交換無効・株式移転無効の原因となると解すべきである。

(6) その他の株式交換無効・株式移転無効の原因

その他，①完全子会社となる会社の株主に対する違法な株式の割当，②債権者保護手続（法789条5項・799条5項）を履践しないこと，③要件を欠く略式組織再編（法796条1項）や簡易組織再編（法784条3項・796条3項・805条）も，株式交換無効無効の原因となる。また，上記①について，株式移転無効の原因となる。

4．訴訟手続

(1) 弁論及び裁判の併合

株式交換無効・株式移転無効の訴えが複数同時に係属するに至った場合，対世効を有し，画一的な法律関係又は権利関係の確定が要請されるので，弁論及び裁判を併合しなければならない（法837条）。

(2) 他の訴えとの関係

交換承認決議・移転承認決議の瑕疵についても，株式交換・株式移転の効力が生ずる日より前においては，これらの承認決議の不存在・無効確認の訴えや決議の取消しの訴えを提起できる。他方，株式交換・株式移転の効力が生ずる日以後においては，合併などの場合と同様に，株式交換契約・株式移転計画に係る承認の決議の瑕疵に係る独立の訴えを提起することはできないと解される。

なお，株式交換契約・株式移転計画の承認決議の取消しに係る瑕疵について，合併無効の場合と同様に，3か月の期間制限ではなく，6か月と解すべきである。

---

60) 江頭・前掲注1）870頁・878頁

(3) 処分権主義・弁論主義の制限

第1章Ⅱ6のとおり，対世効を有する株式交換無効・株式移転無効の訴えについては，処分権主義や弁論主義は制限される。例えば，被告となるべき会社は，請求の認諾やその無効を確認する訴訟上の和解をすることはできないし，裁判上の自白による拘束力も認められないと解される。他方，訴えの取下げや請求の放棄はできると解される。

(4) 主張立証責任

主張立証責任についても，合併無効の訴えと同様に，個々の違法事由すなわち株式交換無効・株式移転無効の原因ごとに，原告が主張・立証すべき請求原因・再抗弁と被告が主張立証すべき抗弁・再々抗弁に分類される。なお，原告が主張する事由以外の手続上の瑕疵については，黙示的に適法であるとの主張がされ，これを争わない趣旨（自白は成立しないが，弁論の全趣旨により，適法と認定される。）と解するのが合理的であろう。

(5) 提訴権者と株式交換無効・株式移転無効の原因の主張の可否

合併無効の場合と同様に，提訴権者ごとに主張できる株式交換無効・株式移転無効の原因は異なる。

(6) 担保提供命令

合併無効の場合と同様に，被告である会社の申立てにより，当該訴えが原告（株主，債権者）の悪意によるものであることが疎明された場合（法836条2項・3項）には，裁判所は，相当の担保の提供することを命じることができる（同条1項本文）。

(7) 裁量棄却の可否

会社法は，株式交換無効・株式移転無効の訴えについて，裁判所による裁量棄却の規定を置いていないから，裁量棄却をすることはできない（ただし，交換承認決議・移転承認決議の瑕疵のみが無効原因として主張されている場合には，前記Ⅱ4(2)(b)のとおり，別異に解する余地もある。）。

5．判決の効力

(1) 無効（認容）の判決

　原告勝訴の株式交換無効・株式移転無効の認容判決は対世効を有するが（法838条），遡及効は認められない（法839条）。

　株式交換無効の認容判決の確定後に，株式交換をする旧完全子会社の発行済株式の全部を取得する旧完全親会社が，株式交換に際して旧完全親会社の株式を交付したときは，旧完全親会社は，判決確定時における旧完全親会社株式に係る株主に対し，株式交換の際に旧完全親会社株式の交付を受けた者が有していた旧完全子会社の株式を交付しなければならない。この場合，旧完全親会社が株券発行会社であるときは，旧完全子会社株式を交付するのと引き換えに，旧完全親会社に係る旧株券の返還を請求できる（法844条1項）。旧完全親会社が旧完全子会社の株式を他に移転している場合には，金銭による処理をせざるを得ない[61]。

　株式移転無効の認容判決も同様に，その確定後に，株式移転をした旧完全子会社の発行済株式の全部を取得する旧完全親会社が，株式移転に際して旧完全親会社の株式を交付したときは，旧完全親会社は，判決確定時における旧完全親会社株式に係る株主に対し，株式移転の際に旧完全親会社株式の交付を受けた者が有していた旧完全子会社の株式を交付しなければならない。この場合，旧完全親会社が株券発行会社であるときは，旧完全子会社株式を交付するのと引き換えに，旧完全親会社に係る旧株券の返還を請求できる（法844条1項）。旧完全親会社が旧完全子会社の株式を他に移転している場合には，金銭による処理をせざるを得ない[62]。

　なお，株式交換無効・株式移転無効の判決には，上記のとおり，遡及効がないので，株式交換・株式移転がされたことを前提に判決確定までにされた行為は株式交換・株式移転の無効判決の確定によっても影響を受けない。旧

---

[61]　江頭・前掲注1）882頁
[62]　江頭・前掲注1）882頁

完全親会社が株式交換・株式移転により発行した株式は，将来に向かってのみその効力を失うものであるし，株式交換無効・株式移転無効の判決の確定までの間，旧完全親会社から交付を受けた株式を他に移転している場合であっても，その移転は無効判決により影響を受けることはない。したがって，旧完全親会社が完全子会社の株式を移転すべき相手方は，株式交換無効・株式移転無効の判決が確定した時点における株主であり，旧完全子会社の株主とは必ずしも一致しない。

(2) 棄却判決

　株式交換無効・株式移転無効の棄却判決には，対世効はないが，出訴期間の制限によりその有効性を争う期間が限定され，かつ，裁判の併合により画一的な法律関係又は権利関係の確定が図られるので，これにより法的安定性が確保される。また，敗訴原告に，悪意又は重大な過失があったときは，その原告は会社に対して損害賠償責任を負担する（法846条）。

事項索引

あ

粗利益	196
委員会設置会社	7, 92, 160, 172, 182
異議を述べた債権者	331
慰謝料	131
一人会社	35, 135
逸失利益	196
違法な新株予約権の発行	263
因果関係の中断	170
訴えの取下げ	14, 15, 17
訴えの利益	60, 77, 259
親会社	305
親会社社員	290, 295, 308

か

開業準備行為	188
会計監査人	298
会計参与	289
会計帳簿閲覧謄写請求に係る訴え	2
会計帳簿等	297
——の閲覧謄写請求	295
——の閲覧謄写請求の拒絶事由	301
——の閲覧謄写請求の理由	299
——の保存期間	298
解散判決	324
解散命令	315
開示すべき重要な事実	193
会社更生手続	219
会社債権者	291
会社による役員等に対する責任追及の訴え	2
会社の解散の訴え	1, 315
会社の組織に関する訴え	1, 105
会社の取締役に対する責任追及訴訟	159
会社分割	327, 344
会社分割無効の訴え	344
会社分割無効の原因	348
過失責任	168, 171, 173, 178, 180, 185, 194, 209, 214, 250
過失相殺	185, 254
瑕疵の治癒	223
合併	327
合併契約	334, 337
合併比率	336
合併無効の訴え	328
合併無効の原因	333, 334, 341
合併をする会社	329
株券	39
——の効力発生時期	39
——の失効制度	40
株券喪失登録簿	41
株券発行会社	22, 38
株券発行請求訴訟	38
株券引渡請求訴訟	39
株券引渡請求に係る訴え	2
株券不発行会社	44
株式	23
——の共有	55
——の譲渡	42
株式, 新株予約権買取請求	351, 358
株式移転	218, 327, 354
株式移転計画	357, 358
株式移転無効	356
——の訴え	354
株式会社の役員の解任の訴え	2
株式買取請求権	302
株式継続所有	216
株式交換	218, 327, 354
株式交換契約	357, 358
株式交換無効	356
——の訴え	354
株式自由譲渡の原則	29
株式譲渡	29
——の承認請求	33
株券発行前の——	30, 31
株式譲渡制限の契約	36
株主	23, 215, 287

事項索引

- ——の監督是正権 287
- ——の議案提出権 83
- ——の権利の行使に関し 176
- ——の権利の行使に関する利益の供与に関する責任 173
- ——の第三者性 251
- 株主間契約 67
- 株主権確認訴訟 25
- 株主権確認の訴え 2
- 株主総会
  - ——の専属的決議事項 95, 101
  - ——の流会 119
- 株主総会開催禁止の仮処分 68
- 株主総会決議 49
  - ——の瑕疵 49
- 株主総会決議禁止の仮処分 68
- 株主総会決議取消しの訴え 1, 49
- 株主総会決議不存在確認の訴え 1, 49
- 株主総会決議無効確認の訴え 1, 49
- 株主総会参考書類 144
- 株主総会招集権 118
- 株主総会招集通知 120, 144
- 株主代表訴訟 2, 215, 287
- 株主提案権 82, 118, 303
- 株主平等原則 294, 307, 313
- 株主名簿 43, 55, 308
  - ——の閲覧謄写請求 308
  - ——の閲覧謄写請求の拒絶事由 310
  - ——の閲覧謄写請求の理由 309
  - ——の名義書換 26, 44
- 株主名簿閲覧謄写請求に係る訴え 2
- 株主名簿書換請求に係る訴え 2
- 株主名簿管理人 44, 308
- 仮取締役 118
- 管轄 50, 216
- 監査役設置会社 7
- 監査役の報告書 79
- 監視義務 201, 249
- 間接侵害 239, 248
- 間接損害 239, 248, 251, 252
- 間接取引 210, 211
- 監督義務 205
- 議案の採決方法 87
- 議案の要領の通知請求権 82
- 議決権行使 65, 80
- 議決権行使禁止の仮処分 68
- 議決権なき株式 54
- 議決権のない株主 217
- 議題提案権 82
- 議長の選任 81
- 旧債務の履行の見込み 349
- 吸収合併 328
- 吸収分割 344
- 吸収分割契約 345, 348, 350
- 共益権 23, 117
- 競業関係 304, 311
- 競業行為 121
- 競業取引 188
  - ——による損害額の推定 195
  - ——の承認 194
- 競業避止義務 188
- 共同訴訟参加 228
- 業務担当取締役 202
- 供与した利益の価額に相当する額 179
- 寄与度による責任限定 187
- 緊急動議 119
- 経営判断 122, 128
  - ——の原則 197, 199
- 計算書類 79, 288
  - ——の承認決議 84
- 計算書類等の閲覧等請求 288
  - ——に係る訴え 2
  - ——の理由 292
- 計算書類等の備置き 288
- 計算書類等の備置期間 291
- 形成訴訟 3, 77, 90, 317
- 決議取消事由 78, 120
- 決議不存在事由 63
- 決議無効事由 73, 120, 157
- 原告適格 3, 5, 53, 75, 318
  - ——の承継 218
- 検査役選任請求 288
- 権利株の譲渡 29
- 権利行使者の指定 56
- 行為取締役 163
- 公開会社 91, 93
- 固有必要的共同訴訟 5, 103, 118

事項索引　　365

さ

債権者保護手続 ………………… 338, 351
再審の訴え ……………………………… 237
裁判上の和解 …………………………… 234
裁量棄却 ……………… 89, 340, 343, 353, 360
詐害行為取消権 ………………………… 346
賛成取締役 ……………………………… 163
自益権 ……………………………… 23, 303
事業主体の継続可能性 ………………… 196
時効期間 …………………………… 164, 253
自己取引 ………………………………… 122
事実上の主宰者 ………………………… 192
事実上の取締役 ………………………… 245
自称取締役 ………………………… 102, 107
執行役 ……………………………… 92, 160
失念株 …………………………………… 47
自白の拘束力 ………… 14, 316, 17, 278, 284
資本充実 ………………………………… 167
社債，株式等の振替に関する法律 ……… 22
収益還元方式 …………………………… 261
重過失 …………………………………… 250
従業員株主 ……………………………… 81
従業員の引抜行為 ……………………… 190
従業員持株制度 ………………………… 36
主張立証責任 ……… 72, 74, 90, 129, 340, 352, 360
出訴期間（提訴期間）……… 6, 13, 332, 347, 355
主要目的ルール ………………………… 263
種類株式 …………………………… 94, 115
純資産価額 ……………………………… 261
純利益 …………………………………… 196
少数株主 …………………………… 116, 118
商業登記請求権 …………………… 108, 111
招集通知 …………………………… 64, 78, 84
少数株主権 ………………………… 24, 295
譲渡承認機関 …………………………… 23
譲渡制限株式 …………………………… 32
　　──の一般承継 ……………………… 35
使用人兼取締役 …………………… 138, 142
賞　与 ……………………………… 130, 139
剰余金の配当 …………………………… 168
　　──に関する責任 …………………… 166
　　違法な── ………………………… 169
職務執行停止・代行者選任の仮処分決定 … 58

職務代行者 ……………………………… 59
職務免除の特約 ………………………… 243
職務を行うについて …………………… 245
職権探知主義 …………………… 14, 16, 18
処分権主義 ……… 14, 106, 108, 317, 340, 352, 360
新株発行 ……………………… 117, 255, 296
　　著しく不公正な方法による── …… 262
新株発行差止事由 ……………………… 259
新株発行差止めの訴え ………………… 256
新株発行差止めの仮処分 ……………… 256
新株発行不存在確認の訴え ……… 256, 279
新株発行不存在事由 …………………… 280
新株発行無効事由 ……………………… 270
新株発行無効の訴え ……………… 256, 266
新設合併 ………………………………… 328
新設分割 ………………………………… 344
新設分割計画 ……………… 345, 348, 350
人的会社 ………………………………… 316
信頼の原則 ……………………………… 198
請求権競合 ……………………………… 254
請求の放棄・認諾 ……………… 14, 15, 17
責任追及等の訴え ……………………… 215
責任の一部免除 ………………………… 166
責任の全部免除 ………………………… 165
説明義務違反 …………………………… 85
設立する会社 …………………………… 330
全員出席株主総会 ……………………… 63
善管注意義務 ……………………… 160, 183
善管注意義務違反 ………………… 122, 151
専属管轄 ……… 4, 12, 105, 124, 162, 278, 283, 318, 333, 347, 356
選任登記抹消登記手続請求・辞任登記手続請
求に係る訴え …………………………… 2
総株主通知 ……………………………… 43
訴権の濫用 ……………………………… 233
訴訟告知 ………………………………… 234
訴訟参加 ………………………………… 228
訴訟上の和解 …………………………… 16
訴訟について会社を代表すべき取締役 … 7
損益相殺 ………………………………… 186
　　──の類推 ………………………… 187
損害抑止義務 …………………………… 196
存続する会社 …………………………… 330

た

第三者による役員等の責任追及の訴え……… 2
第三者の取締役に対する責任追及訴訟…… 239
第三者の範囲…………………………………… 250
退職慰労金……………………………………… 129
　――の一任決議………………………………… 74
退職慰労金支給内規………………… 144, 146, 155
退職慰労金請求権の発生時期………………… 146
退職慰労年金…………………………………… 150
対世効……………………… 14, 52, 58, 105, 108, 124,
　　　　　　　　　　　279, 284, 343, 353, 361
退任後の競業禁止の合意……………………… 192
退任取締役………………………………………… 9
　――の競業取引……………………………… 191
代表取締役………………………… 160, 203, 242
　――の解任（職）………………… 100, 113, 131
単元未満株式…………………………………… 218
単独株主権………………………… 24, 290, 308
担保提供命令…… 52, 229, 278, 284, 342, 352, 360
遅延損害金…………………………… 164, 254
中間配当………………………………………… 170
忠実義務………………………………… 161, 183
忠実義務違反…………………………………… 189
弔慰金………………………………………… 142
直接侵害………………………………… 239, 246
直接損害…………………………… 239, 246, 252
直接取引………………………………… 210, 211
DCF方式 ……………………………………… 261
定款違反行為…………………………………… 184
定款による株式譲渡制限……………………… 32
提訴期間………………………………… 6, 77, 269
定足数………………………………………… 70, 87
提訴請求……………………………………… 220
登記嘱託……………………………………… 113
動議の提出…………………………………… 83
登記簿上の取締役（表見取締役）………… 244
登記名義上の取締役（表見取締役）……… 205
当事者適格……………………………………… 5
同族会社……………………………………… 148
特に有利な金額……………………………… 260
特別決議……………………………………… 88
特別清算手続………………………………… 220
特別利害関係人……………………………… 88, 134

取締役……………………………… 8, 91, 159, 242
　――の違法行為差止請求………………… 287
　――の違法行為差止請求権……………… 303
　――の員数…………………………………… 92
　――の解任………………………………… 100
　――の解任事由…………………………… 121
　――の解任請求…………………………… 287
　――の再任………………………………… 124
　――の資格………………………………… 92
　――の辞任………………………………… 98
　――の辞任制限特約……………………… 99
　――の終任………………………………… 96
　――の選任………………………………… 93
　――の退職慰労金………………………… 140
　――の退職慰労年金……………………… 141
　――の地位確認請求……………………… 106
　――の地位不存在確認請求……………… 102
　――の任期………………………………… 96, 137
　――の報酬………………………………… 133
　――の報酬・退職慰労金請求に係る訴え… 2
取締役会議事録……………………………… 292
取締役会設置会社 4, 7, 92, 120, 152, 160, 201, 249
取締役解任議案……………………………… 123
取締役解任決議…………………………… 100, 116
取締役解任の訴え………………………… 115, 287
取締役解任の正当理由…………………… 126
取締役会非設置会社………… 4, 7, 91, 98, 120,
　　　　　　　　　　　　　　159, 202, 249
取締役権利義務者………………… 109, 118, 163
取締役選任決議……………………………… 94
取締役選任の一任決議……………………… 73
取締役退任登記手続請求訴訟……………… 108
取締役任用契約…………… 95, 133, 137, 140, 146
取締役任用契約上の債務不履行責任……… 180
取締役報酬の減額・不支給……………… 136
取引先例価格方式…………………………… 261

な

内部統制システム（監督体制）…………… 206
なれ合い訴訟………………………………… 8
任務懈怠……………………………………… 180
　――に関する責任………………………… 179
任務懈怠行為………………………………… 181

事 項 索 引　367

は

買収防衛策……………………………… 263
賠償責任額の制限……………………… 166
配当還元方式…………………………… 261
破産手続………………………………… 219
非公開会社……………………… 93, 97, 137
被告適格…………………………… 4, 58, 76
一株一議決権の原則…………………… 65
一株株主………………………………… 217
表見取締役……………………………… 244
不実の登記の抹消登記手続請求訴訟……… 111
物的会社………………………………… 316
　　——における解散の加重要件………… 322
不当解任による損害賠償請求に係る訴え…… 2
振替株式…………………………… 22, 26
弁護士費用………………………… 131, 235
弁論主義………… 14, 106, 108, 317, 340, 352, 360
法人税確定申告書……………………… 298
法定責任…………………………… 167, 241
法令違反行為…………………………… 183
法令遵守義務…………………………… 161
補助参加………………………………… 228
本店の所在地…………………………… 12

ま

見せ金…………………………………… 281
民事再生手続…………………………… 220
無過失責任……………………… 178, 209, 214
名義書換の不当拒絶…………………… 45
名義書換未了株主……………………… 46
名義貸し………………………………… 28
名義株主………………………………… 27
名目的取締役………………………… 203, 242
持株要件…………………………… 116, 288

や

役員選任決議…………………………… 60
役員等の地位確認・地位不存在確認の訴え… 2
やむを得ない事由……………………… 319
要件事実………… 168, 174, 180, 209, 241, 319

ら

利益供与…………………………… 175, 303
利益相反取引……………………… 208, 210, 211
　　——における立証責任に関する特則…… 209
　　——に関する責任…………………… 208
　　——についての承認………………… 213
臨時計算書類…………………………… 288
類似業種比準方式……………………… 261
類似必要的共同訴訟…………………… 6
累積投票…………………………… 94, 100

わ

和　解……………………………… 14, 17, 166

判 例 索 引

大審院

大判明34・7・8 民録7輯37頁	95
大判大11・7・22民集1巻413頁	40
大判昭7・4・30民集11巻706頁	331
大判昭8・10・26民集12巻2626頁	54, 257
大判昭10・5・31法学5巻1号111頁	309
大判昭11・2・6 法学5巻7号124頁	292

最高裁判所

最判昭25・6・13民集4巻6号209頁	112
最判昭27・2・15民集6巻2号77頁	184
最判昭30・4・19民集9巻5号511頁・判時53号20頁	276
最判昭30・9・29民集9巻10号1484頁	140
最判昭30・10・20民集9巻11号1657頁・判時65号19頁	47, 55, 89
最判昭31・10・5 集民23号409頁	135, 136
最判昭31・11・15民集10巻11号1423頁・判タ67号60頁	84, 90
最判昭32・11・1 集民11巻12号1819頁	104
最判昭33・5・20民集12巻7号1077頁	320, 321
最判昭33・10・24民集12巻14号3194頁	30
最判昭35・1・12商事167号18頁	68
最判昭35・2・4 民集14巻1号56頁	294
最判昭35・3・11民集14巻3号418頁	25
最判昭35・3・15判時218号28頁	87
最判昭35・9・15民集14巻11号2146頁	47
最判昭35・12・1 ジュリ223号95頁	72, 74
最判昭36・3・31民集15巻3号645頁	273
最判昭36・5・26民集15巻5号1404頁	149
最判昭36・11・24民集15巻10号2583頁	58, 76, 104
最判昭37・1・19民集16巻1号76頁	61, 270
最判昭37・4・20民集16巻4号860頁	47
最判昭37・8・28集民62号273頁	204, 205, 242, 245, 249
最判昭37・8・30判時311号27頁	89
最判昭38・8・8 民集17巻6号823頁・判時353号44頁	62
最判昭38・10・4 民集17巻9号1170頁	248
最判昭38・12・6 民集17巻12号1633頁・判時355号36頁	281
最判昭38・12・6 民集17巻12号1664頁	211
最判昭39・1・28民集18巻1号180頁	211

最判昭39・5・21民集18巻4号608頁・判時376号46頁 71
最判昭39・12・11民集18巻10号2143頁・判時401号61頁 74, 141, 143
最判昭40・6・29民集19巻4号1045頁・判時415号39頁 62, 270
最大判昭40・9・22民集19巻6号1600頁 348
最判昭40・10・8民集19巻7号1745頁 274
最判昭40・11・16民集19巻8号1970頁 40
最判昭41・3・18民集20巻3号464頁 115
最判昭41・4・15民集20巻4号660頁・判時449号63頁 247
最判昭41・7・28民集20巻6号1251頁 45
最判昭42・2・10民集21巻1号112頁 103
最判昭42・3・14民集21巻2号378頁・判時476号17頁参照 89
最判昭42・7・25民集21巻6号1669頁・判時492号77頁 87, 89
最判昭42・9・28民集21巻7号1970頁・判時498号61頁 54, 89
最判昭42・11・17民集21巻9号2448頁 27
最判昭43・9・3集民92号163頁・金判129号7頁 139
最判昭43・11・1民集22巻12号2402頁・判時542号76頁 66
最判昭43・12・24集民93号859頁 103
最判昭43・12・24民集22巻13号3334頁 109
最判昭44・7・10民集23巻8号1423頁 14, 103, 106, 107
最判昭44・10・7判時575号35頁 192
最判昭44・10・28集民97号95頁・判時577号92頁 74, 141, 143
最大判昭44・11・26民集23巻11号2150頁・判時578号3頁
　　　　　　　　　　　　　153, 203, 204, 240, 241, 242, 243, 246, 247, 249, 250, 252, 253, 254
最判昭44・12・18民集97号799頁 78
最判昭45・1・22民集24巻1号1頁・判時584号62頁 56, 58, 331
最判昭45・3・26判時590号75頁 204, 242, 243
最判昭45・3・26民集24巻3号151頁 334
最判昭45・4・2民集24巻4号223頁・判時592号86頁 60
最大判昭45・6・24民集24巻6号625頁・判時596号3頁 161, 184, 185
最判昭45・7・9民集24巻7号755頁・判時603号86頁 62
最大判昭45・7・15民集24巻7号804頁・判タ251号152頁 5, 23, 56, 57, , 218, 318
最判昭45・7・16民集24巻7号1061頁・判時602号86頁 204, 242, 243, 253
最判昭45・8・20判時607号79頁 64
最判昭45・8・20民集24巻9号1305頁 212
最判昭45・10・22判時613号85頁・判タ255号152頁 247
最判昭46・3・18民集25巻2号183頁・判時630号90頁 64, 78, 90
最判昭46・6・24民集25巻4号596頁・判時636号78頁 63, 135
最判昭46・7・16判時641号97頁・判タ266号177頁 274
最判昭47・4・25判時670号45頁 183
最判昭47・6・15民集26巻5号984頁・判時673号7頁 245
最判昭47・9・21判時684号88頁 247, 254
最判昭47・10・31判時702号102頁 247
最大判昭47・11・8民集26巻9号1489頁 2, 30, 45
最判昭48・4・6金法683号32頁 274
最判昭48・5・22民集27巻5号655頁・判時707号92頁 201, 204, 242, 249

最判昭48・6・15民集27巻6号700頁 …………………………………………… 34
最判昭48・11・26判時722号94頁 ………………………………… 74, 141, 142, 143, 145
最判昭49・9・26民集28巻6号1306頁 ………………………………………… 213
最判昭49・12・17民集28巻10号2059頁 ……………………………… 153, 241, 254
最判昭50・4・8民集29巻4号350頁 …………………………………………… 260
最判昭50・11・14金法781号27頁 ……………………………………………… 28
最判昭51・2・24判時841号96頁 ……………………………………………… 66
最判昭51・3・23集民117号231頁 …………………………………………… 180, 185
最判昭51・6・3金法801号29頁 ……………………………………………… 250
最判昭51・10・26金法813号40頁 …………………………………………… 247
最判昭51・12・24民集30巻11号1076頁・判時841号96頁 ………… 13, 77, 333
最判昭52・10・11金法843号24頁 …………………………………………… 274
最判昭52・11・8民集31巻6号847頁 ……………………………………… 56, 331
最判昭53・3・28判時886号89頁 …………………………………………… 269
最判昭53・4・14民集32巻3号601頁・判時892号100頁 ………………… 89
最判昭53・12・12金法884号27頁 …………………………………………… 200, 248
最判昭54・4・17民集33巻3号366頁 ………………………………………… 294
最判昭54・7・10判時943号107頁 …………………………………………… 247
最判昭54・11・16民集33巻7号709頁・判時952号113頁 ……… 13, 78, 80, 85
最判昭54・11・30集民128号139頁・判タ404号60頁 ……………………… 153
最判昭55・3・18判時971号101頁・判タ420号87頁 ……… 204, 242, 243, 247, 249
最判昭56・2・16民集35巻1号56頁 …………………………………………… 182
最判昭56・5・11判時1009号124頁・判タ446号92頁 ……………………… 148
最判昭57・1・21集民135号77頁・判タ467号92頁 …………………… 127, 131
最判昭58・2・22集民138号201頁・判タ495号84頁 ……………… 74, 143, 145
最判昭58・6・7民集37巻5号517頁・判時1082号9頁 …………………… 61
最判昭59・9・28民集38巻9号1121頁・判時1142号136頁 ………… 59, 104
最判昭59・10・4判時1143号143頁 ………………………………………… 254
最判昭60・3・26集民144号247頁・判タ557号124頁 ………………… 134, 139
最判昭60・3・7民集39巻2号107頁 ………………………………………… 46
最判昭60・12・20民集39巻8号1869頁 …………………………………… 64
最判昭61・3・13民集40巻2号229頁・判時1190号115頁 ……………… 320
最判昭61・9・4民集40巻6号1013頁 ……………………………………… 114
最判昭61・9・25金法1140号23頁 …………………………………………… 86
最判昭62・4・16判時1248号127頁・判タ646号104頁 ………………… 245
最判昭63・1・26金法1196号26頁 …………………………………………… 245
最判昭63・3・15集民153号553頁・判タ665号144頁 …………………… 34
最判平元・9・19判時1354号149頁・判タ752号194頁 …………………… 95
最判平元・9・21判時1334号223頁・判タ714号83頁 ……………… 153, 241, 254
最判平2・4・17民集159号449頁・判タ754号139頁 ………………… 309, 311
最判平2・4・17民集44巻3号526頁・判時1354号151頁 ………………… 61
最判平2・11・8民集161号175頁・判タ748号121頁 ………………… 299, 300
最判平2・12・4民集44巻9号1165頁 …………………………………… 56, 258
最判平3・2・19集民162号105頁 …………………………………………… 331
最判平3・2・19判時1389号140頁 ………………………………………… 56, 258

最判平 4・10・29判タ802号109頁·· 61
最判平 4・12・18民集46巻 9 号3006頁·· 137
最判平 5・ 3・30民集47巻 4 号3439頁·· 8, 9, 35
最判平 5・ 9・ 9 判時1477号140頁·· 79
最判平 5・10・ 5 商事（資料版）116号197頁··· 336
最判平 5・12・16民集47巻10号5423頁・判時1490号134頁··································· 270
最判平 6・ 7・14判時1512号178頁・判タ859号118頁································· 271, 273
最判平 6・ 7・18集民172号967頁··· 269, 333
最判平 7・ 2・21民集49巻 2 号231頁·· 103, 109
最判平 7・ 4・25集民175号91頁·· 36
最判平 8・11・12 判時1598号192頁··· 81
最判平 9・ 1・28集民181号83頁・判タ936号212頁·· 331
最判平 9・ 1・28民集51巻 1 号40頁・判時1592号129頁············· 3, 256, 279, 280, 284
最判平 9・ 1・28集民51巻 1 号71頁・判時1592号134頁·················· 274, 281, 282
最判平 9・ 3・27民集51巻 3 号1628頁·· 35
最判平 9・ 9・ 9 判時1618号138頁··· 252
最判平 9・12・16判時1627号144頁··· 8, 9
最判平10・ 3・27民集52巻 2 号661頁··· 104, 118, 124
最判平10・ 9・10民集52巻 6 号1494頁··· 166
最判平10・11・26金判1066号19頁·· 84
最判平11・ 3・25民集53巻 3 号580頁・判時1672号136頁································· 61
最判平11・12・14判時1699号156頁··· 56
最判平12・ 7・ 7 民集54巻 6 号1767頁・判タ1729号28頁·········· 161, 184, 185, 186
最判平12・10・20民集54巻 8 号2619頁··· 208
最決平13・ 1・30民集55巻 1 号30頁·· 229
最判平13・ 7・10金法1638号40頁·· 61
最判平15・ 2・21金判1180号29頁··· 134, 136, 146
最判平15・ 2・27民集57巻 2 号202頁·· 34
最判平15・ 3・27民集57巻 3 号312頁・判時1820号145頁··············· 280, 283, 284
最判平15・ 6・12民集57巻 6 号640頁·· 220
最判平16・ 6・10民集58巻 5 号1178頁··· 96
最判平16・ 7・ 1 民集58巻 5 号1214頁··· 299, 300
最判平17・ 2・15集民216号303頁・判タ1176号135頁······································· 136
最判平18・ 9・28民集60巻 7 号2634頁··· 6, 117, 297
最判平19・ 3・ 8民集61巻 2 号479頁·· 47
最決平19・ 8・ 7民集61巻 5 号2215頁··· 265
最判平20・ 1・28集民227号105頁・判時1997号148頁······································· 161
最判平20・ 1・28集民227号43頁・判時1997号143頁·· 161
最判平20・ 1・28民集62巻 1 号128頁・判時1995号151頁··································· 164
最判平20・ 2・26民集62巻 2 号638頁·· 118
最判平20・ 6・10集民228号195頁··· 346
最決平21・ 1・15民集63巻 1 号 1 頁·· 304
最判平21・ 2・17集民230号117頁·· 37
最判平21・ 3・10民集63巻 3 号361頁・判タ1295号179頁································· 227
最判平21・ 3・31民集63巻 3 号472頁・判タ1314号136頁································· 222

最判平21・4・17集民230号395頁・判タ1292号124頁	61, 96
最判平21・4・23民集63巻4号703頁	236
最判平21・7・9集民231号241頁	207
最判平21・11・27集民232号353頁・判時2063号138頁	161
最判平21・12・18集民232号803頁・判タ1316号132頁	146
最判平22・3・16民集233号217頁・判タ1323号114頁	141, 150
最判平24・4・24民集66巻6号2908頁	271, 273
最判平24・10・12金判1402号16頁	346

高等裁判所

東京高決昭24・10・31高民集2巻2号245頁	96
東京高判昭27・2・13高民集5巻9号360頁	101
名古屋高判昭29・5・26下民集5巻5号738頁	84
名古屋高金沢支判昭29・11・22下民集5巻11号1902頁	135
東京高判昭30・2・28判時49号15頁	109
東京高判昭30・7・19下民集6巻7号202頁	65
東京高判昭34・3・30東高民時報10巻3号68頁	213
大阪高判昭40・1・28下民集16巻1号136頁	110
高松高判昭40・10・2判時433号44頁	64
福岡高判昭41・7・18判時457号59頁	268
東京高判昭41・11・15判タ205号152頁	206
大阪高判昭42・9・26判時500号14頁	141
東京高判昭43・6・19判タ227号221頁	219
東京高判昭46・1・28判時622号103頁	260
大阪高判昭46・11・30判時660号84頁	63
福岡高判昭47・5・22判時674号99頁	259
大阪高判昭48・3・29判時705号23頁	141, 144, 145
仙台高判昭49・2・18判時740号97頁	300
大阪高決昭49・9・10判タ313号271頁	60
大阪高判昭51・2・18金判499号32頁	40
東京高判昭51・11・29判時837号19頁	105
東京高判昭53・4・4判タ368号347頁	57
大阪高判昭53・4・11判時905号113頁	119, 124
大阪高判昭53・8・31判時918号114頁	141, 143, 146
大阪高決昭54・1・16判タ381号154頁	12, 240
東京高判昭54・4・26判タ389号141頁	16
東京高判昭54・5・16判時946号107頁	10
大阪高判昭54・10・30判時954号89頁	227
福岡高判昭55・1・31判時969号106頁	135
大阪高判昭56・1・30判時1013号121頁	126, 128, 129, 130, 131
東京高判昭56・9・28判時1021号131頁	243
東京高判昭56・11・25判時1029号76頁	58
東京高判昭57・3・31判時1048号145頁	244, 249
東京高判昭57・4・13下民集32巻5=8号813頁	249

大阪高判昭57・5・28判時1059号140頁	57
東京高判昭58・3・14判時1075号156頁	293, 294
東京高判昭58・4・28判時1081号130頁	127
大阪高判昭58・6・14判タ509号226頁	65
大阪高判昭58・10・28判タ513号174頁	243
東京高判昭59・10・31判タ548号271頁	249
東京高判昭59・11・13判時1138号147頁	98
東京高判昭61・5・15商事1079号43頁	83
東京高判昭61・8・21判タ627号204頁	269, 281
高松高判昭61・9・29判時1221号126頁	300
東京高判昭62・11・30判時1262号127頁	311
東京高判昭62・12・23判タ685号253頁	69
東京高判昭63・3・23判時1281号145頁	65
東京高判昭63・6・28金判1206号32頁	44
東京高判平元・7・3金判826号3頁	186
東京高決平元・7・19判時1321号156頁	311
東京高判平元・10・26金判835号23頁	190
大阪高判平元・10・26判タ711号253頁	219
大阪高判平元・12・21判時1352号143頁	149
東京高判平2・1・31商事（資料版）77号193頁	336
高松高判平2・4・11金判859号3頁	165, 177
大阪高判平2・7・18判タ734号218頁	191
大阪高判平2・7・18判時1378号113頁	165
東京高判平2・11・29判時1374号112頁	65
東京高判平3・3・6金法1299号24頁	84
名古屋高判平3・4・24高民集44巻2号43頁	55, 89
東京高判平3・10・31金判899号8頁	323
東京高決平4・1・17東高民時報43巻2＝12号2頁	65
仙台高判平4・1・23金判891号40頁	99
東京高判平5・3・24判タ839号241頁	103
東京高判平6・5・23判時1544号61頁	103, 106
東京高判平6・8・29金判954号14頁	164, 228
東京高決平6・12・26商事（資料版）131号81頁	231
東京高決平7・2・20判タ895号252頁	230, 231
名古屋高決平7・3・8判時1531号134頁	232
東京高判平7・3・30金判985号20頁	97
東京高判平7・5・25判タ892号236頁	148
高松高決平7・8・24金判997号25頁	230
高松高判平8・1・29判タ922号281頁	323, 324
大阪高判平8・7・10判タ937号242頁	11
名古屋高決平8・7・11判時1588号145頁	229
大阪高決平9・8・26判タ979号219頁	231
大阪高決平9・11・18判タ971号216頁	231
東京高判平9・12・4判時1657号141頁	154
大阪高判平10・5・29判時1686号117頁	196

東京高決平10・9・11判タ1047号289頁	12, 51
東京高決平11・3・24判タ1047号289頁	12, 51, 162
大阪高判平11・3・26金判1065号8頁	89
大阪高判平11・6・17金判1088号38頁	252
東京高判平12・4・27金判1095号21頁	235
東京高判平12・6・21判タ1063号185頁	148
福岡高宮崎支判平13・3・2判1093号197頁	80
東京高判平15・1・30判時1824号127頁	281, 282
東京高判平15・2・24金判1167号33頁	148
東京高判平15・7・24金判1181号29頁	219
東京高判平15・9・30判時1843号150頁	204
東京高決平16・8・4金判1201号4頁	264
福岡高判平16・12・21判タ1194号271頁	138
東京高判平17・1・18金判1209号10頁	251
東京高決平17・3・23判タ1173号125頁	265
東京高決平17・6・15判タ1186号254頁	265
名古屋高金沢支判平18・1・11判時1937号143頁	185
東京高判平18・3・29判タ1209号266頁	301
高松高決平18・11・27金判1265号14頁	119, 123
大阪高判平19・3・30金判1266号295頁	157, 158
東京高決平19・6・27金判1270号52頁	300, 303, 305
東京高決平19・8・16商事1181号53頁	36
東京高決平20・5・12金判1298号46頁	265
東京高決平20・6・12金判1295号12頁	312
東京高判平20・9・24判1294号154頁	148
東京高決平21・3・30金判1338号50頁	264
東京高決平22・5・24金判1345号12頁	261
東京高判平22・6・29公判物未登載	244
東京高判平22・6・29金判1360号16頁	273
東京高判平22・7・7金判1347号18頁	54, 330
東京高判平23・1・26金判1363号30頁	346
東京高判平23・9・27金判1381号20頁	60

地方裁判所

大阪地判昭2・9・26新聞2762号6頁	134
大阪地判昭15・11・7新聞4723号30頁	292
東京地判昭26・4・28下民集2巻4号566頁	134
東京地判昭27・3・28下民集3巻3号420頁	101
東京地判昭27・6・23下民集3巻6号875頁	99
大阪地判昭27・12・5下民集3巻11号1732頁	11, 108, 110
東京地判昭28・6・19下民集4巻6号884頁	103
大阪地判昭28・6・29下民集4巻6号945頁	16, 135
東京地判昭28・12・28判タ37号80頁	122
東京地判昭29・12・20下民集5巻12号2069頁	109

東京地判昭30・2・28下民集6巻2号361頁	340
神戸地判昭31・2・1下民集7巻2号185頁	70
神戸地判昭31・2・1判時72号20頁	81, 87
東京地判昭31・4・13判タ59号92頁	119
横浜地決昭31・8・8下民集7巻8号2133頁	97
東京地判昭31・10・19下民集7巻10号2931頁	227
東京地判昭33・1・13下民集9巻1号1頁	95
岡山地判昭33・1・13高民集11巻10号748頁	16
東京地判昭33・1・13判時141号12頁	73
青森地判昭33・9・25下民集9巻9号1927頁	110
東京地判昭33・11・17判時170号28頁	104, 114
岡山地決昭34・8・22下民集10巻8号1740頁	97
大阪地判昭35・1・22民集11巻1号85頁・判タ101号91頁	15, 16, 317, 323
東京地判昭35・3・18下民集11巻3号555頁	119
東京地判昭35・3・18商事207号10頁	70
東京地判昭35・11・4下民集11巻11号2373頁	111
東京地判昭36・11・17下民集12巻11号2754頁	57
東京地判昭37・2・6判時286号28頁	104, 114
東京地判昭37・10・4下民集13巻10号2004頁	55, 89
東京地判昭37・10・31判時318号27頁	248
東京地判昭37・11・13判タ139号118頁	51
東京地判昭38・2・1判時141号154頁	72
東京地判昭39・10・12判タ172号226頁	223
横浜地判昭40・10・25下民集16巻10号1588頁	10
神戸地姫路支決昭41・4・11下民集17巻3＝4号222頁・判時445号18頁	169
東京地判昭41・5・30判タ448号58頁	112
東京地判昭41・6・15判タ194号160頁	40
大阪地判昭41・12・16下民集17巻11＝12号1237頁	223
千葉地判昭41・12・20下民集17巻11＝12号1259頁	107, 114
東京地判昭41・12・23判時469号57頁	219
東京地決昭41・12・23判時470号56頁	164, 169
新潟地判昭42・2・23判時493号53頁	264
東京地判昭42・4・8判タ208号186頁	141
鳥取地判昭42・4・25判タ218号219頁	15, 16, 317
山口地判昭42・12・7判時518号76頁	47
大阪地判昭43・3・14判タ219号193頁	293
静岡地沼津支判昭43・7・3判時837号23頁	105, 107
京都地判昭44・1・16判タ232号164頁	141, 143
大阪地判昭44・3・26判時559号28頁	141, 144
東京地判昭44・6・16金判175号16頁	135
岡山地判昭45・2・27金判222号14頁	98, 109
東京地判昭45・7・23金判238号18頁	189
新潟地判昭45・9・7商事537号73頁	259
東京地判昭46・2・22判時633号91頁	15, 16
大阪地判昭46・3・29判時645号102頁	148

名古屋地判昭46・4・30下民集22巻3＝4号549頁 ………………………………… 93
東京地判昭46・8・16判時649号82頁 …………………………………………… 55, 89
名古屋地判昭46・12・2判時659号88頁 …………………………………………… 64
名古屋地判昭46・12・27判時660号88頁 ………………………………………… 79
大阪地岸和田支判昭47・4・19判時691号74頁 ……………………………… 261, 262
東京地判昭47・4・27判時679号70頁 ……………………………………………… 260
京都地判昭47・9・27判時694号84頁 …………………………………… 103, 105, 107
東京地判昭47・11・1判時696号227頁 …………………………………………… 146
大阪地判昭48・1・31金判355号10頁 ………………………………………… 261, 264
東京地判昭48・2・18判タ291号232頁 ……………………………………………… 89
秋田地判昭48・3・9判時703号91頁 ………………………………………………… 32
大阪地判昭50・1・22金判444号14頁 ……………………………………………… 88
福岡地決昭51・2・4商事745号42頁 ……………………………………………… 306
佐賀地決昭51・4・30判時827号107頁 …………………………………………… 261
神戸地判昭51・6・18判時843号107頁 ………………………………… 119, 122, 261
札幌地判昭51・7・30判タ348号303頁 ………………………………………… 201, 243
東京地判昭51・8・23判時849号114頁 …………………………………………… 243
長崎地佐世保支判昭51・12・1金522号49頁 …………………………………… 143
東京地判昭51・12・22判タ354号290頁 …………………………………………… 196
東京地決昭52・8・30金判533号22頁 ………………………………………… 261, 264
神戸地判昭54・7・27判時1013号125頁 ……………………… 126, 128, 129, 130, 131
大阪地判昭55・4・9判タ417号152頁 ……………………………………………… 140
東京地判昭55・4・22判時983号120頁 …………………………………………… 201
東京地判昭55・7・29判時990号239頁 …………………………………………… 96
東京地判昭55・9・30判時992号103頁 ……………………………… 293, 294, 310
東京地判昭55・11・26判時1011号113頁 ………………………………………… 245
奈良地判昭55・12・5金判622号42頁 ………………………………………… 165, 208
東京地判昭56・3・26判時1015号27頁 ……………………………… 189, 191, 305
東京地判昭56・6・25金判636号55頁 ……………………………………………… 47
東京地判昭56・9・8金判649号37頁 ……………………………………………… 46
東京地判昭56・12・15金判648号26頁 …………………………………………… 140
東京地判昭57・1・26判時1042号137頁 ………………………………………… 291
東京地判昭57・3・30判タ471号220頁 …………………………………………… 28
大阪地判昭57・5・12判時1058号122頁 ………………………………………… 324
大阪地中間判昭57・5・25判タ487号173頁 ………………………………… 222, 224
前橋地判昭57・8・16判時1069号134頁 ………………………………………… 252
東京地判昭57・12・23金判683号43頁 ………………………………………… 128, 130
名古屋地判昭58・2・18判時1079号99頁 ………………………………………… 212
東京地判昭58・2・24判時1071号131頁 ………………………………………… 244
横浜地判昭58・3・17判時1095号150頁 ………………………………………… 252
大阪地判昭58・11・29判タ515号162頁 ………………………………………… 137
東京地判昭59・6・3労判433号15頁 ……………………………………………… 143
千葉地判昭59・8・31判時1131号144頁 ………………………………………… 109
大阪地判昭59・9・19労判441号33頁 ……………………………………………… 143
東京地判昭60・3・26判タ732号26頁 ……………………………………………… 85

福井地判昭60・3・29判タ559号275頁…………………………………………	177
高松地判昭60・5・31金判863号28頁…………………………………………	296
東京地判昭60・10・29金商734号23頁…………………………………………	83
京都地判昭61・2・27判時1199号155頁………………………………………	259
名古屋地判昭61・10・27判時1251号132頁……………………………………	53
名古屋地判昭61・12・24判時1240号135頁……………………………………	119
山形地判昭62・2・3判時1233号141頁………………………………………	294, 310
東京地判昭62・3・26金判776号35頁…………………………………………	157
東京地判昭62・7・14判時1242号118頁………………………………………	311
大阪地決昭62・11・18判時1290号144頁………………………………………	260, 261, 264
東京地判昭63・1・28判時1263号3頁…………………………………………	86
東京地判昭63・1・28判時1269号144頁………………………………………	44
名古屋地判昭63・2・25判時1279号149頁……………………………………	311
東京地判昭63・2・26判時1291号140頁………………………………………	126, 129, 131
東京地判昭63・5・19金判823号33頁…………………………………………	323, 324
長崎地判昭63・6・28判時1298号145頁………………………………………	311
東京地判昭63・7・7判時1284号131頁………………………………………	112, 115
東京地判昭63・8・23金判816号18頁…………………………………………	114
大阪地堺支判昭63・9・28判時1295号137頁…………………………………	79
名古屋地決昭63・9・30判時1297号136頁……………………………………	129, 130
東京地決昭63・10・19判時1321号157頁………………………………………	311
東京地判昭63・11・24判タ701号251頁………………………………………	26
大阪地判昭63・11・30判時1316号139頁………………………………………	99
東京地決昭63・12・2金判822号15頁…………………………………………	264
東京地決平元・6・22判時1315号3頁…………………………………………	297
千葉地判平元・6・30判時1326号150頁………………………………………	143
東京地判平元・7・18判時1349号148頁………………………………………	322
東京地決平元・7・25判タ704号84頁…………………………………………	260, 261, 264
東京地決平元・9・5判時1323号48頁…………………………………………	260, 261, 262, 264
東京地判平元・9・29判時1344号163頁………………………………………	86
東京地判平元・11・13金判849号23頁…………………………………………	147, 154, 158
東京地判平2・2・27金判855号22頁…………………………………………	257, 267
高知地判平2・3・28金判849号35頁…………………………………………	169
東京地判平2・4・20判時1350号138頁………………………………………	138, 146
京都地判平2・6・7判時1367号104頁………………………………………	154
大阪地決平2・6・22判時1364号100頁………………………………………	261
大阪地決平2・7・12判時1364号100頁………………………………………	261, 264
東京地判平2・9・3判時1376号110頁………………………………………	245
東京地判平2・9・28判時1386号141頁………………………………………	186, 187
長崎地判平3・2・19判時1393号138頁………………………………………	233
東京地判平3・2・25判時1399号69頁………………………………………	196, 197
東京地判平3・3・8判タ766号265頁…………………………………………	146
東京地判平3・4・18判時1395号144頁………………………………………	226
横浜地判平3・4・19判時1397号114頁………………………………………	297, 303
福岡地判平3・5・14判時1392号126頁………………………………………	84

東京地判平3・7・19金法1308号37頁……………………………………………… 149
東京地判平3・12・26判時1435号134頁……………………………………………… 135
大阪地判平4・1・27労判611号82頁 ……………………………………………… 245
東京地判平4・2・13判時1427号137頁 …………………………………………… 222,225
京都地判平4・2・27判時1429号133頁 …………………………………………… 148
岐阜地判平4・6・8判時1438号140頁 …………………………………………… 109
東京地判平4・12・24判時1452号127頁 …………………………………………… 86
名古屋地判平5・1・22判タ839号252頁 …………………………………………… 65
東京地判平5・3・29判タ870号252頁 ……………………………………………… 245
東京地判平5・9・16判時1469号25頁 ……………………………………………… 19,197
東京地判平5・9・21判時1480号154頁 …………………………………………… 200,201
名古屋地判平5・9・30商事1342号1751頁 ………………………………………… 86
東京地決平5・10・4金商929号11頁 ……………………………………………… 192
大阪地判平5・12・24判時1499号127頁 …………………………………………… 122
名古屋地決平6・1・26判時1492号139頁 ………………………………………… 230
東京地決平6・3・4判時1495号139頁 ……………………………………………… 305
東京地決平6・3・28判時1874号1433頁・判タ872号276頁………………………… 261,264
東京地決平6・7・22判タ867号126頁 ……………………………………………… 230,232
広島地判平6・11・29判タ884号230頁 …………………………………………… 126,129
東京地判平6・12・20判タ893号260頁 …………………………………………… 154,158
東京地判平6・12・22判時1518号3頁 ……………………………………… 182,187,207,226
東京地決平7・10・16判時1556号83頁 …………………………………………… 192
東京地判平7・10・26判タ902号189頁 …………………………………………… 200,201
東京地判平7・10・26判時1549号125頁 ……………………………………………… 164
東京地判平7・11・30判タ914号249頁 ……………………………………………… 219
東京地決平7・11・30判時1556号137頁 ……………………………………………… 229
東京地判平7・12・27判時1560号140頁 ……………………………………………… 177
福岡地判平8・1・30判タ944号247頁 …………………………………………… 186,187
東京地判平8・6・20判タ927号233頁 ……………………………………………… 233
東京地判平8・6・20判時1572号27頁 …………………………………………… 187,221
東京地判平8・6・20判時1578号131頁 ……………………………………………… 251
東京地決平8・6・26金法1457号40頁 ……………………………………………… 230
東京地判平8・8・1商事1435号37頁 ………………………………………… 126,127,128
大阪地決平8・8・28判タ924号258頁 ……………………………………………… 232
大阪地決平8・11・14判タ929号253頁 ……………………………………………… 232
大阪地判平8・12・25判時1686号132頁 ……………………………………………… 196
東京地判平8・12・27判時1619号85頁 ……………………………………………… 190
東京地判平9・8・26判タ968号239頁 ……………………………………………… 157
名古屋地判平9・11・21判タ980号257頁 …………………………………………… 137
大阪地判平10・1・28労判732号27頁 ……………………………………………… 127
東京地判平10・2・10判タ1008号242頁 …………………………………………… 154,158
大阪地判平10・3・18判夕977号230頁 ……………………………………………… 82
東京地判平10・5・14判時1650号145頁 …………………………………………… 161,198
神戸地尼崎支判平10・8・21判タ1009号250頁 …………………………………… 89
神戸地判平10・10・1判時1674号156頁 …………………………………………… 236

東京地判平10・12・7判時1701号161頁 …………………………………………… 228
東京地判平11・3・4判タ1017号215頁 …………………………………………… 205
大阪地判平11・3・24判時1741号150頁 ………………………………………… 297, 303
名古屋地判平11・4・23判タ1069号47頁 ………………………………………… 87
浦和地判平11・8・6判タ1032号238頁 …………………………………………… 69
東京地判平11・9・9金判1094号49頁 ……………………………………………… 158
東京地判平11・12・24労判777号20頁 …………………………………………… 127
名古屋地半田支決平12・1・19判時1715号90頁 ………………………………… 258
東京地決平12・1・27金判1120号58頁 …………………………………………… 219
東京地決平12・4・3判時1738号111頁 …………………………………………… 232
大阪地判平12・5・31判時1742号141頁 …………………………………………… 222
大阪地判平12・6・21判時1742号141頁 …………………………………………… 224
東京地判平12・7・6判時1757号142頁 …………………………………………… 233
浦和地判平12・8・18判時1735号133頁 …………………………………………… 89
大阪地判平12・9・20判タ1047号86頁 …………………………………………… 222
大阪地判平12・9・20判時1721号3頁 …………………………………………… 184, 187
東京地決平12・12・8金法1600号94頁 …………………………………………… 168
東京地判平13・3・29判時1748号171頁 …………………………………………… 219
大阪地判平13・5・28判タ1088号246頁 …………………………………………… 200
宮崎地判平13・8・30判タ1093号194頁 …………………………………………… 80
名古屋地判平13・10・25判時1784号145頁 ……………………………………… 185
大阪地判平14・1・30判タ1108号248頁 …………………………………………… 211, 212
大阪地判平14・2・20判タ1109号226頁 …………………………………………… 200
東京地判平14・2・21判時1789号157頁 …………………………………………… 87
大阪地判平14・3・27判タ1119号194頁 …………………………………………… 198
東京地判平14・4・25判時1793号140頁 …………………………………………… 19, 197, 199
東京地決平14・6・21判時1790号156頁 …………………………………………… 229
東京地判平14・7・18判時1794号131頁 …………………………………………… 19, 197
名古屋地判平14・8・8判時1800号150頁 ………………………………………… 219
札幌地判平14・9・3判時1801号119頁 …………………………………………… 164, 198
東京地決平14・11・29判時1865号131頁 ………………………………………… 231
東京地判平15・2・6判時1812号143頁 …………………………………………… 219
東京地判平16・3・22判夕1158号244頁 …………………………………………… 236
東京地判平16・3・25判時1851号21頁・判タ1149号120頁 …………………… 19, 197
東京地判平16・5・13金判1198号18頁 …………………………………………… 86
東京地決平16・6・1金判1201号15頁 …………………………………………… 260, 262
東京地判平16・7・15金判1225号59頁 …………………………………………… 47
東京地決平16・7・30判時1874号1433頁 ………………………………………… 264
大阪地判平16・12・22判タ1172号271頁 ………………………………………… 187
東京地判平17・7・7判時1915号150頁 …………………………………………… 66
東京地決平18・2・10判時1923号130頁 ………………………………………… 292
東京地判平18・8・30労判925号80頁 …………………………………………… 127
横浜地決平19・6・14金判1270号67頁 …………………………………………… 262
東京地判平19・6・14判時1982号149頁・金判1271号53頁 …………………… 157
東京地決平19・6・15金判1270号40頁 …………………………………………… 300, 303, 305

東京地決平19・6・15商事（資料版）280号220頁	312
仙台地決平19・6・1金判1270号63頁	262
さいたま地決平19・6・22判タ1253号107頁	264
東京地判平19・9・20判時1985号140頁・判タ1253号99頁	305
名古屋地判平19・11・21金判1294号60頁	334
東京地判平19・12・6判タ1258号69頁	88, 177
東京地決平20・3・24金判1289号8頁	261
名古屋地一宮支判平20・3・26金判1297号75頁	330
東京地決平20・5・15金判1295号36頁	312
東京地決平20・6・23金判1296号10頁	264
千葉地松戸支決平20・6・26金判1298号64頁・判タ2874号1433頁	264
東京地判平20・7・18判タ1290号200頁	183
秋田地判平21・9・8金判1356号59頁	125
京都地宮津支判平21・9・25判時2069号150頁	123
横浜地判平21・10・16判時2092号148頁	273
大阪地判平22・7・14判時2093号138頁	236
東京地決平22・7・20金判1348号14頁	312
宮崎地判平22・9・3判時2094号140頁	123
東京地判平23・4・14商事（資料版）328号68頁	60
東京地判平23・5・26判タ1368号238頁	233
東京地判平23・7・7判タ1377号164頁	28
東京地判平23・11・24判時2153号109頁	197

リーガル・プログレッシブ・シリーズ

商事関係訴訟〔改訂版〕

2006年7月15日　初　版第1刷発行
2013年2月25日　改訂版第1刷印刷
2013年3月5日　改訂版第1刷発行
2017年9月15日　改訂版第4刷発行

廃　止
検　印

Ⓒ編集者　　西　岡　清　一　郎
　　　　　　大　門　　　　匡

発行者　逸　見　慎　一

発行所　東京都文京区　株式　青林書院
　　　　本郷6丁目4の7　会社

振替口座　00110-9-16920／電話03（3815）5897～8／郵便番号119-0033

印刷・モリモト印刷㈱　落丁・乱丁本はお取り替え致します。
Printed in Japan　ISBN4-417-01591-8

JCLS 〈㈱日本著作出版権管理システム委託出版物〉
本書の無断複写は著作権法上での例外を除き禁じられています。
複写される場合は，そのつど事前に，㈱日本著作出版権管理システム（TEL 03-3817-5670，FAX 03-3815-8199，e-mail:info@jcls.co.jp）の許諾を得てください。